Heinrich Mann

Sein Werk in der Weimarer Republik

Rudolf Großmann (1882—1941): Heinrich Mann

(wohl um 1930 entstanden; Kreide-Federzeichnung mit aufgelegtem Weiß)
Deutsches Literaturarchiv, Marbach/N. — Bildabteilung

HEINRICH MANN

Sein Werk in der Weimarer Republik

Zweites Internationales Symposion
Lübeck 1981

Herausgegeben von

Helmut Koopmann und Peter-Paul Schneider

Vittorio Klostermann · Frankfurt am Main

Gedruckt mit Unterstützung der Fritz Thyssen Stiftung, Köln

CIP-Kurztitelaufnahme der deutschen Bibliothek

Heinrich Mann : sein Werk in d. Weimarer Republik ; 2. internat. Symposion, Lübeck 1981 / hrsg. von Helmut Koopmann u. Peter-Paul Schneider.
Frankfurt am Main : Klostermann, 1983.
ISBN 3-465-01577-0 kart. ISBN 3-465-01578-9 Gewebe.
NE: Koopmann, Helmut [Hrsg.]

Satz und Druck: Konrad Triltsch, Würzburg
Printed in Germany

Inhalt

Vorwort

Der vorliegende Band vereinigt die Referate des II. Internationalen Heinrich Mann-Symposions, das in der Zeit vom 17.—19. September 1981 in Lübeck stattfand. Anläßlich des 110. Geburtstages Heinrich Manns richtete der „Arbeitskreis Heinrich Mann", der auf sein 10jähriges Bestehen zurückblicken konnte, diese Tagung in Zusammenarbeit mit dem Amt für Kultur der Hansestadt Lübeck aus.

Das Werk Heinrich Manns in der Zeit der Weimarer Republik stand dabei im Vordergrund; Literaturwissenschaftler aus Dänemark, England, Italien, den Niederlanden, Polen, der Sowjetunion, den USA und der Bundesrepublik Deutschland stellten sich die Analyse dieses Werkes unter der Fragestellung „Literatur und Öffentlichkeit" in Referat und Diskussion zur Aufgabe.

Der Druck dieses Bandes wurde möglich dank der großzügigen Unterstützung der Fritz Thyssen-Stiftung und des Senats der Hansestadt Lübeck, die beide bereits auch das Symposion finanziell wesentlich getragen haben; diesen gilt unser besonderer Dank, in gleicher Weise den Referenten und Teilnehmern des Symposions wie dem Verlag Klostermann für die sorgfältige Betreuung und schöne Ausstattung des Bandes.

Helmut Koopmann
Peter-Paul Schneider

Augsburg, Bamberg — Juni 1983

HELMUT KOOPMANN

Zur Eröffnung des Heinrich Mann-Symposions

Lübeck 1981

Das Heinrich-Mann-Symposion, das von heute an über drei Tage hindurch hier in Lübeck stattfinden wird, gilt nicht einem der großen Geburtstage Heinrich Manns, aber es findet dennoch nicht sozusagen aus heiterem Himmel statt. Heinrich Mann wurde vor 110 Jahren geboren, und vor genau 10 Jahren, 1971, gab es das erste große Heinrich Mann-Symposion, ebenfalls hier in der Hansestadt Lübeck. Vor 20 Jahren wurde Heinrich Mann in Ostberlin bestattet. Alles das sind doch einprägsame Daten, vor allem aber das 10jährige Bestehen des Arbeitskreises Heinrich Mann, dessen von Siegfried Sudhof und Walter Biedermann begründetes Mitteilungsblatt Sie alle kennen.

Die Anregungen zu diesem Symposion kamen gleichermaßen von Prof. Siegfried Sudhof, der zuletzt an der Universität Bamberg gelehrt hat, und dem Amt für Kultur der Hansestadt Lübeck. Von Siegfried Sudhof stammt auch der Vorschlag, das Symposion unter das Rahmenthema „Literatur und Öffentlichkeit" zu stellen. Siegfried Sudhof hat dann mit mir dieses Symposion vorgeplant; Prof. André Banuls, der zu unserer Freude hier ist, sollte ebenfalls für die Organisation dieses Symposions gewonnen werden. Der plötzliche Tod Siegfried Sudhofs im September letzten Jahres gefährdete das Unternehmen dann allerdings ernsthaft; denn Sudhof war ja der Initiator dieses Unternehmens gewesen. Auf Wunsch der Hansestadt Lübeck und durch die sehr tatkräftige Unterstützung des Amtes für Kultur unter seinem Leiter, Herrn Hans-Gerd Kästner, ist dieses Symposion dann doch noch möglich geworden, und da Herr Banuls aus persönlichen Gründen sich nicht an der Vorbereitung der Tagung beteiligen konnte, hat Herr Dr. Peter-Paul Schneider, der wissenschaftliche Mitarbeiter von Siegfried Sudhof, der ja auch die letzte Nummer des Mitteilungsblattes des Arbeitskreises Heinrich Mann herausgegeben hat, intensiv an der Vorbereitung mitgewirkt. Ich darf, auch in seinem Namen, vor allem der Hansestadt Lübeck für ihre so freundliche wie tatkräftige Unterstützung danken, Herrn Bürgermeister Dr. Knüppel, dem Herrn Kultursenator Koscielski und Herrn Kästner als Leiter des Amtes für Kultur; Lübeck ist nicht bloß der Tagungsort dieses Symposions, die Stadt Lübeck ist unser Gastgeber, in Lübeck sind wir, da wir über Heinrich Mann handeln, auch spirituell gewissermaßen drei Tage zuhause. Die Stadt Lübeck hat aber auch realiter, nämlich finanziell, einen erheblichen Zuschuß gewährt; ebenfalls das Kultusministerium des Landes Schleswig-Holstein, dem hier zugleich gedankt werden soll; den größten Teil der Kosten hat jedoch die Fritz-Thyssen-Stiftung übernommen, die schon so viele geisteswissenschaftliche Projekte gefördert hat und der wir deshalb ganz besonders zu danken haben. Nur so wurde das Symposion möglich. Daß dieses Symposion öffentlich ist, war zwar von Siegfried Sudhof ursprünglich nicht geplant, ist aber sicherlich im Sinne Heinrich Manns.

Lassen Sie mich bitte noch etwas zum Thema der Tagung sagen. Siegfried Sudhof, dessen Name nicht nur mit diesem Symposion verbunden ist, sondern ebenso mit dem Arbeitskreis Heinrich Mann, schrieb mir schon 1979, als wir uns über das Programm Gedanken zu machen begannen: „Als ein Thema scheint mir geeignet zu sein ‚Literatur und Öffentlichkeit'. Mir schwebt dabei das Werk Heinrich Manns in der Zeit von 1918 bis 1933 vor. Diese Zeit ist in der Heinrich-Mann-Forschung fast ein weißer Fleck." In der Tat ist das Frühwerk Heinrich Manns sehr viel besser durchforscht und durchforstet als die Arbeiten der Zeit, in der seine öffentliche Geltung am größten war. Das ist wohl kein Zufall. Möglicherweise hängt das mit der immer noch relativen Unbekanntheit der Zeit der Weimarer Republik im öffentlichen Bewußtsein heute zusammen, vielleicht aber auch damit, daß der durch das Exil fast aller Schriftsteller von Rang bewirkte Traditionsbruch nach 1933 im nachhinein Rückwirkungen bis in die 20er Jahre hatte, daß also die deutsche Literatur zwar erst nach 1933 einen unvergleichlichen Kontinuitätsverlust erfahren hat, daß aber in unserem Bewußtsein auch die Zeit davor mitbetroffen wurde. Zwar ist das Spätwerk Heinrich Manns, sind Romane wie „Der Atem" oder „Empfang bei der Welt" in ihrer symbolischen Phantastik ebenfalls noch weitgehend unentdeckt. Aber das ist verständlich, die irrgärtnerische Illusionswelt der späten Romane ist schwer zu durchbrechen, noch schwerer zu entschlüsseln. Daß die Werke und Arbeiten der Weimarer Republik aber so relativ wenig behandelt worden sind, ist um so erstaunlicher, als es sich hier um die einzige Zeit handelt, in der die deutsche Literatur zum Staat und zur Gesellschaft eine wirklich positive Beziehung anzubahnen suchte, und das gilt nicht nur für Heinrich Mann, sondern für viele Autoren. Auch das ist möglicherweise ein Grund für unser distanziertes Verhältnis zum Werk Heinrich Manns der 20er Jahre. Wir sind heute nachgerade daran gewöhnt, in der Literatur so etwas wie eine Kritikerin des Lebens zu sehen und von dorther ihre Existenzberechtigung auch abzuleiten. Es gab in der bundesrepublikanischen Literatur allenfalls sehr kurze Momente, in denen von der Literatur her ein positives Verhältnis zu Staat und Gesellschaft möglich schien, vielleicht ganz zu Anfang, unmittelbar nach der Gründung der Bundesrepublik, dann noch einmal gegen Ende der 50er Jahre. Danach aber wurde das kritische Verhältnis der Literatur zu Staat und Gesellschaft die Regel fast ohne Ausnahme, und auch von daher ist verständlich, daß das Frühwerk Heinrich Manns bis hin zur Kaiserreich-Trilogie, zum „Untertan“ und zum „Kopf“, der häufiger und intensiver gelesene Teil des Werkes von Heinrich Mann wurde, daß Heinrich Mann aus der historischen Distanz einrückte in die Linie der Zeitkritiker vom Range Wedekinds und Brechts und daß sein Frühwerk zugänglicher erschien oder sich in jedem Fall doch als auskunftsfreudiger erwies als das Werk der Weimarer Republik. Aber wie dem auch sei: in den Jahren zwischen 1918 und 1933 war die Literatur nicht nur um diese Weimarer Republik bemüht; sie hatte sich auch oder wurde als soziales Phänomen entdeckt; die inzwischen zu Tode geredete Künstlerproblematik war nachgerade langweilig geworden, die Literatur sozialisierte sich und versuchte, aus dem jahrzehntelangen Zwiespalt zwischen Kunst einerseits und Gesellschaft andererseits herauszukommen. Das gelang damals zuweilen auch, und der Öffentlichkeitsanspruch in der Literatur ist wohl nie so stark betont worden wie in diesen Jahren. Charakteristisch ist dafür jene kleine Geschichte, die Heinrich Mann von seinem Auftreten in einem Warenhauskonzern berichtet. Der Schriftsteller in den Warenhäusern — Heinrich Mann schreibt: „Ich hätte es nie geglaubt, aber sie wünschten mein Auftreten — den Rhein entlang von Stadt zu Stadt oder in Berlin. Ich gedenke eines Nachmittags bei Karstadt am Hermannsplatz. Belebteste Geschäftszeit des Tages, eine Fülle kleiner Hausfrauen machten ihre Einkäufe, aber der Durchgang von den Nahrungsmitteln zur Konfektion war ein Saal, wo nichts verkauft wurde. Ein Mann, der etwas vorlas, saß hinter dem Tisch, Bänke waren vorhanden, die Frauen mit ihren Lasten, die zufällig diesen Weg nahmen, ließen sich nieder (...) Die Frauen kamen und gingen. Meinen Namen haben sie kaum gekannt, von den gehörten Sätzen kann ein halber bei der und jener haften geblieben sein. Dieses mein anonymes Auftreten in einer fließenden Menge, die meinetwegen keine Umstände machte, zählt zu meinen reinsten Erinnerungen an das öffentliche Leben der Republik.“

Natürlich nur eine Episode; aber sie wirft ein bezeichnendes Licht auf das, was das Verhältnis der Literatur zur Öffentlichkeit in den 20er Jahren ausmachte. Heinrich Mann spricht mit zornigem Amüsement über das, was sonst in den Warenhäusern als absonderliche Attraktion angeboten wurde, von der wundertätigen Alraunen-Wurzel bis zur Radiojazzmusik in den 30er Jahren. Schriftsteller waren damals noch nicht und danach nicht mehr in den Kaufhäusern gefragt. Heinrich Manns Resümee: „Während der deutschen Republik wurde es zeitgemäß und nützlich befunden, Autoren vortragen zu lassen für alle, die vorbeikamen und das Ohr hinhielten. Das bedeutet, daß die deutsche Republik besser gewesen ist als ihr Ruf, ihr Geist besser als die Tatsachen, die ihr ein Ende machten."

Das ist nur ein Aspekt aus dem Öffentlichkeitsverhältnis der Literatur in den 20er Jahren. Aber die Episode ist doch aufschlußreich. Sie läßt nämlich erkennen, was das bedeutete, was Heinrich Mann hier als „Geist" bezeichnet, und wenn es ein öffentliches Wirken der Literatur gab, dann auf jeden Fall in diesem einen Bereich des „Geistigen", schwer zu definieren heute (es ist hier auch nicht meine Aufgabe), aber doch von ungewöhnlicher Macht, inzwischen als solche kaum mehr begreifbar. Aus dem gleichen Nährboden erwuchs später auch eine Überschrift wie die Thomas Manns „Adel des Geistes". Das alles bedeutet freilich nicht, daß Heinrich Manns Verhältnis zur Weimarer Republik ungetrübt gewesen wäre. Daß die Weimarer Republik amtlich, wie er vermerkt, dem Kaiserreich nachgehinkt sei und dem Nationalsozialismus im Maß ihrer Kräfte vorgegriffen habe, läßt den Schluß zu, daß sie im Grunde eigene Substanz nicht in dem Maße hatte, wie es nötig gewesen wäre, um zumindest dem Dritten Reich zu widerstehen. Von daher fällt natürlich rückwirkend auch ein bedenkliches Licht auf die Macht des Geistes in dieser Zeit, in dieser Republik. Die Unterschiede und Übergänge zwischen dem Geist, den Heinrich Mann meint, und dem Geist der Zeit bzw. dem Geist der Republik, den er gelegentlich als „ausgeschweift, zerrüttet, anstaltsreif" bezeichnet hat, sind dabei gar nicht immer recht klar. Vor allem die späten Urteile Heinrich Manns über die Republik sind von außerordentlicher Schärfe. Daß sie am Ende gewesen sei, als sie angefangen habe („ihr Beginn ist gleich der Schluß"), ist ein Verdikt aus der Sicht dessen, der nicht nur die Ohnmacht der Republik, sondern auch die Ohnmacht des Geistes in der Republik nur zu deutlich selbst miterlebt hat. Daß die Republik allerdings schließlich langweilig gewesen und sich ihrer eigenen Langeweile auch bewußt gewesen sei — dieses Urteil ist zu eindeutig ein Altersurteil, das von Heinrich Mann selbst, d. h. von seinen Werken der 20er Jahre, eigentlich häufig widerlegt wird. Das Bild der Republik, wie es beim späten Mann erscheint, ist sehr von den Begleitumständen ihres Untergangs her geprägt, von diesem Belassen beim bloßen Achselzucken, wie er es der gebildeten Welt und dem gebildeten Widerstand vorgeworfen hat. Daraus spricht im ganzen nicht nur der Unwille und die enttäuschte Empörung über das Scheitern der Republik, sondern auch über das Scheitern der Versuche, sie zu retten. Auf der anderen Seite (nicht nur das Wirken des preußischen Kultusministers Becker ließ das erkennen) war die Zeit der Republik aber eben die Zeit hohen Ansehens von Schriftstellern, und Heinrich Mann konnte immerhin den kühnen Satz schreiben: „Das eigene politische Handeln setzt Literaturkenntnis voraus." Das ist wohl nicht bei allen Politikern heute der Fall. Heinrich Manns Satz war zweifellos noch ein Urteil im positiv zustimmenden Sinne, und daß dergleichen möglich war, gab der Republik bei allem späteren Scheitern, bei aller wachsenden Problematisierung der Zustände und Verhältnisse doch etwas Einzigartiges. Und die Literatur war damals nicht, wie sie das heute eben so ausschließlich ist, nur Kritikerin des Lebens, sondern sollte so etwas wie eine Wegweiserfunktion haben und bekommen, und Heinrich Mann hat zweifellos in diesem Sinne mitgeschrieben und mitgewirkt und das Durchdringen des öffentlichen Bewußtseins mit Literatur zu einem erheblichen Teil gefördert. Nur: es war flüchtig, „flüchtig wie alles, was der Republik beschieden war", wie Heinrich Mann schrieb, und so wurden die literarischen Einflußnahmen denn auch nun sehr bald schon wieder Rückzugsgefechte, und weil sie das in so starkem Maße wurden, ist erklärlich, warum der alternde Heinrich Mann dann so ätzende Urteile über die Republik aussprach. Aber dennoch: es waren Jahre, in denen die Öffentlichkeitswirkung der Literatur vermutlich am größten war, und zwar in einem konstruktiven Sinn. Der Glaube, daß unsere Welt „durch die Kraft des Geistes gerettet werden und fortleben werde", wie Heinrich Mann das in seinem Bericht über die tragische Jugend 1922 schrieb, ist nicht hybrid, sondern einzigartig, nebenbei gesehen ein scharfer Angriff auf Spenglers Untergangsprophetie, die in diesen Jahren nicht nur die Literaten beschäftigte. Daß die Literaturwissenschaft in diesem Jahrzehnt zur Geisteswissenschaft wurde, ist nur ein weiterer Aspekt dieser Geistorientierung, in der Heinrich Mann eben das Attraktive der 20er Jahre sah. Um so gräßlicher mußte natürlich danach die Gewaltdoktrin der Nationalsozialisten wirken. Aber eben hier zeigt sich auch das Beschränkte der Geistgläubigkeit. Der Aufruf an Stresemann, der mit der Forderung nach einer Diktatur der Vernunft endete, mag heute komisch wirken, er läßt aber erkennen, in welchem Ausmaß der Glaube an die Macht des Geistes damals lebendig war, und zugleich läßt er begreifen, in welchem Ausmaß das ein Phantom war, eigentümlich wirklichkeitslos, oder sagen wir vorsichtiger: nur literarisch wirksam. Vielleicht gehört sogar zur Tragik der 20er Jahre, daß diese Literatur des Geistes im Grunde genommen keine Wege gefunden hat, um tatsächlich dann die Öffentlichkeit zu beeinflussen —

so sehr Heinrich Mann das Seinige in seinen scharfen und spätestens 1931 kompromißlosen Äußerungen zum aufkommenden Nationalsozialismus getan hat.

Das Thema „Literatur und Öffentlichkeit“ ist also in diesem einen Sinne zweifellos zu verstehen als Versuch der Literatur, in die Öffentlichkeit hineinzugehen und zu wirken, von der Warenhauslesung bis zum Brief an Stresemann. Aber damit ist das Thema unseres Symposiums natürlich nicht erschöpft. Öffentlichkeit und Literatur bedeutet ja nicht nur, daß die Literatur in die Öffentlichkeit hineinwirken wollte, sondern weist auch auf ein verändertes Schreiben hin, auf ein neues Öffentlichkeitsbewußtsein im Darstellen, und die eigentümliche Wendung Heinrich Manns vom mehr impressionistischen Stil, wenn man das in vorsichtiger Unzulänglichkeit einmal so sagen darf, zu einem symbolischen Stil, der auf die Welt der Ieen hinter der Wirklichkeit aufmerksam machen will, ist offenbar auch ein Ausdruck dieses veränderten Öffentlichkeitsbewußtseins im Schreiben und im Schreibenden selbst. Wir wissen alle, in welchem Ausmaß die Moralität oder die Moralitäten (was immer man auch darunter im einzelnen bei Heinrich Mann vorfinden mag) in Heinrich Manns Vorstellungswelt eine Bedeutung hatte — es sieht so aus, als ob das Moralitätenhafte erst in den 20er Jahren bei ihm stark hochgekommen sei, und wenn sein Schreiben in den 20er Jahren auf der einen Seite transparenter wird für etwas Allgemeineres, wenn die Wirklichkeit bei ihm eigentümlich entwirklicht, das Wirkliche generalisiert erscheint, um einen Durchblick freizumachen auf die Welt der Ideen, so ist auf der anderen Seite das doch kein literarischer Vorgang, sondern eminent öffentlichkeitsbezogen — und dem entspricht, daß die Ideen von ihm auch nicht nur sichtbar, sondern als wirksam gezeigt werden sollen. Die Diaphanie des Geschriebenen für die Ideen und das Aufkommen, das jetzt stärkere Aufkommen der Moralität oder der Moralitäten hängt unmittelbar miteinander zusammen. Seinen Höhepunkt wird das alles im „Henri IV“ finden, aber die Ansätze dazu sind zweifellos in den 20er Jahren gemacht worden, und diese stilistische Veränderung vom (ich gebrauche noch einmal das etwas problematische Wort) impressionistischen Erzähler zum mehr symbolischen Darsteller ist die entscheidende und vielleicht auch wichtigste stilistische, darstellerische Wendung Heinrich Manns, wenn man von der Flucht in die Phantastik in den späten Romanen einmal absieht, obwohl man auch darin noch eine Fortsetzung der Symbolisierungstendenz Heinrich Manns sehen könnte. Auch das alles gehört zum Thema Öffentlichkeit und Literatur, was Heinrich Mann angeht, und ein weiterer, dritter Aspekt ist der Versuch Heinrich Manns, sich jetzt stärker als je zuvor auch die Geschichte zu erschließen — nicht aus einem antiquarischen Bedürfnis heraus, sondern aus dem Bemühen, in einer gelebten Wirklichkeit Vergleichbares, Adäquates, auch Hinweisendes vorzufinden. Dazu gehören etwa die Essays zur vergangenen Literatur, dazu gehören aber auch die Annäherungen an „Henri IV", die eben bezeichnenderweise in die Zeit fallen, in der der Öffentlichkeitsanspruch der Literatur am größten ist.

Einige dieser Aspekte werden in den folgenden Vorträgen hier zur Sprache kommen — andere sind nicht erwähnt, sie gehen aber aus dem Programm hervor. Daß das Frühwerk Heinrich Manns in gewisser Weise hier mitbehandelt wird, ist keine Entgleisung oder Ausuferung des Tagungsprogramms, sondern soll anhand zweier Einzelfälle verdeutlichen, in welchem Ausmaß Heinrich Mann sich von seinen frühen Arbeiten entfernt hat; in jenen gab es zwar Leben und Wirklichkeit, doch keine Öffentlichkeit, zwar Individuen, doch keine Gesellschaft. Aber der Hauptakzent liegt eben auf der Zeit zwischen 1918 und 1933. Die Reihenfolge der Vorträge ist im übrigen lose gegliedert, Themen, die ein Problem betreffen, sind, sofern sich das organisatorisch machen ließ, hier nebeneinander versammelt. Daß auch die Zeit nach 1933 nicht ausgespart wird, versteht sich von selbst; jede allzu scharfe Zäsur wäre lebensfremd und wirklichkeitsfern. Und in Lübeck (und nicht nur dort) ist es angebracht, daß ebenfalls von seinem Bruder Thomas die Rede ist — und von jenem Buch, das wie kaum ein anderes auf Heinrich Mann zugeschrieben zu sein scheint, den „Betrachtungen eines Unpolitischen".

Es versteht sich ebenfalls von selbst, daß nicht alles zur Sprache kommen kann, aber die Summe der Referate wird am Ende vielleicht doch so etwas wie ein größeres Bild schon ergeben. Wir wollen versuchen, am Schluß noch einmal quasi ein Fazit zu ziehen, in der Podiumsdiskussion, die das zum Thema haben wird, was wir in den Tagen vorher behandeln — nicht, um zu wiederholen, sondern um das hier Besprochene und Berichtete noch einmal zu überdenken. Wir freuen uns, daß die Bitte um Mitarbeit bei den angesprochenen Referenten fast überall sofort Zustimmung gefunden hat; wir bedauern, daß nicht alle, die über Heinrich Mann Wesentliches geschrieben haben, hier sein können. Aber dann hätte das Symposion sehr viel länger dauern müssen. Wir begrüßen auf der anderen Seite sehr, daß Heinrich- (und Thomas) Mann-Forscher aus Dänemark, aus Frankreich, den Niederlanden, aus Polen, aus den USA und der UdSSR teilnehmen können.

MANFRED DURZAK

„Drei-Minuten-Romane"

Zu den novellistischen Anfängen Heinrich Manns

In einem Essay über deutsche Kurzprosa der Gegenwart [1], der eine zweibändige Sammlung von Texten deutschsprachiger Erzähler der Jahrgänge 1900—1960 unter dem Titel „Die Gegenwart" beschließt, kommt der Anthologist Rolf Hochhuth zu dem Ergebnis, „daß nunmehr auch die ‚kleine Form' der Literatur eine ebenso verunsichernde Krise durchmacht wie längst schon der Roman (...)." (II, 513) Es ist eine Krise der Gattungskonventionen, der ästhetischen Normen, die tragfähig genug wären, die gesammelte Fülle von Erzählbeispielen einzuteilen in das vertraute Gattungsspektrum: Erzählung, Novelle, Anekdote oder gar Kurzgeschichte. Hochhuth, der seinen Essay „Neue Themen — alte Formen" überschrieben hat, kommt bei aller eingestandenen Schwierigkeit, einen ästhetischen Parameter ausfindig zu machen, der das Gattungsschema noch heute als funktionsfähig erweisen könnte, zu einer die Erzählformen der heutigen Autoren generell charakterisierenden Feststellung: „(...) vergleicht man die fast schon wieder naiv gewordene Erzählersicherheit unserer Gegenwärtigen mit dem revolutionär, ja sensationell Unerhörten, das alles — sprachlich, formal, thematisch — gekennzeichnet hat, das beispielsweise die Brüder Heinrich und Thomas Mann heraufbrachten zu der Zeit, als die ältesten der hier versammelten Erzähler geboren wurden, so muß man folgern: keiner von diesen ist unter den Heutigen (...), der die Genialität der zwei so grundverschiedenen Lübecker auch nur streift (...) Oder könnte man einem bescheinigen, was auf die beiden Manns zutrifft: mit bisher nie verwendeten Mitteln bisher nie berührte Themen gestaltet zu haben? (...) Die zwei Lübecker haben (...) in ihren Novellen eine bis dahin im Wortsinne unerhörte Prosa entwickelt, um Themen zu gestalten und reflektieren — (...) —, die bisher kein deutscher Epiker eines Blicks gewürdigt hatte." (II, 516)

[1] Neue Themen — alte Formen. Erzähler in der Krise. In: Die Gegenwart. Deutschsprachige Erzähler der Jahrgänge 1900—1960. Hrsg. von R. H., Bd. 2. Köln 1981. S. 513 bis 536.

Ein hochangesetztes Lob, das Hochhuth auch noch auf den Erzähler Arthur Schnitzler ausdehnt, aber bezeichnend ist zugleich, daß die Erzählbeispiele, die dieses Lob konkretisieren könnten, nur von Thomas Mann und Schnitzler stammen — die Einbringung des Essayistischen im „Tonio Kröger" und die Verwendung des inneren Monologs im „Leutnant Gustl" — und Heinrich Mann ausgespart wird. Hochhuths Reflexionen über die Krisenhaftigkeit der Erzählgattungen sollen uns hier nicht weiter beschäftigen. Sie sind nur unter einem Aspekt wichtig. Sie beleuchten geradezu symptomatisch den Stellenwert, den der Erzähler Heinrich Mann im Literaturkanon einnimmt: der Nimbus seiner Leistung ist noch vorhanden, die konkrete Kenntnis des Geleisteten weniger. Der Nimbus eines Schriftstellers, der vor allem in seiner ersten Schaffenshälfte — und das ist die Zeit, als die bei weitem meisten kürzeren Erzählstücke entstanden —, „von den jüngeren Erzählern — und nicht nur von ihnen — als Vater verehrt und geliebt wird", wie der literarhistorische Chronist Albert Soergel [2] festgehalten hat. Er war „a writers' writer", wie Ulrich Weisstein betont [3], und das bedeutet ein Autor, der nicht durch Stoffe und Themen ein breites Publikum für sich interessiert, sondern der durch seine literarischen Techniken, durch formale Kühnheiten und Innovationen, die das traditionelle Instrumentarium erweitern, die Bewunderung und Achtung seiner Kollegen erringt. Man liest ihn, und man lernt von ihm.

Hat also Hochhuth mit seiner nicht weiter begründeten Hochschätzung des Erzählers Heinrich Mann im Grunde doch recht? Gibt es in der Kurzprosa Heinrich Manns jene von Hochhuth apostrophierten „bisher nie verwendeten Mittel" zu entdecken, die dann die Bestätigung dafür wären, in diesem Bereich seines Erzählwerks einen „einzigartigen Beitrag zur Gattung der Novelle und der short story" [4] zu sehen, wie ein Kenner Heinrich Manns bemerkt hat? Die Koppelung von Novelle und short story zielt dabei nicht auf einen Gattungsrelativismus und unterstreicht nicht die von Hochhuth akzentuierte Krisenhaftigkeit der kleinen Erzählformen, sondern weist auf die angelsächsische Gattungspoetik zurück, wo in der Theorie und in der poetischen Praxis des 19. Jahrhunderts, etwa bei Edgar Allan Poe, Novelle und short story in ihrer ästhetischen Signatur noch eng verschwistert sind. Die für die deutsche Situation typische Aufspaltung in die aristokratische formbewußte Novelle und die demokratische, auf vermeintlich breiten Lese-

[2] Dichter und Dichtung der Zeit. Neue Folge: Im Banne des Expressionismus. Leipzig 1925. S. 74.

[3] Heinrich Mann: Eine historisch-kritische Einführung in sein dichterisches Werk. Tübingen 1962. S. 201.

[4] Weisstein, ebd. S. 201.

konsum abgestellte und entsprechend ästhetisch anspruchslosere Kurzgeschichte hat noch nicht stattgefunden.

Wäre es also möglich, die potentielle Gegenwärtigkeit des Erzählers Heinrich Mann, die ja immer noch als Hoffnung an die Zukunft gerichtet werden muß, dadurch zu erweisen, daß man in seinem poetischen Verfahren innovative Linien aufdeckt, die in die Gegenwart hinüberweisen? Das bedeutet aber konkret, daß das vergangenheitsorientierte Gattungskonstrukt Novelle mit seinem von Goethe und den Romantikern entworfenen Definitionsgerüst zurücktritt. Als „Novellen" firmieren diese Heinrich Mannschen Erzählstücke bezeichnenderweise ja auch noch in den jüngsten Gesamt- oder Teilausgaben.

Statt dessen würde von der Gegenwart aus — und das bedeutet: von bestimmten poetischen Organisationsprinzipien gegenwärtigen Erzählens im kleinen Format — die Frage gestellt, inwiefern von Heinrich Mann erprobte Erzähltechniken sich als produktiv erwiesen haben und ihn so auch faktisch als „a writers' writer" bestätigen. Ich möchte diese Spur im folgenden aufnehmen, sie ein wenig genauer skizzieren und sie aus der Gegenwart heraus zu Heinrich Mann verlängern. Der Titel meiner Überlegungen, „Drei-Minuten-Romane", den ich von einer Geschichte Heinrich Manns genommen habe, ist ein Signal dafür, von dem sich ja auch das eine oder andere Echo in der deutschen Literatur der letzten Jahrzehnte finden läßt. Der DDR-Erzähler Erwin Strittmatter hat einer seiner Kurzgeschichtensammlungen (von 1969) den Titel „16 Romane im Stenogramm" gegeben. Die Reverenz, die er Heinrich Mann erweist, ist kein Zufall. Der Anthologist Martin Rockenbach gab 1927 eine Sammlung von neunundzwanzig Geschichten junger deutscher Erzähler — unter dem Titel „Wege nach Orplid" [5] — heraus und versuchte zugleich, in einem Geleitwort die Form dieser Kurzprosa als „5-Minuten-Romane" zu bestimmen. Da heißt es etwa: „Die Kurzgeschichte verzichtet auf alle ausmalende Darstellung im einzelnen. Der Kreis der Erzählung verengt sich auf ein Mindestmaß von Darstellung, ohne daß dem eigentlichen Ablauf des Geschehens auch nur ein Glied der Handlung fortgenommen wird. Die Kurzgeschichte ist ein 5-Minuten-Roman." (1) Auch hier ist die Verbindung zu Heinrich Mann nicht zu übersehen. Als Gattungsskizze der Kurzgeschichte wird man das kaum verallgemeinern können. Aber es beleuchtet zumindest eine Facette erzählerischer Darstellung, die offenbar auf Heinrich Mann zurückweist.

In der Tat hat es in der Heinrich Mann-Forschung bereits andeutungsweise Versuche gegeben, in dem Titel der besagten Geschichte Manns zugleich

[5] Mönchen-Gladbach 1927.

ein poetisches Programm zu sehen und seine Erzähltexte vielfach generell als Drei-Minuten-Romane zu analysieren, „in denen Lebensläufe gewaltsam verkürzt zur Darstellung gelangen und komplexe Tatbestände durch eine Kette von Gipfelpunkten bezeichnet werden.“ [6] Im Unterschied zur Novelle, die sich — im Goetheschen Sinne — auf „eine sich ereignete unerhörte Begebenheit“ konzentriere, erwiesen sich die Mannschen Erzähltexte vielfach „als eine Kette von blitzartig aufeinanderfolgenden Gefühlshöhepunkten.“ [7]

Wenn nicht alles täuscht, wird hier bei Heinrich Mann ein formales Problem der erzählerischen Darstellung in der Kurzprosa virulent, das auch der angelsächsischen Short-Story-Forschung vertraut ist und mit einem Wort, das auf Henry James' Einführung zu seiner „Daisy Miller“ zurückgeht, als „explosive principle“ des Erzählens bezeichnet wird [8]: Es zielt auf den vom Autor zu bewältigenden Konflikt zwischen den expansiven Verselbständigungstendenzen des Stoffes, dem sich der Erzähler anvertraut, und der aus der gewählten Gattung entspringenden gestalterischen Ökonomie, die konkret bedeutet, daß nicht extensiv, sondern intensiv erzählt wird, daß da, wo die Wirklichkeit ausmalende Deskription zu langen Perioden und Abschnitten tendiert, in einem einzigen komprimierten Satz, mit einem einzigen synkopischen Bild gearbeitet wird. Wo traditionell erzählerische Übergänge umständlich vorbereitet werden, dominiert der abrupte Schnitt. Der die Kontinuität des Erzählflusses prägende Rhythmus der ablaufenden Zeit gilt nicht mehr. Die Zeit springt, sie fließt nicht. Die Bilder und Situationen sind zusammengezogen, erscheinen wie im filmischen Zeitraffer. Diese strukturelle Komprimierung bestimmt nicht nur den Aufbau und die Verbindung von Erzählsequenzen, also nicht nur die kompositionelle Syntax des Erzählens, sondern auch unmittelbar das einzelne verwendete Bild, den einzelnen Satz.

Dieses „explosive Prinzip“ des Erzählens — der Autor legt sozusagen Minen in seinem Text, die erst im Bewußtsein des Lesers hochgehen — läßt sich in der Geschichte, die „Drei-Minuten-Roman“ [9] überschrieben ist, in einer charakteristischen Variation erkennen. Der junge Literat, der, mit seinem Erbteil ausgestattet, nach Paris geht, um die Wirklichkeit und das Leben kennenzulernen, um daraus später „literarische Vorteile“ (570) zu

[6] Weisstein (Anm. 3), S. 204.

[7] Weisstein, ebd. S. 205.

[8] Vgl. dazu u. a. Paul Goetsch: Arten der Situationsverknüpfung: Eine Studie zum ‚explosive principle‘ in der modernen Short Story. In: Studien und Materialien zur Short Story. Hrsg. von P. G. Frankfurt a. M. 1971. S. 40—63.

[9] Heinrich Mann: Novellen. Hamburg 1963. S. 570—575.

ziehen, wird bereits im Einleitungssatz ohne expositionelle Vorbereitung, ohne psychologische Grundierung der Figur in seiner hedonistischen Borniertheit bloßgestellt: „Als ich einundzwanzig war, ließ ich mir mein Erbteil auszahlen, ging damit nach Paris und brachte es ohne besondere Mühe in ganz kurzer Zeit an die Frau. Mein leitender Gedanke bei dieser Handlungsweise war: ich wollte das Leben aus der Perspektive eines eigenen Wagens, einer Opernloge, eines ungeheuer teuren Bettes gesehen haben." (570)

Die Blindheit des Protagonisten, der Wirklichkeitserfahrung mit Genußtaumel gleichsetzt und die Frauen, die er erobern will, nur als Attribute dieses Genußtaumels gelten läßt, wird von Heinrich Mann von Anfang an auf die Spitze getrieben. Er präsentiert von vornherein das Röntgenbild der Figur, ohne ihr körperliches und psychologisches Weichbild auszumalen. Die Person wird sozusagen auf eine einzige Formel gebracht, und die Geltung dieser Formel wird nun in einer Serie hintereinandergeschalteter Situationen experimentell überprüft. Erzählerisch wird dabei jener Satz im Einleitungspassus jeweils umgesetzt, wo es heißt: und brachte das Geld an die Frau. Da der Wirklichkeitshunger des Protagonisten nicht in den Genußspielen, die ihm die Rituale der feinen Gesellschaft anbieten, erfüllt wird, sein Leben wie ein Traum verläuft, in dem er „nach Wirklichkeit schmachtet" (570), läßt der Drang nach Wirklichkeitserfahrung sein Leben immer hektischer, immer phantasmagorischer, immer unwirklicher werden.

Er folgt der Lockung eines jungen Mädchens in ein unbekanntes dunkles Haus und stürzt plötzlich buchstäblich ab: Der Schritt auf ihr Bett zu geht über eine Falltür, die ihn hinunterstürzen läßt, nachdem er vorher seinen Rock mit der Geldbörse über einen Stuhl gehängt hat. Was wie ein aus der Kolportageliteratur entliehenes Versatzstück wirkt, wird von Heinrich Mann ironisiert, indem er sich als Erzähler der Ausmalung der stofflichen Reize dieser Episode völlig verweigert und mit einem revuehaften Schnitt den Protagonisten in Paris in den Abgrund fallen und in Florenz wieder auftauchen läßt.

Das geschieht hier erzählerisch fast in der Art eines filmischen „matchcuts": zwei völlig unterschiedliche Sequenzen werden miteinander verbunden durch den in Großaufnahme präsentierten gleichen Gegenstand, der, am Ende der ersten Sequenz vorgeführt, am Anfang der folgenden Sequenz wieder aufgenommen wird: das Zifferblatt der Uhr am Handgelenk des Protagonisten geht über in das Zifferblatt einer Uhr in einem Bahnhof beispielsweise. Bei Heinrich Mann heißt es: „Ich schloß die Augen und ließ mich weiter hinuntergleiten. Wider Erwarten brach ich nicht den Hals, sondern entkam durch einen Kanal. Entkam bis nach Florenz." (571) In Stephan

Hermlins in der Emigration spielender Geschichte „Reise eines Malers in Paris“ [10] läßt sich beispielsweise die gleiche Schnittechnik erkennen: der von seinen Ängsten vor den Nazis und von seinen Erinnerungen an den Spanischen Bürgerkrieg gepeinigte Maler Reichmann geht in den Pariser Metro-Schacht hinein und taucht in Barcelona wieder auf.

In der erzählerischen Syntax solcher Situationskoppelungen, die in der modernen Kurzgeschichte häufiger anzutreffen sind, könnte man eine Wirkungsweise dieses „explosive principle“ erkennen, das auch die komprimierte Struktur von Heinrich Manns Geschichte bestimmt. Die Situation in Florenz, die den Protagonisten zu Anfang als hoffnungslosen Verehrer einer Schauspielerin des Teatro Paglinano zeigt, die in Wirklichkeit als Kurtisane von einem Conte ausgehalten wird und in der Dachkammer des jungen Mannes erst Zuflucht sucht, als sie vom Conte und vom Theater hinausgeworfen wird, endet in einer zweifachen Handlungszuspitzung, die den inzwischen am Bett der erkrankten Kurtisane zum Schriftsteller gewordenen jungen Mann aus seiner Wirklichkeitserblindung dennoch nicht herauslöst. Der Tod der Frau entlockt ihm zwar Tränen des Schmerzes, die aber gleich wieder als Gefühle von ihm inventarisiert werden und über die er äußert: „Tränen, auf die ich namenlos stolz war und deren Versiegen ich nicht erleben wollte... Sie dauerten nicht viel weniger als eine Stunde: die Stunde, die in meiner Erinnerung das beste, wahrste, schönste Stück meines Lebens umfaßt (...).“ (572)

Aber diese bereits wieder die Spontaneität des Ergriffenseins verlierende und zur Literatur gerinnende Gefühlsäußerung wird zur Pose entwertet in der erzählerischen Koppelung mit einer Antiklimax. Der von seinem Schmerzensgang zurückkehrende Protagonist stellt das folgendermaßen dar: „Aber ich ward schon matt — und fand bequem dazu Muße, um mein Leben zu bangen, weil vor meinem Hause zwei verdächtige Gesellen standen.“ (572) Der Kampf auf Leben und Tod mit den beiden, wobei er im Gesicht des einen die Ähnlichkeit mit der gestorbenen Schwester erkennt und das Ganze als Racheakt der Familie deutet, wirkt gleichfalls wie eine Leihgabe aus dem Stoffreservoir der Kolportageliteratur, wird aber gegen Ende, als ein dazukommender Dritter die beiden Gauner aufstört, aber dann den jungen Mann, in dem er einen Bekannten vermutet, dann gleichfalls überstürzt verläßt, in einem Bild aufgehoben, das, über die konkrete Situation hinaus, zum Integralbild der Geschichte wird: „Er lief davon vor mir; er hielt mich für etwas anderes als ich war. Auch ihr Bruder hatte mich ver-

[10] Vgl. dazu die Ausführungen des Verf. in seinem Buch: Die deutsche Kurzgeschichte der Gegenwart. Stuttgart 1980. S. 166 ff.

wechselt. Und ich habe das Gefühl, als sei der Verkehr von Menschen immer so ein ratloses und grausames Durcheinander von Irrtümern wie diese nächtliche Szene an der Ecke der Via dell'Agnolo (...)." (573)

Dieses Integralbild, das zur Deutungsperspektive des hektischen Lebens des jungen Mannes wird, dessen Genuß-Traum sich in einen Alptraum verwandelt hat, wird am Ende der dritten Erzählsequenz nochmals aufgegriffen und vertieft. Der junge Mann ist inzwischen in seine Heimatstadt Mailand zurückgekehrt, hat sich als Literat einen Namen gemacht und wird auch aus diesem Grund von der Liebe einer „hochstehende(n), begabte(n) Dame" (573) verfolgt. Seine Situation in Florenz erscheint hier in spiegelbildlicher Verkehrung, ohne daß es ihm bewußt wird. Er mißhandelt die unglücklich Liebende, „aber mit dem Vorbehalt, mich dieses Stückes Seele zu schämen, wenn einst Zeit dazu wäre, und Kunst machen aus der Scham (...)." (574) Auch hier bleibt er der narzißtische Betrachter seiner selbst, der um der Kunst willen, in die er das Leben verwandeln will, das Leben und die Wirklichkeit immerzu aushöhlt und unwirklich werden läßt und am Ende in einer lähmenden Einsamkeit zurückbleibt.

Die Essenz der Situation wird gleichfalls in ein Bild übersetzt, das als Integralbild nicht nur seine Situation, sondern die Geschichte insgesamt, ja die in ihr thematisierte Lebensvorstellung einer äußerlichen Genußfreude und Hektik meint, wo alles nur Material und Objekt wird, bis sich der Erzähler, zur Hohlform seiner selbst geworden, gleichfalls als Objekt sieht, als abgestorbenes Ich, als Requisit dieser als sinnlos erfahrenen Wirklichkeit: „Diese Einsamkeit gleicht einer jähen Windstille vor der Ausfahrt. Eben kletterten noch eine Menge Matrosen rastlos umher an Masten und Schiffswänden, heben Anker, binden Segel los, spannen sie aus. Im nächsten Augenblick fallen die Segel schlaff zusammen, das Schiff rührt sich nicht, die Leute rutschen herab, stehen und sehen sich an (...) Auf diesen Seiten haben sich wohl ungewöhnliche Sachen ereignet? Meine Lebensstimmung aber ist kahl, als sei nie etwas eingetroffen. Ich sitze, scheint mir, die ganze Zeit vor einem Grau-in-Grau-Stück, wo lebenslänglich auf langweilige Art gestorben wird. Was ist Wirklichkeit?" (574)

Als einzige Erinnerung an ein wirkliches Leben bleibt der Anfang seines Schmerzes um den Verlust der Frau in Florenz, bevor ihm auch dieser Schmerz zum Objekt wurde, zum Objekt seiner Literarisierung: „Von einem Leben fast eine Stunde. Oder wenigstens die erste halbe Stunde war wirklich." (575)

Was sich auf den ersten Blick als parodistische Revue auf Motive der Kolportageliteratur zu erkennen gibt, erhält plötzlich eine Tiefendimension. Die in der Eingangssequenz des Erzählens auch im sprachlichen Duktus dokumentierte bornierte Überlegenheit, die den Zugang zur Wirklichkeit in ihrer materiellen Verfügbarmachung durch Geld und im erotischen Genuß sieht, ist einem fundamentalen Zweifel gewichen, der das Ich aushöhlt und leer zeigt, selbst als ein „Grau-in-Grau-Stück“. Was als parodistische Revue der Kolportageliteratur erscheint und in der pointierten Erzählweise, die die Phänomene auf wenige Striche zusammenzieht, flächig, zweidimensional erzählt wirkt, enthüllt eine Steigerungsstruktur, die nicht nur horizontal, sondern auch vertikal verläuft: in die Tiefe geht. Das explosive Prinzip des Erzählens, das sich in der Situationsverknüpfung, in der Bedeutungsaufladung der wenigen zentralen Bilder, die als Integralbilder charakterisiert wurden, präsentiert, läßt sich auch erkennen in der Komprimierung der Kolportage bis zu dem Punkt, wo sie fast schon in eine Parabel umschlägt.

Es sei nur am Rande bemerkt, daß sich dieser Erzähltext gleichzeitig auch jenen Arbeiten Heinrich Manns zuordnet, wo er das Versagen des routinierten komödienhaften Literaten vor der Wirklichkeit darstellt. „Pippo Spano“, wo er die Wurzellosigkeit verabsolutierten Ästhetentums thematisiert, wäre ein zentrales Beispiel.

Nun soll hier der „Drei-Minuten-Roman“ sicherlich nicht zu einem der großen Erzähltexte Heinrich Manns stilisiert werden. Es täte den Proportionen von Heinrich Manns Erzählwerk, auch auf die Kurzprosa bezogen, Unrecht. Diese Dimensionen sind reicher. Das läßt sich wohl am sichtbarsten demonstrieren, wenn man entstehungsgeschichtlich in Heinrich Manns Werk selbst die Diskrepanz aufzeigt zwischen den konventionellen Anfängen des Erzählers und der reichen Instrumentierung der im Sinne Hochhuths ersten gelingenden unerhörten Arbeiten. Zwei motivähnliche Geschichten wie „Contessina“, 1894 entstanden, und „Heldin“ aus dem Jahr 1905 bieten sich für einen solchen werkgenetischen Vergleich an.

„Contessina“ [11] stellt gleichfalls einen Drei-Minuten-Roman dar, wenn man das inhaltliche Spektrum eines dargestellten Lebenslaufes als Maßstab wählt. Auch hier läßt sich eine Staffelung von dargestellten Situationen erkennen, die freilich nur dadurch erzählerisch zusammengebunden werden, daß es sich jeweils um die Wiederholung eines morgendlichen Spaziergangs in einem einsamen, am Meer gelegenen Teil der Toskana handelt, wo, auf einem großen Landgut, das kleine Mädchen nur in der Gemeinschaft einer Gouvernante und seiner Mutter lebt, die, gelähmt durch den Verlust ihres Mannes, in einer als Schicksal angenommenen Erstarrung ihr Leben verdämmern läßt. Das Bild ihres Mannes, der als letzter Sproß einer alten angesehenen Familie starb, ist der Götze ihrer in Trübsinn und Passivität

[11] In: Novellen (Anm. 9), S. 64—79.

erstickenden Zeit. Die Tochter, die die Welt, selbst das nahegelegene Florenz, nur aus den Vergangenheitserzählungen ihrer Mutter kennt, ist in diesem Sperrkreis gefangen, in dem die Zeit stehengeblieben ist.

Die Wiederholung des rituellen Morgenspaziergangs, als Contessina fünfzehn Jahre alt ist, dieses Mal in Begleitung einer deutschen Erzieherin, bringt das sinnfällig zum Ausdruck. Eine Ahnung des wirklichen Lebens bricht in diese dumpfe Mausoleumswelt erst ein, als die Mutter einen Bildhauer aus Florenz verpflichtet, um ein marmornes Standbild des Vaters für das Zimmer der Tochter modellieren zu lassen. Die sechs Wochen, die der Bildhauer aus Florenz auf dem Landgut verbringt, und die morgendlichen Spaziergänge, die sie nun gemeinsam absolvieren, öffnen ihr Gefühl und ihr Auge erstmals für die Welt, die um sie herum existiert, für das eigene Leben: „Sie lernt das Leben beobachten und daran teilnehmen; aber sie erfährt noch mehr. (...) Contessina entdeckt in ihrem Innern (...) eine gewisse Vermittlung zwischen Natur und Kunst, die etwas Beglückendes für sie besitzt. Es ist eine still-heitere, seltsam zufriedene Stimmung, die solche Stunden hinterläßt." (72 f.) Ihre keimende Individuation, die zugleich unterschwellig von ihrer Sympathie, ja ihren nicht eingestandenen Liebesgefühlen für den Bildhauer stimuliert wird, erstickt abrupt, als der Bildhauer seinen Auftrag erfüllt hat und nach einem letzten gemeinsamen Spaziergang Contessina allein zurückläßt. Die durch den Abschiedsschmerz und die ihr jäh bewußt werdenden Gefühle, die ihr als Sünde vorkommen, in einen Gefühlsaufruhr gestoßene junge Gräfin wird, in der Dämmerung in ihr Zimmer zurückgeflüchtet, jäh mit dem weißen Götzenbild des Vaters konfrontiert, das die Mutter aufstellen ließ. Die ihr entrissene Zukunft im Bild des Künstlers und die sie erdrückende Vergangenheit im Bild des Vaters öffnen ihr in einem Erkenntnisblitz die Perspektive auf ihr künftiges Leben, das in Versteinerung und Erstarrung enden wird, so wie es sich an ihrer Mutter bereits vollzieht. Sie stürzt in einem jähen Entschluß aus dem Haus und über den Brunnenrand in die Tiefe.

Die melodramatische Linienführung dieser Geschichte drängt sich nicht zufällig auf. Der Erzähler bringt sie im Schlußpassus auf einen schwer erträglichen sentimentalen Nenner: „In der Tiefe, in der sie verschwunden, rührt sich nichts. Es ist ja nicht einmal ein See, der Kreise über ihr zu ziehen vermöchte. Und viel weniger hat sie in der großen Freiheit des Meeres sterben sollen, dessen Stimmen, die Stimmen des Lebens, sie so gern verstanden hätte, die arme Contessina." (79) [12] Die geschmäcklerische Variation des

[12] Heinrich Mann hat die melodramatischen Akzente dieses Textes, der 1897 erstmals in der Sammlung „Das Wunderbare und andere Novellen" erschien. 1917 für den Neudruck dieser Geschichte in der Sammlung „Bunte Gesellschaft" selbst auszumerzen ver-

Ertrinkungstodes — als bestünde das eigentliche Übel ihres Todes darin, daß sie in einem Brunnen ertrank und nicht in einem See oder gar dem Meer, wo sie beim Versinken wenigstens schöne Kreise im Wasser hinterlassen hätte — wirkt ebenso störend wie die Floskel von der großen Freiheit des Meeres, die ja im Kontext nur den Tod bedeuten kann, während gleichzeitig das Rauschen des Meeres die Stimmen des Lebens versinnbildlichen soll, von denen der Bildhauer bei einem ihrer Spaziergänge im Angesicht des Meeres gesungen hatte. Der Erzähler hat hier Bilddetails zu einem effektvollen Schlußbild arrangieren wollen und die Brüchigkeit dieses Bildes zugleich durch die Stimulierung einer x-beliebigen Trauer zu verdecken versucht.

Diese Geschichte aus einer fernen unwirklichen Zeit wirkt so gekünstelt, wie die Sprache des Erzählers farblos ist oder in einem ästhetisierenden Gestus gespreizt und effektvoll arrangiert wirkt. So wie die Mutter der Contessina sich mit den Bildern des Verstorbenen eingeschlossen hat [13], hat der Erzähler, blind für die Wirklichkeit, die er darstellen will, sich mit einem Arsenal schöner Bilder umgeben, die nur dekorative Geltung haben. So heißt es etwa über den Eindruck der Landschaft auf das Mädchen: „Doch in Contessinas große dunkle Augen tritt nichts von der Stimmung der Landschaft ein, auf der sie ruhen, so wenig von ihrem innigen Schweigen wie von ihrem lauten Glanze.“ (64) [14]

Inniges Schweigen, lauter Glanz, Stimmung der Landschaft sind Allerweltsbilder, lediglich ausschmückend und nicht wirklichkeitsverdichtend. Ähnlich klischeehaft ist die Beschreibung des Familienschlosses als Dornröschen-Burg: „Das (...) weitflügelige Gebäude liegt dort, vornehm zurückgezogen, im Grunde seines ungeheuren Parkes eingeschlafen —.“ (65) Das „vornehm zurückgezogen“ drängt sich als Symptom dieser konturenlosen Sprache unmittelbar auf. Es ist die Sprache der gesellschaftlichen Konvention, selbst dort, wo Heinrich Mann zu einem ambitionierten Bild greift, das dann nur geschmäcklerisch klingt. So wenn die in Contessina und ihrer Mutter an ein Ende gelangte Familie so beschrieben wird: „sie sind nur wie der Nachhall des letzten Akkordes von einem alten Liede (...).“ (66) Oder wenn die am Ende aus dem Haus in den Tod stürzende Contessina so wie

sucht. So lautet beispielsweise der Schluß in der späteren Fassung: „In der Tiefe, wo sie verschwand, rührt sich nichts. Dunkle Kreise ziehen über ihr, ziehen und verziehen sich lautlos. Denn nicht in Freiheit und Schall des Meeres hat sie sterben sollen, dessen Stimmen, Stimmen des Lebens, sie gern verstanden hätte, die arme Contessina.“ (H. M.: Novellen. Erster Band. Hrsg. von der Akademie der Künste, Red.: Sigrid Anger. Berlin-Weimar 1978. S. 188—202, Zitat S. 202.)

[13] Vgl. S. 65.

[14] So fast wörtlich auch in der Spätfassung (Anm. 12), vgl. S. 188.

eine Jugendstil-Figur vorgeführt wird, wobei doch der Bewußtseinsschock, der sie in den Tod treibt, diesen effektvoll hingetupften bildlichen Ummalungen eigentlich widerspricht. Es heißt dort: „Die Lichtung hinunter läuft sie, das weiße Kleid flattert um ihre leichte Gestalt. Sie ist ein Falter, den der Wirbelwind entführt, sie weiß nicht wohin." (79) Heinrich Mann, der Erzähler, gleicht hier dem Bildhauer seiner Geschichte, der die Statue eines Toten nach einem bereits vorhandenen Bild modelliert: er drückt nicht die Wirklichkeitserfahrung aus, die zur seelischen Erfahrung seiner Protagonistin und zur räumlichen Verankerung seiner Geschichte in der Landschaft der Toskana gehört, sondern er arrangiert als schön empfundene Wendungen und Motive zu einem gefälligen sentimentalen Tableau. Von der Komprimierungstechnik, die zum „explosive principle" des Erzählens gehört, lassen sich hier bis auf die kompositionelle Syntax, die ein Leben auf einige wiederkehrende Situationen zusammendrängt, kaum Spuren entdecken.

Das tritt, so scheint mir, noch um vieles plastischer hervor, wenn man dagegen die Geschichte „Heldin" [15] hält, die — auf der rein stofflichen Ebene des Vergleichens — ja ebenfalls den aus Liebesenttäuschung entstehenden Selbstmord des fünfzehnjährigen Mädchens Lina — das ist das Alter Contessinas — darstellt. Und selbst der florentinische Bildhauer dieser Geschichte hat hier sein Gegenstück in dem jungen Schriftsteller Roland. Auch diese Geschichte setzt ohne expositionelle Vorbereitung unmittelbar mit der Darstellung einer bestimmten konkreten Situation ein; es ist ein für die moderne Kurzgeschichte geradezu charakteristischer erzählerischer Einstieg: der Spazierweg der beiden befreundeten Mädchen Grete Pinatti und Lina Clemens durch die italienische Kleinstadt und ihr Zusammentreffen mit dem jungen Literaten, wobei die dem Mädchen Lina erst halbbewußte erotische Attraktion des Mannes bei der ein Jahr älteren Grete längst zur heimlichen Liebestat geführt hat, auch wenn sie nach außen hin den Schein der Unschuld aufrechterhält. Am Gespräch der drei beim Rundgang durch die Stadt nimmt später auch der Vater Linas, ein italienischer Winzer, teil, der die Freundin seiner Tochter mit begehrlichen Augen anblickt. Die sprachliche Verdichtungskraft, mit der Heinrich Mann die sinnliche Präsenz der italienischen Umwelt einfängt, ist außerordentlich und zeigt ihn auf der Höhe seiner Kunst. Keinerlei Aufzählung von Wirklichkeitsattributen, keinerlei umständliche Beschreibung, sondern die Konzentration auf das prägnante Detail, das Bild und sinnlicher Eindruck in eins ist und die Wirklichkeit in kurzen Momentaufnahmen zu sinnlicher Leuchtkraft bringt. Da wird etwa das geschäftige Treiben in den Laubengängen sprachlich so eingefan-

[15] In: Novellen (Anm. 9), S. 615—633.

gen: „Ketten bunter Früchte hingen vor den Gewölben; Mädchen in schwarzen Umschlagtüchern und mit Rosen vor der Brust drehten sich in den Hüften, bewegten Fächer und Augen; schreiend spielten Burschen Morra; Harmonikatöne und fette Gerüche stiegen zum Himmel auf, der festlich zwischen den Dächern hinfloß." (616) Oder: „Lastträger, Zolleute, Schiffer schoben sich, die Hände in den Taschen, durcheinander, verwickelten sich plump in den leichten schwankenden Gewinden lachender Mädchen. Kleine, behende Hausfrauen auf klappenden Holzschuhen, in den Haaren noch den Staub der Woche, machten unter den Steinlauben, feilschend und jammernd, ihre Einkäufe für den Sonntag." (617)

Das sind keine nach vertrauten Mustern schön arrangierten Bilder mehr wie in „Contessina", sondern das ist sinnliche Präsenz der Wirklichkeit in Sprache übersetzt, die, indem sie ganz konkret ist, ganz nah an die Wirklichkeit heranrückt, die Essenz dieser Wirklichkeit in Bilder bannt. Von der pulsierenden Gegenwärtigkeit der italienischen Landschaft findet sich in „Contessina" kaum eine Ahnung. Hier — es ist die Landschaft am Gardasee — wird sie immer wieder in der Sprache konkret. Nur ein Beispiel: „Draußen hingen die Pappeln voll Abendröte; der See grollte noch; das Ende der Wege verlor sich schon in der Dämmerung, und die Hüter der Weingärten auf entfernten Hügeln begannen einander ihren klagenden Ruf zu senden. Clemens stand im Maisfeld, hatte einem verspäteten Arbeiter die Hand auf die Schulter gelegt und redete liebevoll auf ihn ein." (628) Oder: „Von allen Seiten, in vielen Hügelfalten rauscht das Land, ein großer mit Goldflämmchen bestickter Mantel, vom Tal auf. Durch die mondgrauen Schleier aus Öllaub schwebt ein merkwürdig einsamer Glockenklang." (624)

Man vergleiche nur die zur ästhetischen Pose geronnene Darstellung der körperlichen Bewegung in „Contessina" mit einer analogen Stelle in „Heldin". Im ersten Beispiel: „(...) sie stürzt (...) die Treppe hinab, aus dem Hause. Die Lichtung hinunter läuft sie, das weiße Kleid flattert um ihre leichte Gestalt." (79) Und in „Heldin": „Sie erhob sich und stieg in ihrem Hemd die Freitreppe hinab. Grüngoldne Lichtchen durchirrten die Luft und stirnten Weg und Wiese. Die lange Weinlaube war wie in Feuer gefaßt. Nun glühte es schon in Linas hängenden schwarzen Flechten. Wo sie vorüberkam, erwachte leis in den Büschen ein Zwitschern und Girren." (630) Im ersten Beispiel nur ein blasser Schattenriß auf Jugendstil-Hintergrund: weißes Kleid, leichte Gestalt, das Hier und Jetzt der konkreten Situation ist ausgeblendet, die Naturumgebung erscheint nur signalhaft im Wort Lichtung. Im zweiten Beispiel ist aus dem Wort Lichtung die Wiese geworden, die mit der Konkretheit ihrer Naturvielfalt und zugleich mit der Konkretisierung der zeitlichen Situation in genauen Beobachtungsdetails ins Bild gebracht wird.

Das „explosive principle“ des Erzählens dokumentiert sich hier in seiner komplexesten und differenziertesten Erscheinung: es hat hier nichts mit der Verknüpfung von Erzählsituationen oder der kompositionellen Syntax des Erzähltextes zu tun, sondern mit den Elementarbestandteilen des poetischen Sprechens: dem einzelnen Satz, dem einzelnen Sprachbild. Wo der traditionelle Erzähler in größer dimensionierten Gattungsmustern zum ausführlichen sprachlichen Entwurf von Naturszenerien ansetzen kann, steht hier nur das Stenogramm weniger Sätze und Bilder zur Verfügung, die jedoch, wenn sie so außerordentlich verdichtet sind wie in diesem Text Heinrich Manns, die ausführlich entworfenen Naturpanoramen an Prägnanz und Intensität übertreffen können.

Die sprachliche Verdichtungskraft Heinrich Manns läßt sich in diesem Text auch noch unter einem anderen Aspekt fassen. Was der Künstler Roland als vom Autor Heinrich Mann wahrgemachte Erfahrung ihres Spaziergangs an einer Stelle beschreibt: „Wir wohnten soeben drei, vier Verbrechen bei, ebenso vielen Mißbräuchen der Macht und der Roheit des Volkes, und haben doch nur einen Gang durch eine Kleinstadt gemacht“ (620), gilt auch für das thematische Darstellungsspektrum dieser Geschichte insgesamt: die Totalität des Lebens, seine Janusköpfigkeit, die beunruhigende Widersprüchlichkeit von schöner, den Menschen schützend umfangender Natur und den zerstörerischen Ratten, die der Winzer Clemens mit vergifteter Polenta zu vernichten versucht, die Widersprüchlichkeit, die die Menschen selbst charakterisiert. Das Beispiel der ihnen auf dem Spaziergang begegnenden gehässigen, diebischen, feigen und bösen Matrone[16], die andererseits fromm der „erhobenen Hostie“ (622) folgt, wird mit „ihrem Nagetiergesicht“ (621) nicht von ungefähr zum Bild der Ratte in Beziehung gesetzt. Diese Aufspaltung der Menschen in Geschöpfe, die gut und böse zugleich sind, die andern helfen und im nächsten Augenblick lügen und Verbrechen begehen, wird aus der noch kindlichen Perspektive Linas, aus der weitgehend erzählt wird, zur zentralen Bedeutungsschicht des Textes gemacht.

Lina steht an der Schwelle zur Adoleszenz und beginnt von den Erfahrungen bedrängt zu werden, daß ihr Kindheitsbild der Wirklichkeit und der Menschen nicht Bestand hat, während sie weiter daran glauben möchte, daß die Menschen gut sind und daß es möglich ist, gut zu sein. Dieser Einbruch des Widerspruchs und des Bösen in die kindliche Vorstellungswelt, die das Böse abstoßen möchte, wird von Heinrich Mann mit großer psychologischer

[16] Vgl. S. 621.

Differenziertheit zugleich verbunden mit dem seelischen Vorgang des erotischen Erwachens von Lina, das sie aber nicht wahrhaben will, so wie ihr auch die Körperlichkeit der Liebe noch etwas Unbegreifliches darstellt. Der den Riß in der Wirklichkeit resignativ im Gespräch mit Lina bekennende Roland, der jedoch zugleich heimlich während des Spaziergangs ein neues Rendezvous mit Grete in der Badehütte zu verabreden versucht, wird von Lina zu einem hilfebedürftigen, nämlich kranken und von ihr zu erlösenden Partner spiritualisiert. Roland bekennt zugleich vor ihr: „wenn man Sie ansieht, Lina, beruhigen sich die Mienen, das Böse, aus der Ewigkeit hergefahren, weicht in sie zurück... Sie halten mich hoffentlich nicht für verliebt?" (617)

Das Doppelspiel des Mannes, das Doppelspiel der Freundin, das Doppelspiel ihres Vaters, der seine kranke Frau betrogen hat, der ihrer Erzieherin nachstellte und vor Grete und Roland lügt, aber gleichzeitig, wie Lina bekennt, „der edelste Mensch ist, der an den Sieg der Wahrheit glaubt (...)" (625), verirren sich in ihrem Bewußtsein zur Vorstellung einer Welt, die die Idealität der kindlichen Anschauungen außer Kraft setzt und die Wirklichkeit in „ein unerklärliches Labyrinth" (627) verwandelt. Zwischen der ironischen Wendung Rolands, der die vergebliche Immunisierung der Kindheit und der kindlichen Idealität so beschreibt: „Jung sein und in einem Olivenhain leben (...)" (625) und Clemens' nüchternem Anerkennungssatz, der Grete gilt, die den Initiationsschritt bereits getan hat, auch den der erotischen Initiation: „Da schauen Sie die Grete: bloß um ein Jahr älter, aber schon ein strammer Kerl!" (625), tut sich für Lina der Riß auf, den sie nicht zu heilen vermag, den sie aber heilen möchte, indem sie die Idealität ihrer moralischen Vorstellung unter die Menschen tragen möchte.

Diese von Heinrich Mann mit großer Sensibilität aufgewiesene Verwirrung der kindlichen Gefühle in Lina wird in der Handlung zur Zerreißprobe gesteigert, als die am Abend desselben Tages von ihrer Unruhe an den See getriebene Lina beim Baden plötzlich die Stimmen von Roland und Grete aus der Badehütte hört und Rolands Bekenntnis, er liebe nur Grete.[17] Die gewaltsame Zerstörung der Unschuld in ihrem Bewußtsein, die Enttäuschung ihres Liebesgefühls, das ihr abrupt bewußt wird, läßt das Doppelgesicht der Wirklichkeit zur bösen Fratze erstarren, so wie die gütig geglaubten Gesichter der Menschen sich verzerren, der Ratte ähnlich werden, auf die sie trifft, als sie im Zustand der Verstörung nach Hause irrt und gegen den Teller mit vergifteter Polenta stößt, den der Vater wieder hinausgestellt hat: „Die Ratte wagte sich nochmals herbei: mißtrauisch, ruckweise, stehen-

[17] Vgl. S. 631.

bleibend und umsichtig weitertrippelnd, mit dem bedrückten, emsigen und plumpen Getrippel einer armen Matrone (...)." (632/3)

In einem abrupten Entschluß, in dem sich alles verbindet, die betrogene Liebe, die Zerstörung ihres kindlichen Idealitätsglaubens und ihr verzweifelter Drang, alles ungeschehen zu machen, indem sie den Riß in der Schöpfung heilt, d. h. sich selbst opfert und damit zugleich die Immunisierung ihrer Kindheit endgültig macht, vergiftet sie sich selbst. Man erinnere sich an die floskelhafte Erzählkadenz am Ende von „Contessina" und halte den Schlußpassus dieser Geschichte dagegen, der den Todesmoment als Erkenntnisaugenblick, in dem die Totalität des Lebens nochmals aufleuchtet, begreifbar macht: „Den Fuß schon erhoben, sah sie sich mit einem strahlenden und dennoch schamhaft zärtlichen Lächeln nochmals um. Hinter ihr war, in märchenhaftem, grüngoldnem Leuchten, ein unabsehbarer Zug von Menschen. Die kleinen Hausfrauen aus den Steinlauben waren da und die Schiffer; der Schmuggler, der Dieb und der Trunkene; und die Frau, die ihr Kind schlug, vereint mit der, die ihres küßte; und Linas Vater; und, Schulter an Schulter, Grete und Roland. Lina setzte den Fuß an. Sie tat einen gleitenden Schritt, einen strengen und heiteren Tanzschritt. Sie gelangte zu dem Teller, hob ihn mit einer glücklichen, raschen Bewegung vom Boden und führte einen Bissen an die Lippen." (633)

Diese Geschichte des Mädchens Lina in „Heldin" ist eine der schönsten Initiationsgeschichten, die ich kenne, nicht nur Heinrich Manns, sondern der deutschen Literatur. Hier ist alles das wahr geworden, was Rolf Hochhuth in seinen eingangs zitierten Sätzen als Postulat aufgestellt hat, wahr geworden in einer Sprache, die Heinrich Manns eigenes Postulat in seinem Essay „Die geistige Lage" [18] einholt: „Die Sprache", heißt es dort, „ein gewisser willensstarker Fall der Sätze und der unzugängliche Glanz, den sie ausstrahlen, dies entrückt ein Buch aus der Wirklichkeit und nähert es dem Sinn des Lebens. Die Sprache ist (...) das unverkennbare Zeichen (...) der Dauer, die es haben wird." (353)

[18] Essays. Hamburg 1960. S. 334—362.

NORBERT OELLERS

„Karikatur u. Excentricität“

Bemerkungen zu Heinrich Manns Novellen „Das Wunderbare“ und „Pippo Spano“

Heinrich Mann ist fünf Jahre zu spät geboren, um noch die Mode des Naturalismus mitmachen zu können. Er ist zu zeitgemäß, von Anfang an, um einen literarischen Niedergang auch nur für einen Augenblick aufhalten zu wollen. Als er zu schreiben begann, Anfang der neunziger Jahre, waren zwar manche Hauptwerke des Naturalismus noch nicht geschrieben, aber die Gegner hatten sich bereits formiert und ausgesprochen — kein Zweifel, daß ihnen die Zukunft gehören würde, daß sie bestimmten, was modern sei. Die Überlegungen der Henckell, Conradi, Bleibtreu und Wolff waren, kaum vorgetragen, schon obsolet; „Rembrandt als Erzieher“ von Julius Langbehn, 1890 anonym erschienen, eine raunende Deutschtum-Apologie, anti-naturalistisch, anti-sozialistisch, im Stile eines Duodez-Nietzsche, aber der Heimatkunst förderlich, da diese sich als Bewahrerin des Individualismus gegen die drohende Massenkultur gerechtfertigt fühlen konnte, — „Rembrandt als Erzieher“ war erfolgreicher als die Prosaliteratur des Naturalismus zusammengenommen.[1] Und Hermann Bahr, der aus Paris nach Berlin gekommene Österreicher, wurde schnell zum Orakel und Fürsprecher einer neuen Literatur, die viele Bezeichnungen erlaubte, weil sie vielfältig war und nur die eine gemeinsame Bedingung erfüllen mußte: nicht-naturalistisch zu sein. Leo Berg, gerade noch Wegbereiter des Naturalismus, fragte schon 1891: „Wer zählt die Ismen, nennt die Namen?!“ und gab zur Antwort: „Die Real-Idealisten, Symbolisten, Instrumentalisten, Impressionisten, Mystizisten, Lyristen, Neu-Idealisten, Neu-Romantiker, Nationalisten, Humo-

[1] Vgl. Adalbert von Hanstein: Das jüngste Deutschland. Zwei Jahrzehnte miterlebter Litteraturgeschichte. Leipzig 1900. S. 235: „Das Jahr 1890 (...) war in jeder Hinsicht ein Höhepunkt der ganzen Geistesbewegung. (...) In jenem Jahre wurde es möglich, daß *Julius Langbehns* namenlos erschienene Schrift *„Rembrandt als Erzieher“* schnell bis 42 Auflagen erlebte, ein Buch, welches durch seinen Titel doch nicht lockte, das aber, in geistreichem Geplauder über alles Erdenkliche sich verbreitend, die Gestalt des Deutschesten aller Maler zum Maßstabe der gesamten Welt- und Lebensanschauung machte.“

risten, Modernisten, Decadents, Fin-de-sièclisten, Gesundheitsbeamten und Tugendwächter der neuen Litteratur." [2]

Ja, Hermann Bahr hatte schon 1890 den Naturalismus nur unter der Voraussetzung, daß er sich mit der Romantik verbinde, gelten lassen; im folgenden Jahr konnte schon die Schrift „Die Überwindung des Naturalismus" für klare Verhältnisse sorgen: „Die Herrschaft des Naturalismus ist vorüber, seine Rolle ist ausgespielt, sein Zauber ist gebrochen. In den breiten Massen der Unverständigen, welche hinter der Entwickelung einhertrotten und jede Frage überhaupt erst wahrnehmen, wenn sie längst schon wieder erledigt ist, mag noch von ihm die Rede sein." [3] Das Neue charakterisiert Bahr als „nervöse Romantik" oder „Mystik der Nerven" oder „neuen Idealismus", dessen Inhalt sei: „Nerven, Nerven, Nerven und — Kostüm." [4] Und noch etwas sei aus derselben Schrift zitiert, die Prophezeiung: „Wenn erst das Nervöse völlig entbunden und der Mensch, aber besonders der Künstler, ganz an die Nerven hingegeben sein wird, ohne vernünftige und sinnliche Rücksicht, dann kehrt die verlorene Freude in die Kunst zurück." [5]

Hermann Bahr wandte sich nach Wien und machte dort Epoche. Die „neue Moderne" zog aber mit ihm nicht aus dem Reichsgebiet aus, dafür sorgten allein schon die alten Naturalisten — Gerhart Hauptmann, Arno Holz, die Brüder Hart, Hermann Sudermann. Unter den Neuen, die hinzukamen, das Neue zu befestigen, waren Liliencron und Dauthendey, Dehmel und George, Georg von Ompteda und Jakob Wassermann, Wedekind und Wilhelm von Scholz. Daß damit schon hervorragende Autoren ihrer Zeit genannt sind, zeigt, daß die Ernte des ausgehenden Jahrhunderts nicht groß war, — wenn ‚groß' nicht vornehmlich quantitativ verstanden wird. Die Seelenkunst, befreit von den Fesseln einer unpoetischen Literatur-Doktrin, brauchte Zeit zur eigenen Entwicklung, zur Geschmacksbildung, zur Selbstkontrolle durch gegründete Kritik. Wer wollte sagen, ob Hermann Bahrs Roman „Die gute Schule" (1890) mehr war als nur ‚fortschrittlich', nämlich auch Kunst mit der Aussicht auf Dauer? („Ah, wenn er sich erinnerte, dieser Seligkeit ohnegleichen, dieser jauchzenden, taumelnden Wollust ohne Beispiel! Noch siedet ihm das Blut, und alle Nerven wirbelten sich zum Tanz, wenn er daran dachte." [6] Bahr zwischen E. Marlitt und Thomas Mann?) Und schrieb nicht Arthur Schnitzler zur selben Zeit Erzählungen, in

[2] In: Moderne Blätter. 1. Jg. (1891). H. 7. S. 2. — Zitiert nach: Literarische Manifeste des Naturalismus 1880—1892. Hrsg. von Erich Ruprecht. Stuttgart 1962. S. 228.

[3] Zitiert nach: Literarische Manifeste [Anm. 2]. S. 249.

[4] Ebd. S. 251 f.

[5] Ebd. S. 253.

[6] Zitiert nach Hanstein [Anm. 1]. S. 244.

denen Sätze, Abschnitte, ja ganze Kapitel verdächtig erscheinen konnten, weil die Romantik nichts anderes transportierte als Allerweltsgefühle der Seligkeit und Traurigkeit, die nichts weiteres vermitteln wollten als sich selbst und damit allerdings eminent psychologisch wirkten, — wenn nicht die Klischees (schon damals) schreckten: „Sie nahm die Hand des Schlummernden und weinte stille, traurige Tränen darauf und weinte noch weiter, wie sie längst mit ihren Gedanken weitab von dem Manne gekommen war, auf dessen bleiche Hand ihre Tränen fielen.“ [7] „Ja, etwas Keusches und Süßes war das gewesen, und alle Glut, die in ihrem Geständnis lag, und alle Leidenschaft, mit der sie ihn zum Abschied an sich gedrückt, und selbst der dumpfe Rausch, in dem sie ihn zurückgelassen — in alledem war etwas, was ihn an jene Stimmung der ersten Liebe erinnerte mit ihren zitternden Wünschen, die keine Erfüllung kennen.“ [8]

Genug davon. Es ließe sich eine Anthologie des Schwulstes, der durch Sprache potenzierten und damit nivellierten Sehnsüchte und Liebeserfüllungen, einer künstlich aufgeregten Sinnlichkeit, die sich auf morbide Geistigkeit zu stützen vorgibt und um den Anschein von Vitalitätsschwäche bemüht ist, aus den Werken der Autoren ersten Ranges jener Zeit mühelos zusammenstellen; Vergleiche mit anderen Zeiten fielen da schwer, ebenso Vergleiche mit anderen Ländern, Frankreich etwa, wo der antirealistische Affront in der Literatur schon zwei Jahrzehnte früher als in Deutschland zu überzeugenderen Ergebnissen geführt hatte.

Für den jungen Heinrich Mann, der bis zu seinem 30. Lebensjahr zwei Romane („In einer Familie“, 1894; „Im Schlaraffenland“, 1900) und zahlreiche Geschichten, Erzählungen und Novellen geschrieben und veröffentlicht hat, könnte als charakteristisch angesehen werden, was Bahr am modernen Schriftsteller aufgefallen war: „Also erstens die Hingabe an das Nervöse. Zweitens die Liebe des Künstlichen, in welchem alle Spur der Natur vertilgt ist. Dazu kommt drittens eine fieberische Sucht nach dem Mystischen.“ [9] Zu ergänzen wäre (oder auch nur zu präzisieren): Heinrich Mann pflegt mit Hingabe, freilich nicht immer mit der nötigen Sorgfalt, das Sinnlich-Erotische als Sensation, das vermeintlich oder tatsächlich Sündhafte als schön: „Eine schöne Sünde. Der erste kleine, reizende Aufschluß zu dem großen giftig-süßen Sündengeheimnis, das noch im Dunkel vor ihr schlief und zu

[7] Aus „Sterben“. — Arthur Schnitzler: Das erzählerische Werk. Bd. 1. Frankfurt a. M. 1977. S. 146.

[8] Ebd. S. 208. — Aus „Komödiantinnen“.

[9] Aus „Die Décadence“, in: Studien zur Kritik der Moderne. Frankfurt a. M. 1894. S. 25. — Zitiert nach: Jugend in Wien. Literatur um 1900. Eine Ausstellung des Deutschen Literaturarchivs im Schiller-Nationalmuseum Marbach a. N. 1974. S. 139.

dem sie's hinzerrte mit unheimlich feuchtheißen, begehrlichen Schauern ...". [10] Vom Blut spricht Heinrich Mann oft, daß es rauscht und drängt [11], saust durch die Berührung von „in verhaltener Erregung zitternden Fingern" [12], umgewälzt wird durch „den sehnsüchtigen Glauben" an nahe Liebeserfüllung [13], etc. Weich und weiß ist vielerlei; die blonden Haare der Frauen, „die etwas wild rochen" [14], gehören zum sprachlichen Repertoire, Haare, die, etwa, „in schweren Fluten über die schmalen gesenkten Schultern" rollen. [15] Und an Bildern wie den folgenden mangelt es nicht: „Der weich und doch energisch geformte Arm, der den Kopf stützte, erhob sich aus dem zurückgefallenen Spitzenärmel wie eine weiße festgeschlossene Knospe aus den niederhangenden Deckblättern." [16] „Paul Lissen fand alles an ihr, ihre Brüste, ihre Hüften, ihre Küsse und ihre Schreie, wie aus Kautschuk (...)." [17] Ausschweifungen also in mehr als nur in einer Hinsicht.

Es ist, bevor auf Heinrich Manns Novellen etwas näher eingegangen werden soll, daran zu erinnern, daß der junge Dichter auch als Kritiker hervorgetreten ist, wobei er die Gelegenheit benutzte, seinen eigenen poetologischen Standpunkt kenntlich zu machen; etwa in der 1892 in der Zeitschrift „Gegenwart" erschienenen Rezension des Maeterlinck-Dramas „Pelléas et Mélisande", einer Rezension, die unter den Titel „Neue Romantik" gestellt wurde und sich um eine Beschreibung der neuen Literatur bemüht: diese gehe psychologisch vor, um „das Unerklärliche festzustellen, die Lücken und ‚Grenzen des Naturerkennens' zu bestimmen"; sie vertiefe „das bloß Räthselhafte zum mystisch Unheimlichen und Grausigen"; doch fern sei ihr die haltlose Spekulation und Unnatürlichkeit. [18] — Literatur ist keine Angelegenheit der Massen, nicht einmal der Gesellschaft, sondern nur eines Einzelnen oder eingeschränkter noch: eine Angelegenheit ihrer selbst.

Unter den frühen Novellen zeichnet sich im Kontext der zeitgleichen neuromantischen Überlegungen und Versuche die Titelnovelle der 1897 erschienenen Sammlung „Das Wunderbare und andere Novellen" besonders aus, und zwar in mehreren Hinsichten: Es gibt keine andere Novelle Heinrich Manns, in der das Romantische so präsent (als Thema) ist, ohne zu

[10] Aus „Haltlos". — Heinrich Mann: Novellen. 3 Bde. Berlin u. Weimar 1978. Bd. 1. S. 43.
[11] Vgl. ebd. S. 51.
[12] Aus „Vor einer Photographie". — Ebd. S. 60 f.
[13] Aus „Liebesspiele". — Ebd. Bd. 2. S. 6.
[14] Ebd.
[15] Aus „Die Königin von Zypern". — Ebd. Bd. 1. S. 361.
[16] Aus „Auf Reisen". — Ebd. S. 148.
[17] Aus „Liebesspiele". — Ebd. Bd. 2. S. 11.
[18] Die Gegenwart. Bd. 42. Nr. 29 vom 16. Juli 1892.

stören, daß heißt ohne epigonal zu wirken; dies ist gleichzeitig eine Bestätigung, daß Romantik eine Stilkategorie ist, die sich der zeitlichen Fixierung entzieht, auch wenn sie als Zeitphänomen variabel sein muß, was aber verdeckt werden kann, so daß der Eindruck nicht nur unveränderlicher ‚Gültigkeit', sondern auch künstlerischer Autonomie erweckt wird; schließlich ist die Novelle „Das Wunderbare" fast ganz frei von sprachlichen Klischees und gedanklichen Ungereimtheiten, an denen im Frühwerk Heinrich Manns ja kein Mangel herrscht.

An seinen Freund aus Lübecker Zeiten, Ludwig Ewers, schreibt Heinrich Mann am 17. Oktober 1894 aus München: „(Ich) plane augenblicklich an einer ganz phantastischen Novelle herum, die ganz in der Luft stehen soll, vollkommen unwirklich." [19] Nachdem er sechs Wochen später sein novellistisches Treiben als „der reine Sport" bezeichnet hat [20], äußert er wenige Tage darauf seine Hochachtung vor der Leistung, die er mit „Das Wunderbare" vollbracht hat: „Die zweite Novelle [„Das Wunderbare"] ist etwas, worauf ich Gewicht lege. Sie enthält wirkliche Sensationen, Visionen und Sehnsucht. Es wäre schlimm, wenn sie nichts taugte. Du wirst die Gedankenverwandtschaft mit den kürzlich gelesenen Gedichten erkennen." [21] Die Gedichte hatte Mann im Oktober geschrieben, fünf an der Zahl, eine Mischung aus Eichendorff, Mörike, George und Liliencron, Gedichte über die Schönheit, die geträumte, die Reue erweckt und Furcht bewirkt, und die todbringende: „Schon will entsetzt mein Aug sich von dir wenden, / Da nahst du mir mit Lilien in den Händen, / Da drückst auf meine Lippen du den Kuß, / Für den ich lebte und für den ich sterben muß." Und die lebendig erhaltende: „Weiß glänzt dein Kleid, du läßt die Arme gleiten / Um meinen Hals. So stehen wir und schaun / Wie drunten im unwirklich blaun / Zuge vorüberziehn die Ewigkeiten." [22]

Die Novelle erschien zuerst 1896 in der Zeitschrift „Pan"; sie wurde für den Druck im 9. Band der „Gesammelten Romane und Novellen", der 1917 bei Kurt Wolff herauskam, überarbeitet, wobei manche Romantizismen, die der Autor inzwischen nicht mehr billigte, geopfert wurden (auch das Zentralmotiv der „Weißen Winde" wurde bei dieser Operation beschnitten).

Keine andere Novelle der neunziger Jahre hat Heinrich Mann für wert befunden, in Ausgaben seiner gesammelten Werke zu stehen, als allein „Das Wunderbare". Daß auf dieses Werkchen dennoch sein Selbsturteil aus dem

[19] Heinrich Mann: Briefe an Ludwig Ewers 1889—1913. Hrsg. von Ulrich Dietzel und Rosemarie Eggert. Berlin u. Weimar 1980. S. 371 f.

[20] Brief vom 28. November 1894. — Ebd. S. 376.

[21] Brief vom 3. Dezember 1894. — Ebd. S. 382.

[22] Ebd. S. 375.

Jahre 1901 angewandt werden kann: „aus der beobachteten Wirklichkeit hervor wächst bei mir doch sehr viel Karikatur u. Excentricität“ [23], soll im folgenden zu zeigen versucht werden.

Wie auffallend häufig in seinen frühen Novellen benutzt Heinrich Mann auch für „Das Wunderbare“ einen Rahmen, der die ‚eigentliche‘ Geschichte konturieren und ihr den Schein der Authentizität verleihen soll. Der beobachteten Wirklichkeit — dem Erzähler-Ich — kommt eine vorgebliche ‚wirkliche‘ Wirklichkeit, die Gestalt eines Jugendfreundes, zu Hilfe, damit er die erfundene Wirklichkeit, die mystische Erfahrung des Wunderbaren, aus der Distanz betrachten, sie also gleichsam als ein Objekt wahrnehmen kann. Der Erzähler, so scheint es, fühlt sich gegenüber seinen Lesern nicht so sicher, daß er glaubhaft darzustellen vermag, die „sich ereignete unerhörte Begebenheit“ [24] sei ihm selbst zugestoßen. Daß der Autor durch sein Verfahren außerdem zu erkennen gibt, wie wohlvertraut er mit der Geschichte der Novelle ist — er will nicht hinter Boccaccio, Goethe, Keller zurückstehen —, ist natürlich zu bedenken. (Daß der Rahmen eine nur gattungsspezifische Funktion haben kann, macht die Novelle „Ein Verbrechen“ deutlich: Ein Rittmeister erzählt Gästen, von denen eingangs nur gesagt wird, daß sie jung seien, die Geschichte einer Leidenschaft. Nachdem sie erzählt ist, meldet sich noch einmal der Erzähler zu Wort: „Der Rittmeister zuckte die Achseln. Er machte wieder die seinen Gästen bekannte Handbewegung: ‚Reden wir nicht davon.‘“ [25])

„Das Wunderbare“ ist die Geschichte Siegmund Rohdes, eines Schulfreundes des Erzählers, dem dieser nach vielen Jahren der Trennung wieder begegnet. (Ob der Name, was immerhin denkbar wäre, eine Anspielung auf Nietzsches Freund, den klassischen Philologen Erwin Rohde, bedeutet, soll hier nicht diskutiert werden, ist wohl auch nicht von Belang.) Rohde, so erfährt der Leser, war einst kunstbegeistert und pflegte die Manieren eines Künstlers — kein wilder Knabe, der sich tobend aufs Leben vorbereitet, sondern sinnend, mit „halblangen Haaren“ und „weichen, etwas mädchenhaften Bewegungen“ [26]; die Richtung aufs Exzentrische schien bestimmt. Doch Rohde war Rechtsanwalt geworden und nahm als Stadtverordneter aktiv am politischen Leben teil. Wie sich die Verbürgerlichung des Künstlers ausgewirkt haben mußte, stellte sich der Anreisende lebhaft — nach den gän-

[23] Brief an Albert Langen vom 24. Februar 1901. — Heinrich Mann 1871—1950. Werk und Leben in Dokumenten und Bildern. Hrsg. von Sigrid Anger. Berlin u. Weimar ²1977. S. 84.

[24] Goethes Novellen-Definition im Gespräch mit Eckermann am 29. Januar 1827.

[25] Novellen [Anm. 10]. Bd. 1. S. 452.

[26] Ebd. S. 204.

gigen Klischees, also karikierend — vor: „Natürlich würde er breit und stark von Körper, und von Geist verhältnismäßig magerer geworden sein, wie ja so häufig in solchen Verhältnissen der Geist, in dem nur eine große Leidenschaft, die des Geldes, zurückbleibt, ausgesogen wird vom Körper. (...) Zum Überfluß hatte ich vernommen, daß er verheiratet sei, und sofort hatte ich mir seine Frau als eine der alltäglichen Provinzdamen vorgestellt, die, zu einfach und platt, um das Feinere, Edlere im Manne anzuregen und zu unterhalten, ihn vielmehr allmählich und sicher in ihre eigene Sphäre herabziehen; eine Art Haushälterin, von der man Kinder hat." [27]

Es bedarf nicht der Überschrift der Novelle, die sich auch auf diesen Eingang beziehen läßt, um das Irrtümliche der ausgebreiteten Vorstellungen für gewiß anzunehmen. (Daß Mann die zitierte Stelle für die Ausgabe von 1917 gestrafft und damit erheblich verändert hat, läßt übrigens erkennen, daß ihm die schematische Künstler/Bürger-Opposition sogar als Karikatur suspekt geworden war.)

Rohde ist also ganz anders, seine Frau — keine alltägliche Provinzdame, sondern in ihren Bewegungen graziös gelassen und angenehm zwanglos in der Unterhaltung [28] — kündigt das schon an, da sie dem Erzähler zuerst begegnet. Rohdes Interessen für die Kunst haben sich erhalten, seine Urteile sind, natürlich, gereifter als vormals, doch am meisten interessiert ihn das praktische Leben, im Augenblick „der Bau des kleinen Kanals (...), den die Stadt beabsichtigte" [29], — der alte Goethe, soviel ist gewiß, hätte an diesem tätigen, kunstverständigen Menschen Freude gehabt, weniger wahrscheinlich an den Erscheinungen, die dessen Leben geprägt haben. Die Amalgamierung von Künstler und Bürger, wie sie in Rohde geglückt scheint, ist nur möglich durch den — mehr oder weniger zufälligen — Hinzutritt des Außergewöhnlichen, des, wenn nicht Un-, so doch Übernatürlichen, des Wunderbaren, an das man sich, wie Rhode sagt, „auch wenn man es erlebt hat, nur wie an einen Traum erinnert." [30] Eine Bedingung für das Erleben des Wunderbaren ist eine durch Welt- und Selbstekel geschaffene Empfänglichkeit, auf dem Grunde geistiger und körperlicher Verfallenheit. Da Rohde der Kunst nicht gewachsen war, hielt er sich durch Exzesse im Leben schadlos, bis ihn ein Blutsturz warnte. „Die tiefe Ernüchterung war bei mir eingetreten, die die ersten, banalen aber heftigen Erlebnisse im Jüngling zurücklassen. Man glaubt der ganzen Flachheit und der Lüge des Lebens auf den Grund zu sehen und hofft nicht, irgendeinen ver-

[27] Ebd. S. 652 f. — Aus der 1. Fassung der Novelle. Die Stelle wurde später verknappt.
[28] Vgl. ebd. S. 205.
[29] Ebd.
[30] Ebd. S. 207.

lorenen Glauben zurückzuerhalten." [31] Der Skeptizismus des Dilettanten verhindert nicht, daß nach Möglichkeiten der Rettung gesucht wird; und also wird eine Reise unternommen, — Generationen von Bedürftigen war ja auf diese Weise schon Heil geworden. Keine klassische Bildungsreise, sondern eine romantische Sehnsuchtsreise unternimmt Rohde, als er, zur Wiederherstellung seiner Gesundheit, nach Italien zieht, unruhig, nervös, ziellos umherschweifend. Immer fremder wird er in der realen Welt; Raum- und Zeitlosigkeit, besser: die Orientierungslosigkeit in Raum und Zeit als Voraussetzung der Begegnung mit dem Wunderbaren ist bald erreicht; Rohde hat den Bezirk des Alltäglichen verlassen. (Ob damit ‚der rechte Weg' verlassen ist und dem Verirrten nur noch die Hoffnung auf ein göttliches Gnadengeschenk bleibt, ist zwar in der Forschung gelegentlich diskutiert worden [32], trifft sich aber wohl kaum mit den Intentionen des Autors.) Nur am Rande sei bemerkt, was längst bekannt ist: Daß Rohdes Abirrungen und die Welt, die sich dem Abgeirrten öffnet, in Eichendorffs „Marmorbild" vorgezeichnet sind. [33] Rohde, frei von allen gemeinen Bindungen, eingetaucht in ein geheimnisvolles Reich, das auch unheimlich anmutet mit schroffen Felsen, dunklen Zypressen, einem „einsame(n) Haus über dem See, am Rande des engen, verborgenen Tales" [34], das auch gefährlich ist, weil es ein Fortkommen nur auf einem „schmalen, ganz mit Schlingpflanzen überwachsenen Pfade" gibt, unter überhängenden Felsblöcken her [35], das auch erfüllt ist mit dem Symbol der tödlichen Schönheit, der weißen Winde, die sich als Kontrafaktur der romantischen blauen Blume unschwer zu erkennen gibt, — Rohde, in dem lebensentrückten, künstlichen Garten — der Leser weiß: dem Garten einer Kunst, die nichts will als sich selbst und deshalb sterblich und tödlich ist, — kann nun dem offenbar Lebendigen dieses Reichs begegnen: einer zarten Frau in weißem Gewand, mit offenen ernsten Augen, deren Blick er aushält, „fast ohne ihn zu fühlen, als sei sie nur ein Traum." [36] Mit dieser Wendung hat sich der Erzähler die Lizenz besorgt, das folgende Wirkliche so zu erzählen, als sei es ein Traum, und damit die Umkehrung von seiten des ‚Lebens' nahegelegt: daß die erzählten Träume wirklich seien unter der Bedingung, daß das Leben selbst als Traum erscheine.

[31] Ebd. S. 208.
[32] Vgl. Renate Werner: Skeptizismus, Ästhetizismus, Aktivismus. Der frühe Heinrich Mann. Düsseldorf 1972. S. 43.
[33] Vgl. ebd. S. 43 f.
[34] Novellen [Anm. 10]. Bd. 1. S. 209.
[35] Ebd. S. 210.
[36] Ebd. S. 213.

Zart, ätherisch, fragil, leise ist diese Jugendstil-Schönheit, belebt von „hinfälliger Anmut“ [37], an der sie sterben wird. „Sie hatte sich hierher zurückgezogen, in einen künstlichen, unweltlichen Kreis, für den die Verhältnisse des Lebens der andern nicht mehr galten und dessen Grenzen in die ewige Leere hinüberflossen.“ [38] Der Besucher bleibt bei Lydia, wie er sie nennen darf (in der Apostelgeschichte wird von der gottesfürchtigen Purpurhändlerin Lydia berichtet, die Paulus ihr Haus als Refugium anbot), und dringt immer tiefer in ihre Geheimnisse ein, entäußert sich damit immer mehr seines eigenen Lebens bis zu dem Punkte — da er sich der fremden Vertrauten schon so anverwandelt hat, daß er sich „krank und sterbend“ fühlt wie sie [39] —, wo Raum und Zeit als Konstituenten auch jener traumhaft wirklichen Welt aufgehoben sind, diese stillsteht, jener leer ist, — und es bedarf nur noch eines Schrittes, um die Bestimmung der Schönheit zu erfüllen.

Rohde macht heimlich die Erfahrung, daß Lydia zum toten Christus hinaufsteigt, und in der Nacht steht sie weiß vor dem Fensterkreuz, erhebt sich und schwebt fort, „auf den rankenden Zweigen der weißen Winde, die ihre geschlossenen Füße nicht berührten, weiter und weiter, in dem Scheine, den sie nach sich zog.“ [40] Rohde mußte sehr krank sein, um diese Erfahrungen zu machen, sie behielten aber ihre Gültigkeit, als er wieder „die Dinge dieser Welt“ zu sehen begann. [41] Daß er sie tatsächlich sehen konnte, diese Dinge so gut wie das andere, deutet auf die Möglichkeit der Entscheidungsfreiheit, die er eigentlich erst jetzt bekommt, hin: Die Wirklichkeit ist ihm noch nicht verschlossen, aber die Kunst lockt weiter, den Übertritt ins Ideal des Schönen, in den Tod zu vollziehen. „Die Zeit des Wartens war vergangen, wir befanden uns jenseits von Furcht und Hoffnung. / Wir saßen inmitten des Rot und Gelb der fallenden Blätter. Um uns her blühten große Blumen in undenkbaren Farben auf, und ganz drunten, hinter unwirklich blauen Schleiern, zogen die Ewigkeiten vorüber, die wir mit unbewegten Augen sahen.“ [42] Die Schleiermetaphorik, die Farbsymbolik, das Aussprechen des Undenkbaren, all dies signalisiert die Nähe der Jenseitigkeit, für die sich Lydia unwiderruflich bestimmt hatte: Kunst als exzentrische Morbidität tut ihr Werk. Doch dem Sog des bedrohlichen Idealen ist zu widerstehen, wie Rohde beweist. Je weiter der Prozeß der Entkörperlichung des Schönen

[37] Ebd. S. 230.
[38] Ebd. S. 224.
[39] Ebd. S. 225.
[40] Ebd. S. 228.
[41] Ebd.
[42] Ebd. S. 229 f.

— damit dieses als Idee ganz rein sein könne, bloße Form —, je weiter dieser Prozeß voranschreitet, um so widerständiger wird die Wirklichkeit, die sich nicht abdrängen läßt, die sich gegen die totale Verfremdung wehrt: Endlich erscheint die Sterbende dem Betrachter nur noch „wie ein Phantom“ [43]. Und die Sterbende unternimmt keinen Versuch, den anderen mit sich zu ziehen; mag sein, daß sie sich mit der Wirkung ihrer wunderbaren Erscheinung zufriedengibt, ja nichts anderes wünscht, als daß Rohde nun zurückkehren möge ins tätige Leben. So wenigstens begreift er ihren letzten, schweigend geäußerten Willen. „‚Ich soll dich verlassen!‘ rief ich, daß es roh in eine Geisterstille klang. / Aber sie legte nur beschwichtigend den Finger auf die Lippen, und ich wußte wieder, daß alles geschehen müsse, wie sie es längst vorausgesagt hatte.“ [44]

Rohde kehrt ins Leben, in die Wirklichkeit zurück. Von dem Wunderbaren, das ihm begegnete, ist seine Seele erfüllt. Schnell verliert sich die leibhaftige Gestalt Lydias aus seiner Erinnerung, er behält nur „einen stillen verschleierten Glanz, den Widerschein eines fernen Sternes, ihres Auges.“ [45] Wenn das Alltägliche vom Wunderbaren berührt ist, hört das Leben auf, nur ordinär, wüst und leer zu sein; Sinn stellt sich ein für soziales Handeln wie für die lebendige Wirkung von Kunst. Was geschieht, wenn das Wunderbare, das sich ja nicht verdienen läßt, ausbleibt, wird in der Novelle nicht behandelt, doch läßt sich denken: Das *eine* Leben, das sich der Kunst verschreibt, ohne sie erreichen zu können, wird von Stufe zu Stufe sinken und sich dekadent nennen lassen; das *andere*, dem die Kunst nichts ist, braucht zum Überleben nur Brot, aber kein Wunderbares. Und die Kunst? Sie ist janusköpfig: dem Leben zugewandt und dem Tod, attraktiv und abstoßend, geprägter Stoff und reine Idee. Dem Künstler, der zum Absoluten strebt, scheint Heinrich Mann raten zu wollen, er möge sich, auch zum Vorteil seiner Kunst, ins Leben verirren. Ist die Kunstfigur Lydia am Ende nicht doch nur eine Karikatur des Schönen? Dem dreiundzwanzigjährigen Dichter wäre diese Frage wahrscheinlich unziemlich erschienen.

Neun Jahre später: Heinrich Mann schreibt in Florenz „Pippo Spano“, seine vielleicht bekannteste Novelle, nun doch eine Parodie eines exzentrischen Ästhetizismus, der — in Gestalt der Hauptfigur, des Dichters Mario Malvolto — die Kunst zur Karikatur verkümmern läßt. Freilich wußte sich Heinrich Mann vor den Gefahren, vor denen er warnte, noch nicht in Sicherheit, wie er später oft genug betont hat, so in einer Erinnerung an den

[43] Ebd. S. 230.

[44] Ebd. S. 231. — Vgl. dazu ähnliche Formulierungen Jesu, etwa bei Matthäus 26, 56 und 27, 35.

[45] Ebd.

„Intellektuellen 1903, der gern ein Condottiere und von purem Stahl wäre; was in Ermangelung anderer Taten den — weltanschaulich aufgeblähten — Mord seiner Geliebten nach sich zieht.“ [46]

„Pippo Spano“ erschien zuerst 1905 in dem Novellenband „Flöten und Dolche“. Für den 9. Band seiner Gesammelten Schriften hat Mann auch diese Novelle (wie „Das Wunderbare“) überarbeitet, vor allem stilistisch geglättet und in den Reflexionen konzentriert. Fast gleichzeitig mit dem Abdruck in den Gesammelten Werken wurde die Novelle auch in der Zeitschrift „Die Weltliteratur“ veröffentlicht. (Daß sich an diese Veröffentlichung eine Klage wegen Verbreitung unzüchtiger Schriften schloß, hat immerhin den Informationswert einer Anekdote.)

„Pippo Spano“ ist die auf einige Wochen zusammengedrängte Geschichte des Dichters Mario Malvolto, in dem schon die zeitgenössischen Kritiker den italienischen Dichter Gabriele d'Annunzio wiedererkannten, und es ist, wie zuletzt Walter Gontermann überzeugend gezeigt hat [47], nicht zweifelhaft, daß mit Malvolto d'Annunzio gemeint sein soll: Seine Herkunft, seine Physiognomie, sein geistiger Habitus, Züge seiner literarischen Figuren, die geheime Selbstbildnisse darstellen, das alles ist in „Pippo Spano“ eingegangen.

Pippo Spano ist Titelfigur, aber nicht Held der Geschichte: ein Condottiere aus der Zeit um 1400, erfolgreich in diplomatischen und militärischen Missionen, vor allem in mehreren Auseinandersetzungen mit den Türken. Nach seinem Tode wurde er in der Mitte des 15. Jahrhunderts vom Renaissance-Maler Andrea del Castagno als Teil eines Zyklus von ‚uomi famosi‘ in einem Freskogemälde porträtiert. Eine einigermaßen exakte Beschreibung des Gemäldes, das in Malvoltos Arbeitszimmer hängt, liefert dieser im ersten Kapitel der Novelle, das „Die Komödie“ überschrieben ist. Pippo Spano ist Malvoltos Idol, sein stummer Dialogpartner, dem er sich anvertraut: „Krieg und Kunst, das ist dieselbe übermenschliche Ausschweifung. Kennst du den Ekel nach der Orgie?“ [48]

Malvolto ist nicht Heinrich Mann, wie zuweilen gemutmaßt wurde, und die Novelle ist nicht Ausdruck eines Renaissancekultes der Jahrhundertwende, ein Beispiel für „hysterischen Renaissancismus“, wie sich das Walther Rehm gedacht hat. [49] Ein präpotenter Held, der nicht recht hat, ohne daß

[46] Novellen. Bd. 2. S. 412. — Aus einem Paralipomenon zu „Ein Zeitalter wird besichtigt“.

[47] Walter Gontermann: Heinrich Manns „Pippo Spano“ und „Kobes“ als Schlüsselnovellen. Diss. Köln 1973. Bes. S. 14—22.

[48] Novellen. Bd. 2. S. 24.

[49] Vgl. Walther Rehm: Der Renaissancekult um 1900 und seine Überwindung. In: Zeitschrift für deutsche Philologie. Bd. 54 (1929). S. 296—328. Bes. S. 318—320.

dies vom Erzähler aufdringlich ausdrücklich gesagt wird, und ein Erzähler, dem die Neigungen des Helden so wenig fremd sind, daß ihm ihre Darstellung überzeugend gelingt — das mußte natürlich zu Schwierigkeiten der Interpretation führen. Was hilft es da, wenn der Autor aus sicherer Entfernung — 1948 — versichert, in Malvolto habe er einen „Möchtegern-Pippo", eigentlich eine präfaschistische Existenz schildern vollen? [50]

Nun denn: „Die Komödie", der erste Teil der Novelle, schildert in den Folgen des Triumphs einer Tragödie die Verwirrungen, in die sich ein solipsistischer Künstler, der mit seiner Kunst identisch sein will, aber nur reproduzieren kann, was er zuvor durch die Gegenüberstellung von Ich und Nicht-Ich produziert hat, verwickelt. Erlebnisse beherrschen, ist eines; sie nach Opportunität in Dichtung umsetzen, ein zweites; stets eine Rolle spielen, ein drittes. Malvolto ist ein so scharfer Selbstbeobachter, daß sich ihm seine Existenz mühelos so zerlegen läßt. Wovon er freilich völlig überzeugt ist: daß die strenge Dichtung die Störung durch andere nicht vertrüge, der Geist sich vom Körperlichen separieren müsse, um sich erheben zu können. Schlimm für einen, dem die Sinnlichkeit, die Eroberung der Frau viel bedeutet, kaum weniger als eine Schlacht und kaum weniger als das Dichten. Das Klischee ist parat: „Oh, eine Sitzung am Schreibtisch ist verschwendetes Werben um die Frau, eine durchdichtete Nacht ist eine fruchtlose Liebesnacht. Ob sie's wissen?" [51] Malvolto durchschaut seine „neurasthenischen Überreiztheiten" [52], aber er braucht sie als Stimulans seiner sinnlichen Begierden. Was wäre aus ihm geworden, wenn er „die kleine Prinzessin Nora" nicht sitzengelassen hätte, „entehrt, deklassiert"? [53] Es wäre mit seiner Dichtung aus gewesen, und mit der Prinzessin hätte er sich bald gelangweilt, seine Gier nach den Wirkungen immer neuer Rollen wäre nicht befriedigt worden.

Rollen spielt Malvolto, was auch immer er beginnt, als Dichter spielt er sie, als Zuschauer, als Liebender; so wird die Liebe zum Phantom wie der Ruhm, dem er nachjagt. Es gibt Momente, in denen er sich ironisch über sich zu erheben weiß: „Man muß sagen: Dieser Malvolto behandelt Weiber und Leben mit einer Entschlossenheit — etwas anrüchig ist er. Er ist ein stählerner Daseinskämpfer, das ist auch die Seele seiner Kunst." Aber diese Außensicht verbietet er sich sofort selbst, indem er darauf hinweist, daß sich die Kunst nur unter Schmerzen, unter Opfern entringt. „Ich will nicht,

[50] Vgl. Werner [Anm. 32]. S. 153.
[51] Novellen. Bd. 2. S. 17.
[52] Ebd. S. 18.
[53] Ebd.

daß man es ahne." [54] Was aber will er? Da die schöne Gemma Cantoggi gerade verlobt wurde, kann er sie besitzen wollen, mehr noch: wünschen, daß sie ihn bei der Hand nimmt und „in ihr Land" führt, „wo man stark und mit Unschuld empfindet!" [55] Undenkbar freilich, daß er daran glaubt, seine komödiantische Existenz aufgeben zu können. Aber der Wunsch wird ihm durch Pippo Spano aufgezwungen: „Ich will fremde Schönheiten erleben, fremde Schmerzen. Recht fremde. Geopferte Frauen (...)." [56] Gemma Cantoggi, die Ersehnte, steht an der Schwelle seines Zimmers.

„Das Wunder" heißt das zweite Kapitel der Novelle, das beschreibt, was ein Wunder wäre: wenn, wie es später heißt [57], Malvolto, der Komödiant, durch die Liebe zu einem Menschen verwandelt würde. „Die seltene Frau, die mit unbedachter Leidenschaft ihn reich machen wollte: da war sie, da war das Wunder." [58] Der so spricht, weiß, daß er sprechend eine Rolle spielt, die ihm seine Sehnsucht nicht abnehmen kann. Er spielt auch mit der Geliebten, was wäre ihm sonst zu tun möglich; er öffnet theatralisch sein Inneres: „Wir treiben ein verdächtiges Gewerbe, wir Dichter." [59] Oder er bekennt: „Ich bin nicht so ehrlich wie du." [60] Da er versichert, sie sei sein Wunder, weiß er auch: „‚Jetzt glaubst du, Komödiant. Und morgen früh wird deine Sorge sein, was wohl mit dieser Minute der Gläubigkeit künstlerisch anzufangen ist.'" [61]

Der Komödie, die in Wahrheit eine Tragödie ist, und dem Wunder, das sich nur zum Schein erfüllt, folgt im dritten Kapitel der Novelle — „Der Glaube" — eine weitere sorgfältig inszenierte Täuschung: daß an die Stelle der Leidenschaft zur Dichtung die Hingabe an eine Frau treten könne. Von einem gedachten Abschiedsbrief ging Malvolto aus („Die Kunst, Gemma, ist Deine Rivalin (...). Ich werde nicht bei meiner Frau sitzen, sie betrachten und glücklich sein. Ich werde sinnen, wie ich dieses Profil zu kennzeichnen habe (...)." [62]); von Gegenargumenten, die längst keine mehr waren („Das Wunder ist für dich geschehen. (...) Du hast es begrüßt; nun glaube es!" [63]), ließ sich Malvolto leicht bestimmen, den Brief in Gedanken zu zerreißen; er beschloß, „die Kunst, die auf das Gesicht der Liebe eine Maske drückte, zu

[54] Ebd. S. 19 f.
[55] Ebd. S. 22.
[56] Ebd. S. 25.
[57] Vgl. ebd. S. 42.
[58] Ebd. S. 28.
[59] Ebd. S. 31.
[60] Ebd.
[61] Ebd. S. 33.
[62] Ebd. S. 35 f.
[63] Ebd. S. 38.

überwinden"[64]; tagelang hielt er sich die Kunst vom Leibe, genoß wohl auch die Frau, die sich ihm hingab, mit nieerlebten seelischen Regungen, bis es wie Resignation aussah: daß er ihr ja gar nicht gewachsen sei, ihrer Kampfbereitschaft, in der sie Pippo Spano glich; es gelang ihr, einen „kriegerischen Zustand herzustellen zwischen seinen Wänden."[65] Als sie ihm einmal einige Tage nicht sichtbar, nicht greifbar war, wußte er, daß diesem Leben keine Dauer beschieden sein könnte: „,Wenn wir fertig sind, das Mädel und ich — wir müssen doch einmal fertig werden! —, wie viele Monate Hygiene und strenger Langeweile werd ich dann brauchen, bis ich alles wieder gutgemacht habe. Ob die ahnt, daß sie mich schon jetzt einen halben Roman kostet?"[66] Sie kehrt zurück und verlangt gar, er möge schreiben, und er spielt die Komödie des Schreibens, „er spielte sie der Liebe vor!"[67] Und er spielte mit der Liebe, der er nur scheinbar die Kunst opferte, als er der Geliebten ein Blatt seiner Poesie aufs Gesicht drückte: eine Maske aus Haut. Denn da er gerade erst erklärt hatte: „Diese abgezogene Haut, die mit der Form des verlorenen Körpers prahlt und auf unmögliche Weise sich färbt vom Lauf eines Blutes, das längst gestockt hat — mir war es die Kunst"[68], ist sein scheinbarer Verzicht auf die Kunst nichts anderes als die Ausübung derselben mit anderen Mitteln. Auch das Spiel mit dem Feuer gestattet Malvolto, das Verbrennen seiner Manuskripte, das ihm nur noch zu sagen übrig läßt, „voll selbstmörderischen Frohlockens: ‚Ich glaube.'"[69] Das Ende der Affäre ist in Sicht.

„Die Tat" — so die Überschrift des letzten, kurzen Kapitels — handelt, wie könnte es anders sein, von der Untat Malvoltos: wie er Gemma umbringt. Das Liebesverhältnis der Beiden ist ruchbar geworden, ein gesellschaftlicher Skandal großen Ausmaßes droht; da bietet sich nur der gemeinsame Freitod als Ausweg an. Während Gemma, von Dolchstößen Malvoltos verwundet, stirbt, sieht dieser schon „wieder die weite Welt daliegen. Was gab es zu genießen an Lüsten, Leiden, winkenden Zielen!"[70] Die Tote klagt er an, daß sie ihn vorzeitig verlassen habe; sein Blick fällt auf das Bild Pippo Spanos. „Er befragte es mit all seiner Seele, die Hände faltend, wankend und nach Atem ringend, unter fliegender Hitze und kalten Schweiß-

[64] Ebd. S. 39.
[65] Ebd. S. 43.
[66] Ebd.
[67] Ebd. S. 46.
[68] Ebd. S. 48.
[69] Ebd. S. 50.
[70] Ebd. S. 57.

ausbrüchen, zerstört und von Jammer hingerafft — ein steckengebliebener Komödiant.“ [71]

Der Schluß der Novelle sollte jeden Zweifel darüber, welches Verhältnis der Erzähler zu seinem Helden hat, ausschließen. Malvolto ist in der Tat der skrupellose amoralische Ästhetizist — und zwar nicht aus Stärke, sondern aus Schwäche —, der eine Welt in Schutt und Asche legen könnte, wenn er Stoff für Verse brauchte und wenn für das Verbrechen die Schwäche ausreichte. Nur dichtend kann Malvolto sein; und der Dichter ist groß und einsam; an dieser Phrase ist festzuhalten. Es scheint, als sei der ganz und gar unpassende Vergleich zwischen einem italienischen Condottiere aus dem frühen 15. Jahrhundert und einem italienischen Dichter ein halbes Jahrtausend später nur dem Zufall zu verdanken, daß das Bild des einen sich im Besitz des anderen befand. Pippo Spano konnte sich nicht dagegen wehren, von Malvolto, damit dieser Herr seiner Lebensschwäche sei, mißbraucht zu werden. Auf ihn, Pippo Spano, den vielleicht wahrhaft Großen, fällt der Schatten einer unheilvollen Wirkung.

Noch hütet sich — 1903 — Heinrich Mann weislich, gegen den Mißbrauch von Macht moralisch zu argumentieren, den gesellschaftlichen Schaden, den angemaßte Größe verursacht, anklagend aufzudecken. Es genügt, als Zwischenposition, die getreue Darstellung der beobachteten Wirklichkeit, aus der nicht mehr Karikatur und Exzentrizität herauswachsen (ins — vom Standpunkt des positivistischen Beobachters — Unwirkliche hinein), sondern in der das Exzentrische substantiell und das Moment des Karikaturistischen akzidentiell enthalten sind. Heinrich Manns rasche Entwicklung hat verhindert, daß seine Beobachter immer gleichen Schritt mit ihm halten konnten.

[71] Ebd. S. 58.

HUBERT OHL

Künstlerwerk

Zu Thomas Manns „Betrachtungen eines Unpolitischen“

Im November 1915, kurz nach Beginn der Niederschrift der „Betrachtungen eines Unpolitischen“ nennt Thomas Mann in einem Brief an Paul Amann das eben Begonnene „fast privat gehaltene Aufzeichnungen, die aktuelle Dinge mit einer Revision meiner persönlichen Grundlagen auf eine wunderliche und gewagte Weise vereinigen.“ [1]

Die Resonanz, die dieses in Thomas Manns Oeuvre so singuläre Buch in der Literaturkritik wie in der gelehrten Forschung bis heute gefunden hat, ist gleichwohl vor allem durch die Diskussion der in ihm berührten „aktuellen Dinge“ bestimmt, jenes mitunter verstockt-reaktionär anmutenden politischen Konservativismus also, der sich in der (hinreichend bekannten) leidenschaftlichen, alle rhetorischen Register ziehenden Polemik gegen den „Zivilisationsliteraten“ kundgibt. Daß man darüber — von wenigen Ausnahmen abgesehen — [2] das persönliche Moment fast ganz übersehen hat, ist um so erstaunlicher, als die frühe Briefformel von der „Revision“ der „persönlichen Grundlagen“ fast unverändert in die drei Jahre später, nach Abschluß der „Betrachtungen“ geschriebene Vorrede eingegangen ist, deren erste Seiten mit kaum zu überbietender Direktheit dieses Buch als Dokument einer tiefen Schaffenskrise sehen lassen. Es entstamme, so lesen wir hier, „einem in seinen Grundfesten erschütterten (...) und in Frage gestellten Künstlertum“, das sich „zu jeder anderen Art von Hervorbringung als völlig untauglich“ erwiesen habe. (XII, 12) [3] Thomas Mann betont die „Unabweisbarkeit“ einer „Revision aller Grundlagen dieses Künstlertums selbst, seiner Selbsterforschung und Selbstbehauptung.“ (ebd.)

[1] Thomas Mann: Briefe an Paul Amann 1915—1952. Hrsg. von Herbert Wegener. Lübeck 1959. S. 38 (Brief vom 7. November 1915).

[2] Dazu gehört etwa: André Banuls: Thomas Mann und sein Bruder Heinrich. Stuttgart, Mainz u. a. 1968.

[3] Alle Zitate im Text nach: Thomas Mann: Gesammelte Werke in 13 Bänden. Frankfurt a. M. 1974 unter Angabe von Band- und Seitenzahl (röm., arab. Ziffer). Belege aus den „Betrachtungen eines Unpolitischen“ (Bd. XII) werden nur mit der Seitenzahl gegeben.

Er hat ein übriges getan, um den apologetischen Charakter der „Betrachtungen" in bezug auf die eigene künstlerische Produktion zu betonen, indem er sie „Künstlerwerk" nannte (10), ihnen also jenen Namen gab, den er für die theoretischen Rechtfertigungsversuche der ästhetischen Schriften Richard Wagners fand. Was so entstand, sind, um eine treffende Formel Sontheimers zu variieren, apologetische „Betrachtungen einer verwundeten Künstlerseele." [4]

Gewiß ist die Oberflächenstruktur dieses Textes durch die bis zu Verbalinjurien sich steigernde Polemik gegen jene Gestalt gekennzeichnet, mit der Thomas Mann seinen Bruder Heinrich identifizieren zu müssen glaubte; unter diesen oftmals funkelnden Bosheiten verbirgt sich indes der Ernst einer ebenso leidenschaftlich geführten, wenn auch eher bohrend-grüblerischen Erkundung der Grundlagen seiner eigenen künstlerischen Produktivität. Die „Betrachtungen eines Unpolitischen" sind das Ergebnis der tiefsten Krise, die der Schriftsteller Thomas Mann durchgemacht hat. Ohne den oft qualvollen Durchgang durch ihre vielfach verschlungenen Reflexionen gäbe es weder sein reifes Romanwerk noch sein späteres entschiedenes Eintreten für die Demokratie.

Das Paradox dieser umständlichen Reflexionen besteht darin, daß Thomas, gegen die seinem Bruder unterstellten Positionen polemisierend, sich gleichzeitig an sie heranschreibt. Der Reflexionsgang der „Betrachtungen" bezeichnet den Weg, auf dem der Künstler Thomas Mann seine Herkunft aus der Décadence, indem er sie noch einmal schreibend darstellt, zugleich partiell überwindet und damit jenen Aporien, in die das erzählende Werk seiner Frühzeit geraten war, wenigstens für eine Reihe von Jahren entkommt. Auf diesem Wege gewinnt er darüber hinaus erstmals auch ein Verständnis von Politik, das sich an den Traditionen der liberalen, bürgerlichen Demokratie orientiert. Weit entfernt also, die „Betrachtungen" entpolitisieren oder die Wirkung Heinrich Manns auf ihre Entstehungsbedingungen leugnen zu wollen, hoffe ich im folgenden doch zeigen zu können, daß die Selbstvergewisserung des Künstlers Thomas Mann auch die Selbstvergewisserung des späteren „Wanderredners der Demokratie" (X, 397) einschließt. So gewiß die „Betrachtungen" nicht zu einem Ergebnis gelangen, das von ihrem Autor nie mehr in Frage gestellt wird, so sollte es doch ebenfalls nicht mehr zweifelhaft sein, daß Thomas am Ende dieses seltsamen Buches den von seinem Bruder Heinrich vertretenen politischen Auffassungen nähersteht, als viele seiner gelehrten oder engagierten Kritiker glauben.

[4] Kurt Sontheimer: Thomas Mann und die Deutschen. (München 1961) Frankfurt a. M. u. Hamburg 1965. S. 25.

Daß auch der längst für die Weimarer Republik Engagierte sich gleichwohl nicht von seinen grüblerischen Betrachtungen lossagt, läßt ahnen, was sie für ihn als Erkenntnis des eigenen Weges als Künstler bedeuten. In seinem Essay „Kultur und Sozialismus“ von 1928 bekennt Thomas Mann ausdrücklich, er gäbe ihre „Meinungen“ preis, ihre „Erkenntnis“ dagegen bliebe für ihn „unverleugbar richtig“. (XII, 641)

Es ist an der Zeit, sich den politischen Meinungen dieses Buches gegenüber so zu verhalten, wie sein Autor es hinsichtlich der Philosophie Nietzsches getan zu haben bekennt: ihm „fast nichts“ zu glauben, nichts davon „wörtlich“ zu nehmen, (XI, 110) — aber darauf zu achten, welche Denkfiguren oder -motive diesen Meinungen zugrunde liegen und worin ihr Wert als Erkenntnis des eigenen Weges liegt.

Nach dieser Erkenntnis fragen, heißt zugleich, eine Antwort darauf zu suchen, wie es zu jener Krise des Künstlers Thomas Mann gekommen ist, die solche Erkenntnis nötig und möglich gemacht hat. Ich muß mich mit einigen Hinweisen auf die bekannte Thematik seines Frühwerks begnügen. Wie sehr Nietzsches „Pathos der Distanz“ (VIII, 44) das frühe Werk sowohl Heinrichs wie Thomas Manns prägt, braucht nicht bewiesen zu werden. Indes verdient ein Unterschied in der Persönlichkeitsstruktur der Brüder in diesem Zusammenhang doch Aufmerksamkeit. Während der Ältere Nietzsches Philosopheme mit der Sicherheit eines seiner selbst gewissen Geistes rezipiert und künstlerisch verarbeitet (und dabei auch einiges Pathos nicht verschmäht), sucht der Jüngere, hilfs- und anlehnungsbedürftiger als der Bruder, „sentimentalischer“ als dieser, auch seine eigene Lebenssituation mit Hilfe Nietzsches zu deuten. Nietzsches metaphysisch gemeinter Gegensatz von Geist und Leben dient ihm dazu, seine eigene Entscheidung für die Kunst und gegen ein bürgerliches Leben positiv zu werten und zu rechtfertigen. In dem Mißverständnis dieser individualisierenden Auslegung einer viel universaler gemeinten Spannung gründen freilich eine Reihe von Unklarheiten und begrifflichen Unschärfen, die den jungen Autor jahrelang beschäftigen und zu immer neuen Versuchen darstellender und räsonierender Klärung drängen, ohne zunächst eine befriedigende Lösung zu finden. Zwar vermag er auf diese Weise seine Sonderexistenz als Künstler zu rechtfertigen und seinem unbürgerlichen Tun einen exzeptionellen Sinn abzugewinnen; indem er seinen entschiedenen Willen zur Form als „Moral des Künstlers“ (XI, 336) deklariert, gewinnt er überdies einen Halt gegenüber den eigenen wie den nihilistischen Strömungen der Zeit. Er sieht sich dadurch aber auch veranlaßt, den Ort der Kunst innerhalb des Spannungsfeldes von Geist und Leben immer wieder neu zu bestimmen. Indem die Kunst für den jungen Thomas Mann, in genauer Analogie zu seiner eigenen Situation als aus dem bürgerlichen Lebenszusammenhang herausgetretener Künstler, zunächst auf die Seite des Geistes — und damit in Gegensatz zum Leben — rückt, ergeben sich für ihn notwendig Komplikationen, sobald er die Bindung der Kunst an das Leben zu durchschauen oder gar zu bejahen beginnt. Die allmähliche Loslösung der Kunst aus der bloßen Antithese zum Leben, als geistbestimmter „Wirklichkeitsreinheit", ihre Wandlung zum Organ einer „Lebensfreundlichkeit", die noch das Banale und Ungeistige einzubeziehen sucht, kennzeichnet den Weg, den Thomas Mann als Erzähler in seinem Frühwerk zu gehen versucht.

Es ist freilich ein Weg, der seinen Autor im Kreise führt. Er versucht, die frühe Gleichsetzung von Künstler- und Verfallsbürgertum aufzuheben, den Künstler in eine positive Beziehung zum Leben zu bringen — und kommt doch immer wieder auf die alten Gegensätze zurück. Nicht zufällig sind es mehrfach Briefe an den Bruder, in denen er seine Neigung, die Kunst auf die Seite des Lebens zu bringen, verteidigt und zugleich verdächtigt. In einem im Februar 1905, nach Abschluß von „Fiorenza" geschriebenen Brief an Heinrich heißt es: „Schon seit dem ‚Tonio Kröger' waren mir die Begriffe ‚Geist' und ‚Kunst' zu sehr ineinandergelaufen. Ich hatte sie verwechselt und sie, in diesem Stück, doch feindlich gegen einander gestellt." Einige Zeilen weiter fügt er, seine eigene gegen Heinrichs Lebenshaltung vorsichtig abgrenzend hinzu: „Du weißt, ich glaube, daß Du Dich ins andere Extrem verloren hast, indem Du nachgerade nichts weiter mehr als nur Künstler bist, — während ein Dichter, Gott helfe mir, *mehr* zu sein hat, als bloß ein Künstler." [5] Noch im selben Jahr macht er sich daran, in dem lustspielhaften Märchen von dem Künstler-Prinzen, der die übersachliche Einsamkeit seiner „formalen Existenz" (II, 84) überwindet und sich zum Volkswirt wandelt, dieser Auffassung auch künstlerisch Ausdruck zu verleihen, — aber es genügt Ernst Bertrams Hinweis auf das Unhaltbare dieser „Lösung des Nichtzulösenden", damit Thomas Mann (wieder in einem Brief an Heinrich), die propagierte Synthese als „populär verlogen" denunziert und hinzufügt: „Im Grunde hat natürlich Überbein recht." [6] Damit war sein Autor freilich von Tonio Krögers Programm einer „Lebensfreundlichkeit" des Geistes weiter entfernt denn je. Die Unmöglichkeit, den unterbrochenen Hochstapler-Roman weiterzuführen, drängt schließlich mit innerer Notwendigkeit zu einem ersten Versuch einer essayistischen Klärung der eigenen Position. Der geplante Essay, zu dem Thomas Mann in diesen Jahren Notizen sammelt,

[5] Thomas Mann / Heinrich Mann: Briefwechsel 1900—1949. Hrsg. von Hans Wysling. Frankfurt a. M. 1968. S. 35.

[6] Ebd. S. 84.

sollte den Titel „Geist und Kunst“ tragen; daß er damit ebenfalls nicht zu Rande kommt, sagt genug über die Schwierigkeiten, denen er sich gegenüber sah. Immerhin lassen sich in der überlieferten Notizenmasse [7] zwei Reihen unterscheiden, die um die Komplexe „Künstler“ und „Literat“ kreisen. Sie demonstrieren die Widersprüche, in denen Thomas Mann sich in diesen Jahren zu verfangen droht, mit hinreichender Deutlichkeit. Einerseits bejaht er die emanzipatorische Aufgabe der Literatur: alle Sittigung, alle moralische Verfeinerung (so notiert er) entstamme dem Geist der Literatur. Diese positive Einstellung zur Literatur kulminiert in dem Eintrag 41 („Schriftstellertum“) [8]; Thomas Mann bekennt sich einerseits zu der Einheit von „Philanthropie und Schreibkunst“ und damit zu jenem Optimismus, den er später Settembrini in den Mund legen wird, schön schreiben hieße auch schon schön handeln. Andererseits aber bleibt das tiefe Mißtrauen gegen den Literaten mit seiner Neigung zu radikalen Lösungen, die schön gedacht, aber wirklichkeitsblind sind, unüberwindbar. Die Notiz Nr. 62 [9] spricht diesen Vorbehalt am schärften aus — und bringt zugleich den älteren Bruder mit der Gestalt Savonarolas (aus „Fiorenza“) in Beziehung, damit bereits seine spätere Rolle als „Zivilisationsliterat“ vorwegnehmend. Thomas Mann konzediert diesem Literatentypus, den er mit Schopenhauer einen „Heiligen“ nennt, Reinheit, Güte und Humanität — aber diese abstrakten Tugenden führten den Literaten bei politischer Teilnahme zu einem fast trivialen, fast kindlichen Radikalismus und Demokratismus. Die Kunst, so bekräftigt er an dieser Stelle wiederum, sei wesentlich eine „Sache des Lebens“; der Geist hingegen, der asketisch strenge Zuchtmeister, wolle letzten Endes das „reine Nichts“. Kein Zweifel: Thomas Mann ist noch immer nicht über die Antithese der „Fiorenza“ hinausgekommen. Noch einmal drängt eine poetische Gestaltung seiner Problematik sich vor, im „Tod in Venedig“. Aber auch diese Novelle bringt keine Lösung; in ihr bündeln sich die Antithesen der Frühzeit noch einmal in schlechthin meisterhafter Weise, — aber dieses Werk ist Summe und Abschluß, nicht Ausblick auf ein Neues. Der Dichter selbst hat später geurteilt, über den „Tod in Venedig“ hätte es kein „Darüber-Hinaus“ gegeben. (XIII, 151) Zwar beginnt er noch 1912 mit dem —ursprünglich als „komisches Gegenstück“ zu der venezianischen Novelle geplanten — „Zauberberg“, aber die Arbeit daran geht, nach zügigem Beginn, nur stok-

[7] „Geist und Kunst“. Thomas Manns Notizen zu einem „Literatur-Essay“. Ediert und kommentiert von Hans Wysling. In: Paul Scherrer / Hans Wysling, Quellenkritische Studien zum Werk Thomas Manns. Bern und München 1967. S. 123—233. (Thomas-Mann-Studien, Erster Band).

[8] a. a. O. S. 171.

[9] a. a. O. S. 184.

kend voran und bleibt schließlich ganz liegen. Bedarf es noch eines Hinweises, wie unumgänglich-zwanghaft die essayistische Selbstprüfung der „Betrachtungen“ für ihren Autor waren?

Fraglos reagiert Thomas Mann mit ihnen auch auf außer- oder überpersönliche Anlässe, auf Zeitfragen, die nicht nur für ihn in der Luft lagen, ebenso wie er glaubte, auf vermeintlich oder wirklich gegen ihn gerichtete Invektiven seines Bruders Heinrich (aus dessen „Zola“-Essay) antworten zu müssen. Aber alle diese Fragen treten bei ihm in ein längst vorbereitetes Beziehungsgefüge, das mit den bisherigen Grundfragen seiner eigenen künstlerischen Existenz aufs engste zusammenhängt — mit dem Spannungsfeld von Radikalismus des Geistes und Mittlertum der Kunst also — und die von hier aus ihre Bedeutung erlangen. Der Unpolitische zieht gegen die Politisierung des Geistes zu Felde, weil er sie nur als Radikalisierung denken kann: als Etablierung des unbedingten Herrschaftswillens des Geistes noch auf Kosten des Lebens. Alles, was er im einzelnen gegen die Verbindung von Literatur und Politik oder deren Repräsentanten, den „Zivilisationsliteraten“ vorbringt, steht im Dienste seiner leidenschaftlichen Bemühung, einer Vermittlung von Geist und Leben das Wort zu reden. Es ging für Thomas Mann um nichts weniger als den Versuch, eine Position zu gewinnen, in welcher der Geist weder in seiner Herrscherrolle gegenüber dem Leben verharrt noch sich ihm unterwirft, sondern ihm zu Hilfe kommt — im Medium einer Kunst, die sich dem Geist wie dem Leben verpflichtet weiß und daher an beidem teilhat. Überblickt man die Architektur der „Betrachtungen“, dann stellt man zwar fest, daß in elf von den insgesamt zwölf Kapiteln die konservativ getönte Polemik vorherrscht; aber doch so, daß schon relativ früh Gegenstimmen gegen die bisherige Einseitigkeit der eigenen Position eingeführt werden, die leitmotivartig das ganze Buch durchziehen und schließlich im zwölften Kapitel („Ironie und Radikalismus“) dominieren. In ihm, dem zweifellos wichtigsten des ganzen Buches, vollzieht der Unpolitische den Schritt über die Negation hinaus und gelangt damit zur Formulierung einer Position, in der nun die Versöhnung des eigenen Zwiespaltes gelingt. Und zwar so, daß wesentliche Aspekte der bisher Bekämpften in die eigene Position eingehen. Ich gehe zunächst nur auf diesen Gedankengang ein und gebe einige Beispiele für die wachsende Verknüpfung bestimmter Begriffe. Wenn der Unpolitische zu Beginn seiner Aufzeichnungen Deutschland ein „unliterarisches“ Land (49) nennt (d. h. in seinem Sinn ein nicht-radikales), begründet er das (im Kapitel „Der Zivilisationsliterat“) zunächst damit, daß in „Deutschlands Seele“ die „geistigen Gegensätze *Europas* ausgetragen“ (54) würden (womit er natürlich auch auf sich selbst zielt). Etwas später („Einkehr“) bezeichnet er als spezifische

Eigenschaft des deutschen Geistes seinen Anti-Radikalismus und nennt die Deutschen gar ein „Volk des Lebens". (84) Diese sonderbar anmutende Bestimmung erhält ihren genaueren Sinn, wenn er (im Kapitel „Bürgerlichkeit") die Frage stellt: „Ist nicht deutsches Wesen die Mitte, das Mittlere und Vermittelnde und der Deutsche der mittlere Mensch im großen Stile?" (111) Jede dieser Kennzeichnungen, für sich genommen, scheint wirklichkeitsfremd. Aber indem sie miteinander und mit weiteren zusammentreten, bereiten sie eine undogmatische Annäherung nicht nur von Geist und Wirklichkeit, sondern sogar von Kunst und Politik vor. Im Kapitel „Politik" ist von ihr zunächst als der „Sphäre der Notdurft und der Kompromisse" (257) die Rede; was hier noch wie ein eher negativer Vorbehalt klingt, wird später („Von der Tugend") in der Abgrenzung vom Literaten zur positiven Bestimmung, daß es in der Politik auf „Reform, Kompromiß, Anpassung, Verständigung zwischen der Wirklichkeit und dem Geist" ankomme. (384) Gegen die Neu-Orthodoxie des Literaten erinnert Thomas Mann an das Prinzip des Zweifels, das die neuzeitliche (bürgerliche) Gesellschaft erst möglich gemacht habe. (495 f.)

Von hier aus ist es für den Unpolitischen schließlich nur noch ein Schritt, um die „Situationsähnlichkeit" von Politik und Kunst zu konstatieren, die „beide eine Mittel- und Mittlerstellung" zwischen Geist und Leben einnähmen. (571) Aus dieser ihrer Mittlerstellung heraus können beide, Kunst wie Politik, nun neu bestimmt werden. Die Kunst wird nicht mehr nur in ihrer konservativen Funktion gesehen (eine „Sache des Lebens" zu sein); alle Kunst, heißt es jetzt, lebe aus einem „wundervollen" Widerspruch: Preis des Lebens und Kritik des Lebens zu sein, lustvoll darstellend und gewissenerweckend in einem, gemäß der Doppelbeziehung der Kunst sowohl zum Leben wie zum Geist: „Ihre Sendung beruht darin, daß sie (...) gleich gute Beziehungen zum Leben und zum reinen Geist unterhält, daß sie zugleich konservativ und radikal ist; sie beruht in ihrer Mittel- und Mittlerstellung zwischen Geist und Leben. Hier ist die Quelle der Ironie ...". (ebd.)

Und an dieser Stelle gelingt dem Unpolitischen sogar, mit dem Begriff einer nur radikalen auch den einer rein konservativen Politik abzuwehren, der er so lange das Wort zu reden schien: „Hier ist aber auch, wenn irgendwo, die Verwandtschaft, die Ähnlichkeit der Kunst mit der Politik: denn auch diese nimmt, auf ihre Art, eine Mittlerstellung zwischen dem reinen Geist und dem Leben ein, und sie verdient ihren Namen nicht, wenn sie nichts als konservierend *oder* radikal-destruktiv ist!" (ebd.) Die am Ende der „Betrachtungen" erreichte Haltung nennt Thomas Mann schließlich einen „ironischen Konservativismus" (wie er auch, durchaus ernst, von einer „ironischen Politik" spricht). Beider Bestimmung ist notwendig paradox:

„Radikalismus ist Nihilismus. Der Ironiker ist konservativ. Ein Konservativismus ist jedoch nur dann ironisch, wenn er nicht die Stimme des Lebens bedeutet, welches sich selber will, sondern die Stimme des Geistes, welcher nicht sich will, sondern das Leben." (568) Dieser Satz enthält die bündigste Bestimmung des Verhältnisses von Geist und Leben in seiner Kunst, die Thomas Mann gegeben hat. Es ist kaum möglich, seine Bedeutung für das Gesamtwerk Thomas Manns zu überschätzen.

Im Blick auf das Frühwerk liegt ein wesentlicher Gewinn der „Betrachtungen" zweifellos darin, daß es ihrem Autor hier erstmals im Medium theoretisch-erörternder Rede gelingt, sich aus den Antagonismen Nietzsches zu befreien, in denen er sich, besonders seit „Fiorenza", zu verfangen drohte: dessen panegyrisch-vitalistischem Lebenspathos nicht weniger als jenem Bild des Geistes, dessen Wesen vor allem Herrschaft (als Herrschaft des Begriffs über das Leben) bedeutet. Ich möchte glauben, Thomas Mann habe die synthetische Kunstfigur des Zivilisationsliteraten gebraucht, um diese partielle Ablösung von Nietzsche leichter vollziehen zu können. Er konnte auf den Zivilisationsliteraten übertragen, was an gewalttätiger Einseitigkeit in Nietzsches Philosophie steckt.

Erst dadurch wurde aber auch ein zentrales Moment in der Konfiguration des „Zauberberg" möglich: Naphta, der „asketische Priester" des Geistes, der lieber „das Nichts" will, als „nicht[zu]wollen" [10], und sein zweiter Antipode, Mynheer Peeperkorn, der Heidenpriester des Lebens, vermögen sich aus der Einseitigkeit ihrer Positionen nur durch den Selbstmord zu befreien. Allein Settembrini, der auf die „Einheit von Philanthropie und Schreibkunst" schwörende Verfechter des Geistes, der seinen jungen Zögling für das Leben einzunehmen sucht, erfreut sich der humoristisch relativierten Duldung seines Schöpfers.

Fortan gehört der Gedanke der Vermittlung von Geist und Leben jedenfalls zur Kernzone des Mannschen Werkes. Es bedarf keines Beweises dafür, daß der am Ende der „Betrachtungen" gefundene Begriff des Geistes, der nicht sich will, sondern das Leben, wie den „Zauberberg" so auch erst die Konzeption der „Joseph"-Romane möglich machte. Das gilt nicht minder für einen großen Teil der Essays, die Thomas Mann in den 20er und 30er Jahren veröffentlicht hat. Er hat an der in den „Betrachtungen" gefundenen Formel von der „Situationsähnlichkeit" von Kunst und Politik auch später noch festgehalten. Sie bildet etwa als „Vereinigung von Geist und Leben"

[10] Von ihm handelt Nietzsche im dritten Teil der „Genealogie der Moral" (Was bedeuten asketische Ideale?): Friedrich Nietzsche: Werke in drei Bänden. Hrsg. von Karl Schlechta. München 1960. Zweiter Band, S. 839 ff.; die Zitate S. 839 und 857.

(XI, 923) die Wesensbestimmung der Demokratie in seinem amerikanischen Vortrag „Vom kommenden Sieg der Demokratie“ (1938) und findet sich, in fast wörtlicher Wiederholung, noch in dem Washingtoner Vortrag über „Deutschland und die Deutschen“ von 1945. (XI, 1139) Indessen: schon in einer Radio-Ansprache des Jahres 1941 hat Thomas Mann doch wieder die Hoffnung auf eine „entpolitisierte Einheitswelt“ nach dem Kriege ausgesprochen, für welche die Deutschen als ein „wesentlich unpolitisches“ Volk „geboren“ seien. (XI, 1013) Dies oder der immer wieder bekundete Glaube an die Notwendigkeit einer „Einschränkung des Politischen und Sozialen auf seinen natürlichen und notwendigen Anteil an Humanität, Kultur und Leben“ („Das Problem der Freiheit“, 1939. XI, 965) lassen ahnen, wie sehr frühe Denkmuster auch in seinen späteren politischen Anschauungen weiterwirken bzw. wiederkehren, so daß sich die Frage nach dem Gültigkeitsgrad der Erkenntnisse der „Betrachtungen“ für ihren Autor noch einmal stellt.

Sieht man genauer hin, dann kann ja keine Rede davon sein, daß Thomas Mann die „General-Revision der eigenen Grundlagen“ (69) als generelle Absage verstanden hat. Auch in späteren Jahren wird er nicht müde, sich zu der „geistig-künstlerischen“ Luft Schopenhauers, Wagners und Nietzsches (72), ihrem „pessimistischen Moralismus“ (537) als den „Fundamenten“ seiner Bildung (71) zu bekennen. Der Unpolitische versteht sich im übrigen dezidiert als „Chronist und Erläuterer der Décadence, Liebhaber des Pathologischen und des Todes“ (153), und erklärt die Kunst zur „problematischste(n) Sphäre des Menschlichen“ (197); noch in einer völlig aufgeklärten und durchrationalisierten Einheitswelt würde sie „ein Element der Unsicherheit“ bilden und die „Möglichkeit, Denkbarkeit des Rückfalls bewahren“, „Leidenschaft und Unvernunft darstellen, kultivieren und feiern“ (398). Was nur konservativ, ausschließlich antizivilisatorisch an dieser Kunstauffassung ist, korrigieren die „Betrachtungen“ in Richtung auf die „Selbstverneinung des Geistes zugunsten des Lebens“ (25 f.), die ihrerseits die Einsicht in die „Situationsähnlichkeit“ von Kunst und Politik möglich macht. Die ‚Ergebnis‘ der „Betrachtungen“ versteht sich freilich keineswegs von selbst, es entstammt auch nicht nur vernunftgeleiteter Einsicht, sondern ist ebensosehr Willensakt, wenn man so will: moralischer Imperativ, gerichtet gegen die eigene „Sympathie mit dem Tode“ (423) und als Entscheidung für die Zukunft des Lebens gemeint.

Wir dürfen die Vorstellung menschlicher Vornehmheit nicht auf den Todesgedanken festlegen. Im *Herzen* dem Tode, der Vergangenheit fromm verbunden, sollen wir den Tod nicht Herr sein lassen über unseren *Kopf*, unsere *Gedanken.* Dem Pathos der *Frömmigkeit* muß dasselbe der *Freiheit* gegenüberstehen, dem aristokratischen Todesprinzip das demokratische Prinzip des Lebens und der Zukunft die Waage halten, damit das allein und endgültig Vornehme, damit Humanität entstehe. (XI, 354)

Diese Sätze, im Frühsommer 1924 in Amsterdam gesprochen, sind nicht nur Selbstkommentar zum eigenen Werk (dem noch nicht erschienenen „Zauberberg" wie den noch nicht konzipierten „Joseph"-Geschichten), — sie sind auch als politisches Programm gemeint. Ihr Autor hält um so entschiedener an ihnen fest, je bedrohter das Schicksal der Weimarer Demokratie erscheint, und sie behalten ihre Gültigkeit für den politischen Essayisten auch, nachdem die Nationalsozialisten die Welt längst in den Krieg gestürzt haben.

Aber gerade diese Erfahrungen bezeugen ja auch, wie gefährdet der Glaube an die Wirkungsmöglichkeit der Humanität ist — und wie sollten sie die Skepsis eines Schriftstellers beseitigen, der davon überzeugt war, daß die „Selbstverneinung des Geistes zugunsten des Lebens" nur als *Ironie* möglich ist? Als vorbehaltvolle „Ironie nach beiden Seiten hin" (573) zudem, für die nichts ganz unzweifelhaft eindeutig ist und endgültig feststeht? Der in den fragwürdigen Abgründen einer so verabscheuungswürdigen Figur wie derjenigen Hitlers noch den „Bruder" erkennt, eine den Fragwürdigkeiten der eigenen Künstler-Existenz verwandte Gestalt?

Das Spätwerk Thomas Manns nötigt zu der Einsicht, daß die „Betrachtungen eines Unpolitischen" mit ihrem optimistischen Glauben an eine mögliche Vereinigung von Geist und Leben, Kunst und Politik ein Werk der Selbstüberredung mit zeitlich begrenzter Wirkung darstellen. Die Vermittlung von Geist und Leben durch einen „ironischen Konservativismus" bedeutet, wenn sie gelingt, Rücksichtnahme, beiderseitiges Sich-gelten-Lassen, politisch ausgedrückt: Kompromiß und Bereitschaft zum Zugeständnis. Daß in einer so verstandenen ironischen Kunst eine höchst fragile und immer wieder gefährdete Beziehung von Geist und Leben herrscht, liegt auf der Hand. Jederzeit kann eine der beiden Seiten den ironisch-duldsamen Vorbehalt kündigen und „radikal" werden, das heißt: ihre Selbstbezogenheit wiederentdecken und nur noch sich selbst wollen. Die „Idee der Heimsuchung" (V, 1085), die erstmals im „Kleinen Herrn Friedemann" künstlerisch überzeugend Gestalt gewinnt, ist ja nichts anderes als die Chiffre für ein alle Sicherungen und Vorbehalte des Geistes durchbrechendes Leben, das nur noch sich selbst will. Davon handelt im Spätwerk noch die Geschichte Mut-em-enets, der Titelgemahlin von Pharaos Sonnenkämmerer, und, ausschließlicher noch, alle anderen Motive verdrängend, die Erzählung von der „Betrogenen" (1953). Wo sich der Geist dagegen aus seiner komplexen, ironisch vermittelten Beziehung zum Leben löst, wird er wieder zu dessen eisigem Gegenüber; er vermag sich zwar noch mit der Kunst zu verbinden, aber diese Kunst hat aufgehört, Stimme des Geistes zu sein, der das Leben will, — das ist der Fall Adrian Leverkühns.

Und welches, so fragt sich der heutige Leser, ist der Fall Thomas Manns? Der des Unpolitischen, der an die „Situationsähnlichkeit" von Kunst und Politik glaubt oder der des „Chronisten der Décadence"? Auf diese Frage hält bereits der Autor der „Betrachtungen" eine Antwort bereit, deren abgründige Hellsicht auch im Blick auf seinen späteren Weg nichts von ihrer Aktualität eingebüßt hat. „Ich gehöre geistig jenem über ganz Europa verbreiteten Geschlecht von Schriftstellern an, die, aus der décadence kommend, zu Chronisten und Analytikern der décadence bestellt, gleichzeitig den emanzipatorischen Willen zur Absage an sie, — sagen wir pessimistisch: die Velleität dieser Absage im Herzen tragen und mit der Überwindung von Dekadenz und Nihilismus wenigstens *experimentieren.*" (201)

„Placet experiri" — dieses geheime Motto des „Zauberberg" meint gewiß mehr als nur unverbindliche Spiele der Einbildungskraft; derjenige, der sie als Autor unternahm, der seinen unscheinbaren Helden den Weg zu Güte und Humanität suchen ließ, meinte es ernst damit und richtete auch sein persönliches Leben auf diese Ziele aus. Er nahm um seiner politischen Überzeugungen willen das Schicksal des Emigranten auf sich und reiste im Frühjahr und Frühsommer 1938 mit seinem Vortrag „Vom kommenden Sieg der Demokratie" durch fünfzehn amerikanische Städte; — es ist derselbe Autor, der sich, Jahre später auf dieses Unternehmen zurückblickend, als „Wanderredner der Demokratie" ironisiert und bekennt, er habe den Blick für die Komik dieser Rolle nie ganz verloren. (X, 397) Es ist der Künstler Thomas Mann, der hinter die allzu eindeutigen Überzeugungen, die er als politischer Rhetor und abendländischer Humanist vertrat, wieder ein Fragezeichen setzt.

Wem die „Selbstverneinung des Geistes zugunsten des Lebens" nur noch als Ironie möglich ist, für den kann es auch keine endgültigen und unbezweifelbaren Wahrheiten mehr geben. Niemand wird behaupten wollen, Thomas Mann sei seinem 1924 in der „Tischrede in Amsterdam" (XI, 354) formulierten Bekenntnis untreu geworden: sein „Kopf" hat sich immer wieder für die Würde der Vernunft, die Humanität oder die Zukunft des Lebens entschieden, für jene Positionen also, zu denen er in seinen „Betrachtungen eines Unpolitischen" gelangte, indem er ihren Ausschließlichkeitsanspruch bekämpfte; ebenso wenig sollte indes zweifelhaft sein, daß er zugleich um die unaufhebbare Bindung seines „Herzens" an die „Tendenz zum Abgrund" (153), die „Sympathie mit dem Tode" (423) wußte. Beide zusammen erst bilden ja die Pole, deren Spannungsreichtum seine künstlerische Produktivität freisetzte und seinem Werk Tiefe verlieh. Es ist freilich die Tiefe einer letzten Zweideutigkeit und Ambivalenz. Nur eine mit den Abgründen der Moderne unvertraute Harmlosigkeit wird darin ein Negativum erblicken wollen — und wird es um so weniger tun können, als Thomas Mann selbst seine Leser über die tiefe Fragwürdigkeit seiner Position nicht im unklaren gelassen hat.

Im August 1954, ein Jahr vor seinem Tod, „heimgesucht" öfter von einem „quälenden Mangel an Energie" wie der Furcht vor dem Versiegen der „produktiven Kräfte" [11], schreibt er seinen „Versuch über Tschechow", (IX, 843 ff.) von der Schiller-Rede von 1955 abgesehen sein letzter literarischer Essay. So gewiß alle essayistischen Arbeiten Thomas Manns ein Moment des Wiedererkennens auszeichnet, ein Sich-selbst-Gewahrwerden im Spiegel des anderen, so gewiß kommt dem „Versuch über Tschechow" darin eine besondere Rolle zu. Es ist die Gleichzeitigkeit von ausgeprägtem künstlerischem Arbeitsethos und der fehlenden Antwort auf die letzten Fragen, die ihn an Tschechow anzieht und ihn zu einem Selbstbekenntnis veranlaßt, rückhaltlos und ohne Schonung die tiefe Zweideutigkeit des eigenen künstlerischen Tuns eingestehend. Thomas Mann zitiert seinen Autor mit einer Frage, in der er sich sogleich wiedererkennt: „‚Führe ich nicht', fragt er, ‚den Leser hinters Licht, da ich ja doch die wichtigsten Fragen nicht zu beantworten weiß?' Das Wort hat mich wie kein andres getroffen; es war geradezu das Motiv, das mich bestimmte, mich mit Tschechows Biographie eingehender zu beschäftigen." (IX, 846) Im Schlußabsatz seines Essays vollzieht Mann dann vollends die Identifikation mit seinem Gegenstand: die weibliche Gestalt einer Erzählung des russischen Meisters, die „zufällig" auch Katja heißt, gibt ihm Gelegenheit zu einem durchsichtig-verstellenden und zugleich bekennenden Spiel. Er bringt noch einmal jene tiefe Ambivalenz zur Sprache, die sein Werk von jeher kennzeichnete, die er mit dem „Künstlerwerk" der „Betrachtungen eines Unpolitischen" auch keineswegs hinter sich gelassen, sondern seither zwar verschieden akzentuiert, aber immer wieder umkreist hat:

Ich will aussprechen, daß ich die Zeilen hier mit tiefer Sympathie geschrieben habe. Dies Dichtertum hat es mir angetan. Seine Ironie gegen den Ruhm, sein Zweifel an Sinn und Wert seines Tuns, der Unglaube an seine Größe hat von stiller, bescheidener Größe so viel. ‚Unzufriedenheit mit sich selber', hat er gesagt, ‚bildet ein Grundelement jedes echten Talents'. In diesem Satz wendet die Bescheidenheit sich denn doch ins Positive. ‚Sei deiner Unzufriedenheit froh', besagt er. ‚Sie beweist, daß du mehr bist als die Selbstzufriedenen, — vielleicht sogar

[11] Thomas Mann: Briefe 1948—1955 und Nachlese. Hrsg. von Erika Mann. Frankfurt 1965. S. 356 (Brief an Emil Preetorius vom 6. September 1954).

groß.‘ Aber an der Aufrichtigkeit des Zweifels, der Unzufriedenheit ändert er nichts, und die Arbeit, die treue, unermüdliche Arbeit bis ans Ende, in dem Bewußtsein, daß man auf die letzten Fragen ja doch keine Antwort wisse, mit dem Gewissensbiß, daß man den Leser hinters Licht führe, bleibt ein seltsames Trotzdem. Es ist nicht anders: Man ergötzt mit Geschichten eine verlorene Welt, ohne ihr je die Spur einer rettenden Wahrheit in die Hand zu geben. Man hat auf die Frage der armen Katja: ‚Was soll ich tun?‘ nur die Antwort: ‚Auf Ehre und Gewissen, ich weiß es nicht.‘ Und man arbeitet dennoch, erzählt Geschichten, formt die Wahrheit und ergötzt damit eine bedürftige Welt in der dunklen Hoffnung, fast in der Zuversicht, daß Wahrheit und heitere Form wohl seelisch befreiend wirken und die Welt auf ein besseres, schöneres, dem Geiste gerechteres Leben vorbereiten können. (IX, 868 f.)

HEINZ GOCKEL

Heinrich Mann: Das Engagement des Essayisten

Sollte es Zufall sein, daß im „Henri Quatre“ Montaigne eine nicht unwichtige Rolle spielt? Die Frage drängt sich deshalb auf, weil mit und an Montaigne gern eine Form des Essays umschrieben wird, der dem Essay Heinrich Manns gar nicht verwandt zu sein scheint. „C'est icy un livre de bonne foy, lecteur. Il t'advertit dés l'entrée, que je ne m'y suis proposé augune fin, que domestique et privée.“ So Montaigne in der Widmung seiner „Essais“. Ein häusliches und privates Interesse ist den Essays Heinrich Manns nur schwer zu entnehmen. Im Gegenteil. Die Essays der Weimarer Zeit haben großenteils unmittelbaren öffentlichen Anlaß, sie haben streitbar politischen Charakter. Und auch die vorhergehenden und gleichzeitigen kulturhistorischen Essays zeigen wenig von dem Privaten und Häuslichen, das Montaigne für seine Essay-Sammlung reklamiert. Um so erstaunlicher, daß gerade er zum entscheidenden Bildungserlebnis des jungen Königs Heinrich wird. Ja, Heinrich Mann bemüht sich zu betonen, daß der mit seiner ganzen Sympathie bedachte Henri und Montaigne in gewisser Weise identisch sind. „Verbunden waren sie nämlich mit einem Geist, den Henri, ob er wollte oder nicht, als seinesgleichen erkannte.“ [1] Der junge Prinz kann gegenüber dem Edelmann jedes Mißtrauen ablegen und ihm schließlich die Frage der Ringparabel stellen: „Welche Religion ist die rechte?“ So unvermittelt die Frage scheint, sie ist durch die Handlung vorbereitet und durch die gegenseitige Sympathie der neuen Freunde ermöglicht. Was im „Dekamerone“ und in Lessings „Nathan“ als Fangfrage galt, ist hier Ausdruck der Offenheit und Freigabe der Persönlichkeit. Und so bedarf es im „Henri Quatre“ nicht mehr des Märchens, um die lästige Frage abzuwehren. Montaigne kann sich in gleicher Weise öffnen, indem er seine skeptische Maxime, die das Leitmotiv für den „Henri Quatre“ werden wird, der Frage entgegenstellt: Que sais-je? „Damit“, so im Roman zu lesen, „hatte er sich selbst entblößt und ausgelie-

[1] Heinrich Mann: Ausgewählte Werke in Einzelausgaben, Bd. 6. Berlin 1952. S. 356; im folgenden nach dieser Ausgabe zitiert.

fert, was niemand tut, es wäre denn, er erkennt seinesgleichen und vertraut ohne Schwanken." (VI, 359) Ausgeliefert hat sich Montaigne, indem er seine skeptische Haltung benennt, indem er offen ausspricht, was nach der Erwartung des Zitats als literarische Umschreibung im Märchen zu sagen gewesen wäre. Ausgeliefert hat er sich mit dem, was das Häusliche und Private seiner Essays ist: mit der ihm eigenen und eigenwilligen Skepsis. Sie hat wenig zu tun mit Resignation, aber sehr viel mit dem Engagement, das die Essays Heinrich Manns auszeichnet. Es ist das Engagement der Skepsis im Sinne Montaignes: „Seine Skepsis lähmt und verbaut nicht, sondern erschließt. Indem sie sich der Parteinahme für eine der überlieferten Weltdeutungen enthält, entdeckt sie die Produktivität des Menschengeistes. Und sie entdeckt weiterhin die Fülle des Wirklichen, das in seiner konkreten Tatsächlichkeit wie in seinen metaphysischen Wurzeln den Deutungen immer wieder entschlüpft. Sie ist in der Tat ein Spähen (*σκωπέω*), ein Umschauhalten nach dem, was ist, ehe das Wahrgenommene in der Fixierung durch Sprache, Begriff und Urteil verarmt." [2]

Nun kann im Blick auf Heinrich Mann nicht davon gesprochen werden, daß er sich der Parteinahme enthalten hätte. Sein essayistisches Engagement, vor allem in den Aufsätzen und Reden der Weimarer Zeit, ist gelegentlich mit dem Stichwort „Tendenz" gekennzeichnet worden. [3] Fragen wir nach dieser Parteinahme, so ist sie doch weit entfernt von einer Parteinahme für „überlieferte Weltdeutungen". Sie ist eher Parteinahme für die „Produktivität des Menschengeistes". Auch die Essays, die sich mit einzelnen literarischen Figuren befassen, sind dieser Parteinahme verpflichtet. Oder könnte es sonst von Victor Hugo heißen: „Romane waren ihm Taten, nicht nur schöne, auch nützliche." („Victor Hugo"; XI, 69) Taten sind nie tendenzfrei. Schon ihr Zweck macht sie tendenziös. Der Roman als Tat, besser: der Geist als Tat, würde sich verleugnen, ließe er seine Tendenz außer acht. So kann Heinrich Mann „Les Misérables" einen „Tendenzroman" nennen. Denn es gibt „ohne Tendenz überhaupt nichts. An jede Liebesgeschichte kommt der Autor von rechts oder von links. Wer seine Zeit darstellt, bringt Voraussetzungen und Absichten aller Art mit: Balzac katholische und legitimistische, Stendhal den Rationalismus und Napoleon." („Victor Hugo"; XI, 71) Das Bekenntnis zur Tendenz ist immer noch ehrlicher als die Berufung auf einen Ästhetizismus, der sich jeder Parteinahme enthoben wähnt. Heinrich Mann ist da zugleich skeptischer und realistischer: „Ästhetische

[2] Hugo Friedrich: Montaigne. Bern ^{2}1967. S. 125.

[3] Vgl. Dieter Bachmann: Essay und Essayismus. Stuttgart 1969 (= Sprache und Literatur 55). S. 78 ff.

Streitigkeiten führen zuletzt immer nach verschiedenen politischen Richtungen. Die politische Richtung fällt zusammen mit dem Empfindungstyp. Nur wer nichts empfände, hätte ‚reine Dichtung'." („Victor Hugo"; XI, 71) Der Irrealis spricht von einer Überzeugung: daß „reine Dichtung", empfindungslose und damit engagementlose Dichtung nicht die Sache Heinrich Manns ist. Mehr noch: er stellt die Frage, ob es reine Dichtung dieser Art überhaupt gibt. Ihr Gegenteil wäre der Essay mit Montaignes entblößender und aufschließender Skepsis. Hinzu kommt für Heinrich Mann Parteinahme und prononziert ausgesprochenes Bekenntnis, getragen von dem sicheren Bewußtsein, daß eine vom öffentlichen Interesse gereinigte Dichtung eine nicht einmal erwünschte Illusion wäre.

Deshalb war und ist Gottfried Benns Laudatio auf Heinrich Manns sechzigsten Geburtstag ein partielles Mißverständnis, wenn der junge Heinrich Mann im Verein mit seinem Bruder Thomas als Verkünder eines Ästhetizismus gefeiert wird, der „eine literarische Generation das Gefährliche, das Rauschnahe, den Verfall" — notorisch zu den Dingen der Kunst gehörig — gelehrt habe.[4] Immerhin hebt Benn die Schärfe der Diktion und die tiefe Beredsamkeit hervor. Aber er fragt gleichzeitig, ob sie überhaupt politisch seien, um selbst die soziale Gesinnung Heinrich Manns als episch und lyrisch zu kennzeichnen. Mit Heinrich Mann selbst ist eher zu fragen, ob es Beredsamkeit gibt, die nicht politisch ist.

Mit Recht ist bemerkt worden, daß viele seiner Essays rhetorisches Pathos auszeichnet.[5] Daß sie gesprochen werden wollen, verleugnen sie nicht. Daraus einen Rangunterschied ableiten zu wollen mit der deutlichen Zielsetzung, den Essays der Weimarer Zeit, in denen der Redecharakter dominiert, nur eine bedingte Gattungszugehörigkeit zugestehen zu wollen, verkennt die Tradition des essayistischen Schreibens. Denn es ist eines jener Reservate, in denen die Rhetorik in Zeiten poetischer Verbannung literarisches Recht behaupten konnte. Nicht nur wissenschaftliche Gesinnung versucht, wie Adorno meint[6], der Rhetorik den Garaus zu machen, auch eine genuin literarische, die um des Poetischen willen auf öffentliche Wirkung meint verzichten zu müssen. Aber es gibt Traditionen literarischer Genera wie die des Apophthegma, des Aphorismus, des literarischen Tagebuchs und des Essays, die sich der Rhetorik verpflichtet wissen. Ihre Verantwortung gegenüber dem Wort leitet sich nicht aus der Intention der Sakralisierung des Wortes her, sondern aus dem Bewußtsein, daß jedes Wort intentional ge-

[4] Gottfried Benn: Gesammelte Werke in 8 Bänden. Hrsg. von Dieter Wellershoff, Bd. 3, Essays und Aufsätze. Wiesbaden u. Zürich 1968. S. 694.

[5] Bachmann, Essay und Essayismus. S. 89.

[6] Theodor W. Adorno: Noten zur Literatur I. Frankfurt a. M. 1958. S. 43.

sprochenes Wort ist. Dabei ist die eigenartige Feststellung zu machen, daß die Verantwortung gegenüber dem Rhetorischen zunimmt, je mehr das Private und Häusliche zu dominieren scheint. Verständlich ist das nur, wenn man es auf die Grundlage zurückführt, von der dieses Bewußtsein ausgeht, auf das Vertrauen in den Einfluß, den „ein Wort, das ich rede, auf alles hat, was je in der Welt gesprochen werden wird." [7] So Lichtenberg. Heinrich Mann: „Die Literatur lebt nicht anders als ihre Zeit, kann auch nicht mehr erreichen. Ihr Maß ist heute das gesprochene Wort. Der Satz ist gut, der noch in diesen eiligen Mund geht. Deine Sache, ihn so zu bilden, daß der ganz unheilige Mund, er weiß nicht wie, noch immer durch ihn geweiht wird." („Die neuen Gebote"; XI, 250)

Das Vertrauen in den Einfluß des Wortes ist ein Vertrauen in den Einfluß des Wortes als Tat. Es ist eine der großen Maximen Heinrich Manns, die zugleich als Forderung auftritt, daß Geist und Tat, so sehr der Anschein ihrer Konkurrenz zu widersprechen scheint, in gegenseitiger Korrespondenz identisch sind. Das verbindet ihn mit der Aufklärung des 18. Jahrhunderts. Gottfried Benn hat Heinrich Manns Wurzeln im ausgehenden 19. Jahrhundert offen gelegt. [8] Nicht weniger verwurzelt ist er in der Aufklärung Lessingscher Provenienz. [9] Sie ist mit der Absicht, wirken, verändern zu wollen, unauflöslich verknüpft. Lessing „hatte gewiß den Willen, zu gestalten, von Natur. Fruchtbar wurde er als Dichter aber doch nur, weil er den Sieg neuer Wahrheiten erkämpfen und in der bestehenden Welt etwas bewegen, etwas verändern wollte — ästhetisch, kulturell und sozial, ja, auch sozial, was — wie er wohl sah — das schwerste war." („Lessing"; XI, 452) Das ist die Tendenz, das Engagement als Triebkraft für das Schreiben.

Aber Heinrich Mann weiß sehr genau, daß das allein nicht ausreicht. Daneben und gleichberechtigt steht das Vertrauen in das poetische Wort, das Bewußtsein, daß die Voraussetzung für die Wirkung des Schriftstellers das literarische Können ist. Bei aller Realitätsbezogenheit verantwortet doch Heinrich Mann die überzeitliche Wirkung der Literatur dem magischen Realismus der Sprache. Von Flauberts „Madame Bovary" heißt es: „Die Sprache, sie erhebt dies Buch über seine Mitwelt und in eine geistige Gemeinschaft, zu der Homer gehört, aber nicht der gute Beobachter von nebenan, der damals übrigens Champfleury hieß. Die Sprache, ein gewisser willens-

[7] Georg Christoph Lichtenberg: Aphorismus F 721 (Zählung nach Leitzmann).

[8] Vgl. auch Marian Holona: Die Essayistik Heinrich Manns in den Jahren 1892—1933. Warschau 1971. Neben dem Einfluß Nietzsches belegt Holona den Hegels auf Heinrich Mann.

[9] Vgl. Richard Exner: Die Essayistik Heinrich Manns: Autor und Thematik. In: Symposium 13 (1959), S. 217 ff.

starker Fall der Sätze und der unzugängliche Glanz, den sie ausstrahlen, dies entrückt ein Buch aus der Wirklichkeit und nähert es dem Sinn des Lebens.“ („Die geistige Lage“; XI, 353)

Hat Heinrich Mann nicht selbst damit das Wort über einen Teil seiner Essays und Reden der Weimarer Zeit gesprochen? Denn — so ist oft festgestellt worden — die Essays dieser Zeit verweigern sich der Artistik. Sie haben Bekenntnischarakter, sie nehmen unmittelbar Stellung. Ihnen fehlt jener magische Sprachzentimeter, der sie der Wirklichkeit enthebt und dem Sinn des Lebens nähert. Vorbei scheint es mit jener „Genauigkeit der Wortgefüge“, mit jener „Glätte der Oberfläche“, mit jenem „Gesetz des Wohlklangs“, das bei Flaubert beschworen wird. Aber in „Geist und Tat“ steht der bezeichnende Satz: „Der Geist ist das Leben selbst, er bildet es, auf die Gefahr, es abzukürzen.“ (XI, 9) Diese Identität von „Geist und Tat“ wird sich durchhalten auch für die Zeit der Weimarer Republik. Und das Vertrauen auf die Macht des Geistes als eine Macht des Wortes, die ihm selbst bei wohlwollenden Zeitgenossen den Vorwurf des Idealismus eingetragen hat, eines Idealismus, der den realen politischen Verhältnissen gelegentlich blind gegenüberstehe [10], ist den Reden der Weimarer Jahre nicht weniger zu entnehmen wie den kulturhistorischen Essays.

Allerdings nimmt die Gefahr der Abkürzung zu. Sie wird aufgehoben in jener docta ignorantia, die die moderne Literatur bestimmt, wenn sie von Gott spricht, ohne noch an die Götter zu glauben. [11] Ironie nimmt das Pathos jener Essays zurück, die allzu leicht als Handlungsanweisung mißverstanden werden können. Dabei ist die Ironie durchaus im Sinne der rhetorischen Tradition verwendet: als die der vorausschauenden und sich zugleich zurücknehmenden Gedanken entsprechende Stilfigur. „Wer begreift Utopien? Der gebildete, der an sie nicht glaubt.“ („Die neuen Gebote“; XI, 252) Glaubt er an sie nicht, weil er sie nicht für realisierbar hält, oder weil er jenen „unbeteiligten Scharfblick“ hat, der im Nationalbewußtsein die Bewußtseinsidentität mit anderen Völkern erkennt? („Geistige Neigungen in Deutschland“; XI, 248) Die docta ignorantia ist doch nie unbeteiligte Besserwisserei. Sie speist sich aus der Erkenntnis eines notwendigen Gegensatzes. Im Hinblick auf das Verhältnis von Dichtung und Politik hat Heinrich Mann ihn deutlich gekennzeichnet. Während diese gehalten ist, ihr Recht „von der zeitbedingten Menschenart“ herzuleiten, ist jene angetreten, vom „Begriff des vollkommenen Menschen“ zu sprechen, wohl wissend, daß

[10] Vgl. Siegfried Kracauers Rezension zu „Das öffentliche Leben“; abgedruckt in: Heinrich Mann: Texte zu seiner Wirkungsgeschichte in Deutschland. Hrsg. von Renate Werner. Tübingen 1977. S. 135 ff.

[11] Vgl. Georg Lukács: Die Theorie des Romans. Berlin 1920. S. 87 ff.

es sich hier um „etwas Ewiges" handelt, das „im Zeitlichen nie zu erreichen" ist. („Dichtkunst und Politik"; XI, 312) Kommt hinzu das Bewußtsein, daß das wahre Leben das des Geistes ist, so könnte Resignation die Folge sein. Denn politisch ist nicht durchsetzbar, was als Begriff des vollkommenen Menschen erkannt wird. Resignation angesichts dieses Gegensatzes von Politik und Dichtkunst hieße, der Wirkmacht des Wortes nicht mehr vertrauen. Sie mündete ins Verstummen, eingedenk der politischen Unwirksamkeit des literarischen Wortes. Will der Autor nicht verstummen, aber auch nicht einer Illusion nachlaufen, bleibt ihm jene ironische Sprechweise, die am Begriff des vollkommenen Menschen festhält, wenngleich sie nur seine negativen Derivate als verwirklicht erfährt.

Heinrich Mann hat diesen Balanceakt der Ironie in dem vollen Bewußtsein der gegenwärtigen Hoffnungslosigkeit des literarischen Wortes durchgehalten. Seine Diagnose des Verhältnisses von Staat und Literatur ist unmißverständlich: „Das Allgemeine, Ewige ist das Reich des Geistes, denn er will Wahrheit, Gerechtigkeit und den Menschen schlechthin. Was hätte er gemein mit dem Staat, der sterblich ist, und der in Gerechtigkeit und Wahrheit nicht einmal einen Tag bestehen könnte." („Dichtkunst und Politik"; XI, 312) Und er kämpft auch nicht um die Aufhebung des diagnostizierten Gegensatzes. Denn dies liefe auf die platonisch-romantische Utopie vom Weisen auf dem Thron hinaus.[12] Heinrich Mann kann sich wohl vorstellen, daß ein Minister zugleich Denker wäre[13], aber das ist denn doch im Irrealis gesprochen. Realistischer ist, was Denker wie Kant erfahren haben, die den Staat herausfordern durch das Bekennen der Wahrheit, bis er eingreift und den Denker verwarnt. Mit Kant ist Heinrich Mann sowohl im sittlichen Anspruch des Literaten verbunden wie in dem Vertrauen auf die regulative Wirkkraft der ästhetischen Idee. Der Essay ist ja keineswegs auf den Ideengehalt seiner Aussage selbst festzulegen. Es macht seine unkalkulierbare Wirkung aus, daß er sich einer Idee verpflichtet weiß, ohne sie auf den Begriff zu bringen. Das Kantische regulative Prinzip für die ästhetische Idee ist im Essay Heinrich Manns nicht weniger verwirklicht als in der epischen Großform des Romans. Hinzu kommt im Essay das Engagement des literarischen Moralisten. Der Gedanke, daß Literatur eine sittliche Kraft dar-

[12] Im Blick auf die Weimarer Verfassung beruft Heinrich Mann die Vorstellung vom Weisen auf dem Thron, nicht ohne sich ihres utopischen Charakters bewußt zu sein: „Meine Meinung ist, daß auch dieses Land und dieser Erdteil einst, wie es auf Erden schon vorkam, von den Wissendsten still und gewaltlos werden gelenkt werden. Bis dahin freilich müßten wir alle weiser geworden sein." („Wir feiern die Verfassung"; XII, 150).

[13] „Es könnte schließlich sein, daß ein Minister, der zugleich Denker wäre, sich besser mit uns als mit vielen seiner politischen Freunde verständigte." („Dichtkunst und Politik"; XI, 317).

stelle, verbindet seine Essayistik mit der Kritik der Urteilskraft. Unter diesem Gesichtspunkt kann es nicht verwundern, wenn die Essays streitbar werden. Das Streitbare um der Idee des Menschen willen: mit dieser paradoxen Formel ist das essayistische Werk Heinrich Manns nicht nur der Weimarer Zeit zu umschreiben.

Das Vertrauen in die Macht des Wortes, auch da, wo die Diagnose widerspricht, entnimmt Heinrich Mann seiner kosmopolitischen Weitsicht und vor allem seiner entscheidenden Erfahrung: Frankreich. Hier hatte er gelernt, daß Romane Taten sind und zu politischen Taten werden können. „Sie haben nicht gefragt, diese Franzosen, wohin der Vernunfttraum eines Dichters, eines fragwürdigen Kranken, sie führen werde. Sie haben nach ihm gehandelt, weil er ihnen auf einmal die Welt erhellte; haben alles durch ihn erfahren, Schuld, Sieg, Buße — und sind, arme menschliche Tiere wie alle andern, weil sie den Mut hatten, sich zu begeistern, dennoch der Vergeistigung heute näher als andere: haben im ganzen der Nation einen Ausgleich und Gewinn errungen an Menschenwürde und sittlicher Kraft." („Geist und Tat"; XI, 9 f.) Er erkannte an Frankreich — und hierfür steht es ihm als Paradigma —, daß der Geist und die ihm verpflichtete Literatur zur Demokratie erziehen können.[14] Das Paradox des Vernunfttraums muß nicht auf Ausschließlichkeit deuten. Es kann, wie in Frankreich, nicht nur als Wort eine Einheit meinen. Es ist Ausdruck der konkreten Utopie, deren Forderungen Heinrich Mann im geistigen wie politischen Frankreich verwirklicht sah. Deshalb ist ihm Frankreich und seine Tradition literarischer Aufklärung geistige Heimat. An den großen literarischen Persönlichkeiten Frankreichs hat ihn dieses Vertrauen in den Vernunfttraum der Literatur fasziniert. Da ist oft von der Idee die Rede, der Rousseau, Stendhal, Hugo und Zola lebten. Vor allem an den Lebensumständen Victor Hugos wird dies manifest. Er „verbannt sich selbst, leistet Verzicht auf zahlreiche Gesellschaft, die Menge der Verehrer, auf den Rausch persönlicher Erfolge, den belebenden Atem der Öffentlichkeit. Warum? Wegen einer Idee, der Republik." („Victor Hugo"; XI, 63) Er leistet Verzicht auf Öffentlichkeit um einer politischen Idee willen, vertrauend darauf, daß sich die Idee nur durchsetzen kann als geistiges Wort. Dabei spielt die Frage der Tendenz eine nur mehr untergeordnete Rolle. „Nackte Tendenz" konstatiert Heinrich Mann für Victor Hugo, „und nun die Zeit darüber hingegangen ist und sie verwirklicht oder nicht verwirklicht hat, dauert das Werk noch immer." („Victor

[14] So im Essay „Voltaire–Goethe"; vgl. Alfred Kantorowicz: Unser natürlicher Freund. Heinrich Mann als Wegbereiter der deutsch-französischen Verständigung. Lübeck 1972 (= Senat der Hansestadt Lübeck, Veröffentlichungen V). S. 8 f.

Hugo"; XI, 75) Das unbedingte Vertrauen in das Werk als geistige Tat fand Heinrich Mann bei seinen französischen Vorbildern. Er fand es, weil es ihm selbst habituell war.[15] Es hat ihm das denkwürdige Prädikat des Zivilisationsliteraten eingetragen. Das galt ihm nicht pejorativ. Als in der Preußischen Akademie die Sektion für Dichtkunst gegründet wurde, verstand Heinrich Mann dies als einen Akt von Weisheit und Klugheit, weil jetzt das Zivile und Zivilisatorische von Wichtigkeit sei. Und wieder spricht sich das an den Franzosen gewonnene Vertrauen in das Wort aus, wenn es im Essay „Dichtkunst und Politik" heißt: „Aber niemand lehrt das Wissen um das gesellschaftliche Leben und um das Leben schlechthin wie unsere Kunst, die Dichtkunst. Denn sie lehrt es auf dem Weg der Erfahrung, da Dichtung das Leben selbst, vermehrt durch Erkennbarkeit ist." (XI, 317) Der Satz ist umkehrbar: Indem die Dichtung ein Wissen um das Leben schlechthin hat, kann sie das Wissen um das gesellschaftliche Leben lehren.

Oft genug hat Heinrich Mann Goethes Maxime vom Allgemeinen und Besonderen zitiert. Goethe brauchte sie, um sich von seinem Antipoden Schiller abzusetzen und nebenbei eine Definition von Allegorie und Symbol zu geben. Heinrich Mann benutzt sie, um sie aus ihrem literarisierten Ghetto zu befreien. Er verwendet sie sowohl literarisch wie ethisch und politisch. Denn es geht ihm nicht mehr um das Verhältnis von Besonderem und Allgemeinem im literarischen Werk, sondern um die Stellung des Dichters als Statthalter des Allgemeinen im Besonderen der politischen Verhältnisse. Dieses Allgemeine ist von ihm ebenso präzise wie großzügig als der Begriff des Menschlichen oder die Menschenwürde definiert worden. Als Anwalt dieser allgemeinen Menschenwürde hat der Dichter das Recht, ja die Pflicht, das unmerklich Unwürdige der staatlichen Gesetzgebung zu diagnostizieren und die prognostischen Konsequenzen zu ziehen: als geistige Tat, d. h. als Aufruf zur besseren Einsicht. „Unser ganzer Ruf und unser innerstes Schicksal hängen daran, daß wir versittlichen, durch Erkenntnis und Anschauung uns und andere versittlichen." („Dichtkunst und Politik"; XI, 321)

„Versittlichung" als Aufgabe der Literatur. Ein Wortungetüm, wird es nicht im Kontext der aufklärerischen Tradition und der Heinrich Mannschen Diktion gelesen. An anderer Stelle heißt es: „Der Schriftsteller hat, ohne daß er handelte, Gewissen für den Handelnden." („Was ist eigentlich ein Schriftsteller?"; XI, 309) Gewissen nicht verstanden als rückwärtsgewandt anklagende und entschuldigende Anamnesis für verfehltes Handeln. Gewissen als Wissen von dem, was sein könnte und doch im politischen Alltag nicht so schnell erreichbar ist. Versittlichung und Gewissen, diese beiden

[15] Vgl. „Wir begegnen Paris in uns selbst"; XII, 405 ff.

Stichworte Heinrich Manns für den Schriftsteller sind auch zu stellen in den Kontext der aufklärerischen Tradition, in den sie gehören. Das Unbehagen über die „Langsamkeit im Bessern", das dem Gang der wirklichen Welt anhaftet und den Schriftsteller erhitzt, kannte schon Lessing, wenn er in der „Erziehung des Menschengeschlechts" nicht von den Vernunftträumen der Poeten, aber von den Schwärmern des 13. Jahrhunderts spricht, von jenen Schwärmern der Vernunft, die nur einen Fehler hatten: daß sie sich übereilten. „Und eben das macht sie zu Schwärmern. Der Schwärmer tut oft sehr richtige Blicke in die Zukunft: aber er kann diese Zukunft nur nicht erwarten. Er wünscht diese Zukunft beschleunigt; und wünscht, daß sie durch ihn beschleunigt werde." [16] Was für Lessing noch der Gang der Natur über Jahrtausende hin, ist für Heinrich Mann der auch zu langsame Gang der Geschichte. Aber das Lessingsche Vertrauen in den Sieg der Vernunft ist auch bei ihm ungebrochen. „Wenn trotz Hindernissen und Rückfällen ohne Zahl dennoch sittliche Fortschritte erreicht sind und der immer wieder versuchte Zweifel, ob sittliches Handeln der Natur des Menschen entspricht, heute nicht mehr geduldet zu werden braucht, wem ist es zu danken? Doch einzig und allein jener Menschenklasse der Geistigen, die sich empören können, was ihr anderen schon in der Jugend verlernt, die vom Menschen das Allgemeine und Ewige kennen und lehren, das ihr anderen nur flüchtig einmal erblickt, — und die richten, im tiefsten Ernst allein richten dürfen, denn durch sie richtet ein Höherer, der Geist heißt." („Dichtkunst und Politik"; XI, 325) Zu jener Menschenklasse der Geistigen, die sich empören können, zählte Heinrich Mann, Kant und Lessing. Empörung im Namen des Geistes. Aber nur da, wo der Geist mißachtet wird. Das heißt: den Geistigen empört das Unrecht, ihn empört nicht, „daß gerade jene Klasse Unrecht tut und gerade diese es erleidet." Die Wechselfälle der Geschichte haben die zu verantworten, die Geschichte machen. Es gibt eine Verantwortung übergeschichtlicher Art, die aber doch auf die Geschichte wirken kann, die Verantwortung, „der Wahrheit nachzugehen ohne Rücksicht auf Nutzen oder Schaden, und Gerechtigkeit zu erstreben sogar wider die praktische Vernunft." („Dichtkunst und Politik"; XI, 324) Als Deutschland in Hunderte von Kleinstaaten zersplittert war, sprachen die Dichter von einer deutschen Nation. Als Deutschland der Diktatur des Nationalsozialismus entgegenlief, sprach Heinrich Mann von der Republik. Er sprach von ihrer Verantwortung und von ihrer Berechtigung. „Die Republik ist, kurz gesagt, der Staat, der Gedanken offen ist. Er hat kein Dogma, darf keins haben; denn dieser Staat

[16] Gotthold Ephraim Lessing: Gesammelte Werke in 10 Bänden. Hrsg. von Paul Rilla, Bd. 8. Berlin u. Weimar 1968. S. 613.

ist gerade der Ausdruck relativer Menschen und einer veränderlichen Ordnung. Ihm fehlt die Erblichkeit der Macht. Er hat dafür das Recht der Idee." („Der tiefere Sinn der Republik"; XII, 234 f.) Von dieser Idee zu sprechen in einer literarischen Gattung, die selbst Gedanken offen ist, ist die Verantwortung des Essayisten.

Von ihr handeln sowohl die unmittelbar politischen Essays der 20er und frühen 30er Jahre wie die gleichzeitigen kulturhistorischen. Was in diesen approximativ an verwandten Figuren entworfen wird, ist in jenen streitbar öffentlich. Es wird nur die an Stendhal und Victor Hugo gewonnene Idee deutlicher benannt. Hier eine gattungsspezifische Trennung vorzunehmen, hieße den Essay als Reproduktion des Vorgegebenen zementieren. Dem hat schon Georg Lukács widersprochen, wenn er dem Kritiker sowohl die Aufgabe zuschreibt, die „Apriorität über Großes und Kleines redend klar ans Licht treten zu lassen", wie die Aufgabe, „mit den hier geschauten und errungenen Maßstäben der Werte jede einzelne Erscheinung zu richten." [17] Wenn Heinrich Mann für sich im Namen des Geistes die Position des Richtenden einnimmt, übernimmt er das genuine Interesse des Essayisten, der mit den geschauten Maßstäben Voltaires, Stendhals und Victor Hugos die einzelnen Erscheinungen der Weimarer Republik vor den Richterstuhl bringt. Aber Lukács fragt auch: „Wer gibt ihm dieses Recht zum Gericht?" Mit dieser Frage entwirft er die Problematik des Essayisten. „Nur durch die richtende Kraft der geschauten Idee rettet er sich aus dem Relativen und Wesenlosen." Ist die Idee so verbindlich, daß sie das Recht des Richters sich anmaßen könnte? Vor allem, wenn es die so allgemeine Idee der Menschenwürde oder des Begriffs des Menschlichen ist? Kann nicht gerichtet werden nur angesichts konkreter Rechtspraxis? Kann gerichtet werden aufgrund eines allgemeinen Prinzips? Heinrich Mann hat sich immer „als einen Schriftsteller gefühlt, der die Welt schlechthin darzustellen hatte." („Der Schriftsteller und der Staat"; XI, 326) Das ist ein hoher Anspruch. Genommen wird er wieder einmal aus der Wirkung des poetischen Wortes. Denn die geformte Welt der Poesie hilft, die wirkliche Welt zu ordnen und zu klären. Und es bleibt immer dieser Widerspruch, zu dem seine Essays der 20er und 30er Jahre reizen: dem politisch mangelhaften Bewußtsein wird das poetisch vollkommene gegenübergestellt. Fragt man nach der Begründung, so verweist Heinrich Mann auf Cervantes. „Zuweilen werden Kriege und ein Leben geführt, die des Geistes sind und als Frucht ein großes Buch

[17] Über Wesen und Form des Essays. Ein Brief an Leo Popper. In: Georg Lukács: Die Seele und die Formen. Berlin 1911. S. 34 (wiederabgedruckt in: Akzente 12 (1965), S. 322—342).

tragen. Was schließlich übrigbleibt, ist das Buch.“ Wären also Kriege lohnend, weil aus ihnen Bücher entstehen wie der „Don Quichote“? Die Antwort, die Heinrich Mann gibt — „Wir sollten nur ein solches Leben und solche Kriege führen, die des Geistes sind“ („Die Bücher und die Taten“; XII, 21) — ist so wörtlich wie ironisch zu nehmen. Zunächst ist es auf Cervantes eigene Erfahrung als Soldat und auf die vielfältigen Kriege der Spanier im 16. Jahrhundert zu beziehen. Wäre also erst ein Kriegskrüppel Cervantes vonnöten gewesen, um den „Don Quichote“ zu schreiben? Man traut Heinrich Mann eine solche Aussage nicht zu. Schaut man näher hin, so entdeckt die Aussage ihre bedrängende Ironie: denn Kriege des Geistes werden nicht mit Waffen geführt, die einen Menschen zum Krüppel machen können. Die Aussage: Wir sollten nur solche Kriege führen, die des Geistes sind, ist als Aufforderung zu verstehen, nicht als Resümee der leidvollen Erfahrung eines Schriftstellers. Solche Kriege des Geistes hätten keinen zum Krüppel gemacht. In diesen Kriegen ginge es nicht um die Vorherrschaft der Macht, sondern um die Vorherrschaft des Geistes.

Im Namen eines Krieges des Geistes kann Heinrich Mann Stresemann zur Diktatur der Vernunft auffordern, um die Diktatur der Unvernunft zu verhindern. „Bringen Sie die vorhandenen Waffen auf ihre Seite! Sie sehen doch, daß, solange der Wahnsinn zu allem fähig scheint, die Vernunft nicht schwanken darf.“ („Die Tragödie von 1923“; XII, 128) Damit waren nicht die Waffen des Geistes gemeint. Es scheint, als habe Heinrich Mann mit diesem Aufruf vergessen, was er bei seinen französischen Vorbildern gelernt hatte: daß die Tat des Geistes nicht zu erzwingen ist, sondern der Zeit bedarf, und wenn sie die Lessingsche Ewigkeit dauerte. Selbst in diesem Aufruf ist Heinrich Mann noch entschiedener Essayist: indem er aus der Idee der Menschlichkeit die Prognose der Unmenschlichkeit der kommenden Zeit stellen kann und dem bedrängenden Anspruch des Geistes Recht zu schaffen versucht. Hier spricht er direkt und nicht mehr ironisch. Aber welcher Essayist kann mit der Vorausschau, die Heinrich Mann hatte, noch ironisch sprechen?

Georg Lukács sprach dem Essayisten die Wahrheit des Mythos zu, die Wahrheit der Idee. Heinrich Manns politische Idee war die der Demokratie. Sie war ihm, was Georg Lukács für die Idee des Essays behauptet: „ein seelischer Wert, ein Weltbeweger und Lebensgestalter für sich.“ Sie war ihm in den 20er Jahren „Maßstab alles Seienden“. Und er offenbarte sie, als sie in verwirklichbare Nähe gerückt und als sie bedroht war, bei jeder ihm gebotenen Gelegenheit. Georg Lukács hat schon sehr früh die Kriterien zur Beurteilung von Heinrich Mann politischer Essayistik aufgestellt: „der Kritiker, der ‚bei Gelegenheit‘ von etwas Geschaffenem dessen Idee offenbart“

wird „auch die einzig wahre und tiefe Kritik schreiben: nur das Große, das Wahrhaftige kann in der Nähe der Ideen leben.“ [18]

Was Heinrich Mann zeitweilig nicht wahrhaben wollte — der Aufruf zur Diktatur der Vernunft ist beredtes Zeugnis —, auch dies hat Georg Lukács schon früh erkannt: Der Essayist „ist der reine Typus des Vorläufers.“ [19] Johannes der Täufer steht ihm dafür als Paradigma. Nicht wissend, was kommt, und doch genau prognostizierend mit Hilfe der ihm eigenen Idee der messianischen Wirklichkeit weiß Johannes der Täufer auf jenen vorauszuweisen, dem er die Schuhriemen zu lösen nicht wert ist. Nicht wissend, was kommt, und doch genau prognostizierend mit Hilfe der ihm eigenen Idee der Menschlichkeit weiß Heinrich Mann auf das vorauszuweisen, was an Barbarei in Deutschland möglich wurde, weil Deutschland den Aufruf zur Diktatur der Vernunft nicht verstand.

Es bleibt die Idee der Demokratie und ihrer Verwirklichung in der Republik, in einem Staat, der offenen Sinn behält, der frei bleibt, „in jede neue geistige oder wirtschaftliche Ordnung hineinzuwachsen.“ („Der tiefere Sinn der Republik“; XII, 235) Von dieser Republik, die nicht in Bestand und Ordnung ihre Verantwortung sieht, sondern in jener geistigen Offenheit, die Achtung vor unglücklichen Kämpfern hat, hat Heinrich Mann während der Weimarer Zeit immer wieder direkt und nicht ironisch gesprochen. Sollte er die Hoffnung gehabt haben, daß sich einmal eine Idee des Geistes ohne zeitliche Verzögerung durchsetzte? So sehr es den Anschein hat, es widerspräche allem, was Heinrich Mann von der geistigen Lage der Nation erkannte und von der Wirkung des Schriftstellers wußte. Wenn auch der Schriftsteller als Gewissen der Zeitgenossen und im Namen der Künftigen handelt, sind doch Bücher von heute erst morgen Taten. Die Schlußsätze des Aufrufs zur Diktatur der Vernunft kehren denn auch — nicht ohne prophetischen Ausblick — zur ungeistigen Realität zurück. „Die deutsche Tragik vollzieht sich immer aufgrund versäumter Gelegenheiten. Auch ich fürchte, daß selbst das säumigste Volksganze sich und Ihnen diesmal nicht verzeihen könnte.“ („Die Tragödie von 1923“; XII, 135)

Da spricht sich doch resignativ das Bewußtsein aus, zu früh zu kommen. Erkennender Vorläufer ist der Essayist in diesem Falle nicht für das messianische Heil, sondern für eine Barbarei ohne Vergleich. Eigentlich hätte Heinrich Mann sich auf sich selbst berufen können. Weitaus gefahrloser hatte er vom literarischen Naturalismus geschrieben: er war „Vorwegnahme, er tat, als sei schon die Welt der armen Leute. Seine Arbeitermoral war For-

[18] Georg Lukács: Die Seele und die Formen. S. 34 f.
[19] Georg Lukács: Die Seele und die Formen. S. 36.

derung, nicht Gegenwart, sie lag noch im Kampf mit der bestehenden Wirklichkeit, sie war voll Bitterkeit. Heute wäre sie sachlich und rein." („Die neuen Gebote"; XI, 252 f.) Heinrich Mann konnte sein der Offenheit verpflichtetes Demokratieverständnis in der Weimarer Republik nicht durchsetzen. War es literarisch-diagnostische Vorwegnahme wie die des Naturalismus? Sicherlich war es streibare Forderung. Wäre es nicht an der Zeit, es zu verwirklichen?

HELMUT KOOPMANN

Annäherungen ans Exil

Heinrich Manns Frankreichverständnis in den 20er Jahren *

Das Thema bedarf insofern einer Vorbemerkung, als es aus der Sicht Heinrich Manns her gesehen widersinnig formuliert zu sein scheint. Denn Frankreich war für Heinrich Mann kein Exilland und sein Dasein dort „kein Exil". [1] Das wirkliche Exil hat Heinrich Mann erst mit seiner Übersiedelung nach Amerika kennengelernt. Daß diese späten Exilerfahrungen allerdings dann ungleich härter waren als für seinen Bruder Thomas, bezeugen private Äußerungen und diese noch sehr viel stärker als seine öffentlichen. Das erste Urteil, „Eindrücke belanglos" [2], sollte sich auf paradoxe Weise dort bewahrheiten, wo Heinrich Mann die ihn tatsächlich bestimmenden Erlebnisse nicht seiner neuen wirklichen Exilumgebung entnahm, sondern seiner eigenen Vergangenheit, wie sie in ihrer vielperspektivischen Phantastik

* Vgl. zur Frankreich-Beziehung Heinrich Manns neuerdings die gründliche Untersuchung von Elke Emrich: Macht und Geist im Werk Heinrich Manns. Eine Überwindung Nietzsches aus dem Geist Voltaires. Berlin 1981, in der von anderer Seite her die Vorbildhaftigkeit des französischen 18. Jahrhunderts für Heinrich Mann zu Recht betont wird. Andererseits hat Hanno König in seinem Buch „Heinrich Mann. Dichter und Moralist" (Tübingen 1972) den außerordentlichen Einfluß der kantischen Aufklärungsphilosophie genannt. Doch wie man die Akzente auch setzen will: über die Bedeutung der Philosophie des 18. Jahrhunderts für Heinrich Mann kann kein Zweifel bestehen. Für Heinrich Manns Exilbegriff dürfte das ideale Frankreich der Aufklärung aber wohl bedeutsamer gewesen sein als Kants Moralismus. Zum Thema vgl. ferner Helmut Mörchen: Schriftsteller in der Massengesellschaft. Zur politischen Essayistik und Publizistik Heinrich und Thomas Manns, Kurt Tucholskys und Ernst Jüngers während der zwanziger Jahre. Stuttgart 1973; Ulrich Weisstein, Heinrich Mann und Flaubert. Ein Kapitel in der Geschichte der literarischen Wechselbeziehungen zwischen Frankreich und Deutschland. In: Euphorion 57, 1963, S. 132 bis 155; Renate Werner: Skeptizismus, Ästhetizismus, Aktivismus. Der frühe Heinrich Mann. Düsseldorf 1972, bes. S. 163—175 und Ralf-Rainer Wuthenow: Literaturkritik, Tradition und Politik. Zum deutschen Essay in der Zeit der Weimarer Republik. In: Die deutsche Literatur in der Weimarer Republik, hrsg. von W. Rothe. Stuttgart 1974, S. 434 bis 457.

[1] Vgl. dazu Klaus Schröter: Heinrich Mann in Selbstzeugnissen und Dokumenten. Hamburg 1967. S. 118.

[2] Briefe an Alfred Kantorowicz vom 3. 3. 1943, zitiert bei Schröter a. a. O. S. 138.

in „Der Atem“ wirklicher wird als die neue Wirklichkeit seit 1940. So markiert realiter eigentlich erst das Verlassen Europas von Lissabon aus Anfang Oktober 1940 den Beginn des Exils, zumal Heinrich Mann retrospektiv sein Leben in Frankreich ausdrücklich als „noch nicht eigentlich emigriert“ bezeichnet hat.[3] Das bedeutet allerdings nicht, daß Heinrich Mann bis 1940 alle Exilerfahrungen erspart geblieben wären. Denn schon in dem Essay „Sammlung der Kräfte“ von 1934 ist von der Verfolgung der „Schriftsteller im Exil“ die Rede[4], und die allgemeine Charakteristik der *literarischen* Situation der exilierten Schriftsteller ist zugleich eine Positionsbeschreibung des ausgebürgerten Heinrich Mann in seinem damit zwangsläufig problematisch gewordenen Verhältnis zu seinem literarischen Publikum. Dennoch ist für die Eigentümlichkeit des französischen Daseins zumindest am Anfang charakteristisch, daß es für ihn die „Prüfungen des Exils“ in „strenge Wohltaten“ verwandelt.[5] In der Coda dieses Aufsatzes zeichnet sich die für Heinrich Mann positive Bewertung eines Zustandes ab, der mit dem wirklichen Exil zwar den Verlust der deutschen Umgebung gemeinsam hatte, aber deswegen nicht bedrückend war, weil dieses Fehlen von ihm nicht als Mangel empfunden wurde. Diese ungewöhnliche, ja paradoxe Reaktion, die Prüfungen als Wohltat zu empfinden, deutet also nicht auf ein abnormes psychisches Verhalten als Folge der Ausbürgerung hin, sondern ist vielmehr nur das Resultat eines von ihm selbst betriebenen inneren Absetzungsprozesses von Deutschland, der längst begonnen und für Heinrich Manns Selbstverständnis 1933 auch längst abgeschlossen war. Daß dann der Moment, in dem er Europa wirklich verlassen mußte, für ihn mit dem Beginn eines Daseins ohne Zukunft identisch war, steht dazu aus zweierlei Gründen durchaus nicht im Widerspruch. Einmal sind ähnlich widerspruchsvolle Verhaltensweisen so zahlreich bezeugt, daß eine solche Diskongruenz von mentaler Absage an die Heimat bei gleichzeitigem (oder späterem) Sich-nicht-lösen-Können eher die Regel als die Ausnahme ist; zum anderen war es *Europa*, das Heinrich Mann verlassen mußte, nicht Deutschland — und das erklärt die Besonderheit der Heinrich Mannschen Exilerfahrung schon zu einem guten Teil.

Das französische Exil, das also eigentlich kein Exil war, war für Heinrich Mann danach eher eine Bereicherung als ein Verlust. Heinrich Mann zieht denn auch ebenso rasch wie ohne jeden Zweifel seine gute Lehre aus diesem neuen Lebensstatus: „Man steht allein und ist gehalten, sowohl stärker als

[3] Brief an Eva Lips vom 7. 1. 1945, zitiert bei Schröter a. a. O. S. 148.
[4] Politische Essays, Frankfurt a. M. 1970, S. 134.
[5] Ebd.

bescheidener zu werden. Es ist die gute alte Schule des Unglücks, die zuletzt auch immer die des Glücks ist. Nimm dich zusammen und erwarte nicht viel. Vor allem erwarte, was Dir noch beschieden sein wird.“ [6] Das ist zwar formaliter eine für das Exil charakteristische Reaktion: die Uminterpretation der bislang für gültig gehaltenen Werte in ihr Gegenteil. Wenn das „Unglück“ des Exils hier als „Glück“ erscheint, so ist das, was die Strukturen der Reaktion angeht, nichts anderes, als wenn Brecht 1933 die Heimat als „Fremde“ beschreibt, die „Fremde“ von 1934 an als „Heimat“, oder als wenn Thomas Mann das historisch und geographisch weit Entfernte als seinen neuen, inneren Lebensbereich bezeichnet und die bislang (etwa noch in der Goethe-Rede von 1932 über „Goethe als Repräsentant des bürgerlichen Zeitalters“) positiv gesehene deutsche Kulturtradition spätestens von „Lotte in Weimar“, also von 1938 an, in ihrer krankhaften psychischen Anfälligkeit für die Verführung durch irrationale Mächte (ähnliches wird danach auch Broch in seiner „Verzauberung“ beschreiben) bis hin zum „Doktor Faustus“ als negativ interpretiert, ja bis hin zu jenem Satz, der nur bei Heinrich Mann indirekt belegt ist, der aber zumindest dem Sinne nach eben das beinahe schon aperçuhaft formulierte Endergebnis dieses Umwertungsprozesses ist: „Wo ich bin, ist die deutsche Kultur.“ Daß es sich aber selbst bei dieser den einen hybrid, den anderen gerechtfertigt erscheinenden Feststellung nicht um einen besonders arroganten (oder aber besonders treffenden) Ausspruch handelt, bezeugen ähnliche Sätze anderer Emigranten, die gewiß nicht das Selbstbewußtsein Thomas Manns hatten, jedoch auch zu einem ähnlichen und damit für das Exilselbstverständnis typischen Umwertungsprozeß gekommen waren, demzufolge Deutschland eben nicht mehr kultureller Überlieferungsträger war, sondern der Exilant dazu wurde, da die Rolle Deutschlands durch die Nazis depraviert und unglaubwürdig geworden war. Man muß Heinrich Manns Feststellung, daß die Schule des Unglücks zuletzt also „immer auch“ die Schule des Glücks sei, vor diesem Horizont als eine absolut nicht paradoxe, sondern völlig landläufige Erkenntnis des Exils sehen — nur, daß Heinrich Mann sie etwas früher machte als sein Bruder Thomas, ungefähr gleichzeitig mit Brecht, und daß das für ihn kein schmerzlicher Erkenntnisprozeß war, sondern eine sehr befreiende Erfahrung. Viele haben sie gekannt. Werfel hat eben diese so charakteristische Umwertung später in seinem „Jacobowsky und der Oberst“ komödiantisch beschrieben, wenn er Jacobowsky das alte jüdische Sprichwort von den im tiefsten Unglück immer noch vorhandenen zwei Möglichkeiten des Handelns aufgreifen und die jeweils schlimmere Lösung, den

[6] Ebd.

eigenen Untergang, mit einem stereotypen „das ist doch gut" kommentieren läßt.

Aber das betrifft, was Heinrich Mann angeht, eben nur Formales — vom Zwang der Uminterpretation war zwar auch er nicht frei, aber charakteristischer ist, daß er, wenn er von Unglück und Glück spricht, das Exil praktisch sofort als persönliche Wohltat empfindet und schließlich das sehr Persönliche, nämlich die „Existenzangst", umgekehrt nicht als persönliches Phänomen begreift, sondern darin etwas nur zu Allgemeines, nämlich „das verbreitetste deutsche Gefühl neben dem Haß, und mitbeteiligt an jeder deutschen Katastrophe", erkennt. Das alles bestätigt nur, daß die erste Exilerfahrung Heinrich Manns, sofern man von einer solchen überhaupt sprechen will, bei aller strukturellen Gleichartigkeit mit ähnlichen Erlebnissen anderer und eigentümlicher Art war. Das hat seinen wesentlichen Grund darin, daß ein eigentliches Entfremdungsbewußtsein vor allem deswegen nicht aufkommen konnte, weil das geographische Exil, in das er 1933 ging, mit einem geistigen zusammenfiel, in das er bereits in den 20er Jahren gegangen war. Es war sicherlich nicht völlig frei gewählt, aber auch nicht erzwungen; denn das Exilland Frankreich nahm früh — darin ist Heinrich Manns Reaktion der Heinrich Heines sehr ähnlich — die Züge eines utopischen Ideals an. Heinrich Mann hatte dieses Ideal freilich schon seit der Jahrhundertwende als Kontraposition zum Kaiserreich avisiert; insofern war dieses Frankreich für ihn schon immer die bessere Gegenwelt gewesen. In den zwanziger Jahren entwickelte sich aber aus dem Antiideal des Kaiserreichs (oder dem Ideal eines republikanischen Frankreich) eine mehr als nur politische Frontstellung gegen die Welt des aufkommenden Faschismus. Heinrich Mann hat Frankreich, d. h. sein Bild von Frankreich, schon in den 20er Jahren mit allen Zügen einer Gegenkultur ausgestattet; sein Frankreich ist ein Ideal-Exil als Utopie, das er gewissermaßen schon bezogen hatte, als er noch längst in Deutschland lebte. So war er im Besitz eines spirituellen Idealdomizils lange vor anderen Emigranten — Brecht hat es wohl nie oder allenfalls spät im Ostberliner Theater gefunden, Thomas Mann erst in den 40er Jahren in Kalifornien, das aber auch nur deswegen literarisches Idealland und damit psychisch halbwegs erträglich wurde, weil der kalifornische Himmel für ihn zum ägyptischen wurde oder der ägyptische zum kalifornischen, als er am 3. Band der Josephsromane schrieb — für ihn vorläufig letzte Station eines langwierigen Akkulturationsprozesses, der ihn allenfalls literarisch die Fremde schließlich als Heimat beschreiben ließ, da sich die Heimat nur mehr als Fremde interpretieren ließ. Frühe Annäherungen an das Exil sind Heinrich Manns Frankreich-Essays aber auch insofern, als das eigentliche Ideal-Exil erst in Heinrich Manns „Henri IV" dargestellt ist. Das wäre nicht möglich gewesen ohne jene Essays der 20er und 30er Jahre; diese wiederum haben insofern nur relative Selbständigkeit, als sie eben zugleich Vorstufen eines idealisierten Frankreich sind, wie es sich dann im späteren Roman in seiner ganzen Plastizität abzeichnet. Das Frankreich Heinrichs IV. trägt die Insignien einer civitas hominum und ist darum die eigentliche Gegendarstellung zur Welt des Faschismus. Die Entwicklung solcher Gegenwelten ist die schwierige Aufgabe der Exilliteratur gewesen; im Grunde genommen gelang das nur dort, wo Vorarbeiten in den 20er Jahren geleistet worden waren. Heinrich Manns Essays sind dafür ein Beleg. Sie zeigen, in welchem Ausmaß das literarische große Frankreich bei allem Wissen um dessen Historizität die Funktion einer Kontraposition einnahm, die, eben weil sie im Grunde genommen eine ideale war, den temporalen Kategorien entrückt blieb und damit eine spirituelle Nähe zum historisch weit entfernten „Henri IV"-Stoff möglich machte. Diese wiederum war Voraussetzung für den Ausbau der eigenen idealen Welt mit Hilfe historischer Staffagen und Requisiten — wobei, in Heinrich Manns Kontext, dieser Begriff der historischen Staffage freilich schon wieder unzureichend ist, weil das Geschichtliche eben nicht als solches verstanden wurde, sondern als Material idealer Modelle, so wie der Lebensbericht über Heinrich IV. später auch auf nichts anderes hinauslaufen sollte als auf die Enthistorisierung des Historischen zugunsten eines utopischen Entwurfs.

In diesem Sinne ist Heinrich Mann also schon in den 20er Jahren ins Exil gegangen: in ein spirituelles Exil, das dabei durchaus zeitlose Züge trug. Was ebenfalls für die Idealität der französischen Geisteswelt im Bewußtsein Heinrich Manns spricht, ist ihr auffälliger Mangel an äußerem Gegenwartsbezug. Direkte Zeitreflexe gibt es nicht in den Essays über Stendhal, Victor Hugo; es gibt sie ebensowenig in dem über Anatole France wie in dem über die Memoiren Napoleons oder in der Nachschrift „Fünfzig Jahre nach dem Tode" (Flauberts). Das scheint selbstverständlich zu sein, behandelt Heinrich Mann doch historische und literarhistorische Phänomene, die an sich gesehen nichts mit der eigenen Zeit zu tun haben. Aber daß die Gegenwart Heinrich Manns darin fehlt, ist dennoch alles andere als normal und aus zwei Gründen höchst auffällig. Zum einen hat Heinrich Mann in seinen politischen Essays der zwanziger Jahre eine so scharfe wie weitsichtige Zeitkritik an den deutschen Verhältnissen geübt und das heraufziehende Verhängnis lange vorausgesehen. 1923 ist erstmals in einem Essay öffentlich bei Heinrich Mann von den „Nationalsozialisten" die Rede [7], in seiner an Stresemann gerichteten Forderung nach einer „Diktatur der Vernunft". Von

[7] Ebd. S. 98.

1931 an sind seine politischen Essays von einer derartigen Kompromißlosigkeit, daß völlig verständlich ist, warum er zu denen gehörte, die am ehesten und hartnäckigsten verfolgt wurden. Für Heinrich Manns Essayistik ist dabei aber charakteristisch, daß in seinen politischen Essays vom literarischen Frankreich nicht die Rede ist, so wenig wie in seinen Essays zur französischen Literatur und Kultur von den politischen Ereignissen in Deutschland. Das ist ungewöhnlich. Thomas Mann hat dergleichen nicht getan — seine Huldigung an Lessing 1929 ist, im Gegenteil, als solche bereits eine Attacke auf den faschistischen Irrationalismus, auch wenn der gar nicht ausdrücklich zur Sprache gekommen wäre. Die Grenzlinien zwischen Utopie und Realität verlaufen bei ihm anders als bei Heinrich Mann. Das lag freilich nicht an der strukturellen Andersartigkeit der Deutschland- oder später dann der Exilerfahrungen, sondern an der Verlagerung der idealen Welt von Deutschland nach Frankreich, wie sich das bei Heinrich Mann spätestens seit den 20er Jahren abzeichnet — und an der strikten Trennung zwischen der Welt der französischen Literatur und den Zeitereignissen in Deutschland.

Wir wissen, daß die Einflüsse der französischen Literatur beinahe so alt sind wie die literarische Existenz Heinrich Manns selbst — die Flaubert-Huldigung ist schon in den 90er Jahren stärker als jemals später. Zwar gibt es Veränderungen in der Vorbildhaftigkeit Frankreichs. Aber sie sind nur graduell. Die frühe Phase des Frankreichverständnisses kulminiert 1910 in dem programmatischen Essay von „Geist und Tat“ und in „Voltaire und Goethe“ — eben hier aber zeichnet sich auch schon das Duplizitätsdenken Heinrich Manns ab, das dann immer stärker auch im großen auf ein Denken in Antinomien hinauslaufen sollte. Denn unter der Formel „Geist und Tat“ ließe sich auch das Verhältnis von politischer und literarischer Essayistik der 20er und frühen 30er Jahre begreifen. Zwar hat Heinrich Mann politische wie literarische Essays geschrieben, aber sie berühren sich direkt so gut wie nirgendwo. *Eine* Erklärung dafür ist also die frühe Grenzziehung zwischen dem Typus des Literaten und dem des Machtmenschen — und wo immer Heinrich Mann den Literaten zur Tat aufrufen möchte (so hat man auch den Essay von Geist und Tat gelesen), geschieht das doch unter dem permanenten Vorbehalt einer eigentlich nicht erlaubten Grenzüberschreitung. Eine zweite liegt darin, daß die Trennung der Sphäre des Geistes von der der Tat für Heinrich Mann seit seiner Kritik am Wilhelminismus zusammenfällt mit dem Erkennen der Differenz von Frankreich und Deutschland. Und die Ereignisse der 20er Jahre haben ihn offenbar darin noch bestärkt, in der Sphäre der Macht nur als politischer Essayist tätig zu werden (was seinen politischen Essays eine entsprechend starke Durchschlagskraft verlieh, viel stärker als bei seinem Bruder Thomas), in der Sphäre des Geistes vordringlich als Literat. Im gleichen Maß aber, in dem sein Kampf im Bereich der Macht von faktischer Erfolglosigkeit bedroht war, gewann der Bereich der Literatur, von Heinrich Mann weitgehend mit Frankreich identifiziert, an existentieller Bedeutung. So war auch von hierher gesehen das Exil nicht ein anderer, sondern ein höherer Zustand, das Exil von vornherein und nicht erst nach Jahren und einer mentalen Uminterpretation die eigentliche Heimat. Daß seine Jahre in Frankreich glückliche Jahre waren — „ganz gewiß vorwiegend glücklich" [8], wie er an Eva Lips (allerdings auch in Hinsicht auf seine Beziehung zu seiner Frau Nelly) schrieb —, unterscheidet sein Exil grundlegend von dem anderer Schriftsteller. Denn es war für ihn eine Form nicht der Expatriierung, sondern der Repatriierung in ein Land, dessen Werte Heinrich Mann seit den 90er Jahren, vorwiegend aber in den literarischen Essays der 20er und frühen 30er Jahre erkannt hatte. Sie sind in den Essays über Victor Hugo (1925), Anatole France (1925), über die Memoiren Napoleons (1925), über Stendhal und über das fünfzigsten Todesjahr von Flaubert versammelt und eruiert worden — und sie wiederholen sich später in „Henri IV" fast ausnahmslos.

In dem Essay über „Victor Hugo" tauchen bereits die Konturen der civitas hominum auf. Die Republik erscheint dabei nicht in ihrer Realität, sondern bezeichnenderweise als „Idee". [9] Indirekt spiegelt sich freilich auch Heinrich Manns Verhältnis zur Weimarer Republik in diesem Essay. Das spricht sich in den Hinweisen auf den Sozialismus Hugos ebenso aus wie in dessen von Heinrich Mann so betonter „Menschennähe" [10], seinem Sozialismus „im Namen der Menschengröße". [11] Was bei Hugo erreichte Leistung war, galt Heinrich Mann als Postulat, als ideale Forderung. Ähnlich steht es um den Begriff des „Volkes". Man darf ihn nicht als Ausdruck einer Zuneigung zum Proletariat mißdeuten: auch er ist eine Idee, die später noch ausführlich den „Henri IV"-Roman beherrschen soll. Daß dabei das Volk im Zeitalter Victor Hugos identisch ist mit dem zur Zeit des Henri IV, spricht zusätzlich für die Ahistorizität des Volksbegriffes oder eben für das ideale Substrat dieses Phänomens bei Heinrich Mann. Heinrich Mann sieht in den „Misérables" bezeichnenderweise nicht die singulären Umstände der Sträflingswelt, sondern etwas Generisches, Parabolisches, Überzeitliches. „Les Misérables — die Großartigkeit selbst! Hier wird alles beispielhaft durch Steigerung, drohend, weit über gewöhnliches Maß, göttlich, weil so freigebig.

[8] Vgl. Anm. 3.
[9] Heinrich Mann: Geist und Tat. München 1963. S. 60.
[10] Ebd. S. 62.
[11] Ebd. S. 66.

Mutterliebe geht bis ans Ende, Mitleid bis zur Heiligkeit, das Verbrechen bis zum Tier, das Gesetz, bis es ein Grauen wird. Und diese große Welt hat ihr Gewissen, es ist nicht kleiner als sie." [12] Hieraus läßt sich schwerlich die Welt der Misérables rekonstruieren — aber das soll auch gar nicht sein, weil eben „alles beispielhaft" verstanden wird — das Geschehen aus dem Bereich der Tat ist in den des Geistes herübergespielt. Es ist im Grunde die gleiche Tendenz wie bei Thomas Mann, der seinen Essay-Band „Adel des Geistes" nicht zufällig „Sechzehn Versuche zur Humanität" benannte. Offenbar kamen bestimmte Tendenzen Hugos dem entgegen, und Heinrich Mann hat das auch gesehen, wenn er feststellte: „Man sagt wohl, dieser Lyriker habe keinen einzigen wirklichen Menschen geschaffen. Flaubert behauptet sogar, seine ganze Gesellschaft sei falsch. (...) Hat Victor Hugo die Wirklichkeit nicht gelassen, wo sie war, sondern sie übertragen auf eine Höhe, die ihm genehm war, was könnte man dann Übertreibendes sagen von einer Schöpferkraft, die diese gefährlich persönliche Welt zusammenhält und belebt. Denn sie lebt, das leugnet niemand, den sie ergreift." [13] Ergreifen aber tut sie nicht wirklich, sondern literarisch; sie ist eine Art Gleichnis geworden, und als solches (und nur als solches) interessiert sie Heinrich Mann. Es ist, als literarische, geistige Welt, eine Gegenwelt zur Wirklichkeit, eben eine Idee wie die des Volkes. Das generalisierende, exemplarische Moment kommt in der Charakteristik Hugos durch Heinrich Mann immer wieder zum Ausdruck — und eben deswegen mag er aus einer gewissen Wahlverwandtschaft heraus über ihn geschrieben haben. Nicht das Einzelne zählt, sondern die Abstraktion davon — etwas, was Heinrich Mann bis in den darstellerischen Stil hinein kennzeichnet. An Victor Hugo hat er etwas ähnliches gerühmt — oder tat er es an sich selbst, als er über Hugos Bemühen um seine Leser schrieb: „So bringt er ihnen am besten ‚Ideen' bei, ganz allgemeine ideale Mächte, die seine Handlung mit sich trägt. (...) Es sind Ideen der Güte. Er konnte mit vollem Recht behaupten, immer sei er eingetreten für alle Elenden"? [14] Immer, für alle: deutlicher und genauer ist das, was ihn an Hugo interessiert hat und was eigentlich auch sein eigenes Interesse ist, kaum auszudrücken; so wie es eben auch Heinrich Manns Position ist, wenn er die Hugos als eine des „fruchtbaren Optimismus" benennt [15], wenn er „Größe" sucht und schreibt: „Unschuld ist dauerhafter als das Verbrechen samt dem Verhängnis." „Henri IV" wird es (und mit ihm Heinrich Mann) erneut, weiter lehren.

[12] Ebd. S. 65.
[13] Ebd. S. 64 f.
[14] Ebd. S. 72.
[15] Ebd. S. 73.

Generalisierende Züge lassen sich auch in anderen Essays der 20er Jahre ausmachen, diese Grenzüberschreitungen von der Wirklichkeit zum Grundsätzlichen hin und damit zugleich zur Abstraktion von der Realität — oder sagen wir auch hier vielleicht kürzer und richtiger: den Transfer von der Sphäre der Tat in die des Geistes. Das sieht nach Entleerung von Wirklichkeit aus, ist es aber im Grunde genommen nicht: wird diese in Generisches verwandelt, bekommt sie damit erst Erkenntnisfähigkeit und Übertragbarkeit und wird im eigentlichen Sinne zur Literatur. Damit ist sie nicht gesellschaftsfern oder zu einem bloß intellektuellen Spiel geworden. In dem Essay über Anatole France steht der programmatische Satz „Literatur ist soziale Erscheinung“ [16], eine „Form des öffentlichen Lebens“. Aber auch das darf nicht als Bekenntnis zu einem Sozialaktivismus mißverstanden werden. Heinrich Mann ist der Grundlinie des Essays von 1910 über „Geist und Tat“ immer gefolgt, auch in den 20er Jahren, und das Verhältnis der Literatur zur Öffentlichkeit ist für Heinrich Mann in den 20er Jahren so, wie er es an Anatole France beschrieben hat: daß Literatur zusammenfassend darstellt, was ein Zeitalter ausmacht, oder, wie Heinrich Mann es an France rühmt: „Aber auch das unpersönliche Genie eines ganzen Zeitalters kann verkörpert sein und ausreifen in einem Erwählten. Das gibt dem Erwählten zuletzt sogar die Leichtigkeit, die er beim Genie bewundert.“ [17] Literarische Sozialisationserfahrungen dieser Art sind in den 20er Jahren übrigens nichts Besonderes. Thomas Mann hat ähnlich mehrfach den Schriftsteller als Repräsentanten der Zeit beschrieben — so wie ja auch die Differenz von Geist und Tat nur die persönliche Variante eines Gegensatzes ist, der bei Thomas Mann als ein solcher von „Politiker“ und „Ästhet“ erscheint. Der Unterschied wird erst dort sichtbar, wo Thomas Mann die Allgemeingültigkeit seines Schreibens aus seiner gesteigerten Individualität ableitet, wenn er etwa formuliert: „In mir lebt der Glaube, daß ich nur von mir zu erzählen brauche, um auch der Zeit, der Allgemeinheit die Zunge zu lösen, und ohne diesen Glauben könnte ich mich der Mühen des Produzierens entschlagen“ [18] — während Heinrich Mann, am Beispiel Anatole France’, die Sozialität der Literatur bei aller oberflächlichen Gemeinsamkeit seiner Position mit der Thomas Manns anders begreift, nicht subjektiv begründet, sondern als Aussprache des Allgemeinen, ohne jede hochgesteigerte Individualität. Über France schreibt er: „Dennoch hatte Anatole France mehr Grund als andere Sterbende, an das nahe bevorstehende Ende der ihm bekannten Welt zu

[16] Ebd. S. 120.
[17] Ebd. S. 124.
[18] Reden und Aufsätze. Frankfurt a. M. 1965. S. 734 f.

glauben. Er faßte sie zusammen wie ein letzter. Er enthält ihr ganzes Genie. Er selbst war nicht, was so genannt wird, und hielt sich nicht dafür. Er arbeitete, um ein Genie zu sein, zu einsichtsvoll, er achtete zu sehr auf sich." [19] Ist das nicht sogar eine nur oberflächlich verschlüsselte Antwort an die ihn störende Egozentrik seines Bruders, wie auch der Satz „Bescheiden sein, es bleibt nichts" oder jener andere, der noch weniger verhüllt auch an die Adresse seines Bruders gerichtet zu sein scheint: „Man muß an sich zweifeln gelernt haben, um jemals aufzusteigen"? [20] Aber wie dem auch sei: die Literatur ist für Heinrich Mann alles andere als ein direkter Spiegel der Wirklichkeit. Über Anatole France schreibt er auch: „Er wahrte Harmonie, die große Ruhe — und wahrte sie dem Leben zum Trotz, zur höheren Ehre der Kunst, dessen, was bleibt, wenn unsere Ängste vorbei sind." [21] Die Konfrontation von Leben und Kunst mutet klassisch an, aber auch hier spricht sich der Glaube Heinrich Manns an das Refugium der Literatur und deren bewahrende Kraft aus — die für ihn charakteristische Exilposition lange vor dem Beginn des wirklichen Exils. Kunst und Leben sind für Heinrich Mann durchaus keine klassisch getrennten Positionen. Nur ist die Welt des Geistes höher angesiedelt als des Lebens.

Daß Heinrich Mann von der Sphäre des Geistes, der Vernunft aus dennoch die Wirklichkeit zu beeinflussen versuchte, steht für die frühen 20er Jahre außer Frage. Auch das spiegelt sich in den literarischen Frankreich-Essays, wenn auch nur in dem einzigen Aufsatz über „Die Memoiren Napoleons", in dem Napoleon partiell als Nachfahre des wirklichen Heinrich IV und Vorläufiger des von Heinrich Mann literarisierten Henri IV erscheint, als „Freund des Volkes" [22], der sich von der „Macht des Geistes" getrieben sieht und die „Welt in ein einziges Reich der Vernunft und des Friedens" verwandeln möchte. [23] Man wird das kaum als realistisches Napoleon-Porträt ausgeben können — wohl aber darin einen Anspruch Heinrich Manns sehen dürfen, den Bereich der Vernunft auf den der Macht ausgedehnt zu wissen. In diesem Essay findet sich auch die — allerdings einzige — Aufforderung zur Tat des Intellektuellen: „Er selbst ist der Führer von heute, der Intellektuelle, der zur Gewalt greift. Wo heute irgendeine Art Führer an der Zukunft von Menschen sich versucht, ist es immer diese. Seine Memoiren sind unser Handbuch, wir verstehen uns mit ihm von selbst. (...) Er würde, es liegt zu klar, das hassen und umstürzen, was jetzt

[19] Geist und Tat, a. a. O. S. 124.
[20] Ebd. S. 119.
[21] Ebd. S. 120.
[22] Ebd. S. 125.
[23] Ebd. S. 127.

Demokratie heißt und ihm als ihre Fratze erschiene."[24] Aber auch das ist kein Aufruf zum politischen Aktivismus, sondern vor allem der Versuch einer Einflußnahme der „Macht des Geistes" auf die „materiellen Mächte". Das hat er, bei aller persönlichen Divergenz, mit seinem Bruder Thomas in diesen Jahren gemeinsam. Das Ziel waren nicht gewalttätige politische Aktionen, sondern Annäherungen an ein Ideal, wie Heinrich Mann das als für Napoleon charakteristisch beschrieben hat: „Einbildung, Idee, Vorwegnahme des in der Ferne, jenseits seines Daseins erst Möglichen waren sein Lebensgrund. Nur sie erfüllten ihn wahrhaft. Die Ereignisse, seine Taten selbst gingen vorüber wie Traum."[25] Größer könnte sich der Unterschied zum aufkommenden Faschismus („Die Nationalsozialisten und ihre Führer wollen 'ran an die Krippe, 'ran an die Macht und sonst nichts"[26]) kaum abzeichnen.

Daß dergleichen in Deutschland möglich war, unterschied dieses Land in den 20er Jahren aber immer deutlicher von Frankreich. Der letzte Satz des Anatole France-Essays lautet: „Er war reich, er verwaltete den geistigen Besitz langer, herrlicher Zeiten und eines berühmten Landes."[27] Heinrich Mann muß sich in einer ähnlichen Rolle gesehen haben, als er seine Frankreich-Essays schrieb, und in ihrer Reihe zeigt sich, woher sich das scheinbar so gewalttätige intellektuelle Imperatorentum, dem er hier noch das Wort redet, legitimiert. Wie eine Fortsetzung dessen liest sich der Eingang des Nachwortes zu dem Flaubert-Aufsatz: „Was ist aus dem neunzehnten Jahrhundert denn geblieben? Wer liest das Gestrige, als ob es noch wirksam wäre? (...) Eine besonders deutsche Frage hieß kürzlich: ‚Ist Schiller noch modern?' Dagegen steht in einer französischen Zeitschrift die neueste Untersuchung über Corneille wie über eine Tatsache von jetzt. Das Gegenwärtige verdrängt in der Literatur Frankreichs niemals, was weniger oder mehr als gegenwärtig ist; es bleibt vollkommen sichtbar. Der französische Roman ist eine Einheit ohne Lücken oder verschüttete Stellen."[28] In Deutschland hat es, das läßt sich daraus ablesen, diesen Zusammenhang niemals gegeben. Daß in den späten 20er Jahren jegliche Tradition abgebrochen zu werden schien, hat Heinrich Manns Frankreichtendenz, diesen Weg ins Exil vor dem Exil, nur noch verstärkt — und auch hier wird noch einmal, allerdings wohl mehr unbeabsichtigt, ein Gegensatz zu Thomas Mann sichtbar, wo Heinrich Mann von der Traditionslosigkeit des 19. Jahrhunderts spricht — für Tho-

[24] Ebd. S. 129.
[25] Ebd. S. 128.
[26] Politische Essays, a. a. O. S. 103.
[27] Geist und Tat, a. a. O. S. 124.
[28] Ebd. S. 114 f.

mas Mann war das 19. Jahrhundert immer das „gute, große Jahrhundert“, und er hat sich stets als dessen Abkömmling betrachtet.

Als die 20er Jahre sich endigen, wiederholt Heinrich Mann in seinen Essays zur französischen Literatur nicht die Forderung an den Intellektuellen, zur Gewalt zu greifen; er mobilisiert sein französisches Exil also durchaus nicht gegen die sich ausbreitende Despotie in Deutschland. Das literarische französische Exil wird vielmehr mit den Werten ausgestattet, die, so glaubte Heinrich Mann und nicht nur er, der Gewalt widerstehen, weil sie über ihr stehen. Das zeigt am deutlichsten der Stendhal-Essay, am deutlichsten dieser auch, daß die Identifikation mit französischen Schriftstellern und deren Rolle sich verstärkt hatte. Der Stendhal-Essay ist ein Selbsterklärungs- und Selbstrechtfertigungsessay hohen Grades. Nicht nur, daß Heinrich Mann sich damit zum 18. Jahrhundert bekennt, unter beinahe schon abenteuerlicher Verdrehung und Rechtfertigung einer widerspenstigen Chronologie, wenn er etwa über ein Buch von Stendhal und damit auch über ihn schreibt: „Im Zeitlichen ist es achtzehntes Jahrhundert, das hier durch das ganze erste Drittel des neunzehnten, mit ihm verarbeitet, am Leben erhalten wird.“ [29] In Stendhals Zeit hat Heinrich Mann seine eigene Zeitposition bestimmt, also gewissermaßen schon durch das Exil hindurch seine Gegenwart gesehen. Von dem Aufruf zur Gewaltherrschaft der Intellektuellen ist hier nur noch die Verherrlichung der „Kraft“ und der „Energie“ geblieben. Aber das ist eher ein geistiger élan vitale als „Tat“, Überlebenskraft und gleichzeitig das, was ihn von seinem eigenen Zeitalter unterscheidet. Das Zeitalter aber war in Verkommenheit geraten — und eben hier ist die Trennwand zwischen den historischen Ereignissen, die mit Stendhal zusammenhängen, und der Zeit Heinrich Manns am dünnsten, die Affinität am auffälligsten. Heinrich Mann schreibt über Stendhal: „Er glaubte, niemals habe es in der Welt ein solches Maß von Heuchelei gegeben wie 1820. Er wollte nicht anerkennen, was dennoch wirklich vorkommt, da auch wir es heute wieder feststellen müssen. Es ereignet sich tatsächlich, daß man der Wahrheiten, ohne sie widerlegt zu haben, überdrüssig wird. Sie sind den Interessen unbequem, und sie ermüden die durch schwere Schickungen geschwächten Köpfe. Überdies stehen sie den Leidenschaften des Tages im Wege; nur wenig sophistische Nachhilfe ist nötig, damit eine ganze Jugend sie allen Ernstes aus dem Auge verliert.“ [30] Die Jahreszahl 1820 ließe sich ohne weiteres durch die von 1930 ersetzen, und sie soll so auch ersetzt werden, „da auch wir es“, so heißt es ja ausdrücklich, „heute wieder fest-

[29] Ebd. S. 41.
[30] Ebd.

stellen müssen." Man ist auch 1930 der Wahrheiten wieder überdrüssig geworden. Heinrich Mann hat die geheime Identität der Zeiten (Stendhals und Heinrich Manns) noch wiederholt in diesem Essay betont, mit deutlicher Anspielung darauf, wenn er über die Zeit Stendhals schreibt: „Der Revolution war vom Kapital die faschistische Wendung gegeben — schon damals; und in jedem späteren Zeitpunkt, sooft das Kapital den Aufschub der demokratischen Verwirklichungen brauchte, was zeigte sich wieder? Die Affen Napoleons." [31] Die Formel von der „faschistischen Wendung" ist der einzige halbwegs deutliche zeitgeschichtliche Hinweis in allen diesen literarischen Essays. Aber er erschließt sich als solcher auch nur indirekt, denn er setzt voraus, daß man Heinrich Manns Faschismus-These kennt: „Sie (die Faschisten) sind bestechlich und waren ursprünglich die bezahlte Schutztruppe eines Klüngels von Industriellen, bevor sie groß genug wurden, um sich als Retter Deutschlands aufzuspielen." [32]

Heinrich Mann hat auf die Identität der Zeiten auch dort aufmerksam gemacht, wo er die Gegenwart als Wiederholung der Vergangenheit entschlüsselte, wenn er schrieb: „Dieses Zeitalter war sogleich ganz da und führte im Abriß unverzüglich alles vor, was es dann in hundertfünfzig Jahren weitschweifig wiederholt hat." [33] Was Heinrich Mann dagegen aufruft, ist für seine Position charakteristisch, aber eben eine rein intellektuelle Macht: es ist das, was Thomas Mann als „Adel des Geistes" bezeichnet hat. Es heißt bei Heinrich Mann: „Was blieb dem Schriftsteller, der sich nicht entehren will, übrig? Die Freimaurerei der Intellektuellen wird immer wieder dort aufkommen, wo es gelungen ist, die Masse nach der falschen Seite zu ziehen. Der geistige Adel hat überall seine guten Gründe, die für die übrigen zu bedauern sind." [34]

Bezeichnenderweise durchbricht Heinrich Mann hier den historischen Kordon und generalisiert erneut, was eigentlich nur Stendhal betraf. Und bezeichnenderweise sind es allgemeinste Werte, die am Ende bleiben: der Adel des Geistes, den auch Thomas Mann zu verkündigen gedachte, Humanität, die „Verpflichtung, glücklich zu sein" [35], Haltung als Mut, „der Wahrheit gerade ins Gesicht zu sehen." [36] Es ist die Physiognomie des letztlich passiven Emigranten, die sich hier enthüllt — wie später auch bei Stefan Zweig in seinem Erasmus-Roman, in Werfels „Jacobowsky und der Oberst",

[31] Ebd. S. 39.
[32] Politische Essays, a. a. O. S. 103.
[33] Geist und Tat, a. a. O. S. 39.
[34] Ebd. S. 44.
[35] Ebd. S. 48.
[36] Ebd. S. 44.

Seghers „Transit". So zeichnet der „Stendhal"-Essay Positionen vor, die erst in den 30er Jahren vom Exil realisiert werden. Dahinter steht bei Heinrich Mann der Glaube an die Literatur; die politischen Ereignisse der späten 20er und frühen 30er Jahre haben ihn nicht erschüttert, sondern nur noch verstärkt — so wie wir auch noch 1936 in „Der Weg der deutschen Arbeiter" lesen können: „Jeden von uns befähigt die Literatur, zu unterscheiden, was menschenwürdig ist, und aus der kritischen Darstellung einer Gesellschaft erhebt sich, allen begreiflich, die sittliche Pflicht, sie zu ändern." [37] Aber es ist keine Frage, daß damit die Literatur stärker denn je zum Exilland geworden ist. Denn nur noch in ihr gibt es Moralität.

Heinrich Mann mag das Gloriose wie die Fragwürdigkeit dieser Position durchaus bewußt geworden sein, wenngleich er sie nicht deutlicher formuliert hat. Da er Moralität nicht in der Gegenwart und schon gar nicht in der deutschen Gegenwart fand, suchte er sie anderswo und dort erst in der Geschichte. Nicht die Literatur an sich, wohl aber die des 18. Jahrhunderts und dann noch die der Zeit Heinrichs IV. markieren den Raum, in dem sich Moralität noch zeigen läßt. Aber es gab für ihn keine historischen Barrieren. Und da sich in der Gegenwart nicht wiederholte, was Heinrich Mann am französischen literarischen 18. Jahrhundert zu rühmen wußte, beschrieb er nicht historisierend, sondern prospektiv die Essenz dieser Welt — damit sie sich noch einmal irgendwo verwirklichen könne. Auch das macht der „Stendhal"-Essay deutlich — wenn es etwa dort heißt: „Die Wahrheiten des vorigen Geschlechts sind eine Weile scheintot. Da sie aber noch längst nicht alle ihre Kraft an das wirkliche Leben abgegeben haben, werden sie unfehlbar aus diesem Schlaf wieder erwachen." [38] Schon 1930 hieß es im Nachwort zu den Memoiren Napoleons: „Einbildung, Ideal, Vorwegnahme des in der Ferne, jenseits seines Daseins erst Möglichen waren sein Lebensgrund. Nur sie erfüllten ihn wahrhaft." [39]

Damit aber wird das Historische gleichsam ein Vorentwurf auf eine bessere Zeit hin, Vorwegnahme der Utopie im vergangenen besseren Beispiel. Das könnte so aussehen, als sei die Literatur damit in ihrer faktischen (und politischen) Machtlosigkeit endgültig zweitrangig geworden. Aber das Gegenteil ist der Fall. Heinrich Mann hat mit dieser Funktionsbeschreibung der Literatur erneut eine Dignität verliehen, die ihr in der Zeit, in der er schrieb, gerade verlorenzugehen drohte. So ist auch der spätere „Henri IV"-Roman eigentlich kein historischer, sondern ein Zukunftsroman — wie es

[37] Politische Essays, a. a. O. S. 155.
[38] Geist und Tat, a. a. O. S. 41 f.
[39] Ebd. S. 128.

der Romanschluß ja auch eigentlich deutlich genug ausweist. Der Gegenwart aber kommt auch damit fast zwangsläufig der Charakter einer Exilzeit zu, die dort am besten zu überdauern ist, wo die Moralitäten noch leben, und das heißt für Heinrich Mann: in der Literatur Frankreichs. Er ist in ihr zuhause, mit ihr seit Jahrzehnten vertraut — und doch hat sie transitorischen Charakter. Und es scheint kein Zufall zu sein, daß mehrfach von Exilen der von ihm besprochenen Schriftsteller die Rede ist. Stendhal „schrieb für eine englische Zeitschrift und wohnte in Italien." [40] Und verbannt hat sich ebenfalls Victor Hugo: „Der Dichter, in dem das scheinbar so weltliche Frankreich sich erkennt, hat seine zwei entscheidenden Jahrzehnte einsam verbracht. Er hat gewartet" — ist in die Verbannung gezogen. [41] Verbannt war auch der Memoirenschreiber Napoleon. Der früh innerlich exilierte Heinrich Mann sah seinen schriftstellerischen Sinn schon 1931 denn auch nicht mehr im kontemporären Wirken, sondern im Überliefern, und er hat dieses transitorische Moment deutlich im „Stendhal"-Essay ausgesprochen: „Es bedeutet nichts für einen Schriftsteller, Gemeinsinn haben; aber alles kommt für ihn und die Gesellschaft darauf an, ob man ihn später noch liest. Dann hat dieses vereinzelte Individuum, stärker als alle Gemeinschaftsbildungen seiner Tage — verbunden hat es Geschlechter, die sonst einander nicht kennen würden." [42] Auch hier spricht Heinrich Mann am Beispiel Stendhals über Funktion und Bedeutung seines eigenen Schreibens, das eben schon in den 20er Jahren ein Schreiben im Exil und aus dem Exil war. Heinrich Mann hat das auch in seinen politischen Essays ausgesprochen und 1933 („Erniedrigte Intelligenz") den Sinn seines Schreibens als Schreiben im Exil begriffen: „Ich glaube wie je, daß literarische Bemühungen niemals ohne Wirkung bleiben, wie lange es auch dauern mag, bis die greifbare Welt ihnen zugänglich wird. Künftige Menschen können sich einem gerechten Handeln nur dann gewachsen zeigen, wenn wir verharrt haben in der Sprache der Wahrheit." [43]

Auch das ist die Sprache des Exils. Exil bedeutet nicht nur Dislocierung; auch das Zeitbewußtsein ändert sich, die Existenz wird diaphan. Für das Leben im Exil ist nicht charakteristisch, wann und wo es faktisch begann, sondern wie es sich um die Bewußtseinsreaktionen auf diesen Vorgang verhält. Von dorther aber wird man zu Heinrich Manns Exil sagen müssen, daß es nicht etwa 1933 anfing, als er Deutschland, aber auch nicht erst 1940, als er Europa verließ. Es gibt das Exil bei ihm (und das ist bedeutungsvoller

[40] Ebd. S. 48.
[41] Ebd. S. 62.
[42] Ebd. S. 47.
[43] Politische Essays, a. a. O. S. 126.

als alle äußerlichen Stadien der Emigration) vor allem als Bewußtseinsvorgang, und das heißt zugleich: als Erkenntnisprozeß, dessen Anfang und Schluß nicht exakt bestimmbar sind und auch gar nicht bestimmt werden müssen, sondern der sich allmählich vollzieht, ein Denk- und Erkenntnisweg, der lange Zeit, im Falle Heinrich Manns Jahre dauerte. Heinrich Mann hat in „Ein Zeitalter wird besichtigt" den Beginn seines faktischen Exils übrigens selbst in das Jahr 1933 gesetzt; damals habe er den „verhängnisvollen Fluß" überschritten.[44] Aber er hat dort zugleich erklärt, daß die eigentliche Exilerfahrung keine abrupte ist, sondern eine allmähliche: das macht das Exil aus. „Niemand hat es ermessen, bevor er es antrat, weder seine Dauer noch seine veränderten Umstände", schreibt er, „Sein Aufenthalt wird mehr oder weniger lang sein, er behält doch immer eine Heimat, die ihn erwartet, wenn auch nicht gerade jetzt (...) Er selbst weiß von einer vorläufigen Tatsache, nicht, daß sie währen wird, bis er steinalt ist (...) Wer Emigrant ist, muß Emigrant bleiben (...) ein Entkommen gibt es nicht (...) Der Emigrant aus Überzeugung verliert an Achtung, je zweifelhafter seine Aussichten werden. Zuerst ist er einfach ein Oppositioneller, seine Geltung wird morgen wieder berichtigt sein. In dem Grade, wie sich herausstellt, daß er mit einer gefestigten Macht überworfen ist, wird er auch in dem Lande seiner Zuflucht die Macht — und alle ihre Gläubiger — gegen sich haben (...) . Eine lange Flucht von Jahren hat die Tatsachen, eine nach der anderen, enthüllt."[45] Diesen Stadien des äußeren Exilprozesses, den Heinrich Mann hier darstellt, entsprechen die des inneren, die wir zu beschreiben suchten: als langwierigen Vorgang mit einer, wie es dann auch die Biographie Heinrich Manns erkennen läßt, endgültigen Trennung vom Gegenbereich des Exils, Deutschland, der Heimat und seiner gleichzeitigen Ansiedelung im literarischen Frankreich des späten 18. Jahrhunderts, das seine Essays beschreiben. Spielerisch und doch zugleich sehr ernsthaft hat Heinrich Mann das in seinem Kapitel „Wir können anders sein" in „Ein Zeitalter wird besichtigt" auf eine raffiniert einfache Formel gebracht, die Formel eines gleichermaßen temporalen wie räumlichen Exils, das ihm zum Wunschland wurde, wenn er schrieb: „Gut. Ich will 1750 zur Welt gekommen sein, 1820 den letzten Seufzer getan haben."[46] Und das wäre, wie sich versteht, in Frankreich gewesen.

[44] Ein Zeitalter wird besichtigt. Düsseldorf 1974, S. 347.
[45] Ebd. S. 347 f.
[46] Ebd. S. 498.

HERBERT LEHNERT

Künstler-Führer und Künstler-Narr in Heinrich Manns Werk der Weimarer Republik

In Thomas Manns Roman *Königliche Hoheit* erzählt Großherzog Albrecht, eine Figur, für die Heinrich Mann das Vorbild war, eine Geschichte, um das Verhältnis seiner Regierung zur bürgerlichen Wirklichkeit zu illustrieren:

> Hier in der Stadt lebt ein Mann, ein kleiner Rentner mit einer Warzennase. Jedes Kind kennt ihn und ruft Juchhe, wenn es ihn sieht, er heißt Fimmelgottlieb, denn er ist nicht ganz bei Troste, einen Nachnamen hat er schon lange nicht mehr. Er ist überall dabei, wo etwas los ist, obgleich seine Narrheit ihn außerhalb aller ernsthaften Beziehungen stellt, hat eine Rose im Knopfloch und trägt seinen Hut auf der Spitze seines Spazierstockes herum. Ein paarmal am Tage, um die Zeit, wenn ein Zug abfahren soll, geht er auf den Bahnhof, beklopft die Räder, inspiziert das Gepäck und macht sich wichtig. Wenn dann der Mann mit der roten Mütze das Zeichen gibt, winkt Fimmelgottlieb dem Lokomotivführer mit der Hand, und der Zug geht ab. Aber Fimmelgottlieb bildet sich ein, daß der Zug auf sein Winken hin abgeht. Das bin ich. Ich winke, und der Zug geht ab. Aber er ginge auch ohne mich ab, und daß ich winke, ist nichts als Affentheater. [1]

Der Großherzog spricht von seiner Schein-Autorität im modernen Staat, der dem monarchischen Staatsoberhaupt nur repräsentative Funktionen zuteilt. Das Bild schein-monarchischer Autorität zielt auf die Repräsentation der Gesellschaft durch den Schriftsteller, dem im Deutschland von 1909 ein hohes Sozialprestige zukam. Die Geschichte des Prinzen Klaus Heinrich ist ein symbolisches Spiel des Autors mit dem eigenen Schriftstellerberuf. Die Abtretung repräsentativer Funktionen an den jüngeren Bruder spiegelt den literarischen Erfolg Thomas' gegenüber dem Heinrichs, zugleich aber auch den Respekt des Jüngeren gegenüber der Vornehmheit, will sagen dem Künstlertum des Älteren. Während der jüngere Bruder, im Roman und in der Wirklichkeit, die Rolle populärer Repräsentation gerne annimmt, genügt dem älteren diese Rolle nicht. Er empfindet sie wertlos und närrisch,

[1] Thomas Mann, Gesammelte Werke. Frankfurt a. M., 1960/1974, II, 144. Aus dieser Ausgabe wird künftig im Text zitiert.

wie die Fimmelgottliebs. Klaus Heinrich dagegen sieht einen Wert in seiner bloß repräsentativen Rolle. Obwohl er „auf der Menschheit Höhen“ [2] wandle, habe er es nicht bequem, darauf käme es an. Und da die Leute ihm zujubeln, so müsse sein Leben auch einen Sinn haben.

Du winkst zwar nur zu dem, was geschieht, aber die Leute wollen doch, daß du winkst, und wenn du ihr Wollen und Wünschen nicht wirklich regierst, so drückst du es doch aus und stellst es vor und machst es anschaulich, und das ist vielleicht nicht so wenig (...). (II, 145)

Zwar ist der Dichter nur repräsentativ, kein Teil des bürgerlichen Produktionsprozesses, aber er verleiht dem „Wollen und Wünschen“ seiner Leser Form, die Wert und damit Rang stiftet. Darum ist sein Beruf nicht „bequem“, das heißt die Form, die Thomas Mann meint, ist nicht nur billiges populäres Klischee. Dennoch ist die Voraussetzung solcher Repräsentation Popularität, wie Großherzog Albrecht darauf ein wenig bitter bemerkt, die Popularität, die Thomas Mann nach den *Buddenbrooks* zugefallen war und die Heinrich entbehrte.

Heinrich Mann hatte in dem 1905 erschienenen Aufsatz über die *Liaisons dangereuses*, in den *Essays Choderlos de Laclos* genannt, von dem literarischen Ruhm gesagt, er sei „selten mehr ... als ein weitverbreiteter Irrtum über unsere Person.“ [3] Eine ganz ähnliche Wendung legte Thomas Mann seinem Großherzog in den Mund. (II, 146)

Es ist schwer zu sagen, ob es der Mangel an Popularität war, der Heinrich Mann den Ruhm verachten ließ. Jedenfalls drängte seine Situation ihn dazu, mehr vom Schriftstellerberuf zu verlangen als Repräsentation der deutschen bildungsbürgerlichen Leser. Sein Essay *Der französische Geist*, später *Voltaire-Goethe* genannt, erschien zuerst 1910 in Gustav Landauers Zeitschrift *Der Sozialist*. Sein erster Satz lautet:

Ist es zu denken, daß irgendwo in der Welt der Geist herrschen sollte?

Der Aufsatz stellt die Wirkung französischer Literatur über die der deutschen Innerlichkeit und sei sie von Goethe ausgelöst. Man kann den Aufsatz als Antwort auf *Königliche Hoheit* lesen. Repräsentation ist nicht genug, aktiver Wille wird gefordert:

Denn Freiheit ist der Wille zu dem als gut Erkannten, auch wenn das Schlechte das Erhaltende wäre. (E, 20)

[2] Das Teilzitat aus Schillers *Die Jungfrau von Orleans* (1. Akt, 2. Szene) entschlüsselt, vervollständigt, das Symbolsystem:

Drum soll der Sänger mit dem König gehen
Sie beide wohnen auf der Menschheit Höhen.

[3] Heinrich Mann, *Essays*. Hamburg 1960, S. 38. Künftig als „E“ im Text zitiert.

Den Hauptgedanken des Essays, daß Literatur in Frankreich sozial und politisch funktional sei, in Deutschland dagegen nicht, setzte Heinrich Mann fort in seinem Aufsatz *Geist und Tat*, der in der Zeitschrift *Pan* erschien, die von Alfred Kerr, Thomas Manns intimem Feind, beherrscht wurde. In Deutschland finde das Denken der Intellektuellen fern von sozialer Wirkung statt:

Man denkt weiter als irgendwer, man denkt bis ans Ende der reinen Vernunft, man denkt bis zum Nichts: und im Lande herrscht Gottes Gnade und die Faust. (E, 11)

Als Kritik der Repräsentationsidee in *Königliche Hoheit* ist der Satz zu verstehen, der von den „abtrünnigen Literaten" in Deutschland behauptet:

Sie haben das Leben des Volkes nur als Symbol genommen für die eigenen hohen Erlebnisse. (E, 13)

Gemeint ist der Volksjubel, das Symbol für den schriftstellerischen Erfolg. Auf die Benutzung der fürstlichen Aristokratie als Symbol und auf den Lebensstil Thomas Manns dürfte sich der folgende Satz beziehen:

Ein Intellektueller, der sich an die Herrenkaste heranmacht, begeht Verrat am Geist. (E, 14)

Heinrich Mann hatte Einwände gegen die reiche bürgerliche Heirat seines Bruders. Das geht aus den Antworten hervor auf leider verlorene Briefe, die Heinrich zur Zeit der Eheschließung seines Bruders schrieb. *Königliche Hoheit* antwortet in seiner Symbolsprache auf die Warnungen des Bruders, die offenbar auf die Gefahr des Verlustes künstlerischer Unabhängigkeit hinausliefen.

Auf den Bruder bezieht sich sicher der Titel *Geist und Tat*. Er spielt auf den Ehrgeiz Thomas Manns an, einen maßgebenden Aufsatz über die deutsche Literatur unter dem Titel „Geist und Kunst" zu schreiben, der nicht zustande kam. Aus „Kunst" soll „Tat" werden, die politische Entscheidung für die Demokratie, gegen die „Macht", gegen das in Deutschland herrschende politische System. Mögliche Konflikte zwischen den geistigen Führern und dem Volk werden rhetorisch beiseitegeschleudert: „... der Geist sollte herrschen, dadurch daß das Volk herrscht." (E, 14)

Geist und Tat ist der eigentliche Grund für den Streit zwischen Heinrich und Thomas Mann im Ersten Weltkrieg. Es ging darum, wer auf der Seite des Volkes war, der, der sich bemühte, für den „Geist von 1914", für die vermeintliche Verteidigung der Eigenart des deutschen Volkes, einen Sinn zu formulieren oder der, der nur in deutscher Demokratie das Glück des Volkes sehen konnte, auch wenn die Deutschen selbst das nicht wollten.

Thomas Mann übernahm Heinrichs hohe Meinung von der politisch-sozialen Funktionalität der französischen Literatur und wandte sie gegen den „Zivilisationsliteraten" in den *Betrachtungen eines Unpolitischen.* Demokratische Rhetorik, demokratischer Konformismus, glaubte er, werde einen unerträglichen Zwang auf die deutsche Literatur ausüben, vor dem sie so weit wie möglich geschützt werden müsse, selbst wenn die Demokratisierung Deutschlands unvermeidlich sei. Thomas Mann war blind gegen die Parteilichkeit der deutschen Konservativen, gegen die Interessen, die sie verfochten. Noch während des Krieges wandte er sich allerdings gegen deren Annexionspolitik. Heinrich Mann verstand, ähnlich utopisch gesinnt, die Demokratie als Verwirklichung geistiger Freiheit und nicht als System des Interessenausgleichs.

Thomas Mann fühlte sich als Repräsentant der deutschen kulturbürgerlichen Gesellschaft, Heinrich Mann wurde das Vorbild der expressionistischen Aktivisten. Der Wiederabdruck von *Geist und Tat* leitete 1916 das Jahrbuch der Aktivistenbewegung *Das Ziel* ein. Obwohl bald verboten, erhob dieses Jahrbuch ebenso wie Thomas Manns *Betrachtungen* den Anspruch, sinnvolle Orientierungen für die Politik zu geben. Beiden Brüdern war die Überzeugung gemeinsam, daß ihren essayistischen Einsichten und dichterischen Visionen Autorität zukäme.

Im deutschen Sprachraum hatte die Literatur mehr als anderswo den Charakter einer Ersatzreligion für die Oberklasse angenommen. Daraus ergab sich ein Anspruch auf prophetische Autorität, ja auf soziale Führung. Dieser Anspruch ist mit dem Außenseiter-Bewußtsein des Dichters verbunden, wie man besonders leicht an der Entwicklung des Verhältnisses Stefan Georges zur Öffentlichkeit zeigen kann. Auch der anders geartete Symbolismus Rilkes erhebt den Anspruch, die Dinge der allen gemeinsamen Realität in Kunst-Dinge zu verwandeln, die einen ganz anderen, neuartigen Charakter haben, durch die Form der Sprache der Vergänglichkeit entzogen werden. Auch hierin liegt eine Art von Autorität, verbunden mit einem Außenseiter-Bewußtsein. Rilkes *Malte Laurids Brigge* möchte „die Zeit der anderen Auslegung" [4] herbeiführen. Eigenartigerweise aber will er sich dazu aus den ernsthaften Beziehungen seiner Umwelt lösen, seine aristokratisch orientierte Kindheit in seiner Phantasie umformen, sich den Fortgeworfenen der Großstadt annähern. Die Außenseiter-Rolle, die Lösung aus dem bürgerlichen Produktionsprozeß, aus der bürgerlichen Moral, von den bürgerlichen Konventionen, die Befreiung der Phantasie für die Vision eines neuen Lebens, hat die zwei Seiten: den Führungsanspruch und die Absonde-

[4] Rainer Maria Rilke, Sämtliche Werke, Bd. 6. Frankfurt a. M., 1966, S. 756.

rung, mit der Gefahr, sich die Verachtung der Umwelt zuzuziehen. In der Literatur der Zeit vor 1914 gibt es Symbole der Autorität, Adels- und Königsfiguren im Werk Georges, Rilkes, Hofmannsthals, Thomas Manns, auch Heinrich Manns Herzogin von Assy gehört dazu. Denen stehen die Außenseiter ohne Autorität gegenüber, der Landstreicher als Freiheitssymbol bei Hermann Hesse, der ästhetische Dilettant, wie Thomas Manns Bajazzo oder Spinell. Heinrich Manns Claude Marehn gehört durch Reichtum, Bildung, ästhetischen Geschmack zu den Vornehmen, ist aber von der bürgerlichen Welt durch Lebensschwäche ausgeschlossen. Die Dialektik zwischen dem Außenseiter mit Autoritätsanspruch und dem verachteten Außerbürgerlichen kann als Sturz aus der Autorität dargestellt werden. Heinrich Manns *Professor Unrat*, Thomas Manns *Tod in Venedig*, Frank Wedekinds *König Nicolo* sind Beispiele. Die Ambivalenz der Autorität des aus der Normalität Ausgeschlossenen beschäftigte Franz Kafkas Phantasie. Der in die Außenseiterposition Gestoßene verliert wirkliche Autorität, wie man zum Beispiel an Josef K. und Gregor Samsa zeigen kann. Er gewinnt dafür eine neue Dimension, von der er nicht mehr lassen kann, die also einen, wenn auch schwer greifbaren, Wert impliziert.

Wer deutsche literarische Zeitschriften der Zeit vor 1914 liest wie *Die Neue Rundschau, Die Schaubühne* oder *Die Aktion,* der kann kaum übersehen, daß dem Konsensus der gebildeten Schicht ein hoher Grad von wirklicher, politischer Autorität zuerkannt wurde. Einen solchen Konsensus herbeizuführen, ist das unausgesprochene Ziel der Essayisten. Daß sowohl die kulturellen Zeitschriften vom Rundschau-Typus als auch *Die Aktion* politische und soziale Themen gleichrangig mit literarischen abhandelten, muß das gängige Bild von der apolitischen Haltung der Vorkriegsliteratur modifizieren. Ihre „machtgeschützte Innerlichkeit", wie Thomas Mann es 1933 im Hinblick auf Wagner formulierte, schloß die Sorge um die deutsche Politik und Gesellschaft, um die Zukunft der Nation keineswegs aus. Schließlich hat die akademische Soziologie eine ihrer Wurzeln im kaiserlichen Deutschland.

Wenn die Expressionisten den bürgerlichen Städtebewohnern den verdienten feurigen Untergang apokalyptisch ausmalten oder der unbeweglichen Bürgerwelt den Vatermord androhten, dann wollten sie die Überlegenheit künstlerischer Phantasie über das langweilig Bestehende behaupten, um sich Aufmerksamkeit und Anteil an der Konsensus-Autorität zu erzwingen. Das bedeutete im Grunde der aktivistische Wille nach der Herrschaft der Geistigen, der sich in einem Proponenten der Aktivisten, Kurt Hiller, ganz ernstlich in der Forderung eines Herrenhaus der Geistigen, das heißt der Phantasiebegabten, äußerte. Thomas Mann, wenn er in den *Be-*

trachtungen eines Unpolitischen gegen den Aktivismus kämpfte, kämpfte seinerseits um seinen Anteil an der geistigen Autorität, an der Gestaltung der Zukunft der Nation, war also paradoxerweise auf seine Weise Aktivist. Dieses Schema, daß der Außenseiter Autorität habe, das Recht, seine ästhetischen Visionen der schlechten und unempfindlichen Bürgerlichkeit vorzuhalten, ja aufzuzwingen, hat seine Auswirkungen in Deutschland bis heute.

Heinrich Manns Essay *Zola,* der November 1915 in den *Weißen Blättern* erschien, noch vor deren Verlegung nach Zürich, knüpfte in seinem Kapitel „Tat“ an die vorher genannten Aufsätze an:

Geist ist Tat, die für den Menschen geschieht; — und so sei der Politiker Geist, und der Geistige handle! (E, 212)

In diesem Aufsatz brachte Heinrich Mann Spitzen gegen den Bruder an, so wenn er, scheinbar gegen die Feinde Zolas gewendet, schreibt:

Wie, wenn man ihnen sagte, daß sie das Ungeheure, das jetzt Wirklichkeit ist, daß sie das Äußerste von Lüge und Schändlichkeit eigenhändig mit herbeigeführt haben, — da sie sich ja immer in feiner Weise zweifelnd verhielten gegen so grobe Begriffe wie Wahrheit und Gerechtigkeit. (E, 226) [5]

Er erklärt die „geistigen Mitläufer“ zu „Verrätern“. Kaum mehr auf Zolas Gegner, nur noch auf Thomas Mann kann sich die Wendung beziehen:

Durch Streberei Nationaldichter werden für ein halbes Menschenalter, wenn der Atem so lange aushält (...) [6]

Hier liegt offenbar der Ansatzpunkt des Romans *Der Kopf,* den Heinrich Mann 1918 begann und 1925 veröffentlichte. In ihn floß die Enttäuschung über den Aktivismus ein, über die Entwicklung der Republik, über die *Tragödie des Jahres 1923,* wie er sie in Zeitungsartikeln beschrieben hatte. [7]

Der Kopf zeigt die Vergeblichkeit zweier Versuche, die Steuerung Deutschlands in die Hand zu bekommen, der eine durch idealistisch motivierten Verrat, der andere durch Anpassung und Ehrgeiz. Der erstere meint Aktivismus, der letztere Repräsentation, Heinrich und Thomas Manns Ansichten von der Funktion der Literatur. Heinrich Manns Vertreter im Roman heißt

[5] In *Essays* der seit *Geist und Tat,* 1931, von Heinrich Mann gekürzte Text, der allerdings den angeführten Satz vollständig enthält. Für den Kontext vgl. den ursprünglichen Text in den *Weißen Blättern* 1915 oder in *Macht und Mensch.* München, 1919, S. 113 ff.

[6] *Macht und Mensch,* S. 115, in *Essays* gestrichen.

[7] Vgl. Renate Werner, *Skeptizismus, Ästhetizismus, Aktivismus: Der frühe Heinrich Mann.* Düsseldorf, 1972, S. 268.

Claudius Terra, der Vorname vielleicht zur Erinnerung an Claude Marehn, der Nachname spielt auf Zolas Roman *La Terre* an und beansprucht, aus dem Lateinischen ins Deutsche übersetzt, daß der Träger der eigentliche Vertreter seines Landes ist. In dem Namen seines Gegenspielers Wolf Mangolf sind die Namen Wolfgang Goethe und Thomas Mann versteckt. Das Freundespaar als Deutung des Zusammenbruchs eines Kaiserreiches ist überdies Heinrich Manns Version von Zolas *La débâcle.* In die Handlung der fiktiven Personen sind wirkliche verflochten, der Kaiser, der Reichskanzler Lannas, ein Porträt Bernhard von Bülows, der Großadmiral Tirpitz unter dem Namen Fischer und andere. Während die beiden ersten Romane der Kaiserreich-Trilogie, *Der Untertan* und *Die Armen,* dem Leser erlauben, an der dargestellten fiktiven Welt festzuhalten, wenn sie sich auch ins Groteske entstellt, muß der Leser des Romans *Der Kopf* die fiktive Welt auf den gemeinten allegorisch-symbolischen Zusammenhang hin durchstoßen. Die Stationen des Lebenswegs Terras können nur als spielerische Deutungen eines Schriftstellerlebens begriffen werden.

Terra bricht aus seiner Heimatstadt, offensichtlich ist Lübeck gemeint, aus seiner patrizischen Familie aus, um „das Leben“ in Gestalt einer Abenteurerin, Dirne, Hochstaplerin und falschen Fürstin zu gewinnen. Da sie ihn gleich wieder verläßt und sein Vater Konkurs macht, lebt er als Karussellbesitzer auf Jahrmärkten, was kaum zu Terras Intelligenz passen würde, verstünde man das Karussell nicht als Symbol unpolitischer Literatur, die allerdings zu Leidenschaften, Liebe und Mord aufregt. Viel später hat Brecht im *Messingkauf* dasselbe Bild für unfunktionale Literatur, alte Literatur gebraucht. Von der Tochter Lannas', des späteren Reichskanzlers, wird Terra an den Ort der Machtausübung, Berlin gelockt. Er lebt von Zuwendungen aus dem Kurtisanen-Einkommen der „Frau von drüben“, seinem Lebenssymbol. Übersetzt heißt das: von fragwürdiger Literatur des Lebenskultes erhalten, gewinnt er Prestige, das er in Teilnahme an wirklicher politischer Aktivität umsetzen möchte. Nach einer Episode als Propagandachef einer „Agentur für das gesamte Leben“, wo Terra eine melancholisch-närrische Rolle als Moralist unter Hochstaplern und Betrügern spielt, die an Wedekind erinnern soll, läßt er sich in seiner Eigenschaft als moderner Geistiger von dem Reichskanzler umwerben, was ihm ein Reichstagsmandat, Einfluß und eine Stellung in der Industrie einbringt, die er benutzen will, um seine eigenen Reformideen in den politischen Prozeß einzuschmuggeln. Terras Wirkung auf Lannas wäre aus der Handlungsfiktion nicht verständlich, wenn man ihn nicht als Vertreter der Literatur, der Phantasiewelt betrachtet. Sie hat, das geht aus der Handlung hervor, Prestige wegen der modernistischen Tendenzen im „System Lannas“. Eben dieses Prestige lockt

Terra aus der Position des „Armenanwalts", der Möglichkeit, schriftstellerische Kleinarbeit im sozialen Sinne zu tun.

Mangolf, der Streber, will seinen Weg im System durch Anpassung machen, ist aber seiner Umwelt durch Intelligenz überlegen. Mangolfs Strebertum wird mit kleinbürgerlicher Herkunft motiviert, was eine besondere Bosheit Heinrich Manns gegen seinen Bruder darstellt. Denn die Diskussionen Terras und Mangolfs sind offensichtlich auf die Gegensätze zwischen den Brüdern hin stilisiert, einmal kommt der Begriff „brüderliches Weltbild" [8] vor. Sogar die Anleihe, die der ältere beim jüngeren aufnahm, ist in die Handlung aufgenommen. (K, 258 ff.) In dieser Szene heißt es von Mangolf:

In alter Bruderschaft schonte er sich selbst, wenn er den Bruder schonte.

Terras Leichtsinn hat der Streber Mangolf zwar nicht, dafür aber die Lebensverachtung, in der der zwanzigjährige Thomas Mann sich manchmal gefiel. (K, 38) Beiden gemeinsam ist das Bewußtsein des Wertverlustes, das die Lektüre Nietzsches den Brüdern Mann bestätigt hatte. Wenn Mangolf behauptet, er habe für seine Person „das innere Erlebnis der Unsterblichkeit" (K, 227) gehabt, dann spielt Heinrich Mann auf das Schopenhauer-Erlebnis seines Bruders an. [9]

Zwischen ihnen steht die Schwester Terras, Leonora, Nora und Lea genannt, deren Vorbild Carla Mann war, die Schwester, deren Leben in einem eigenartigen Wechselverhältnis mit dem Werk ihrer Brüder stand. Die schöne Schauspielerin symbolisiert den Erfolg, von dem sie abhängig ist, der ihr Leben ist, damit die Wirkung, das soziale Verhältnis. Heinrich Manns Werk zeigt mehrfach Sozialverhalten als Rollenspiel im Konflikt von Selbstverwirklichung und sozialem Zwang. [10] Lea verkörpert diesen Widerspruch. Terras und Mangolfs Liebe zu ihr ist jeweils leidenschaftlich und illegitim. Mangolf hat auf seinem Streberwege die Tochter des Industriellen Knack geheiratet, schläft aber mit Lea. Terra liebt die Schwester immer am Rande des Inzests. Er selbst ist der Tochter des Reichskanzlers verfallen. Terra und Mangolf teilen ihre erotischen Energien zwischen dem schönen

[8] Heinrich Mann, *Der Kopf.* Berlin, 1925, S. 225. Von jetzt ab mit „K" im Text zitiert.

[9] Renate Werner (siehe Anm. 7) hat das Verhältnis der Brüder Heinrich und Thomas Mann als autobiographische Grundlage der Terra-Mangolf Konstellation beschrieben (S. 263—268), als Anhang zu ihrer Interpretation des *Kopf.* Sie ist aber von zentraler Bedeutung. — Vgl. auch Klaus Schröter, *Heinrich Mann.* Reinbek, 1967, S. 93.

[10] Vgl. Frithjof Trapp, *„Kunst" als Gesellschaftsanalyse und Gesellschaftskritik bei Heinrich Mann.* Berlin, 1975.

Körper der Schauspielerin, der Autorität des Ästhetischen, und den Lockungen sozialer und politischer Autorität und Macht. Ein Kind haben beide jedoch nur von der Abenteurerin, der Lockung des außerbürgerlichen Lebens im Schein der Vornehmheit. Lili, die Abenteurerin, Lea ähnlich, unterscheidet sich von dieser durch ihre Prostitution und ihre Falschheit. Sie will sich verkaufen, Lea, die Ästhetin, sich verschenken. Aber beide brauchen den Erfolg. Beide Kinder der Abenteurerin wenden sich am Ende gegen ihre Väter. Terras Sohn mordet seine Mutter und fällt am Anfang des Ersten Weltkrieges, eine tragikomische Symbolisierung der expressionistischen Generation.

Hinter diesen Liebesgeschichten steht die Auflösung der Familie und damit die des Bürgertums. Lea begeht am Ende Selbstmord, nachdem sie sich durch eine lesbische Orgie kompromittierte, an der eine Provinzlerin teilnahm, die, unwillig ins normale Leben zurückzukehren, sich tötete. Die schöne Kunst will das Leben in Kunst verwandeln, um des Beifalles willen, sie ist Kunst für die Kunst und die Kunstempfänglichen und erweist sich als unfruchtbare Verführung zum Lebensschein, damit zum Tod. Vor dem Selbstmord der Schwester in einem Gebirgsbach, im Elementaren, als Selbstopfer des Elementarkults, fragt Terra sie:

> Warum gingen wir einst fort vom Elternhaus? Ich will es zurückkaufen. Es steht doch noch? Es soll noch stehen. Wir beiden wollen darin wohnen, alles soll vergessen sein. Hörst Du? Vergessen. Was taten wir schließlich, das nicht jedes entlaufene Kind hätte begehen können? Gäbe es Gott, er verziehe uns. (K, 592)

Der so ernste Lebenskampf des Phantasiemenschen war nur kindisch. Aber die in die Öffentlichkeit entlaufenen Bürgerkinder können nicht zurück. Sie haben sich kompromittiert, weil sie, in die Öffentlichkeit getreten, sich nicht mehr vom Publikum distanzieren können, ihre Reinheit und Unmittelbarkeit also verlieren mußten.

Selbst in dem entlegenen Wirtshaus im Gebirge, wohin die verzweifelten Geschwister in einem Unwetter fliehen, unterliegen die Bauern der Verführung durch die Schönheit der Schauspielerin und die Unbürgerlichkeit des merkwürdigen Paares. Die Flucht in das Elementare führt zu einer banalen, im Grunde lächerlichen, wenn auch bedrohenden Situation. Terra löst sie, indem er Komödie spielt, den Bauern als Gespenst erscheint und ihre primitive Furcht weckt. Die erstesten Situationen, in die Terra gelangt, haben einen possenhaften Einschlag. Terra bleibt Außenseiter. Wenn seine über das Bestehende hinausweisende Phantasie ihm eine Richtung aufdrängt, die durch das Ideal der Menschenwürde bestimmt ist, dann wird dieser Idealismus ständig untergraben durch die Isolierung, die eben durch diese Phantasie bewirkt wird. Heinrich Mann würde nicht Phantasie, sondern „Geist“ sagen. Terra ist deshalb immer auch Narr, wenn er Führer sein will.

Als Terra Gelegenheit hat, dem Kaiser die Abschaffung der Todesstrafe schmackhaft zu machen, kommt Wilhelm darauf, daß man dann auch keine Attentäter mehr hinrichten könne. Sich bedroht fühlend, wird der Kaiser drohend. Terra beweist keinen Männerstolz vor Königsthronen, nicht einmal Menschenwürde für sich selbst. Er verliert alle Sicherheit, indem er die Bodenlosigkeit seiner Situation erkennt.

> Aber Terra hatte sich zurückgeworfen wie von jäh gespaltenem Abgrund, woraus Flammen ihn anfauchten. Seine Mienen waren Grauen, seine plumpen Hände preßten einander flehend. Unter unerhörten Qualen schien er sein Stammeln hervorzubringen. „Ich war mit Blindheit geschlagen! Ich bin ein Ungeheuer an Gottverlassenheit!“ (K, 378 f.)

Diese melodramatische Unterwürfigkeit löst bei den Beteiligten Lachen aus. Vom Ende des Romans her kann man die Gottverlassenheit als den Erfolgszwang erklären, der ein Hauptthema des Romans ist. Terra teilt die Sucht nach Erfolg mit der Gesellschaft, die er bekämpft. Jedoch trennt ein „Abgrund“ die Ideologie, die er vertreten will, von der Gesellschaft, die von ihrem Kaiser repräsentiert wird.

Terras Einsicht, nur ein Kohlen- und Erzmonopol könne wenigstens einen Anfang machen zur Begrenzung der verderblichen Macht der Industrie, braucht Handhaben in der Wirklichkeit. Terras Methode ist, sich belastende Dokumente zu verschaffen, was in der Handlung den Anlaß zu Spionage-Grotesken gibt. Die hierzu verwendete Figur Kurschmied, bezeichnenderweise ein Schauspieler, bewegt sich wie Terra selbst, nur noch ein wenig komischer, im Grenzgebiet des Melancholischen, Lächerlichen und Grotesken.

Terras Angriff auf die kriegstreibende Industrie ist schon deshalb unangemessen, weil er ihn allein vorbringt. Diese Schwäche kompensiert er, indem er sich der bestehenden Gesellschaft verkauft, nach dem auf Wedekind verweisendem Diktum, daß man nur innerhalb der bestehenden Gesellschaftsordnung Geschäfte machen könne. Aus der Symbolsprache übersetzt heißt das, daß der einsame Literat nicht zur Änderung der Gesellschaft taugt, daß der aktiv politisch wirkende jedoch in die Gesellschaft einbezogen und darum am Erfolg gemessen wird. Der Narr in Terra aber vereitelt seinen Erfolg. Das hindert nicht, daß die Industrieherren verteufelt, zu Feindbildern werden.

Die Literatur des Aufbruchs aus dem Bürgertum, die Literatur als antibürgerliche Opposition hat nicht zu Leben und Liebe geführt. Das sagt das Symbolsystem des Romans. Sogar die Utopie der Franzosen als eines für die Literatur aufnahmebereiten Volkes wird in Terras Gespräch mit einem französischen Sozialisten, gemeint ist Jaurès, in Zweifel gezogen. (K, 516 bis 520) Terras Versuch, aus der Fülle der Phantasie, des „Geistes", die Gesellschaft zu einem Leben in Menschenwürde zu führen, blieb, angesichts des Weltkriegs, nur der närrische Traum eines Außenseiters. Er hat nicht weitergeführt als Mangolfs angepaßter Streberehrgeiz. Als Reichskanzler ist Mangolf am Ende sein eigener Krieg über den Kopf gewachsen. Selbst er kann ihm keinen Sinn mehr abgewinnen. Im gegenseitigen Selbstmord fallen Mangolf und Terra so, daß ihre Körper ein Kreuz formen. Ein Gespräch Terras mit einem vornehmen Mönch und das Bild einer Kreuztragung, vor dem Mangolf Betrachtungen anstellt, hat schon signalisiert, daß der Leser die religiöse Dimension ernst nehmen soll. Terra und Mangolf sind beide der Sünde des Stolzes erlegen. Die moralische Ungebundenheit der beiden Protagonisten erwies sich nicht als Überlegenheit über die Konvention, sondern als fatale Funktion einer leichtfertigen, amoralischen Gesellschaft. Die Häufung der Leichen am Schluß lenkt auf die Absurdität der Romanfiktion überhaupt. Eine unernste Romanfiktion stellt eine leichtfertige Gesellschaft dar, deren Besessenheit von Macht und Erfolg in die tödliche Katastrophe geführt hat. Der Einfluß der „Geistigen", der mit Phantasie begabten Söhne dieser Gesellschaft, konnte die Katastrophe nicht hindern, weil auch sie die Sünde des Stolzes teilten, weil ihre Abhängigkeit von Beifall und Erfolg sie so in die Gesellschaft integriert, daß sie entweder von ihr gefangen werden oder sich nur eine Schein-Unabhängigkeit als Narr erhalten, die ihre Führungsrolle untergräbt und unwirksam macht.

Der Kopf ist, wie Thomas Manns *Der Zauberberg* und sein späterer Roman *Doktor Faustus*, ein Roman des Endes der bürgerlich-unbürgerlichen Literatur. Aber die Fiktion eines solchen Endes bewirkt selten, daß der Schriftsteller zu schreiben aufhört. Terras Selbstmord blieb glücklicherweise ebenso Fiktion wie der Selbstmord, zu dem der Intellektuelle Sand in Heinrich Manns Erzählung *Kobes* von dem mächtigen Apparat der Industrie gezwungen wurde.

Die Romane, die Heinrich Mann nach 1925 schrieb, reduzieren die harte Selbstkritik der Literatur des Aufbruchs aus dem Bürgertum, der bürgerlich-antibürgerlichen Literatur. Sie haben zwar auch, wie *Der Kopf*, phantastische Handlungen, die den Leser an der realistischen Intention zweifeln, ihn nicht vergessen lassen, daß die Handlung fiktional ist, erlauben dem Leser aber wieder Identifikation.

In einem oft zitierten Brief an Félix Bertaux vom 20. März 1928 schreibt der Autor den drei Romanen *Mutter Marie, Eugénie oder Die Bürgerzeit* und *Die große Sache* die Tendenzen zu: „Lernt verantworten, lernt ertragen, lernt euch freuen!" Diese didaktische Absicht impliziert eine neue Führerrolle des Schriftstellers, die Heinrich Mann auch in den Essays dieser Zeit ausfüllte.

In *Mutter Marie* (1927) übernimmt eine Abenteurerin, eine Lebenskämpferin, Verantwortung, wozu sie durch eine katholische Generalbeichte mit geistlicher Hilfe gelangt. Der junge Priester mit gepflegtem Äußeren erinnert an den Mönch, der am Ende von Terras Geschichte diesem die Sünde des Stolzes vorhält. Eine Figur, die wir als eine etwas positivere Version der „Frau von drüben" ansprechen können, überwindet die Sünde des Stolzes und gibt ihren Sohn für seine eigene Entwicklung frei. Der Leser kann sich mit einem jungen Paar, also mit der Zukunft, identifizieren. Der junge Mann löst sich aus einer Gruppe nationalistischer Offiziere, die Fememorde ausüben; seine Braut, eine Prinzessin, wird durch Liebe aus den Zwängen ihrer Herkunft befreit. Satirische Kritik gilt einem Ehepaar, er adliger General, sie Hamburger Patrizierin, also ein Modell der alten deutschen Gesellschaft. Ihre Versuche, wieder hochzukommen, dem Verfall ihrer gesellschaftlichen Stellung mit krummen Mitteln zu steuern, soll der Verachtung des Lesers verfallen. Bösewicht ist ein Wirtschafts-Präsident, Krieg- und Inflationsgewinnler, dagegen wirkt der Bankier der Heldin als guter Zauberer.

In *Eugénie oder Die Bürgerzeit* (1928) wird altbürgerliche Solidität im labilen Gleichgewicht gezeigt mit dem ebenfalls bürgerlichen Bedürfnis nach abenteuerlicher Freiheit, nach Phantasie, Spekulation und Dichtung. Dieser Drang ist in einem Fischerdorf an der See lokalisiert, das hier Suturp heißt, aber schon am Anfang von *Der Kopf* vorkam, als Schauplatz, auf dem der junge Terra, wenn auch vergeblich, seinen Ausbruch aus der Bürgerlichkeit geplant hatte. Hier wie dort ist offensichtlich Lübeck und seine Ostseeküste gemeint. Der Konsul West, seine Frau und sein junger Sohn brechen ihre Fluchtversuche jeweils ab.

Die Gefährdung der Bürgerlichkeit ist erotische Verführung und Verführung mühelosen Reichtums. Ein Laienschauspiel mit dem besiegten Napoleon III. und seiner verführerischen Frau Eugénie im Mittelpunkt löst den Zusammenbruch der Spekulation und der Verführung aus. In einer für Heinrich Mann merkwürdigen und seltenen Wendung bietet sich der Bürgermeister zur Rettung seines Patrizierfreundes an, und zwar aus dem Gefühl historischer Kontinuität. Dem Bürgertum selbst wird moralische Kraft zuerkannt. So sehr die Verführung mit dem Spiel, also mit der Flucht in die Phantasie, der Dichtung, zusammenhängt, der alte Dichter, eine freundliche Karikatur des alten Emanuel Geibel, ist hier in die Bürgerwelt integriert. Am Ende findet sich die vom Unglück betroffene Familie wieder in

Liebe zusammen, eine glückliche Zukunft ist möglich, dem Bürgertum in alter, gemäßigter Tradition wird Kraft zur Genesung zugeschrieben.

Eine Variante des Themas der gefährdeten Bürgerlichkeit ist die Erzählung *Suturp* (1927), die ebenfalls in Lübeck spielt. Eine Schauspielerin verkörpert die Verführung zur Lüge. Diese Handlung erneuert die Selbstkritik an der Phantasiewelt, die in *Mutter Marie* und *Eugénie* zurückgetreten war. In diesen Romanen nahm Heinrich Mann Traditionen, die katholische Beichtpraxis und altbürgerlichen Gemeinschaftssinn, in Anspruch, um eine Führerrolle wiederzugewinnen, um sein Publikum einen Sinn für Verantwortung für den Mitmenschen sehen zu lassen, der den Lebenskampf mäßigen und erträglich machen soll.

Sein nächster Roman, *Die große Sache* (1930), will Anleihen bei der alten Welt vermeiden. und dennoch der Phantasiewelt die Existenzberechtigung beweisen. Sie wird von dem Ingenieur Birk vertreten, dem sein Freund von früher, der Politiker und Industriefunktionär Schattich, gegenübersteht, zunächst ähnlich wie Terra und Mangolf. Der Ingenieur Birk hat sein ererbtes bürgerliches Vermögen in der Inflation verloren, wie sein Autor. Schattich dagegen, wie der Präsident in *Mutter Marie*, ist Inflationsgewinnler. Er war sogar einmal Reichskanzler. Schattich ist, viel schlimmer als Mangolf, eine Karikatur bürgerlicher Anpassung, ein Ekel von Mensch. Birk dagegen setzt seine eigene Person ein, um der sachlichen Zeit die Beimischung von Phantasie und Freiheit zu geben, die Freude auslösen soll. Dafür stirbt er an einem kranken Herzen. Das ist der Preis für die übermenschliche Anstrengung seines Zauberspiels. Einmal wird er zur visionären Erscheinung und verhindert so eine Wendung der Handlung ins Ernste. Der Leser soll das Symbolhafte der Handlung durchschauen, darum wird der Realismus durchbrochen.

Phantastisch ist die „große Sache“ selbst, nämlich ein neuer Sprengstoff von höchster Brisanz, dessen Formel der Ingenieur zu besitzen vorgibt. Obwohl sie nicht existiert, setzt „die Erfindung“ die Geschäftswelt und die Kinder des Ingenieurs in fieberhafte Bewegung. Die Jagd nach dem individuellen Glück erweist sich als sinnlos, denn der große Konzern, von dem alle Figuren abhängig sind, ist zu mächtig. Wenn es Profit gäbe, würde er ihn machen. Aber die „Erfindung“ erweist sich als eben das, eine Erfindung, es gibt keine Sprengstoff-Formel. Der Sprengstoff ist vielmehr die Phantasie. Der Ingenieur erklärt seinen Kindern, daß Arbeit ihr Teil sei, wie es das seine war. Der Konzernherr wird aufgeboten, der Karl der Große heißt, zwar nur klein von Statur ist, aber immerhin, wie man es von einem Märchenkaiser erwarten kann, den üblen Schattich entläßt. In diesem Roman herrscht, in der Formulierung des Vortrags *Die geistige Lage* (gedruckt 1932)

„der göttliche Zweifel, der das Bestehende nicht zu ernst nimmt, und der göttliche Glaube, daß wir es bessern können“. (E, 348) Die Narrenrolle des Außenseiters scheint im Spiel mit dem Märchen durch, die alte Führerrolle findet Bestätigung im Motiv der zauberhaften Lenkung des Phantasiemenschen in der Maske des Ingenieurs. Die Handlung bietet spannende, ja reißerische Kinoszenen, deren Handlungsfülle Parodie auf den Handlungsroman ist. Jedoch behindert diese parodische Absicht kaum die Lesbarkeit. Der Roman will Leser gewinnen. Heinrich Mann las sogar Szenen daraus in Erfrischungsräumen von Berliner Warenhäusern vor.

In dem Essay *Die neuen Gebote* (1927) geschrieben für *Die literarische Welt* als Beitrag zu deren Serie „Worte an die Jugend“ erkennt Heinrich Mann den großen Wandel in der Funktion der Literatur an. Den alten Dichterruhm gebe es nicht mehr, den Handwerksfleiß, der zur Größe führen soll, wie bei Flaubert.

> Wer heute anfängt, spricht sogleich zu Läufern, Tänzern und Schwimmern, anstatt zu Eingeweihten. Als Leser hat er keine müßigen Gebildeten, fast keinen mehr, der das Schreiben unermeßlich hoch über das Boxen stellte, und bestimmt keinen, der ihn für die große Persönlichkeit hält. (E, 271)

Der Schriftsteller solle dem Nachkommen des Bürgers in der neuen, auf die Leistung gestellten Gesellschaft Mut machen. Seine Nützlichkeit entscheide in der neuen sozialen Welt, deren wahres Geheimnis ihre Moral sei.

Sittliche Tatsachen beginnen dort, wo Ideologien sich entwerten. (E, 273) In dem Roman *Ein ernstes Leben* (1932) vertritt ein Kriminalkommissar den Dichter und die Moral wieder wie eine Art von Zauberer gegen die phantasievolle Frivolität eines Geschwisterpaares aus der Oberklasse, für die vermutlich Erika und Klaus Mann die Modelle waren. Als Kontrast dient das ernste Leben einer Proletarierin und Bardame, für die Heinrich Manns spätere zweite Frau, Nelly Kröger, das Vorbild abgab. Hier ist die positive Wirkung der Phantasie wieder abgesetzt von der negativen. Dem Kriminalkommissar, dem mit Phantasie und Intelligenz begabten Führer in die Moral, der allerdings eine kleinbürgerliche Wohnung in Berlin-Steglitz innehat, stehen die frivolen Geschwister großbürgerlicher Herkunft gegenüber, deren Deklassierung und Entfremdung sich im Hang zur Kriminalität äußert.

Mit den *Henri-Quatre*-Romanen wollte Heinrich Mann aus dem Exil auf Deutschland zurückwirken. König Henri ist ein Selbstporträt in der aristokratisch-populären Führerrolle, wenn Henri auch zeitweise gezwungen wird, die närrische zu spielen. Im amerikanischen Exil, als Heinrich Mann von jeder Wirkung ausgeschlossen schien, stellte sich die Dialektik von Künstler-

Führer und Künstler-Narr wieder her. In *Lidice* kämpft ein tschechischer Student gegen den Reichsprotektor Heydrich, indem er dessen Rolle imitiert. Der Künstler-Narr ordnet sich in die Widerstands-Gemeinschaft durch ein phantastisches Spiel ein. Der Roman fand im Ursprungsland der Schwejk-Figur und auch sonst wenig Verständnis, seine Bedeutung liegt aber darin, daß in *Lidice* das gute, das zur Einordnung willige Künstlertum über das schlechte, die schauspielerische Darstellung der Macht triumphiert. In *Empfang bei der Welt* liefert wieder ein junges Paar den Bezugspunkt für den Leser. Närrische Rollen fallen den Lebenskämpfern um sie herum zu, allen voran einem Agenten, der als Hochstapler-Künstler in der Nachfolge von Wedekinds Marquis von Keith und Heinrich Manns Terra steht. *Der Atem* stellt wieder eine von der Welt verlassene Närrin in den Mittelpunkt, eine bürgerlich verheiratete, gewesene Aristokratin, der Heinrich Mann autobiographische Züge gegeben hat, nicht ohne ihr eine Schwester beizuordnen, die, besser an die große Gesellschaft angepaßt, wieder auf Thomas Mann hinweist. Die Närrin wird märchenhaft von ihrer Rolle erlöst und stirbt nach einem traumhaften Spielbankgewinn, umgeben von Liebe und Verehrung. Ihre Freunde wehren konspirative Aktionen der Faschisten gegen sie ab, sie stirbt als freie Person am zweiten Tag des Zweiten Weltkrieges. Der französische Faschismus, ihr Feind, Synarchismus genannt, ist ein Industrie- und Geld-Faschismus, in den das alte Feindbild des bösen Industrieherren eingeht.

Aus dieser Skizze des Werkes Heinrich Manns in der Weimarer Republik ziehe ich einige Folgerungen, die ich in diesem Rahmen nur thesenartig formulieren kann.

1. Heinrich Manns Romankunst hat Wurzeln im Symbolismus. Wer sich von der satirischen Intention des *Untertan* her Heinrich Manns Werk nähert, um Gesellschaftskritik zu konstatieren, gerät leicht auf Irrwege.[11] Heinrich Manns Romane sind keine Laiensoziologie, sie wollen nicht Wirklichkeit reflektieren, sondern sie bieten ein imaginatives Spiel mit möglichen Reflexionen auf die Wirklichkeit an. Sie sind überdies in einer Bildsprache geschrieben, die bereitliegen muß, also eine Tradition hat. In *Der Kopf* wird die Rollendialektik des Außenseiters, Führer und Narr, die auf Romantik und Symbolismus zurückgeht, benutzt, um den bürgerlich-antibürgerlichen deutschen Schriftsteller im Verhältnis zu seiner Gesellschaft zu zeigen. Der Bruderstreit lag Heinrich Mann nahe, er benutzte ihn als Handlungsmotiv, wobei das Freundespaar aus Zolas *La débâcle* mitspielte.

[11] Die folgenden Gedanken berühren sich in manchem mit denen des Buches von Frithjof Trapp (siehe oben Anm. 10).

2. Der erschütternde Eindruck des Ersten Weltkrieges, fast ein Selbstmord der europäischen Kultur, veranlaßte Heinrich Mann, die Literatur, die den Krieg nicht hatte hindern können, als beendet aufzufassen. Die Fiktion des Epochenendes ist literarisch, sie speist sich aus der christlichen Apokalyptik und aus der Notwendigkeit, daß eine Fiktion auf ein Ende hin angelegt werden muß. Die Fiktion des Endes beweist nichts für die Wirklichkeit. Sie bedeutet auch nicht das Ende der literarischen Produktion.

3. Als Roman des Endes der bürgerlich-antibürgerlichen ästhetischen Kultur steht Heinrich Manns *Der Kopf* Thomas Manns *Der Zauberberg* und noch mehr dem *Doktor Faustus* nahe. Die beiden Freunde Leverkühn und Zeitblom schließen den *Doktor Faustus* als Roman der nationalen Katastrophe an Zolas *La débâcle* und Heinrich Manns *Der Kopf* an.

4. Dem erschütternden Eindruck der Inflation, dem Verlust der Sicherheit des Mittelstandes, Autoren und Leser der Literatur eingeschlossen, suchte Heinrich Mann 1923 in Zeitungsartikeln gerecht zu werden, die er 1929 unter dem Titel *Die Tragödie von 1923* zusammenfaßte. (E, 443—484) Aus dem Gefühl der Ohnmacht, mit dem der Mittelstand und die Schriftsteller der Macht der Industrie gegenüberstanden, bildete sich das Feindbild des Industrieherren in *Der Kopf, Kobes, Mutter Marie.* Auch unsere Welt ist durch den Moloch der Rüstungsindustrie aufs schwerste gefährdet. Ein literarisches Feindbild löst das Problem jedoch nicht. Das Feindbild ist keine Analyse der Wirklichkeit, eher das Gegenteil. Die Personalisierung des sozialen Gewichtes der Industrie in eine Romanfigur beruht auf Bildern alter, übersichtlicher Herrschaftsformen.

5. Das Feindbild „Industrieherr" brauchten wir nur durch das Feindbild „Jude" zu ersetzen, um einzusehen, wie der Projektionsmechanismus des Sündenbocks in der Literatur und in politischer Wirklichkeit wirken kann. Dann fällt es uns auch weniger schwer, einen Zusammenhang zu sehen zwischen der aktivistischen Konzeption, daß der Geist herrschen müsse, und der faschistischen Forderung, ein Führer müsse die neue Weltanschauung gegen das kompromißlerische System des demokratischen Interessenausgleichs durchsetzen.

Heinrich Mann konnte 1925 über Napoleon schreiben: „Er selbst ist der Führer von heute, der Intellektuelle, der zur Gewalt greift." (E, 144) In *Geist und Tat* steht der Satz: „Der Geist, die Revolte des Menschen gegen die Natur, ihre Langsamkeit und Härte: der Geist, der in einer Stunde den Himmel verschenkt, verschwendet Generationen für einen Funken vom Brand des Ideals." (E, 9) Die „Stunde" ist die Sitzung der französischen Nationalversammlung vom 4. August 1789, als die Adligen ihre Privilegien aufgaben, die verschwendeten Generationen die Opfer der Revolutionskriege einschließlich der napoleonischen. Napoleon wird in *Geist und Tat* zustimmend genannt, noch in *Ein Zeitalter wird besichtigt* wird sein Andenken hochgehalten. Der Rangunterschied zwischen Napoleon und Hitler beseitigt nicht die fatale Ähnlichkeit, daß beide für ihr autoritäres Regime Millionen Menschenleben hinschlachten ließen. Der Nationalsozialismus mit seinem Kult des Elementaren, seinem Irrationalismus, seiner Feindschaft gegen bürgerlichen Liberalismus und bürgerliche Toleranz, mit seinem Dynamismus und seinem Totenkult hat faszinierend auf die deutsche Intelligenz gewirkt, die Hitler doch hätte auslachen müssen. In verhunzter Form setzte der Nationalsozialismus die nachliberale, bürgerlich-antibürgerliche Literatur des Lebenskultes und des ästhetischen Symbolismus in schlechte politische Wirklichkeit um. Zu dieser Literatur gehörte auch Heinrich Mann. Er hat sie zwar in *Der Kopf* für beendet erklärt, sie aber dennoch fortgesetzt. Das sagt wenig gegen Heinrich Mann, dessen humanes Engagement auch sein schwankendes Verhältnis zu Napoleon oder Stalin nicht schmälern kann, es sagt etwas über den Faschismus, den Nationalsozialismus, etwas über literarische Feindbilder.

6. Heinrich Manns Romane nach 1925 weichen dem Zweifel an dem didaktischen Auftrag des Schriftstellers aus, wie er in *Der Kopf* symbolisch gestaltet wurde. Die Romane der Weimarer Republik nach *Der Kopf* ersetzen die Narrenrolle durch die des Zauberers.

7. In den Romanen des amerikanischen Exils, nach dem *Henri Quatre,* kehrt die Narrenrolle wieder, um entweder in Widerstand gegen den Nationalsozialismus integriert *(Lidice)* oder als Symbol der Isolierung abgelegt zu werden *(Der Atem).*

Und noch eine Betrachtung zum Abschluß: Den Mann mit der Warzennase, der zur Geschichte Fimmelgottliebs in *Königliche Hoheit* Modell stehen mußte, hat Thomas Mann in der Rede *Deutschland und die Deutschen* unter Lübecker Originalen genannt, die, von Kindern verhöhnt und gefürchtet, in seiner Heimatstadt aufgetreten seien. (XI, 1130) In der tief verstörten Rede des amerikanischen Bürgers deutscher Kultur, gehalten zu der Zeit, als Hitler dem deutschen Volk auferlegte, Wagners Götterdämmerung nachzuvollziehen, erscheint die Kindheitserinnerung als Beleg „latenter seelischer Epidemie“ (XI, 1130), im Zusammenhang mit „deutscher Weltfremdheit, deutscher Unweltlichkeit, eines tiefsinnigen Weltungeschicks“. (XI, 1129) Thomas Mann schrieb damals, 1945, am *Doktor Faustus,* einem Buch, das die Abseitigkeit eines Künstlers, seine Weltfremdheit, als spezifisch deutsch behandelt. Künstler von Adrian Leverkühns Art interessiert nur die Form der Musik, der apollinische Schein der Kunst, während sie die 1918 gedemütigte Nation ungerührt ihrem dionysisch-irrationalen Rausch überlassen, den ein Künstler wie Adrian Leverkühn sublimieren, in Kunst-Schein umsetzen kann.

Impliziert ist, daß der phantasiebegabte Künstler zur Führung berufen ist, daß er sich der Versuchung zur weltfremden Narrheit entziehen muß, eine Position „außerhalb aller ernsthaften Beziehungen" (II, 144) nicht annehmen darf. So hatte die Moral des Aktivismus auf Thomas Mann gewirkt, dem man zugestehen muß, daß er in der Weimarer Republik ebenso tapfer gegen den Nationalsozialismus aufgetreten ist wie sein Bruder.

Die literarische Sprache darf man nicht wörtlich nehmen. Weltfremdheit ist keine spezifisch deutsche Eigenschaft und die Frage nach der Funktion der Kunst auch nicht. Wohl aber war sie ein brennendes Problem für zwei Schriftsteller deutscher Sprache, die nationale Katastrophen miterlebt hatten, in denen die Traditionen deutscher Humanität aufs Spiel gesetzt wurden.

WALTER MÜLLER-SEIDEL

Justizkritik im Werk Heinrich Manns

Zu einem Thema der Weimarer Republik

Justizkritik ist im Gebiet des Rechts und der Rechtswissenschaft alles andere als ein zentraler Begriff. Auch im Grenzgebiet zwischen Jurisprudenz und Literaturforschung wird er nur selten gebaucht. Erik Wolfs Studien über das Recht in der Dichtung kommen ohne ihn aus. Sie gelten dem Sieg des Rechtsgedankens und der Idee der Gerechtigkeit; und vor allem gelten sie dem, was die großen Rechtsdenker gedacht und geleistet haben.[1] Der Sache nach zielt Justizkritik auf ein Anderssein bestimmter in der Justiz tätiger Personen, auf veränderte Einstellungen und Denkweisen in der Handhabung geltender oder zu ändernder Gesetze. Aber solche Ziele betreffen nicht jedes Gebiet gleichermaßen. Das Strafrecht steht zweifellos im Vordergrund; und sofern in diesem Bereich durch Kritik Reformen herbeigeführt werden sollen, handelt es sich um solche des Strafrechts und der Strafjustiz. Ihre Unterschiede hat Gustav Radbruch, zeitweilig sozialdemokratischer Reichsjustizminister in der Weimarer Republik, Mitte der zwanziger Jahre in einem Bericht zum Strafgesetzentwurf dahingehend zusammengefaßt: „Deshalb steht die Strafrechtsreform im engsten Zusammenhang mit der Strafjustizreform. Die Justizreform aber ist überwiegend nicht Gesetzes-, sondern Geistesreform."[2] Die erstere wird in erster Linie den Juristen zu überlassen sein, während die letztere — als eine Geistesreform — etwas Umfassenderes

[1] Erik Wolf: Vom Wesen des Rechts in deutscher Dichtung. Hölderlin/Stifter/Hebel/Droste. Frankfurt a. M. 1946. — In der Sache, und das heißt hier vor allem aus der Sicht der Dichter, geht es wiederholt um etwas, das man so, nämlich als Justizkritik, bezeichnen könnte, wenn es im Aufsatz über Hölderlin heißt: „Ist nun aber das Rechtsgesetz (...) dem eigentlichen sittlichen und rechtlichen Wesen des Menschen gar nicht gemäß, sondern eine Folge seiner Entartung (...) so muß es überwunden werden"; und es wird zur Aufgabe des Dichters, das also Entartete zu kritisieren, damit es überwunden werden kann: „Damit wird der Ruf zur Überwindung bloßer Gesetzlichkeit eine der wesentlichen Pflichten des Dichters" (S. 17).

[2] Der Strafgesetzentwurf. Ein erster Bericht. In: Die Gesellschaft (1925), S. 102—109; der hierzu zitierte Passus S. 108. Vgl. auch: Strafrechtsreform und Strafprozeßreform. In: Juristische Rundschau 4 (1928), S. 189/190.

meint: Beseitigung von Vorurteilen z. B. oder Änderung des Denkens im ganzen, nicht nur der Betroffenen. Aber im Grunde kann das eine wie das andere als Reform nur betrieben werden, wenn ihr Kritik zu Hilfe kommt, die sich freilich als Justizkritik im weiten Feld der Jurisprudenz keines sehr hohen Ansehens erfreut.

Selbst ein so liberaler und für Reformen aufgeschlossener Rechtsdenker wie Gustav Radbruch wehrt sie ein wenig ab: damit erreiche man das Gegenteil dessen, was man erreichen will.[3] Solche Kritik der Justizkritik muß nicht überraschen, am wenigsten im Gebiet weltlicher Gerichtsbarkeit, in der die in ihr tätigen Personen auf eine bestimmte Hoheitlichkeit angewiesen bleiben. Auch reagiert jeder Berufsstand so oder ähnlich, wenn er sich getroffen fühlt; und mehr als andere Berufsstände sind Juristen daran gewöhnt, Bestehendes zu bewahren und sich vorwiegend an das zu halten, was gilt und als geltendes Recht geachtet sein will. Als Rechtshistoriker sind sie in hohem Maße in das Verstehen dessen eingeübt, wie es eigentlich war; und in solchen Traditionen seit Ranke ist für Kritik wenig Raum; wenigstens in Hinsicht auf neuere Entwicklungen hätte sie sich als eine Art Ideologiekritik zu verstehen, die Otto Kirchheimer in dem Buch „Politische Justiz" (1965) als fehlend vermerkt: „Die Geschichte der Strafrechtspflege in der Weimarer Republik ist bis jetzt ungeschrieben geblieben, deutsche Historiker und Juristen sind offenbar wenig geneigt, einen so ‚umstrittenen' Gegenstand zu ergründen", heißt es hier.[4] Juristen sind als Rechtsgelehrte wie als praktizierende Richter gehalten, gerecht zu sein und nach vielen Seiten hin abwägend zu urteilen. Gerechtigkeitssinn und Objektivität gegenüber parteilich-politischer Justiz zeichnet ihr Wollen aus. Aber zu Zeiten kann es geschehen und ist es geschehen, daß man für Gerechtigkeit hält, was in Parteinahme und Befangenheit beruht; daß geurteilt wird, wo Vorurteile walten. In solchen Fällen und in solchen Zeiten ist Kritik gefordert, und gegebenenfalls nicht unbedingt eine solche der „sanften Gesetze". Es kann nicht ausbleiben und vielleicht ist es sogar zu wünschen, daß sie auch von Außenstehenden geübt wird. Das darf uns nicht hindern zu betonen, daß es in der Zeit der Weimarer Republik an Justizkritik in den eigenen Reihen

[3] „Und die Kritik! Und da muß ich nun ein sehr ernstes Wort sagen. Ich bin der Meinung, daß die Kritik, wie sie jetzt an der Justiz geübt wird, zum großen Teil das Gegenteil dessen bewirken muß, was sie bewirken soll (...)." Doch ist zuzugeben: Radbruch wendet sich in stärkerem Maße gegen einseitige Kritik, die verbittert, als gegen Kritik überhaupt (Allgemeine Deutsche Wirtschafts-Nachrichten vom 3. 6. 1922).

[4] Politische Justiz. Düsseldorf 1965; von Heinrich Hannover und Elisabeth Hannover-Drück in ihrer Schrift „Politische Justiz 1918—1933". Frankfurt 1966. S. 14 zitiert; auf Kurt Kreiler: Traditionen der Justiz. Politische Prozesse 1914—1932. Ein Lesebuch zur Geschichte der Weimarer Republik (1980) ist in diesem Zusammenhang zu verweisen.

keineswegs gefehlt hat. Die Mitarbeiter der Zeitschrift „Justiz" — Robert W. Kempner, Ernst Fraenkel, Hugo Sinzheimer, Gustav Radbruch, Ernst Fuchs oder Wilhelm Hoegner — sind zu nennen [5]; und den später an das Haager Schiedsgericht berufenen Völkerrechtler Walther Schücking sollte man in diesem Zusammenhang nicht vergessen. [6] Aber in der Aufdeckung von Morden, Fememorden, Justizmorden und anderen ungeahndeten Verbrechen hat ein Außenseiter Unabsehbares geleistet. „Das größte Verdienst um die Aufklärung der Öffentlichkeit über das Versagen der Justiz der Weimarer Republik hat ein Mann, der weder Jurist noch Politiker war, der Mathematiker Emil Julius Gumbel", urteilen Heinrich Hannover und Elisabeth Hannover-Drück in ihrer Schrift „Politische Justiz 1918—1833". [7] Karl Dietrich Bracher hat sie mit einer Einführung versehen.

In der solcherart geforderten Kritik kommt es zweifellos auf Scharfsinn, Unerschrockenheit und Genauigkeit an, aber nicht weniger auf sprachliche Darbietung — daher auch auf Schriftsteller, die solche Kritik mit ihren Mitteln zur Sprache bringen. An Gegenständen der Justiz, an Rechtsfällen und Kriminalgeschichten haben sie seit je Gefallen gefunden. Auch Justizkritik, wie in Schillers „Verbrecher aus verlorener Ehre", in Kleists „Michael Kohlhaas" oder in den Kindsmörderdramen des Sturm und Drang, mischt sich ein. E. T. A. Hoffmann hat ihr, als Dichter und Jurist, eine vielfach zentrale Stellung zuerkannt, so in seinem Märchen „Meister Floh". Aber erst mit dem Aufbruch zur Moderne gewinnt Justizkritik umfassende Geltung, auch und gerade im Gebiet der literarischen Formensprache. Nur einige Hinweise seien angeführt. Im Werk Franz Kafkas, einem der namhaftesten

[5] Über Ernst Fuchs vgl. die von Albert S. Foulkes und Arthur Kaufmann herausgegebenen Schriften zur Freiheitslehre: Gerechtigkeitswissenschaft. Karlsruhe 1965.

[6] Sein Wirken würdigt die „Weltbühne" in ihrer Ausgabe vom 10. April 1919, dort S. 407: „Ein solcher Charakter ist Walther Schücking, den man anderthalb Jahrzehnte hat bitter fühlen lassen, was es heißt, gegen den Strom zu schwimmen und zu bekennen, wo alle abwehrend die Hände ausstreckten"; ähnlich Hugo Sinzheimer in der „Justiz" vom 10. IX. 1925: „In dieser Wende haben wir Juristen die Pflicht einer Erinnerung. Ein deutscher Jurist war es, der schon vor dem Kriege, um ihn zu verhüten, die Formen und den Geist verkündete, für die jetzt — nach dem Kriege! — seine früheren Gegner eintreten. Es ist Walther Schücking, der allerdings heute nicht mehr auf einer deutschen Universität, sondern auf der Berliner Handelshochschule lehrt."

[7] Politische Justiz 1918—1933, S. 18. Eine seiner ersten Schriften („Zwei Jahre Mord") erschien 1921; über seine letzte in der Zeit der Weimarer Republik führen Heinrich Hannover und Elisabeth Hannover-Drück aus: „Gumbels letzte, 1932 erschienene Veröffentlichung während der Weimarer Republik ‚Laßt Köpfe rollen' war eine klarsichtige Einschätzung des Gewaltcharakters der nationalsozialistischen Bewegung" (S. 19). In dem schon genannten Beitrag weist Gustav Radbruch hin „auf das erschütternde Buch von Dr. Gumbel ‚Zwei Jahre Mord', das gewissenhaft und zuverlässig die ungesühnten Mordfälle, die an linksstehenden Politikern begangen sind, verzeichnet (. . .)." (Allgemeine Deutsche Wirtschafts-Nachrichten vom 3. 6. 1922).

Vertreter literarischer Moderne im deutschen Sprachgebiet, ist die „juristisch verbaute Welt" mit ihren Gesetzen, Prozeßführungen und ihrer Strafjustiz nicht nur allegorisch, metaphorisch oder metaphysisch zu deuten, sondern auch konkret in Hinsicht auf bestehende Rechtsverhältnisse der Donaumonarchie; und hier, wenn irgendwo, ist Justizkritik mit Bürokratiekritik aufs engste verknüpft. Sie gewinnt in der Literatur der zwanziger Jahre zunehmend an Bedeutung, und heute müssen wir hinzufügen: in beiden Wirtschaftssystemen der Welt gleichermaßen.[8] Unabhängig voneinander befassen sich um dieselbe Zeit (vor dem ersten Weltkrieg) zwei Autoren mit der Eigenart einer bestimmten Bürokratie, derjenigen in China: der eine (Max Weber) untersuchend in seinen Studien über Konfuzianismus und Taoismus; der andere (Alfred Döblin) erzählend in seinem Roman „Die drei Sprünge des Wang-lun".[9] Und um diese Hinweise fortzuführen — denn um mehr kann es sich nicht handeln —: Zwei der namhaften Vertreter moderner Justizkritik, Karl Kraus und Kurt Tucholsky, sind zugleich und aufgrund solcher Kritik herausragende Satiriker in der deutschen Literatur unseres Jahrhunderts. Seit der Jahrhundertwende häufen sich die Karikaturen von Richtern in epischen und dramatischen Texten (Ludwig Thomas Amtsrichter Beringer in der „Lokalbahn", Heinrich Manns Gerichtsvorsitzender Sprezius im „Untertan", Carl Zuckmayers vom Korpsstudentum geprägter Assessor Knuzius im „Fröhlichen Weinberg"). Wiederholt werden Fälle der Justizkritik als diese schon im Titel von Romanen oder Tatsachenberichten angezeigt: „Der Fall Maurizius" (von Jakob Wassermann), „Der Fall des

[8] Als ein wichtiges „Sachbuch" der zwanziger Jahre ist zu nennen die Schrift von Friedrich Dessauer: Recht, Richtertum, Ministerialbürokratie". Berlin/Leipzig 1928. Literarische Texte anzuführen, ist in Hinsicht auf die Zahl kaum angebracht. Aber als einer, der das neuartige Phänomen auch in sozialistischen Systemen frühzeitig wahrnimmt, ist Joseph Roth als Verfasser des romanartigen Berichts „Flucht ohne Ende" vor anderen zu nennen. Hier heißt es (S. 90): „Aber es ist ein großes und breites, verworrenes, mit Absicht, Kunst und viel Raffinement verworrenes Verwaltungssystem in den Sowjetstaaten, innerhalb dessen jeder einzelne nur ein kleiner oder größerer Punkt ist."

[9] Über Max Webers Untersuchungen vgl. Martin Green (Else und Frieda die Richthofen-Schwestern. München 1980. S. 24): „Eng verbunden mit der zentralen Institution des Militärs war der Zivildienst — die Bürokratie, deren Entwicklung Max Weber in seiner Funktion als Soziologe so aufmerksam verfolgte, weil er in ihr den unvermeidlichen zukünftigen Herrscher der abendländischen Zivilisation und den Tod aller Spontaneität und Freiheit erblickte"; über Alfred Webers Aufsatz „Der Beamte", veröffentlicht 1910 in der „Neuen Rundschau", heißt es in derselben Schrift, S. 261: Er „analysierte (...) den bürokratischen Apparat als die Übermacht, die alles vergifte (...)". Mit diesem im Ton sehr entschiedenen Aufsatz hat sich neuerdings Astrid Lange-Kirchheim befaßt (Franz Kafka: „In der Strafkolonie" und Alfred Weber „Der Beamte". In: GRM 27. Jg. 1977, S. 202 ff.). Sie gelangt zu aufschlußreichen Ergebnissen. Ihnen zufolge darf angenommen werden, daß Kafka diesen Aufsatz Alfred Webers, der damals in Prag lehrte, gekannt hat und daß einige Gedanken des Beitrags in die oben erwähnte Erzählung eingegangen sind.

Generalstabschefs Redl“ (von Egon Erwin Kisch), „Der Fall Strauß“ (von Karl Otten). Die letzteren wurden veröffentlicht in der seit 1925 von Rudolf Leonhard herausgegebenen Schriftenreihe „Außenseiter der Gesellschaft“ mit dem Untertitel „Die Verbrechen in der Gegenwart“. Sie wird eröffnet mit einer bedeutenden Erzählung von Alfred Döblin („Die beiden Freundinnen und ihr Giftmord“), der aufgrund neuer Einsichten im Gebiet der modernen Psychologie über jede vordergründige Justizkritik hinausführt, indem er die Grundlagen des Rechts und der Rechtsurteile problematisiert. [10] Schließlich gewinnen in Drama und Erzählung die Angeklagten und Verurteilten an Interesse, die „kleinen Fälle“ eingeschlossen, auf die besonders Horváth mit „Glaube Liebe Hoffnung“ zielt. Die Kluft zwischen dem allzu hohen Gericht und seinen vielfach erniedrigten Angeklagten verringert sich. Die schon erwähnte Schrift von Karl Otten schließt mit einem Hinweis dieser Art: „Der Verbrecher ist nicht allein der Verworfene und Ausgestoßene (...) Er ist ein Opfer und ein Mitglied [der Gesellschaft] durch Schuld, die tief unter der Schwelle menschlicher Erkenntnis lagert, an uns gefesselt.“ [11]

Und ebenfalls nur mit einigen Hinweisen ist die Auffassung zu begründen, daß es zwischen Justizkritik und moderner Literatur von Anfang an Verbindungen gibt. Sie hängen zweifellos mit dem Bewußtseinswandel auf nahezu allen Gebieten des geistigen und sozialen Lebens am Ende des 19. Jahrhunderts zusammen. Die Justiz ist von diesem Wandel in besonderer Weise betroffen. Sie gerät von verschiedenen Seiten her unter Beschuß, und noch ehe sich die für die Moderne bezeichnende Justizkritik entwickelt, wird sie von einem noch ganz wissenschaftsgläubigen Vertreter der „Vormoderne“, von Ernst Haeckel, angegriffen. In seinem in zahlreichen Auflagen verbreiteten Buch „Die Welträthsel“ hat er ein Kapitel auch der Rechtspflege gewidmet. Er führt aus: „Niemand wird behaupten können, daß deren heutiger Zustand mit unserer fortschreitenden Erkenntnis des Menschen und der Welt in Einklang sei. Keine Woche vergeht, in der wir nicht von richterlichen Urteilen lesen, über welche der ‚gesunde Menschen-Verstand‘ bedenklich das Haupt schüttelt.“ [12] Wie berechtigt eine solche Kritik im Falle Haeckels einzuschätzen ist, bleibe offen; und daß er noch 1911 in einer Umfrage der Deutschen Juristen-Zeitung die Todesstrafe als „einen unentbehrlichen Stützpfeiler des geordneten Kulturstaates“ ansah, sei hier angemerkt. [13] Seit der Jahrhundertwende kann man von einer Spaltung

[10] Seit einigen Jahren wieder zugänglich in der Bibliothek Suhrkamp (Frankfurt 1971).
[11] Der Fall Strauß. Außenseiter der Gesellschaft. Bd. 7, S. 108.
[12] Die Welträthsel. Bonn 1899. S. 16.
[13] Die Stellungnahmen auf die Rundfrage wurden 1910 in der „Deutschen Juristenzeitung“ veröffentlicht. Ulrich von Wilamowitz-Moellendorff hat ähnlich geantwortet: im

sprechen: neben einer dezidiert modernen Literatur gibt es völkisches Schrifttum mit rückwärts gewandtem Blick und in ihr eine Justizkritik von rechts, die sich bis zum Ende der Weimarer Republik verfolgen läßt.[14]

Von Julius Langbehn, dem Verfasser des 1890 erschienenen Buches „Rembrandt als Erzieher", wird germanisches Recht gegen römisches Recht ausgespielt. Theodor Mommsen ist die persona ingrata dieser Kreise.[15] In moderner Literatur verbindet sich Justizkritik zumeist mit dem Verlangen nach Demokratie. Zu den demokratischen Grundrechten in der Rechtspflege gehört — nicht seit je, aber doch seit dem 19. Jahrhundert — das Gebot der Öffentlichkeit. Mit ihr sind neue Formen der Veröffentlichung gegeben, die ihrerseits in die Literatur hineinwirken. In Hans Falladas Roman „Bauern, Bonzen und Bomben" (1931) sind Erfahrungen eingegangen, die er als Berichterstatter eines Prozesses gemacht hat.[16] Horváths Gewährsmann Lukas Kristl, der ihm den Stoff zu „Glaube Liebe Hoffnung" verschafft hatte, hat sich selbst hierüber geäußert: „Ich schrieb damals unter anderem viel Gerichtssaalberichte, die ich häufig mit Gesellschafts-, Strafrechts- und Justiz-Kritik verband, etwas in den zwanziger Jahren absolut Neues."[17] Häufig genug hat auch Antisemitismus zu Justizkritik herausgefordert, der zur Moderne weithin im Widerspruch steht. In dem Kapitel „Republikfeindschaft und Antisemitismus" haben die Autoren des Buches über politische Justiz mehrere Fälle angeführt, die kaum eines Kommentars bedür-

Ton wie in der Sache. Diese Stellungnahmen werden zitiert in dem Buch von Bernhard Düsing: Die Geschichte der Abschaffung der Todesstrafe in der Bundesrepublik Deutschland. Offenbach 1952.

[14] Zu verfolgen ist solche Kritik der Justizkritik von rechts in Vespers Zeitschrift „Die schöne Literatur". Die Reihe „Außenseiter der Gesellschaft" wird hier wenig geschätzt; vgl. Richard Euringer in Jg. 1927, S. 249: „Mit der stereotypen Eintönigkeit eines Diktats wiederholen diese neuen Bände der bedeutenden Sammlung die in den ersten ausgegebene Parole: Nicht der Verbrecher, die Gesellschaft ist schuldig."

[15] In dem Kapitel Rechtspflege lesen wir Sätze wie diese: „Von einem Ihering ist die deutsche Rechtswissenschaft mit philosophischem Geiste behandelt worden; aber leider zu sehr im römischen Sinne" (Rembrandt als Erzieher, hier zitiert nach der 72.—76. Aufl. Leipzig 1922, S. 145). Mommsen wird in dem Kapitel „Deutsche Bildung" traktiert. Es heißt: „Mommsen vertritt nicht nur nach der Richtung seiner Studien, sondern auch nach seinem sonstigen Wesen den kalten Geist des Römertums (. . .)" (S. 254); „Mommsen hat die ihm eigentümliche, rein verstandsmäßige Richtung (. . .)" (S. 255). Solcher Kritik ist natürlich auf keinen Fall zu folgen. Hier geht es auch nicht um Wissenschaftskritik in einem wie immer berechtigten Sinn, sondern um Wissenschaftsfeindlichkeit weit mehr. Aber das Buch war bis in die zwanziger Jahre hinein in zahlreichen Auflagen verbreitet.

[16] Vgl. Helmut F. Pfanner: „Die Provinzliteratur der zwanziger Jahre". In: Die deutsche Literatur der Weimarer Republik. Hrsg. von Wolfgang Rothe. Stuttgart 1974. S. 243.

[17] Mitgeteilt von Traugott Krischke im Nachwort zu Horváths Stück: Frankfurt 1976. S. 166/67.

fen — wie die Abweisung der Räumungsklage eines jüdischen Hausherrn, der von seinem Mieter, einem Ausländer, wiederholt als deutsches Schwein beschimpft worden war. In der Begründung eines Berliner Amtsgerichts war zu lesen: „Der Kläger ist unbeschadet seiner deutschen Staatsangehörigkeit nicht eine Persönlichkeit, die der Sprachgebrauch des Volkes zu den Deutschen zählt.“ [18] Antisemitismus ist aber bereits das alles bewegende Motiv in dem längst klassisch gewordenen Fall, mit dem die Geschichte der modernen Justizkritik beginnt; und noch ehe Zola von der Unschuld des jüdischen Hauptmanns Dreyfus überzeugt war und seine leidenschaftliche Anklage veröffentlicht hatte, war sein Artikel „Für die Juden“ im „Figaro“ erschienen. [19]

Diese einführende Betrachtung war vorauszuschicken, weil das Thema der Justizkritik in der Literaturwissenschaft kaum als eingeführt gelten kann. Auch die Literatur über Heinrich Mann hat es eher beiläufig als ausdrücklich diskutiert. Eine Bemerkung Jürgen Haupts sei schon aus diesem Grunde angeführt: „In vielen Aufsätzen, Reden und Initiativen“, heißt es in seiner Schrift, „kämpfte Heinrich Mann als einer der schärfsten (bürgerlichen) Justizkritiker der Republik.“ [20] Es wird zu zeigen sein, daß sich seine Justizkritik nicht auf die politische Essayistik beschränkt, sondern in mehreren seiner Romane vor dem Exil eine zentrale Stellung erhalten hat. Ein zweiter Aufweis gilt der Frage seiner Modernität: seinem Beitrag zur Literatur der Moderne am Beispiel dargestellter Justizkritik. Damit sieht man sich auf den Zola-Essay verwiesen. Von der Sprachkunst dieser Hymnik in Prosa war und ist man nicht ohne Grund fasziniert, aber dabei wurden nicht selten Probleme übersehen, die es zu sehen gilt. So selbstverständlich ist ein Rekurs in der Zeit des Expressionismus bei einem Autor ja keineswegs, der zu den Wortführern dieser literarischen Jugendbewegung in vielfältigen Beziehungen stand. Im Zeichen Bourgets, dem der erste Roman „In einer Familie“ gewidmet war, hatte Heinrich Mann begonnen; und Bourget glaubt seinerseits, gewiß nicht unberechtigt, über die Positionen Zolas hinaus zu sein. Was Heinrich Mann dem europäischen Naturalismus verdankt, hat er wiederholt zum Ausdruck gebracht. Aber nirgends in seinem Werk gibt es eine Rückkehr zum Stil oder zum Weltbild dieser Richtung; und der Zola-Essay ist nicht geeignet, diese Feststellung zu widerlegen. Er zielt auch am wenigsten auf den naturalistischen Stil oder die Romankunst dieses Autors, sondern weit mehr auf diesen selbst: auf den Aktivimus eines Schriftstellers,

[18] Politische Justiz, S. 265.

[19] Über die Affäre Dreyfus im Werdegang Zolas vgl. Karl Korn: Zola in seiner Zeit. Frankfurt 1980. S. 355 ff.

[20] Heinrich Mann. Stuttgart 1980. S. 99.

in dem Heinrich Mann die Verbindung von Geist und Tat verwirklicht sah. Insofern ist dieser Essay Autobiographik in verschlüsselter Form. Aber der vermeintlich nur hymnisch-bekenntnishafte Stil schließt Distanzen nicht aus. Sie äußern sich dort, wo der Wissenschaftsgläubigkeit Zolas nicht unbesehen zu folgen ist. Erst recht deuten sich solche Distanzen in der Wendung vom schroffen Darwinismus Zolas an [21]; und wie überaus kritisch Heinrich Mann die Folgen dieses Denkens in den Formen eines vulgären Sozialdarwinismus eingeschätzt hat, wird im Roman „Der Kopf" eindrucksvoll gezeigt. Dagegen fällt alles Licht auf den Verfasser des offenen Briefes „J'accuse". Der unerbittliche Kritiker der Justiz in der Tradition Voltaires — hier einer grauenhaften Militärjustiz! — wird verklärt. Der Essay ist ganz auf diesen Schlußpunkt hin komponiert: auf die Verklärung des Schriftstellers, der als Ankläger die Justiz herausfordert und Verurteilung auf sich nimmt. In einem Vorwort zur Abhandlung über Zola, 1915 in der von Wilhelm Herzog herausgegebenen Zeitschrift „Forum" veröffentlicht, hat Heinrich Mann mit Nachdruck betont, daß es ihm nicht unbedingt auf die Romane Zolas ankomme, sondern vornehmlich auf die Kultur, aus der sie hervorgegangen sind: „Gebildet wird Kultur heute einzig von der Demokratie. Sie ist es, die wir zu erlernen haben. So will ich Ihnen von Emile Zola nicht nur darum sprechen, weil er hervorragende Romane geschrieben hat. Das war eine Folge der ersten Tatsache, daß er, der Dichter, als demokratischer Führer, als bewußtester Genius einer Demokratie im Leben stand." [22] Zolas Justizkritik, das ist festzuhalten, wird verstanden als Ausdruck demokratischer Kultur.

Der Essay steht in nächster Nähe zum Roman „Der Untertan", und den Roman „Professor Unrat" muß man deshalb einbeziehen, weil es sich in beiden Texten um Kritik an wichtigen Institutionen der Gesellschaft handelt — der Schule dort, der Justiz hier; um Institutionen vor allem, die möglicherweise der demokratischen Kultur im Wege stehen, die es zu erlernen gilt. Mit beiden Romanen werden noch andere als nur künstlerische Zwecke verfolgt. Aber solche Zwecke sind dennoch nur mit künstlerischen Mitteln zu erreichen. Heinrich Mann war sich dessen wohl bewußt, und man täte ihm unrecht, wenn das künstlerisch Geleistete in einem Roman wie „Der Untertan" lediglich in sozialgeschichtlichen Ausführungen verschwände, wozu heutige Literaturwissenschaft zu tendieren scheint. Dieser Roman — und das spricht unter anderem für seine literarische Qualität — ist durch-

[21] „Der Überschwang seiner Selbstbehauptung ist neunzehntes Jahrhundert, ist rauher Darwinismus, (...) und der Kampf des Lebens blieb geheiligt (...)" (Essay 1960, S. 170). Die Werke Heinrich Manns werden, wenn nicht anders vermerkt, nach der Ausgabe des Claassen-Verlags zitiert, die Seitenzahlen innerhalb des Textteils jeweils in Klammern.

[22] In: Forum. Hrsg. von Wilhelm Herzog (1915), S. 179.

dacht komponiert. Zwei Prozesse — gegen den Unternehmer Lauer und gegen den alten Buck — enden zuungunsten demokratischer Kultur. Von der Komposition her gesehen wird aber nicht irgendwo von ihnen erzählt, sondern an sehr bestimmtem Ort: vom Prozeß gegen Buck wird im Schlußkapitel des Buches berichtet, und der weit wichtigere Prozeß wegen Majestätsbeleidigung gegen den Unternehmer Lauer beansprucht genau die Mitte des Romanganzen. In einem Brief (an Maximilian Brantl aus dem Jahre 1913) hat Heinrich Mann selbst darauf aufmerksam gemacht: „Der Majestätsbeleidigungsprozeß ist das Centrum und der centrale Punkt das Plaidoyer des Verteidigers, das den Typus des Unterthans direkt hinstellt, und das ich sehr soigniert habe.“ [23] Im dritten Kapitel, von langer Hand her vorbereitet, kommt der Prozeß mit der Gerichtsverhandlung und der Verurteilung des Unternehmers am Ende des vierten Kapitels zum Abschluß. Gut ein Fünftel des ganzen Romans ist der Justizthematik vorbehalten, die in einer Justizkritik ihren Schwerpunkt hat. Ihr würde man nicht gerecht, wenn man an ihr nur Karikatur, Farce und Satire um ihrer selbst willen sehen wollte. Alle diese Darstellungsmittel sind zweifellos vorhanden. Aber sie werden mit dem Ziel gebraucht, einen zeitgeschichtlichen Sachverhalt mit literarischen Mitteln zu erhellen.

Daß die vollziehende Justiz, allen voran der Staatsanwalt Jadassohn und der Gerichtsvorsitzende Sprezius, lediglich als Karikaturen gezeigt werden, ist nicht zu entschuldigen, sondern aus dem Stilwillen des Autors zu erklären. Es sei hier angemerkt, daß auch andere Berufe mit akademischem Studienabschluß innerhalb der modernen Literatur in vielfach karikierender Sicht erscheinen, sofern es nicht Betroffene und Angefochtene sind wie Kafkas Landarzt oder Gottfried Benns Rönne-Gestalt. Die verklärten Ärzte wie in Stifters „Mappe meines Urgroßvaters“ oder Zolas „Le docteur Pascal“ sind neunzehntes Jahrhundert. In solch karikierender Sicht, die mit Deformierungen der Physiognomie einhergeht, ist Heinrich Mann ganz in seinem Element. An dem Staatsanwalt Jadassohn fallen selbst Heßling „die ungeheuren, roten und weit abstehenden Ohren“ auf (127); und als dieser sich später in der Verhandlung überspielt sieht, heißt es: „er fing an, die Arme zu schwenken, daß die Robe flog; seine Stimme überschlug sich, und die Ohren loderten.“ (243) Der Gerichtsvorsitzende erscheint in ein Tier verwandelt — „anzusehen wie ein alter wurmiger Geier (...).“ Folglich hackte er, wo immer er dazwischenfährt: „er hackte mit dem Geierschnabel zu und drohte, er werde den Saal räumen lassen“ (222); und andernorts:

[23] Der Brief ist vom 14. 1. 1913 datiert; abgedruckt in: Heinrich Mann 1871—1950. Werk und Leben in Dokumenten und Bildern. Mit unveröffentlichten Manuskripten und Briefen aus dem Nachlaß. Berlin und Leipzig 1971. ²1977. S. 129.

„Sofort hackte Sprezius nach ihm" (228); gemeint ist der Verteidiger Wolfgang Buck. Solche Deformierungen in kritischer Absicht sind allemal amüsant, aber sie sind auch bekannt genug, als daß man sie in aller Ausführlichkeit zitieren muß. Der karikierten Justiz in Person entspricht die Sache selbst: der Prozeßanlaß wie der Prozeßverlauf, die man gut und gern eine Farce nennen kann, wenn man auch darunter etwas künstlerisch Gewolltes versteht. Eine Verwendung des Begriffs in pejorativer Absicht, als handele es sich lediglich um eine Farce, die mit Wirklichkeit nichts zu tun habe, sollte sich verbieten — schon deshalb, weil Heinrich Mann in einer solchen Darstellung von der Wirklichkeit vielfach bestätigt wird, die man ihrerseits nicht selten als Farce zu bezeichnen hätte. Im übrigen aber hat dieser Schriftsteller als zeitgeschichtlich gebildeter Erzähler alles getan, seine Erzählung nicht ins Phantastische entgleiten zu lassen. In diesem Staat, in dem die Gerichtsverhandlung stattfindet, ist keineswegs alles möglich. Die Regierung kann mit dem Magistrat von Netzig nicht einfach tun, was sie will; und der Bürgermeister Scheffelweis kann dem Magistrat nicht einfach Anweisungen erteilen. Auch während der Verhandlung, anders als im Fall Dreyfus, geht das meiste rechtens zu — innerhalb eines höchst fragwürdigen Ermessensspielraumes freilich, der von deutschnationalen und antisemitischen Gesinnungen ausgefüllt wird. Aber es läuft auf eine Verkennung der Sachlage wie der Rechtslage hinaus, wenn in einer neueren Untersuchung über Heinrich Manns „Untertan" gesagt wird, das wilhelminische Reich sei kein Rechtsstaat gewesen.[24] Man verharmlost die Geschichte, wenn man sich solchermaßen in den Begriffen vergreift. Der Staat Wilhelms II. war durchaus ein Rechtsstaat — in unserem Roman wie in der Wirklichkeit auch. An einer Episode kann man es verdeutlichen. Sie betrifft einen Vorfall, der dem nicht fern steht, was hier geschieht. Im Jahre 1896 wird der Bürgermeister von Kolberg aufgrund geltender Gesetze verurteilt, weil er den Sozialdemokraten einen städtischen Versammlungsraum zur Verfügung gestellt hat. Der Kaiser sendet an den Präsidenten des Preußischen Oberverwaltungsgerichts ein Telegramm in eben der Sprache, die Heinrich Mann in seinen Roman höchst kunstvoll einzumontieren versteht. Im kaiserlichen Text heißt es: „Von ganzem Herzen wünsche ich den Herren vom Gericht Glück

[24] „Das Kaiserreich war kein Rechtsstaat", schreibt Wolfgang Emmerich in seiner Studie über Heinrich Manns Roman: München 1980, S. 19. — In einem keineswegs unkritischen Beitrag über das wilhelminische Reich aus juristischer Sicht kann sogar gesagt werden: „Eine Krönung der Entwicklung zum liberalen Rechtsstaat jedoch bringt die wilhelminische Ära: Die nationale Einheitlichkeit des Privatrechts mit dem Inkrafttreten des Bürgerlichen Gesetzbuches am 1. 1. 1900." (Gerhard Dilcher: Das Gesellschaftsbild der Rechtswissenschaft und die soziale Frage. In: Das wilhelminische Bildungsbürgertum. Hrsg. von Klaus Vondung. Göttingen 1976. S. 56.)

zu dem mannhaften und richtigen Urteil in der Kolberger Sache. Möge der klare Spruch auch jeden Schatten eines Zweifels bei meinen Untertanen beseitigen helfen, wie sie sich der alles negierenden und alles umstürzenwollenden, daher außerhalb der Gesetze stehenden gewissenlosen Rotte gegenüber zu verhalten haben (...).“ [25] Von Rechtsbeugung oder Unrechtsstaat kann nicht die Rede sein. Der Kaiser gibt keine Anweisung an das Gericht; er mischt sich in ein schwebendes Verfahren nicht ein, sondern sendet sein Telegramm, nachdem das Urteil gesprochen ist. Es geschieht alles zu Recht — nur eben innerhalb desjenigen Rahmens, in dem Vorurteile und jene Ideologien wuchern, um die sich alles dreht; und so auch in unserem Text.

Denn wenn Majestätsbeleidigungen Farcen sind — nicht nur aus unserer Sicht —, so sind sie gleichwohl geschichtliche Wirklichkeit. Maximilian Harden hat sich 1897 in seiner Zeitschrift „Die Zukunft“ für Abschaffung dieses Paragraphen eingesetzt. [26] Auf geschichtliche Wirklichkeit im Roman verweist auch der sorgfältig motivierte Anlaß des Prozesses und die Art, wie es zur Majestätsbeleidigung kommt. Die Erschießung des aus der Fabrik Heßlings entlassenen Arbeiters hat die Gemüter erregt und die kaisertreue Stimmung erhöht. Aber schon in den Wortwechsel, der zum Anlaß dient, gegen den Unternehmer Lauer eine Klage anzustrengen, mischt sich Antisemitismus ein. Es ist paradoxerweise der später verurteilte Lauer, der sich in diesem Punkt selbst antisemitischen Denkens schuldig macht, wenn er behauptet: „Denn sie sind alle verjudet, die Fürstenhäuser einbegriffen.“ (151) Das läßt sich Heßling nicht bieten; und so fragt er zurück, ob er darunter auch deutsche Fürstenhäuser verstehen wolle. Später spricht Jadassohn von jüdischen Verdrehungen, während ihn Heßling, empört über die eingereichte Klage, einen jüdischen Streber nennt. (174) „Wie untersteht sich so ein Jude, uns zu verhetzen“, sagt er in seiner Entrüstung zu dem Landgerichtsrat Fritzsche, an dem wiederum der jüdische Staatsanwalt auszusetzen hat, daß er sich „in dieser Judengesellschaft“ zeigt. Dieser Staatsanwalt ist Heinrich Mann sicher zu der wohl übelsten Figur geraten; und natürlich nicht unfreiwillig, sondern gewollt. Die Negativfigur kat'exochen eine Person jüdischer Herkunft! Man könnte bei ungenauer Betrachtung auf den Gedanken kommen, daß der Autor von Antisemitismus nicht gänzlich freizusprechen sei; daß da vorübergehend Angeflogenes aus dem „Zwanzigsten Jahrhundert“ — ich meine die Zeitschrift — nachwirke. Aber mit einer

[25] Von H. Hannover in der Schrift „Politische Justiz 1918—1933“ zitiert: S. 24.

[26] In der Fußnote zu einem Artikel mit der Überschrift „Majestätsbeleidigung“ heißt es in der Ausgabe vom 11. Dezember 1897: „Die Häufung der Majestätsbeleidigungs-Prozesse hat Herrn Leo Berg veranlaßt, (...) ‚über die Zuverlässigkeit und die Grenzen der Majestätsbeleidigung als eines Strafbegriffs im modernen Staatsleben‘ zu befragen.“

ungenauen Betrachtung hätte man es mit Gewißheit zu tun — und hat man es zu tun; denn tatsächlich sind diesem aufgeklärten Schriftsteller solche Vorwürfe in Veröffentlichungen jüngsten Datums gemacht worden.[27] Heinrich Mann verfährt in der Darstellung von Antisemitismus nicht grundsätzlich anders als Arthur Schnitzler in seinem Roman „Der Weg ins Freie". Hier wie dort werden Bürger jüdischer Herkunft in den verschiedensten Schattierungen gezeigt; und hier wie dort gibt es den jüdischen Selbsthaß und die totale Assimilation, die im „Untertan" mit Veränderung eines Buchstabens den Namen Jadassohn ergeben hat. Die Darstellung eines jüdischen Bürgers als eines positiven Helden ohne alle Einschränkung liefe am Ende darauf hinaus, einem vom Rassismus bestimmten Denken nur mit umgekehrten Vorzeichen das Wort zu reden: als sei eine bestimmte ethnische Gruppe von Menschen immer und in jedem Fall von kritischer Darstellung auszunehmen. Gerade dadurch, daß dies nicht geschieht und daß hier ein Schriftsteller Gesellschaftskritik gewissermaßen ohne Ansehen der Person übt, wird dem Rassengedanken in jeder Form eine Absage erteilt, wie nicht zweifelhaft sein sollte; und auch in diesem Punkt ist sehr viel Wirklichkeit inmitten der Farce enthalten, um die es sich in der Tat handelt: preußische Wirklichkeit, die darin beruht, daß der Antisemitismus nach Bismarcks Entlassung am Hof des deutschen Kaisers an Boden gewann.[28]

[27] Werner E. Mosse spricht in seinem wichtigen Beitrag „Die Juden in Wirtschaft und Gesellschaft" (in dem von ihm mitherausgegebenen Band „Juden im Wilhelminischen Deutschland 1890—1914". Tübingen 1976. S. 85) von „dem bösartigen antisemitischen Roman ‚Im Schlaraffenland'" und scheint zu unterstellen, daß solche Vorwürfe auch gegenüber dem Roman „Der Untertan" vorzubringen sind. Eine dieser Bezugnahmen auf den letzteren lautet wie folgt: „So sagt etwa ein Barbier in Heinrich Manns ‚Der Untertan' mit Bezug auf den jüdischen Konkurrenten empört zu einem Kunden: ‚Schon wieder ein alter Kunde, Herr Assessor, der zu Liebling hinübergeht, bloß weil Liebling jetzt Marmor hat'." Aber hier wird, mit Verlaub gesagt, undeutlich zitiert. Die Meinungen einer Figur des Romans werden wie eine historische Quelle wiedergegeben, und die jeweils vorhandene Distanz zwischen Erzähler und Figur wird verschwiegen. Es geht m. E. auch nicht an, den frühen Roman „Im Schlaraffenland" einen antisemitischen Roman zu nennen. Weil in die umfassende Gesellschaftskritik alle einbezogen werden, auch Personen jüdischer Herkunft, ist noch nicht Antisemitismus zu unterstellen, der sich im deutschen Sprachgebiet sehr anders äußert, wenn er sich äußert, was leider häufig genug geschehen ist.

[28] So wird man das Fazit des ausgewogenen und kenntnisreichen Beitrags von Lamar Cecil verstehen dürfen: „Wilhelm II. und die Juden". In: Juden im Wilhelminischen Deutschland (...) S. 314—347. Der Verfasser belastet auch Bismarck, obgleich eher „unterschwellig" als in jeder Hinsicht begründet. Ernst Ottwalt, der Verfasser des Justizromans „Denn sie wissen, was sie tun", sieht es anders. In seinem kurz vor der „Machtergreifung" veröffentlichten Buch „Deutschland erwache! Geschichte des Nationalsozialismus" gibt er einleitend einen Überblick über den Antisemitismus in Deutschland und kommt dabei auch, wie sich versteht, auf Bismarck zu sprechen. Der Vf. läßt am Antisemitismus des jungen Bismarck keine Zweifel, aber den späteren Bismarck nimmt er vor eilfertigen Vorwürfen in Schutz. Das hierfür beigebrachte Material ist reichhaltig.

Der Wirklichkeit inmitten der gewollten Farce entspricht es fernerhin, wenn die Gerichtsverhandlung im vierten Kapitel keineswegs hinter verschlossenen Türen stattfindet, wie es im Falle des jüdischen Hauptmanns Dreyfus geschehen war. Hier ist im Gegenteil alles offen und öffentlich. Demokratie und demokratische Kultur stehen keineswegs in den Sternen. Es gibt Ansätze zu einer solchen schon jetzt. Aber an der Gerichtsverhandlung, wie sie hier dargestellt wird, zeigt sich auch, daß es sich um keine eindimensionale Darstellung handelt. Denn die Öffentlichkeit der Strafjustiz, wie notwendig auch immer, ist nicht ohne Probleme. Sie ist eigentümlich ambivalent. Stimmungen können den Verlauf unterschwellig beeinflussen — wie hier. Vor allem aber kann der Verlauf durch wortgewaltige Rhetorik beeinflußt werden; und daß sich Diederich Heßling, der Zeuge im Prozeß, als erfolgreicher Redner im Stile seines großen Vorbildes darstellt, den er auch sprachlich kopiert, wird deutlich. „Diederich sprach fließend weiter mit einem Schwung in den Sätzen, der einem den Atem nahm", heißt es in unserem Text. (238) Das ist schlechte Rhetorik, und in der Optik des Romans ist es Sprachkritik zugleich. Die Möglichkeit einer Wendung der Dinge durch Reden, die dann doch mißlingt, deutet sich im Prozeßverlauf an, wenn Wolfgang Buck, der Verteidiger des Angeklagten, seine große Stunde gekommen sieht. Aber auch die Verteidigung, ein Grunderfordernis demokratischer Gerichtsbarkeit, ist ambivalent. Sie kann zur Rolle werden, die man spielt — zu einer von Ehrgeiz diktierten Szene der Selbstdarstellung, in der es nicht mehr unbedingt um den anderen geht, sondern um das eigene Ich weit mehr. Die Gerichtsverhandlung mit ihrem aus demokratischer Kultur entwickelten Rollenspiel ist dem Theater vergleichbar, und der Übergang vom Verteidiger zum späteren Schauspieler, obgleich nur vorübergehend, wird nicht zufällig an Wolfgang Buck gezeigt, von dem sich der Erzähler nach dessen Rede deutlich distanziert, wenn es heißt: „Aber Buck mißbrauchte seinen Erfolg, er ließ sich berauschen." (249) Das Theater, als Allegorie aus dem Erzählwerk Heinrich Manns nicht wegzudenken, trägt auch hier das seine zur Verdeutlichung der erzählten Vorgänge bei. Seine Funktion ist nicht damit umschrieben, daß man in ihm lediglich das Kaiserreich als theatralische Farce gespiegelt sieht. Dies wohl auch! Aber die Aspekte individueller Psychologie sind deswegen doch nicht zu übersehen. Sie deuten sich an, wenn Wolfgang Buck im Gespräch mit Heßling vor der Verhandlung die Rollen für austauschbar hält und hinzufügt: „Sie werden mir hoffentlich nichts übelnehmen, es gehört zu meiner Wirkung." (215) Ein Unernst im Rollenspiel wird erkennbar, ein bloßes Spiel, in dem das Eigentliche der Gesinnung überspielt werden kann. Eine solche Selbstdarstellung wird auch Staatsanwalt Jadassohn nachgesagt: „Er stellt unbedenklich sich selbst in den Vordergrund, womit ich keineswegs leugnen will, daß er auch ein amtliches und nationales Interesse wahrzunehmen glaubt." (187) Ob er es wahrnimmt oder wahrzunehmen glaubt — das ist hier die Frage. Spätestens hier werden zwei Bereiche zusammengeführt: derjenige der dargestellten Sozialgeschichte mit der dargestellten Psychologie einzelner Personen. Individuelle Psychologie und Sozialpsychologie erläutern sich gegenseitig. Der Untertitel, den Heinrich Mann in Aussicht genommen hatte, trifft den Sachverhalt genau: die erzählte Geschichte sollte verstanden werden als Geschichte der öffentlichen Seele unter Wilhelm II. Man sieht sich damit auf Bewußtseinsprobleme verwiesen, die der Erörterung bedürfen.

Probleme dieser Art werden in der Zeit der Weimarer Republik virulent und evident. In einem Beitrag der mehrfach genannten Zeitschrift „Die Justiz" führt Hugo Sinzheimer mit Beziehung auf den Richterstand aus: „Dies alles spielt sich, wie wir annehmen, nicht in der Sphäre des Bewußtseins ab. Jene tatsächlichen Feststellungen werden durch ein unkontrolliertes Unterbewußtsein geschaffen;" [29] ähnlich andernorts: „Wir nehmen nicht an, daß es einen Richter in Deutschland gibt, der bewußt aus parteipolitischen Gründen das Gesetz beiseite schiebt, wissend, daß er damit eine Gesetzesverletzung begeht." [30] In Gumbels Buch „Verräter verfallen der Feme" wird über den typischen Richter dieser Zeit gesagt: „Kein wie auch gearteter Vorwurf kann ihn berühren. Er ist in tiefster Seele ungerecht, aber er weiß es nicht." [31] Über diejenigen, die im Kaiserreich das Sozialistengesetz angewendet haben, urteilt Ernst Fuchs: „Gutgläubig waren jene Richter der 80-er Jahre so gut wie die heutigen. Der Befangene ist sich fast nie seiner Befangenheit bewußt. *Wissentliche* Rechtsbeugungen kommen in Deutschland so gut wie gar nicht vor. Gerade das gutgläubige *Rechtsdenken* ist bei uns die große Gefahr." [32] Die deutlichste Stellungnahme zu solchen Fragen findet sich in der Zeitschrift „Das Tagebuch". Sie bezieht sich auf das Tun und Denken eines hohen Richters, von dem gesagt wird: „Der frühere Oberreichsanwalt enthüllt, ohne es zu wissen, die Seele des Reichsgerichts. Sie *denken* nicht daran, die Halbgötter in den roten Roben, links und rechts verschieden zu messen. Sie *tun* es nur. Unbewußt, ahnungslos, selbstver-

[29] Die Justiz 3 (1927/28), S. 375.

[30] Zitiert in „Politische Justiz". Hrsg. von O. Kirchheimer 1965, S. 37.

[31] Emil Julius Gumbel: Verräter verfallen der Feme. Berlin 1929, S. 378. H. Hannover und E. Hannover-Drück teilen mit, daß kein bayerischer Fememörder bestraft worden sei (Politische Justiz 1918—1933, S. 153). Einer derjenigen, der diesen Kreisen und Gruppen einmal angehört und sich später losgesagt hatte, die Verhältnisse also von innen her kannte, ist Carl Mertens. Seine Schrift „Verschwörer und Fememörder" (Charlottenburg 1926) hat er „Herrn Dr. E. J. Gumbel in dankbarer Verehrung zugeeignet", wie die Widmung lautet.

[32] Georg Fuchs in: Die Justiz 1 (1925/26), S. 249.

ständlich ... Sie denken doch nicht daran, Unrecht zu tun, denn sie wissen nicht, was sie tun." [33] Die Schriftsteller nehmen solche Bewußtseinsprobleme auf ihre Art auf. In dem Schauspiel „Voruntersuchung" (von Max Alsberg und Otto Ernst Hesse) wird ein mechanisch funktionierender Justizapparat gezeigt. „Wir sind dazu da, die soziale Ordnung aufrechtzuerhalten", sagt dort ein Untersuchungsrichter über sich selbst. [34] Georg Kaisers Anwalt (In „Hölle Weg Erde") sagt von sich: „Ich bin ein Automat, der die vorhandenen Gesetze anwendet." [35] Im Volksstück Horváths ist automatisches Denken ein wiederkehrender Begriff. Aber ist man noch verantwortlich, wenn man bloß automatisch denkt? Darauf antwortet Ernst Ottwalt mit seinem noch heute lesenswerten Justizroman. „Denn sie wissen, was sie tun", lautet sein Titel; und damit soll keineswegs unterstellt werden, daß die Richter der neuen Republik aus bösartiger Absicht ihre Urteile sprechen. Vielmehr wird in der Überschrift zum Ausdruck gebracht, daß hier nicht unbesehen wegen Unbewußtheit und Ahnungslosigkeit freigesprochen werden soll. [36] Offensichtlich ganz im Sinne Heinrich Manns, der sich kaum je mit einer Figur seines Romans in Übereinstimmung weiß. Ironie, Parodie, Groteske und Satire haben in dieser weithin kritischen Einstellung gegenüber seinen Figuren ihren Grund. Wo es um Unschuldiges, Unbewußtes und Krankes geht, kann kaum von Verantwortung gesprochen werden. Der satirisch-ironische Stil macht deutlich, daß Verantwortung sein soll; daß Richter und Untertanen dieses Reiches vielleicht nicht wissen, was sie tun, aber daß sie es wissen könnten. Die Bewußtseinsprobleme betreffen einen Zustand zwischen Wissen und Bewußtsein einerseits und zwischen Unbewußtem oder Unterbewußtem zum andern: ein Mittelbewußtsein, wie

[33] Das Tagebuch (vom 26. 7. 1930), S. 1176.

[34] Im Text S. 81. Das Schauspiel ist 1930 erschienen. Max Alsberg war ein namhafter Verteidiger in der Zeit der Weimarer Republik. In demselben Jahr veröffentlichte er die Schriften „Das Weltbild des Strafrichters" und „Die Philosophie der Verteidigung". An der Strafrechtsreform hat er tatkräftig mitgearbeitet. Jüdischer Herkunft, verließ er 1933 sein Land und emigrierte in die Schweiz, wo er noch im September desselben Jahres freiwillig aus dem Leben schied; vgl. Günter Spendel in: NDB I (1953), S. 205.

[35] Georg Kaisers Drama „Hölle Weg Erde" ist 1919 erschienen. Das Zitat in der Ausgabe Werke. Hrsg. von W. Huder. Frankfurt/Berlin/Wien 1971, Bd. II, S. 107.

[36] Ernst Ottwalts dokumentarischer Roman, mit dem Untertitel „Ein deutscher Justizroman", ist dem Stil der Neuen Sachlichkeit verpflichtet. Er vereinigt eine Vielzahl von Rechtsfällen zu einer nicht schlecht erzählten „story". Das Buch ist durch Andreas W. Mytze wieder zugänglich gemacht worden und im Verlag „Europäische Ideen" 1977 erschienen. Auch eine Schrift über Ottwalt hat Mytze verfaßt: Ottwalt. Leben und Werk des vergessenen revolutionären deutschen Schriftstellers. Im Anhang bisher unveröffentlichte Dokumente (Berlin 1977). Im „Lexikon der deutschsprachigen Gegenwartsliteratur (...)", hrsg. von Herbert Wiesner (München 1982) hat derselbe Verfasser über ihn (S. 391) gehandelt.

Arthur Schnitzler in seiner Auseinandersetzung mit den Lehren Freuds eine solche Bewußtseinsebene bezeichnet hat.[37]

Als der Roman im Dezember 1918 nach dem Ende des Kaiserreichs endlich erschien, war er gewissermaßen zu einem historischen Roman geworden. Zugleich war er von unerhörter Aktualität hinsichtlich der Justiz in der neuen Republik. Die beamtenrechtlichen, staatsrechtlichen und allgemein politischen Fragen sind hier nicht in extenso zu erörtern. Aber auf zwei Probleme ist in der gebotenen Kürze aufmerksam zu machen: zum ersten auf das gewahrte Prinzip der Unabsetzbarkeit der Beamten, das nicht folgenlos bleiben konnte; und zum zweiten auf den Ermessensspielraum von Richtern, der bleiben muß, wenn man sie nicht an die Kette starrer Gesetzestexte legen will. Die Implikationen dieses Problems hat Gustav Radbruch überzeugend aufgezeigt. In der schon genannten Stellungnahme zur geplanten Strafrechtsreform hat er die Erweiterung dieses Ermessensspielraums ausdrücklich gebilligt und zu erwägen gegeben, daß eine Strafrechtsreform, die nicht Vergeltungsstrafrecht tradieren will, ein Strafrecht verlangt, „das weniger auf die festumrissenen einzelnen Taten als auf die unübersehbar differenzierten Täterpersönlichkeiten blickt, ohne die eine erhebliche Erweiterung richterlicher Macht und richterlichen Ermessens gar nicht denkbar ist.“[38] Aber die schlechten Erfahrungen, die man in der Zeit der Weimarer Republik mit diesem Ermessensspielraum gemacht hat, werden nicht verschwiegen. Sie beruhen vornehmlich darin, daß ein unverändertes Denken in einem veränderten politischen System fortbesteht, so daß dieselbe Justiz zur politischen Justiz wird, die unpolitisch und objektiv zu sein vorgibt, ohne es zu sein.[39] Diese Denkart gewinnt als zentrales Thema des „Untertan“ in Hinsicht auf das neue politische System erhöhte Bedeutung. Der vermeintlich

[37] Der Passus in den erst vor wenigen Jahren veröffentlichten Aufzeichnungen Schnitzlers lautet: „Eine solche Trennung [in Ich, Es und Überich] gibt es in Wirklichkeit nicht. Ein Ich ist überhaupt nicht vorhanden ohne Überich und Es (...) Eine Einteilung in Bewußtsein, Mittelbewußtsein und Unterbewußtsein käme den wissenschaftlichen Tatsachen näher“ (Über Psychoanalyse. Hrsg. von Reinhard Urbach. In: Protokolle 2, 1976. S. 277—284). In einem demnächst erscheinenden Aufsatz, der Beiträge eines Schnitzler-Symposions enthält und bei Peter Lang in Bern und Frankfurt erscheinen soll, habe ich über diese Bewußtseinsverhältnisse aus der Sicht Schnitzlers gehandelt (Moderne Literatur und Medizin. Zum literarischen Werk Arthur Schnitzlers, vermutlich 1982).

[38] Der Strafgesetzentwurf, S. 107/108.

[39] Es ist dies eine zentrale Frage in der Justizdiskussion der Weimarer Republik. Karl Dietrich Bracher geht auf sie in seinem Vorwort zu der von H. Hannover hrsg. Schrift „Politische Justiz 1918—1933“ mit dem Bemerken ein: „Tatsächlich trat in der Durchführung dieser politischen Prozesse eine Tendenz zur Ermessensauslegung und Ermessensüberschreitung hervor, die oft durch einseitige politische Orientierung der Richter bedingt war (...) In der Rechtsanschauung vieler Juristen war schon die Entstehung der Demokratie aus der Revolution mit dem Geruch des Illegitimen behaftet“ (Ebd. S. 11/12).

historische Roman wird in der veränderten Gegenwart und im Rückblick auf seine Entstehung zum visionären Futur. Auf dieses Dilemma deutscher Justiz — es ist in hohem Maße das Dilemma der Weimarer Republik schlechthin — kommt Heinrich Mann in dem Beitrag „Bekenntnis zum Übernationalen" zu sprechen, seiner letzten Arbeit vor dem Gang ins Exil: „das herrschende System war das gebrauchte, abgenutzte, das die Republik vorgefunden hatte, dieselbe Vorbereitung auf immer denselben Krieg, die unveränderte Ungerechtigkeit zugunsten von Erwerbsständen, die nichts nachließen, und von Klasseninteressen mit unversöhnlichen Ansprüchen. Die Justiz war nie republikanisch, das sah jeder;" [40] oder mit dem Titel eines Buches von Theodor Plivier aus dieser Zeit: „Der Kaiser ging, die Generale blieben." [41]

Der rückständigen Justiz in der Zeit der Weimarer Republik gelten eine Reihe wichtiger Beiträge Heinrich Manns aus jeweils gegebenem Anlaß. Sie wenden sich mit Nachdruck und mit stets eindringlicher Schärfe gegen Beschränkungen der Geistesfreiheit durch Zensur; gegen neuartige Zensurbehörden im Gebiete des Films oder gegen geplante Gesetze wie das Gesetz über den sogenannten Schmutz und Schund. [42] An den neuen Zensurbehörden tadelt Heinrich Mann die Heimlichkeit des vorgesehenen Verfahrens und wendet dabei mit absichtlicher Schärfe einen Begriff an, der in der Weimarer Republik zu traurigem Ansehen gelangt war: denjenigen der Feme. „Eine geheime Feme soll jedes Buch, ohne Kontrolle, ohne Widerspruch, aus der Öffentlichkeit verschwinden lassen dürfen", heißt es. [43] Er attackiert namentlich die Richter von gestern, deren Karriere nicht behindert wird, wie den Richter Jörns, der die Mörder Karl Liebknechts und Rosa Luxemburgs laufen ließ und der 1928 zum Reichsanwalt ernannt wurde (in dem Essay „Gräber des Geistes öffnen sich"); [44] und tritt tapfer für die von der Justiz Verfolgten ein. [45] Aber das Schwergewicht dieser politischen

[40] Essays (1960), S. 621/22.

[41] Theodor Pliviers Roman ist zuerst 1932 erschienen. Er ist inzwischen in der „Bibliothek der verbrannten Bücher" (Fischer-Taschenbuch, 1981) wieder zugänglich.

[42] Zu Heinrich Manns Artikel vgl. die Anmerkung in der Ausgabe des Aufbau-Verlags (seit 1972): „Heinrich Mann nahm bereits 1926 den Kampf gegen diese Vorboten der Bücherverbrennungen und Bücherverbote auf" (Essays. Bd. 2, S. 556). Vgl. hierüber auch Jürgen Haupt: Schmutz und Schund. In: Literatur '80. Hrsg. von H. Böll, G. Grass und H. Vormweg. Heft 16 (1980), S. 125 ff.

[43] Essays (1960), S. 526.

[44] Gräber des Geistes öffnen sich, in: Ausgabe des Aufbau-Verlags. Berlin 1956, Bd. 2, S. 458—462.

[45] Z. B. für die Schriftstellerin Berta Lask, die Verfasserin des Stückes „Leuna 1921": „Die Juristen sehen sie anders, nämlich so, wie die Gegner der Arbeiter sie sehen": ebd. Bd. 2, S. 427.

Justiz-Essayistik liegt zweifellos im entschlossenen Eintreten für die Abschaffung der Todesstrafe. Davon handelt der Beitrag über den möglicherweise unschuldig hingerichteten Landarbeiter Jakubowsky und über die vermeintlichen Raubmörder Sacco und Vanzetti, die in Amerika, sieben Jahre nach dem Urteilsspruch, mit Hilfe eines elektrischen Stuhles hingerichtet wurden. Genau hier ist der Punkt, zur dargestellten Justizkritik im erzählerischen Werk zurückzukehren; denn die Stärke dieses Schriftstellers liegt hier, wie immer man seine vorwiegend politische Essayistik einschätzen mag. Der zweite Text, der von unserem Thema her Beachtung verdient, ist der weithin unbekannt gebliebene Roman „Der Kopf". Man kann ihn weder im deutschen Sprachgebiet noch andernorts kaufen, es sei denn antiquarisch, sondern bleibt in erster Linie auf Bibliotheken angewiesen, wenn man ihn lesen will. Zuletzt wurde er 1937 in der Sowjetunion in russischer Übersetzung herausgegeben. Johannes R. Becher hat für diese Ausgabe eine lesenswerte Einführung verfaßt.[46] Namhafte Forscher haben diesen Roman als miserabel bezeichnet, während sein Verfasser — und wie ich finde: nicht ohne Grund — ganz anderer Ansicht war: „So etwas schreibe ich nicht mehr. Es war das Vollständigste und Höchste, was ich zu leisten hatte", heißt es in einem 1925 geschriebenen Brief.[47] In demselben Jahr wurde das Buch auch abgeschlossen und veröffentlicht. Möglicherweise handelt es sich um einen der verkanntesten Texte der modernen Literatur in Deutschland, und es wäre an der Zeit, diesen Roman endlich und endgültig aus dem Schatten des „Zauberbergs" zu befreien, der gleichfalls 1925 erschien; denn „Der Kopf" ist, sozusagen, ein eigener Berg, freilich ein solcher, der nicht leicht zugänglich ist. Heinrich Mann hatte zunächst an einen anderen Titel gedacht. Der Roman hätte nach eigener Aussage „Die Blutspur" heißen sollen; und natürlich nicht deshalb, weil einer Mystik des Blutes das Wort zu reden war, sondern weil er mit einer von Blut und Eisen angereicherten Weltgeschichte abrechnen wollte.

Autobiographik und Zeitgeschichte sind eng miteinander verknüpft. Das ist auch in anderen Werken der Fall, nur daß hier beide Bereiche mit einer Unerbittlichkeit und Radikalität erfaßt sind, die im Werk Heinrich Manns nicht ihresgleichen haben. Mit Autobiographik sind nicht persönliche oder gar private Erlebnisse gemeint. Weit mehr handelt es sich um diejenigen einer ganzen Generation und in ihr um eine Schicht vor allem, die nun auch beim Namen genannt wird: „Sie haben nichts, stellen nichts vor und treten an die

[46] Von Renate Werner aufgenommen in den Band: Heinrich Mann. Texte aus seiner Wirkungsgeschichte in Deutschland. Tübingen 1977. S. 166—170. Es handelt sich um eine Rückübersetzung aus dem Russischen.

[47] An Maximilian Brantl vom 27. 2. 1925; zitiert von J. Haupt, S. 82.

Dinge mit sittlichen Forderungen hinan. Sie sind genau das, was man jetzt anfängt, einen Intellektuellen zu nennen", bekommt eine der Hauptgestalten zu hören.[48] Es gibt deren zwei. Sie heißen Wolf Mangolf und Claudius Terra. „Als ich Mangolf schuf", heißt es in einer Aussage Heinrich Manns über sein eigenes Werk, „dachte ich vor allem an Harden, und Terra habe ich so sehr Wedekind angenähert, daß er sogar in der Sprache und einzelnen Sätzen aus Wedekinds Stücken spricht."[49] Aber daß auch viel Eigenes zumal in diese Gestalt eingegangen ist, kann kaum bezweifelt werden. Geschichte und Schicksal dieses Intellektuellengeschlechts werden bis zum bitteren Ende erzählt. Der Roman, der mit bewegenden Argumenten gegen den Selbstmord angeht, endet mit einer wahren Orgie von Selbstmorden; ihnen geht Verzweiflung voraus — Verzweiflung darüber, daß eine unabsehbare Katastrophe nicht mehr abzuwenden war, die diese Intellektuellen dadurch hatten abwenden wollen, daß sie selbst sich des Machtapparates der Mächtigen zu bedienen suchten; und allein in Hinsicht auf dieses Ende ist der Roman ein tragischer Roman, eine erzählte Tragödie der Intellektuellen, aber mehr noch eine solche der modernen Kultur im Sinne des Begriffs, den Georg Simmel in seiner Schrift über sie gebraucht hat. Das Dilemma der Moderne, wie es schon in Heinrich Manns erstem Roman („In einer Familie") artikuliert worden war — daß es kein Zurück gibt und daß wir dem Vorwärts nicht mehr unbesehen trauen können —, wird an zahlreichen Motiven gezeigt: an den Erscheinungen des Nihilismus wie des Dilettantismus; an der Ausbreitung eines gefährlichen Sozialdarwinismus, der den Kampf aller gegen alle und um jeden Preis zum Schlüsselwort der Epoche zu machen scheint; vor allem aber in der Erfahrung gespaltenen Lebens als einer Grunderfahrung moderner Kultur. Das Sinnliche spaltet sich vom Seelischen ab, der Geist von der Tat, die Wirklichkeit von der Idee. Und zu der im Roman dargestellten Moderne gehört auch die Art, wie der Naturalismus und das soziale Drama hier behandelt werden, nämlich kritisch. „Die Lösung der sozialen Frage ist der ewige Friede!", sagt eine Dichterfigur des Romans, und einmal mehr hat man dabei an den wiederholt kritisierten Gerhart Hauptmann zu denken. (135) Solche Auffassungen sind aus der Optik des Romans illusionistisch und naiv; es ist der Glaube an solche Lösungen, der Claudius Terra nicht ohne Grund aus der Fassung bringt. Und wie die Phänomene des Lebens aufgespalten erscheinen, so auch die Intellektuellen selbst. Aber beide, um zum Thema zurückzufinden, sind sie Juristen:

[48] Zitiert wird nach der Ausgabe im Zsolnay Verlag (1925); das Zitat über die Intellektuellen S. 100 (Seitenzahlen von nun an in Klammern).

[49] Zitiert in Joh. R. Bechers Vorwort (R. Werner, S. 168).

der eine, indem er von vornherein um des Erfolges willen das Recht der Macht unterstellt; der andere, der sich nur widerwillig auf sie einläßt und am liebsten die reine Idee des Rechts, ohne alle Nebenabsichten, vertreten möchte. Damit komme ich zum letzten Punkt innerhalb der hier zu erörternden Probleme.

Mit Justizkritik — oder Rechtskritik — hat man es also hinsichtlich beider Juristen in unterschiedlicher Weise zu tun; und anders als die Juristen des Romans „Der Untertan" ist Claudius Terra ein solcher, der seinerseits als Armenanwalt Justizkritik übt: „Richter, sagte sich der Rechtsanwalt, sind oftmals verpflichtet, gegen die unausweichlichste Logik zu richten, denn hinter ihnen steht fordernd eine andere, die Logik der bestehenden Gesellschaftsordnung." (272) Er auch ist es, der die Idee der abzuschaffenden Todesstrafe vorbringt und ihr immer erneut das Wort redet, um schließlich an ihr zu scheitern. Man kann diese Idee unmotiviert finden und noch anderes an ihr tadeln. Aber man kann kaum bestreiten, daß sie dem Roman als eine Art Leitmotiv mitgegeben ist, daß sie zweimal eine außerordentliche Chance erhält, realisiert zu werden: nämlich dort, wo Terra den Staatssekretär und späteren Reichskanzler Lannas und danach den Kaiser für sich in einer an Schillers „Don Carlos" erinnernden Audienzszene zu gewinnen sucht, obschon vergeblich. Aber auch Anfang und Ende stehen im Zeichen dieser Idee: das Ende insofern, als an Krieg und Selbstmord, die im Konnex der abzuschaffenden Todesstrafe zu sehen sind, das Scheitern dieser menschenwürdigen Idee offenkundig wird; der Anfang insofern, als dem Roman ein Vorspiel vorausgeht, das diese Idee präludiert. Dieses Vorspiel ist identisch mit der 1924 veröffentlichten Novelle „Der Mörder."[50] Ein Vorfahre Terras hat im Streit um einen Getreidehandel einen Vorfahren Mangolfs erschlagen. Die Militärgerichtsbarkeit macht kurzen Prozeß mit ihm: er wird aufgeknüpft; schließlich ist es ja Krieg: „‚Der Mann hat seinen Begleiter ermordet', sagte ernst der Intendant. Der General stutzte. ‚Ich weiß, sie hatten Streit. Sie gönnten einander den Wucher nicht'. Er hob die Schultern, mißbilligend und mit Verachtung. ‚Aufhängen'." (13) Es folgt die Hinrichtung. So im Vorspiel. Im Roman selbst gibt es ein Kapitel mit der Überschrift „Die Ringer": ein Zweikampf wird geschildert, an dem sich die Zuschauer wie an einem Schauspiel weiden: „aber drunten, von der blutigen Lampe beschienen, keuchte der Kampf, keuchte bis hier herauf, und jetzt ein Brüllen (...) Die Ringer lagen und zuckten nur noch in ihrem Blut. Terra umkreiste sie entsetzt. Der Stärkere war auf den Schwächeren gefallen, er hatte ihm mit der Eisenstange den Schädel zerschlagen. Aber wie er zu-

[50] Als Novelle 1921 veröffentlicht; vgl. J. Haupt, S. 80.

schlug, traf ihn selbst das Messer." (89) Natürlich ist es nicht irgendein Kampf, der hier erzählt wird, sondern ein solcher im metaphorischen Sinn. Es ist Sozialdarwinismus, gewissermaßen in Reinkultur, den Heinrich Mann als eine der Ursachen in der Entstehung des Völkerkampfes zu deuten sucht — in Übereinstimmung übrigens mit heutigem Geschichtsverständnis.[51]

Aber dann folgt Terras große Stunde in Liebwalde, dem Landsitz des Grafen Lannas, als er diesem Auge in Auge gegenübersteht. Goethe ist in dieser Szene von Anfang an gegenwärtig: „Ich habe Goethe gelesen", beginnt Lannas. Später schlägt er mit dumpfem Schlag seinen Goethe — ist es der „Faust"? — auf den Tisch. Natürlich ist damit auch von Humanität die Rede. Aber im Verständnis des Grafen ist es ein zeitloses Etwas, während Terra die Abschaffung der Todesstrafe als eine zeitgerechte Idee des Humanen propagiert, im besten Sinne dieses Wortes. Terra ereifert sich mit einer Leidenschaft, die ohne alle Nebenabsichten ist: „‚Schaffen Sie die Todesstrafe ab!' rief Terra, und unter den Armen, die sie preßten, hob sich ihm die Brust, als wollte sie aufspringen." Die Szene ist durchdacht komponiert, und die Argumente haben eine Prägnanz, die den Essays nicht nachsteht: „Ihr wollt töten! Die Strafe für einen Mord war niemals Strafe, sie war die heißersehnte Gelegenheit für den intellektuellen Blutdurst der führenden Stände. Auf den einen Auswürfling, der aus Trieb oder Not tötet, kommen die hunderte der Gerichte, Polizei und Presse, die tausende der Öffentlichkeit, die, abscheulicher als der Auswürfling, zum Töten eine Ideologie brauchen. Dieselbe sublimierte Blutgeilheit bieten Staatsgewalt und Vaterland auf, damit Krieg wird." (219) Es wird deutlich: die staatlich verordnete Todesstrafe ist nicht isoliert zu sehen. Zum Kampf gegen sie gesellt sich der Kampf gegen Duell und Selbstmord — trotz des Endes; jedem gewaltsamen Tod wird hier der Kampf angesagt. Man denkt an Canettis Kampf gegen den Tod (in dem Buch „Die Provinz des Menschen"); nur daß es bei Heinrich Mann das staatlich sanktionierte Töten ist, das er mit den Mitteln seiner Erzählkunst bekämpft. Und womit denn sonst! Ein Zusammenhang wird hergestellt — „So hing denn alles zusammen", heißt es gelegentlich — ein Zusammenhang zwischen Duell, Selbstmord, Krieg und dem staatlich sanktionierten Tod. Das heißt gewiß nicht, daß wir diesem Schriftsteller die Annahme unterstellen wollen, wo Duell und Todesstrafe abgeschafft sind, könne es keinen Krieg mehr geben. Es

[51] Statt anderer Literatur sei hier auf zwei geschichtswissenschaftliche Arbeiten vor allem hingewiesen, auf den Aufsatz von Hans-Günther Zmarzlik: Der Sozialdarwinismus in Deutschland als geschichtliches Problem (Vierteljahreshefte für Zeitgeschichte. Jg. 11, 1963, S. 246—273); und auf die Schrift von Hannsjoachim W. Koch: Der Sozialdarwinismus. Seine Genese und sein Einfluß auf das imperialistische Denken. München 1973.

heißt nur, daß die Abschaffung der Todesstrafe abermals auf Änderungen der Denkweise zielt, auf Bewußtseinswandlungen, die vielleicht verhindern könnten, was innerhalb des Romans nicht zu verhindern war. Ist ihm das darzustellen gelungen? Ich bin im Begriff, mich zu einer gewagten Behauptung zu versteigen, und ich versteige mich: Heinrich Mann war nach dem „Untertan" ein vielgelesener Romanautor, und sicher hatten seine Romane mehr Leser als seine Essays. Mag seine erzählerische Propagierung der abzuschaffenden Todesstrafe sprachlich, kompositorisch und literarhistorisch mißlungen sein (ich selbst bin dieser Auffassung nicht) — wenn auch nur hundert Leser bezüglich dieser menschenunwürdigen Todesart, deren Abschaffung noch immer aktuell ist, hellhörig wurden und eines besseren belehrt worden sind, so wäre ihm eine Synthese von Geist und Tat gelungen, wie sie ihm zeitlebens vor Augen stand.[52]

Wir sind damit, abschließend, bei der damaligen Gegenwart in außerliterarischer Hinsicht. In ihr war die Abschaffung der Todesstrafe in einem Maße aktuell geworden wie nie zuvor. Sie hatte eine solche Aktualisierung schon in der Zeit vor dem ersten Weltkrieg erfahren. In den Jahren von 1910 bis 1912 habe sie ihren vorläufigen Höhepunkt erreicht, in der Zeit des beginnenden Expressionismus also; und innerhalb der Literatur sind es die Angehörigen dieser Generation vor allem, die sich mit literarischen Mitteln an der Diskussion beteiligen.[53] Sie wird vorübergehend zu einer Sache der Aktion und des Aktivismus. In einer von Wilhelm Herzog in der Zeitschrift „Pan" in Gang gebrachten Diskussion erklärt Hermann Bahr: „Mord bleibt Mord, auch wenn er verstaatlicht wird." Auch Heinrich Mann meldet sich zu Wort: „Ich halte dafür, daß das Menschengeschlecht verantwortlich zu machen ist für Alles, was es hervorbringt. Wenn es auf seine großen Männer stolz sein möchte, soll es gefälligst auch seine Verbrecher leben lassen."[54] Um dieselbe Zeit (1912) veröffentlicht Kurt Tucholsky seine Glosse „Hinrichtung". Im Bilde eines Schauspiels, einer „mäßige(n) Vorstellung" mit Bühne und Zuschauern wird der Vorgang ad absurdum zu führen gesucht.[55] Leonhard Franks Erzählung „Die Ursache" erscheint im zweiten Kriegsjahr, 1915. Es handelt sich um eine leidenschaftliche Anklage gegen die Todesstrafe. Von der Gegenseite, von der Umfrage der „Deutschen Juristenzeitung" (1911) und Befürwortern wie Ernst Haeckel, Ulrich

[52] Die eindringendste Analyse des Romans bei Hanno König: Heinrich Mann. Dichter und Moralist. Tübingen 1972.

[53] Daß diese Diskussion in der Zeit zwischen 1910 und 1912 einen ersten Höhepunkt erreichte, stellt Bernhard Düsing fest (Die Geschichte der Abschaffung, S. 103).

[54] Pan. 1. Jg. 1911, S. 177.

[55] Gesammelte Werke in 10 Bd. Reinbek (1975). Bd. I, S. 45.

von Wilamowitz-Moellendorff oder Karl Binding ist schon gesprochen worden.

Dennoch: die maßgeblichen und aussichtsreichen Vorstöße in dieser Frage sind erst in der neuen Republik erfolgt. In der „Weltbühne" werden sie eingeleitet. In einem „Justizmord" überschriebenen Beitrag lesen wir den Satz: „Unsre Schuld aber ist es, daß wir die Todesstrafe noch immer nicht abgeschafft haben, daß wir sie auch in dem bereits vorliegenden Entwurf eines neuen Strafgesetzbuchs nicht abschaffen wollen." [56] Um Entwürfe mit dem Ziel, sie abzuschaffen, ist vor anderen der sozialdemokratische Reichsjustizminister Gustav Radbruch bemüht. Im Jahre 1922 hatte er den ersten Entwurf einer Änderung des Strafrechts vorgelegt, in der auch die Abschaffung der Todesstrafe vorgesehen war. Dieser Entwurf wurde bekanntlich nicht Gesetz. Ihm folgte Ende der zwanziger Jahre ein zweiter Entwurf: diesmal sah Radbruch die Zeit endgültig gekommen, in der verwirklicht würde, wofür er mit anderen seit Jahrzehnten eingetreten war. Infolge der veränderten politischen Verhältnisse im Reichstag kam es abermals anders: dieser zweite Entwurf hielt an der Todesstrafe fest. [57] Erst eigentlich in diesen Jahren hat sich die Literatur der Fragen in großem Stil angenommen und sie zugleich zu bühnenfähigen Themen mit dargestellten Justizmorden gemacht. In Berlin wird 1928 Ferdinand Bruckners Drama „Die Verbrecher" aufgeführt, in dem sich ein vollstrecktes Todesurteil als Fehlurteil erweist. [58] Ein Jahr danach (1929) gelangt Alfred Wolfensteins Stück „Die Nacht vor dem Beil" auf die Bühne eines Berliner Theaters. [59] Den Fall des Landarbeiters Jakubowsky hat die deutsch-polnische Autorin Eleonore Kalkowska 1929 behandelt. [60] Daß es nicht nur um Kritik an deutscher Justiz geht, zeigt sich am Fall der vermeintlichen Raubmörder Sacco und Vanzetti, die in Amerika sieben Jahre lang auf ihre Hinrichtung warten mußten. Der unlängst in Amerika verstorbene Literarhistoriker Bernhard

[56] Pancratius: Justizmord. In: Die Weltbühne. 14. Jg. Nr. 15 (1918), S. 344.

[57] Noch in der Auflage der „Einführung in die Rechtswissenschaft" von 1929 muß von den Gründen gegen die Todesstrafe gesprochen werden, „die hoffentlich noch während dieser Strafrechtsreform zu ihrer Beseitigung führen werden (...)".

[58] Ferdinand Bruckner: Die Verbrecher (1929). In: Dramatische Werke (1948). Bd. 1. Das Stück wurde am 23. Okt. 1928 am Deutschen Theater in Berlin aufgeführt.

[59] Das Stück ist nicht wieder gedruckt worden. Ein Exemplar ist in der Universitätsbibliothek Münster vorhanden. In dem Monumentalband „Weimarer Republik" (hrsg. vom Kunstamt Kreuzberg und dem Institut f. Theaterwiss. der Universität Köln, 1977, S. 14) gibt es eine photographische Wiedergabe mit Hermann Speelmans als Scharfrichter.

[60] Eleonore Kalkowska: Josef (1929). Die Stücke der zwanziger Jahre, die mit literarischen Mitteln für Abschaffung der Todesstrafe plädieren, hat Norbert Jaron untersucht und beschrieben: Das demokratische Zeittheater der späten 20er Jahre. Frankfurt/Bern 1981.

Blume hat sich des Falles in einem in Stuttgart aufgeführten Drama „Im Namen des Volkes" (1927) angenommen, ebenso Erich Mühsam. „Das schrecklichste an dem Schicksal Saccos und Vanzettis ist die Selbstgerechtigkeit der Richter und Henker", schreibt Alfons Goldschmidt 1927 im „Tagebuch".[61] In seinem Justizroman „Denn sie wissen, was sie tun" schildert Ernst Ottwalt eindrucksvoll, welcher Mühen es bedarf, damit der Staatsanwalt den Schlächter findet, der für ein geringes Geld seines schäbigen Amtes walten soll.

Heinrich Mann, der solche Rechtsfragen in einen umfassenden Erzählzusammenhang einfügt, geht mit seinem Roman allen diesen Autoren voraus. Doch erscheint sein Buch in demselben Jahr, in dem ein ganz anderes Schriftwerk in Buchform erscheint: Hitlers „Mein Kampf"; und schon seit 1920 konnte man gelesen haben, was in Punkt 18 des Parteiprogramms enthalten war: „Gemeine Volksverbrechen, Wucherer, Schieber usw. sind mit dem Tode zu bestrafen."[62] Es ist wohl das infamste „Undsoweiter", das man sich denken kann. Sozialdarwinismus erscheint in dem genannten Schriftwerk nun vollends in seiner verkommensten Form. Was als Kampf ums Dasein aller Menschen gemeint war, wird von einem einzelnen beansprucht und verfälscht. Heinrich Mann hätte seinen Roman vielleicht besser doch „Die Blutspur" nennen sollen. Seine Leser hätten allen Grund gehabt zu überdenken, wie die Katastrophe hat kommen können; und sie sahen sich mit dem Gedanken der Abschaffung der Todesstrafe als eines Problems von höchster Aktualität konfrontiert. Es hat sich bis zum heutigen Tage ja nicht erledigt. Auch im Roman erledigt es sich nicht; denn in ihm wird zwar zunehmend der Protagonist desavouiert, aber nicht eigentlich seine ihn bestimmende Idee.

Vom gegebenen Thema her war über einen ganzen Berufsstand kritisch zu sprechen. Daß ihm Heinrich Mann nicht den Prozeß machen wollte, ergibt sich allein aus der Reihe der weithin sympathischen Figuren, die es auch gibt. Es sind dies der Rechtsanwalt Belotti im Roman „Die kleine Stadt", der Kriminalkommissar Kirsch in „Ein ernstes Leben" und eben auch der zeitweilige Armenanwalt Claudius Terra im „Kopf". Doch kommt es nicht so sehr auf solche oder andere Aufrechnungen an, sondern darauf, ein Phänomen der modernen Literatur zu erfassen: eine aus ihr nicht wegzudenkende Wissenschaftskritik, die Auseinandersetzungen, kritische Analysen und vielfache Bloßstellungen einschließt. Im Grenzgebiet zwischen Literatur,

[61] Ausgabe vom 27. 8. 1927.

[62] Zitiert von Bernhard Düsing, S. 148. Er stellt fest, daß diese Partei die Todesstrafe in einem Maße verlangt, wie sie selbst von den reaktionären Parteien nicht gefordert worden war.

Literaturwissenschaft und Rechtswissenschaft kommt ein weiteres hinzu, wovon hier nicht gesprochen wurde: die Erörterung der vor Gericht zitierten Literatur. Man sollte das Ausmaß solcher Vorfälle nicht dramatisieren. Sie haben die moderne Literatur nicht entscheidend behindert, die sich im deutschen Sprachgebiet bis zum Beginn der ersten Republik voll entfaltet hat; und sie hat sich in beiden Kaiserreichen zu entfalten vermocht. In ihren maßgeblichen Vertretern war sie auf das gerichtet, was Heinrich Mann mit der Herbeiführung einer demokratischen Kultur gemeint hat. Sie war zunächst eine Sache der wenigen, und der Schriftsteller nicht nur. Seit 1919 hätte sie eine Sache der meisten, wenigstens der führenden Schichten sein sollen. Daß demokratische Kultur noch lange eine Sache der wenigen blieb, führt über die Probleme eines einzelnen Berufsstandes weit hinaus. Justizreform wird zur Geistesreform, um die schon zitierte Wendung Gustav Radbruchs noch einmal zu gebrauchen. Mit einer solchen Reform ging es gleichermaßen um Abwehr alles dessen, was man besser als Ungeist bezeichnet; und hier, wenn irgendwo, erweist sich Justizkritik mit Kritik des Faschismus von der Sache her verwandt. In manchen Texten, wie denjenigen Ödön von Horváths, ist das eine vom andern kaum zu trennen. Beide Kritikbereiche sind zentrale Bereiche in der Literatur der Weimarer Republik. Wir behaupten nicht, es handele sich in jedem Fall um Meisterwerke der Weltliteratur. Aber es gibt Zeiten, in denen man die Welt eben nicht so ohne weiteres bewältigen kann, wie es sich die Klassizisten alten Stils vorstellen. Wer nur ästhetische Maßstäbe gelten läßt und nur auf Texte sieht, wie den „Schwierigen“ von Hofmannsthal, die „Duineser Elegien“ von Rilke oder den „Zauberberg“ von Thomas Mann — jeder in seiner Art großartig —, ist auf eine fast schon nicht mehr entschuldbare Weise geschichtsblind. Wer so nur nach ästhetischen Gesichtspunkten denkt und urteilt, verkennt die Dramatik einer Literaturgeschichte, die man geneigt sein könnte, tragisch zu nennen. Denn Rechtsgeschichte, die auf Strafrechtsreformen denkt, ohne sie durchsetzen zu können, und Literaturgeschichte, die nicht über den Zeiten schwebt, sondern sich der Zeit verpflichtet weiß, haben gemeinsam, auf Geistesreformen bedacht zu sein und Ungeist zu verhindern. Das ist ihnen bekanntlich nicht gelungen. Es ist anders gekommen. Aber mag die Weltgeschichte sich am Erfolg als dem Maßstab orientieren, dem einzigen womöglich, den man gelten läßt, — die Literaturgeschichte kann es nicht. Sie hat allen Grund, den Scheiternden und Erfolglosen ihre Sympathie nicht zu versagen: es seien die Gestalten der Dichtung oder gegebenenfalls auch, wie in unserem Fall, ihre Schöpfer — diejenigen Schriftsteller, die getan haben, was sie als Schriftsteller tun konnten. Und das sind so wenige nicht gewesen.

MICHAEL STARK

„... es spricht sich herum; und man war nicht unnütz“

Öffentlichkeitsanspruch und Wirkungsskepsis bei Heinrich Mann

Die Fragen nach Wirkung und Nutzen der Literatur haben in vielfacher Variation die mit ihr beschäftigte Wissenschaft gerade im vergangenen Jahrzehnt nachhaltig bewegt. Methodische Referenzen hat das Thema „Literatur und Öffentlichkeit“ heute also nicht mehr nötig, schon gar nicht im Falle Heinrich Manns und der Schriftstellerei zur Zeit der ersten deutschen Republik. Denn zum einen hat man es mit einem Autor von ausgeprägt gesellschafts- und kulturpolitischem Rollenbewußtsein zu tun — um mit der unlängst erschienenen Darstellung von Jürgen Haupt zu sprechen: „(...) sein Leben und Werk sind stets und intensiv auf ‚Öffentlichkeit‘ bezogen gewesen. ‚Erfolg‘ und mehr: ‚Wirkung‘ sind Leitvorstellungen dieses Autors für seine Literatur und Politik (...).“ [1] Zum anderen geht es hier um eine ausgesprochen öffentlichkeitsbewußte Epoche der deutschen Literatur — um eine Zeit, die schon ganz im Zeichen der beginnenden Medien- und Massenkultur stand und nicht zuletzt deshalb den Schriftstellern bislang ungeahnte Öffentlichkeitserfahrungen bescherte.[2]

Bei näherer Betrachtung zeigt es sich allerdings bald, wie prekär die Frage nach dem Verhältnis zwischen Literatur und Öffentlichkeit speziell in Sachen Heinrich Mann und der sogenannten „Goldenen Zwanziger“ tatsächlich ist. Der Autor erweist sich nämlich umgehend als besonders sinnfälliges Beispiel eines auf öffentliche Resonanz sehr bedachten und zweifellos auch gerühmten, doch eigentlich nie populären, dafür aber ideologisch vielstimmig eingespannten wie umstrittenen Schriftstellers, dessen Werk zuweilen noch heute als „vernachlässigt und fremd“ reklamiert wird. [3] Die Zeit der Weimarer Republik wiederum erscheint recht bald als ein Para-

[1] Jürgen Haupt: Heinrich Mann. Stuttgart 1980. S. VIII.

[2] Vgl. u. a. Jost Hermand u. Frank Trommler: Die Kultur der Weimarer Republik. München 1978 sowie Bullivant Keith (Hrsg.): Das literarische Leben der Weimarer Republik. Königstein/Ts. 1978.

[3] Hugo Dittberner: Heinrich Mann. Eine kritische Einführung in die Forschung. Frankfurt a. M. 1974. S. 9 ff.

digma ohnmächtiger und letztlich vergeblicher Anstrengungen der Intellektuellen vom Schlage Heinrich Manns, denen es all ihrer Wirkungsmöglichkeiten ungeachtet nicht gelang, politische Breitenwirkung mit literarischen Mitteln zu erzielen.[4] Und nachträglich ist es nur zu leicht, dies den kritischen Literaten selbst anzulasten, weil sie gegen Fehleinschätzungen ihrer wirklichen sozialen Rolle selber nicht gefeit waren. Vor erneuten Verdunklungen indes hat man sich dabei zu hüten.

Die folgenden Anmerkungen gelten dem schriftstellerischen Rollenbewußtsein Heinrich Manns und seinem spannungsreichen Versuch, sich als vielfältig verpflichteter Repräsentant des kulturellen Lebens in der Doppelrolle von Romancier und Zeitkritiker zu behaupten. Genauer gesagt ist es mir um die Analyse jener Paradoxie zu tun, die zwischen unbeirrtem Öffentlichkeitsanspruch einerseits und tiefgehender Wirkungsskepsis andererseits zu bestehen scheint; denn dieser — freilich nur scheinbare — Widerspruch kennzeichnet die schriftstellerische Selbstdeutung, in der Heinrich Mann die Erfolglosigkeit seiner „Romane der Republik" angesichts der öffentlichen Anerkennung, die ihm als hervorragender Gestalt des kulturellen Lebens zuteil wurde, zu verarbeiten suchte, und zwar ohne sein künstlerisch-avantgardistisches Selbstwertgefühl aufgeben zu müssen. Jene Heinrich Mann eigentümliche Strategie, öffentliche Aktion und private Resignation im wirkungsskeptischen Bewußtsein zu vermitteln, ist Gegenstand meiner Überlegungen.

Um das von Wirkungsskepsis und dem Prinzip der Publizität gleichermaßen bestimmte Rollenbewußtsein Heinrich Manns in den Worten des Autors widerzuspiegeln, habe ich eine Bemerkung des damals gut Fünfzigjährigen ihrem Kontext entfremdet, der zunächst nachzuliefern ist. Die gewählte Überschrift findet sich in einem Brief Heinrich Manns an Kurt Tucholsky, den er diesem am 12. Mai 1924 in die Avenue Mozart nach Paris schickte; nicht ohne Verbitterung fragt er dort: „Wo steht es denn geschrieben, daß man eine wenig gelesene Literatur bereichern muß. Sehen müssen, daß sie immer Privatsache bleibt und nichts ändern kann!"[5] Derlei

[4] Vgl. Werner Middelstaedt: Heinrich Mann in der Zeit der Weimarer Republik — die politische Entwicklung des Schriftstellers und seine öffentliche Wirksamkeit. Diss. Potsdam 1963. Auf das Fehlen eines homogenen Publikums bzw. einer Rezeptionskontinuität bei Heinrich Mann verweist bes. Lorenz Winter: Heinrich Mann und sein Publikum. Eine literatursoziologische Studie zum Verhältnis von Autor und Öffentlichkeit. Köln u. Opladen 1965.

[5] Zitiert nach: Heinrich Mann 1871—1950. Werk und Leben in Dokumenten und Bildern. Mit unveröffentlichten Manuskripten und Briefen aus dem Nachlaß. Hrsg. von Sigrid Anger. Berlin u. Weimar [2]1977 S. 211 f.

rhetorische Fragen zum Nutzen der Literatur sind im 20. Jahrhundert nicht eben neu, und der resignative Ton solcher Antworten ist es noch weniger. Indes rafft sich der von tatsächlicher oder vermeintlicher Wirkungslosigkeit enttäuschte Autor zu einem Ethos der literarischen Arbeit auf, das gleichsam selbstauferlegte Pflichten gebieten: „Als alter Arbeiter“ beende er seine Kaiserreich-Trilogie, und weiter heißt es: „Heute kann fast Niemand dies verstehn; später finden dann einige Hundert dort den Schlüssel; es spricht sich herum; und man war nicht unnütz. — Diesen Winter schrieb ich auch den Hymnus der Inflation (...). Wer weiß, was damit wird. Für wen? ist immer und bei allem die große Frage. Man sollte Märchen schreiben. Ähnliches nehme ich mir vor, sind meine Aufgaben nur erst gemacht.“ [6]

Man wird unsicher, ob man sich eher über den radikalen Wirkungspessimismus des immerhin arrivierten Autors wundern soll oder nun füglich Sinn und Ernst der imaginierten schriftstellerischen Aufgaben in Zweifel ziehen darf. Wie selbstverständlich ist da von aufgegebenen Pflichten die Rede, und wie fragwürdig erscheint gleichzeitig das ganze Metier. Der zitierte Brief, in dem Heinrich Mann so widersprüchlich den Wunsch, anderen zu nützen, mit seinem offenkundig noch unbeschädigten Ethos verantwortlicher Arbeit verbindet, das dem Werk Sinn verleiht, obschon die bescheidene Resonanz vorläufig keinen gesellschaftsbildenden Effekt verspricht, bestätigt noch einmal das im Thema vermutete Problem. Denn hinter der skeptischen Konzeption, die darauf setzt, daß das eigene Werk allmählich publik wird und schließlich auch gesellschaftsverändernd einzugreifen vermag, verbirgt sich Heinrich Manns Öffentlichkeitsmodell der Literatur. Diese weitreichende Skepsis lediglich als Folge damaliger Isolationsgefühle und Erfolgsverluste zu deuten, bliebe deshalb vordergründig. Den Hintergrund bildet vielmehr die Modifikation dieses Öffentlichkeitsmodells selbst. Mit der Selbstzerstörung der bürgerlichen Intellektuellen Terra, Mangolf und Sand im Roman „Der Kopf“ und der Novelle „Kobes“ entledigte sich Heinrich Mann nämlich auch der Wirkungsillusionen und des Führungsanspruchs dieser Schicht im allegorisch-fiktionalen Bereich. [7] Von der historischen Herkunft, den Anwendungs- und Korrekturversuchen des

[6] Ebd. S. 212.

[7] Vgl. Heinrich Manns Kommentar: „Terra und Mangolf sind unter den Intellektuellen der Unabhängige und der zur verdächtigen Anpassung Geneigte, der endlich auch zur Rebellion zurückkehrt. (...) Alles in Allem: die geistige Schicht von einst hat versagt, und vielleicht war sie mißraten. *Aber sie war noch da.*“ Zitiert nach: Heinrich Mann 1871—1950. Werk und Leben in Dokumenten und Bildern. S. 215. Siehe die Interpretation bei Renate Werner: Skeptizismus, Ästhetizismus, Aktivismus. Der frühe Heinrich Mann. Düsseldorf 1972. S. 247—268, bes. S. 262 f., wo die Todessymbolik des Romanendes als Widerruf des „messianischen“ Impetus gedeutet wird.

gleichfalls betroffenen Öffentlichkeitsmodells ist daher ausführlicher zu sprechen.

Heinrich Manns Öffentlichkeitsmodell, das in den Jahren 1903/04 genauere Konturen gewann, verwarf das der Jahrhundertwende vertraute Prinzip der gesellschaftlichen Exklusivität von Literatur und setzte fortan auf das Prinzip der Publizität. Mit dessen Hilfe versuchte der Essayist und Publizist Heinrich Mann dem Romancier und Dichter immer wieder zu nützen. [8]

Die Möglichkeiten und Grenzen des für Heinrich Manns Schaffen so prägend gewordenen Prinzips der Publizität ermißt man freilich erst, wenn man dessen spezifisch moderne Ausprägung und die historische Affäre erinnert, in deren Verlauf es erfolgreich erprobt wurde. Zugleich geht es darum nachzuweisen, daß Heinrich Manns Öffentlichkeitsmodell zunächst die einander entgegengesetzt scheinenden Prinzipien der artistischen Exklusivität und der intellektuellen Publizität noch zu vereinen suchte. Später, zumal in der Weimarer Zeit, bedeutete der Faktor Publizität im Denken Heinrich Manns, daß die Literatur im Doppelsinn des Wortes öffentlich zu sein habe, also „offenbar sein und dem Volk, der Allgemeinheit gehörig“ [9], d. h. erstens publik, zweitens öffentlich im Sinn der berechtigten Intervention des Schriftstellers in Angelegenheiten von öffentlichem Belang und drittens lebensnah in seiner Vorstellung vom Existenzkampf der „kleinen Leute“ und mit Rücksicht auf verbreitete Lesegewohnheiten (z. B. in der Verbindung von Kriminalstruktur und moralischem Gehalt).

Der erfolgreiche Pionier des Prinzips Publizität war Emile Zola, und das historische Ereignis, dem es seine Attraktion verdankte, ist als die sogenannte Dreyfus-Affäre bekannt. [10] Weniger bekannt, und von der Literaturwissenschaft allgemein und der Heinrich-Mann-Forschung bisher nur ansatzweise berührt, sind die Konsequenzen dieses Skandals für das Rollenbewußtsein der deutschen literarischen Intelligenz seit der Zeit des Expressionismus. [11] Heinrich Mann jedenfalls hat die exemplarische Bedeutung der Dreyfus-Affäre und die Vorbildlichkeit der literaturpolitischen Rolle Zolas

[8] Vgl. dazu Helmut Mörchen: Schriftsteller in der Massengesellschaft. Zur politischen Essayistik und Publizistik Heinrich und Thomas Manns, Kurt Tucholskys und Ernst Jüngers während der zwanziger Jahre. Stuttgart 1973.

[9] Harry Pross: Publizistik. Thesen zu einem Grundcolloquium. Neuwied u. Berlin 1970. S. 46.

[10] Vgl. u. a. Siegfried Thalheimer: Macht und Gerechtigkeit. Ein Beitrag zur Geschichte des Falles Dreyfus. München 1958 sowie L. Schmidt: Eduard Drumont — Emile Zola. Publizistik und Publizisten in der Dreyfus-Affäre. Diss. Berlin 1962.

[11] Vgl. Michael Stark: Für und wider den Expressionismus. Die Entstehung der Intellektuellendebatte in der deutschen Literaturgeschichte. Diss. München 1979 (Stuttgart 1982).

für die Ausbildung seines eigenen Rollenbewußtseins nie geleugnet, sondern den Modellfall und die Vorbildfigur immer wieder zur Selbstvergewisserung der eigenen Aufgabe beschworen. So ist alles, was er darüber schrieb, weithin als eine „verkappte Selbstdarstellung“ [12] und als Rechtfertigungsversuch seines Anspruchs auf Öffentlichkeit zu betrachten. „Zu Beginn seiner Laufbahn hatte er sich in Arbeit versenkt aus Ehrgeiz, Wirkungsbedürfnis, für Geld und um sich leben zu fühlen“, heißt es in einer Würdigung Zolas von 1927, später habe er sich „eines Kampfes für Wahrheit und Gerechtigkeit“ fähig erwiesen, der „die Wirkung der Arbeit erweitert über das Persönliche hinaus.“ [13] Die autobiographische Qualität solcher Aussagen ist unverkennbar, und Heinrich Manns Verehrung für den „vollkommen großen Mann, dessen Geist That zeugte“, war zweifellos identifikatorischer Natur; sie galt nicht zuletzt dem Dreyfusard Zola, dem er stets „als Beispiel und Sammlungsplatz an unser aller Wege“ gedachte. [14] Nach Zolas beispielhafter künstlerischer Entwicklung modellierte sich Heinrich Mann die eigene: den Schritt von einem durch Geltungssucht, Gelderwerb, persönlichen Ehrgeiz und selbstbezogenes Lebensgefühl diktierten Künstlerpathos zum Arbeitsethos des politischen Literaten, der sein Schaffen der Verantwortung für Wahrheit und Gerechtigkeit widmet. Sein „Sinn für das öffentliche Leben“ [15], sein Glaube an den eingreifenden Charakter der Literatur und die Verpflichtung des Schriftstellers zur sozialen Kontrolle der Macht berief sich immer wieder auf das „Zeichen“ [16], d. h. den wegweisenden Signalwert des Dreyfus-Skandals.

Der Fall Dreyfus eignete sich tatsächlich wie kein anderer öffentlich-gesellschaftlicher Konflikt dazu, den von der Erfahrung sozialer Isolation erschütterten, vom Eindruck des zunehmenden Funktionsverlustes der Literatur befallenen und des selbstgenügsamen Artistikkultes überdrüssig ge-

[12] André Banuls: Heinrich Mann. Stuttgart 1970. S. 110.

[13] Heinrich Mann: Entdeckung Zolas. In: Die Literarische Welt 3 (1927), Nr. 39. 30. September, S. 1—2. Zitiert nach: Sieben Jahre. Chronik der Gedanken und Vorgänge 1921—1928. Berlin, Wien u. Leipzig 1929. S. 408 f.

[14] Eigenhändige Notiz Heinrich Manns im Exemplar des Briefbandes von Paul Alexis: Emile Zola. Notes d'un ami. Paris 1882. Zitiert nach: Heinrich Mann 1871—1950. Werk und Leben in Dokumenten und Bildern. S. 149.

[15] Heinrich Mann: Briefe an Karl Lemke und Klaus Pinkus (1930—1949). Hamburg 1963. S. 90.

[16] Heinrich Mann: Ein Zeitalter wird besichtigt. Düsseldorf 1974. S. 49. Der Kontext lautet: „Die ‚Kreuzersonate' ist eines der Wunder des Zeitalters. Geistig Bewanderte haben ihr bald angesehen, daß die geforderte Keuschheit nur ein Teil des Ganzen war. Um die integrale Reinheit ging es, um das sittlich bestimmte Leben, die Wahrheit, die Wahrheit! — es komme nach, was mag, es komme gar nichts mehr. Um dieselbe Zeit geschah ein anderes Zeichen von gleichem Anspruch und nicht geringerer Kraft, die Affäre Dreyfus.“

wordenen Schriftsteller zu neuem Selbstbewußtsein zu verhelfen. Wegen ihrer politischen Tragweite, ihres ideologischen Gehaltes und der ausschlaggebenden Rolle, die schriftstellerische Interventionen dabei spielen, konnte die Affäre auch für Heinrich Mann zum Schlüsselerlebnis eines neuen literarischen Auftrags werden.[17] Denn es waren die Literaten, nämlich Emile Zola, daneben auch Anatole France u. a., deren Appelle und Manifeste die Revision des manipulierten Prozesses gegen Alfred Dreyfus durch Mobilisierung der öffentlichen Meinung erzwangen. Der aufgrund gefälschter Dokumente des Landesverrats beschuldigte und verurteilte elsässische Generalstabsoffizier jüdischer Herkunft mußte schließlich begnadigt und rehabilitiert werden.[18]

Auf diese Weise wurde der Justiz-Skandal um Dreyfus für die oppositionelle literarische Intelligenz in Frankreich zu einer einmaligen Gelegenheit, das schriftstellerische Rollenbewußtsein in einer erfolgreichen moralisch-politischen Protestbewegung zu erneuern.[19] Da es gelungen war, den Einzelfall des zu Unrecht inkriminierten Hauptmanns zu einem prinzipiellen Fanal der jederzeit durch Lüge der Herrschenden bedrohten Wahrheit und Gerechtigkeit auszuweiten, konnte man den Sieg der Dreyfusisten als einen Legitimationsbeweis schriftstellerischer Kontrolle der Macht feiern und ineins damit den Verdacht administrativer Rechtsbeugung überzeugend erhärten. Bedenkt man außerdem, daß die Dreyfus-Affäre den Republikanern und Sozialisten auch machtpolitisch nutzte und die überwiegend nationalistisch, monarchistisch, antisemitisch und klerikalistisch befangene Militärpartei in die Schranken verwies, so kann die Ausstrahlung dieses historischen Ereignisses vor der Jahrhundertwende nicht verwundern, die mit einiger Verspätung auch die antiwilhelminische Opposition im Deutschen Kaiserreich erfaßte. „Aber was ist Macht, wenn sie nicht Recht ist"[20], heißt es später in Heinrich Manns „Zola"-Essay, und die scheinbar doktrinäre Unterscheidung zwischen Legalität und Legitimität, deren sich der Justizkritiker Heinrich Mann bedienen wird, hat hier ihre Wurzel.[21] Der in vieler Hinsicht für schwer interpretierbar gehaltene, sicherlich mehrdeutige Geistbegriff

[17] Vgl. Renate Werner: Skeptizismus, Ästhetizismus, Aktivismus. S. 239 ff.

[18] Vgl. die Darstellung von Dietz Bering: Die Intellektuellen. Geschichte eines Schimpfwortes. Stuttgart 1978. S. 32 ff.

[19] Vgl. bes. Frank Trommler: Intellektuelle — Sozialisten — Expressionisten. Zum Thema Literatur und Politik um 1900. In: Views and Reviews of Modern German Literature. Festschrift für Adolf D. Klarmann. Hrsg. von Karl S. Weimar. München 1974. S. 84—91.

[20] Heinrich Mann: Zola. In: Die weißen Blätter 2 (1915), H. 11 (November). S. 1312—1382. Zitiert nach: Macht und Mensch. München 1919. S. 84.

[21] Siehe das Referat von Walter Müller-Seidel in diesem Band.

Heinrich Manns gehört übrigens nicht weniger in diesen Kontext; denn er meint ein der menschlichen Natur eigenes Rechtsbegehren, das nicht alles, was legal ist, auch für legitim zu halten vermag.[22] Heinrich Mann zählte bald zu der kleinen Minderheit von Literaten, die den Ereignischarakter der Affäre erkannten und den literaturpolitischen Erfolg ihrer französischen Kollegen zum Paradigma erhöhten, und zwar zum Denkmal eines gelungenen Bündnisses zwischen Schriftsteller und Volk, Intellektuellen und Öffentlichkeit gegen die staatliche Macht. Um so ernüchternder fand er deshalb auch die politische Kultur des Kaiserreichs und die desolate Anpassungspolitik der Sozialdemokratie. Entsprechend unnachsichtig fiel sein Urteil über die deutschen Sozialisten nach dem enttäuschenden „Akademiker-Parteitag" (1903) der SPD aus:

„(...) bei ihr ist von Gleichheit so bedauerlich wenig die Rede wie von Freiheit. Ihre Art, zu sein, und ihre Kraft, zu wirken, hängen zusammen mit der Kasernenzucht (...) Sie ist hypnotisiert von der Geldfrage, von der Arbeiter-Geld-Frage; und da diese nur die Arbeiter angeht, reicht die Partei über die Arbeiter kaum hinaus. Die Intellektuellen, die sich ihr irrthümlich anschließen, stößt sie zurück."[23]

Man sieht, wie wenig damals die staatsfeindliche und kulturkritische Haltung sich durch materiell-ökonomisches Gleichheitsdenken beengen lassen wollte, sondern in erster Linie gesamtkulturelle Gegenziele anstrebte. Dem Freund Ludwig Ewers bekannte Heinrich Mann in seinem Brief vom 10. April 1904 gar:

„Ich bin nicht Sozialist, sondern das Gegenteil. Der Anblick des heutigen Deutschlands hat mich allmählich fast zum Sansculotten gemacht. (...) Es ist leider die Nation selbst, die auf eine Stufe von Materialismus gesunken ist, wo die Worte Freiheit, Gerechtigkeit nur noch leerer Schall sind. (...) Das einzige Ideal ist ein voller Magen. Die deutsche Militärjustiz hätte zehnmal Gelegenheit gegeben zu einer Dreyfus-Affäre. Aber die idealistische Kraft, die ein Volk oder doch die Besseren aufbringt gegen die dumme Brutalität der Machthaber, die fehlt in diesem Lande. Die Franzosen haben sie."[24]

Solche Aussagen belegen nicht nur die Politisierung der freischwebenden Antibürgerlichkeit des bohemischen Asozialisten; sie offenbaren das Dilemma des Publizitätsmodells, wenn die dafür empfängliche politische Öffentlichkeit fehlt. Nicht entfernt bot die Auseinandersetzung um die

[22] Vgl. neuerdings die Arbeit von Elke Emrich: Macht und Geist im Werk Heinrich Manns. Eine Überwindung Nietzsches aus dem Geist Voltaires. Berlin u. New York 1981. Bes. S. 265 ff.

[23] Heinrich Mann: Offener Brief an Maximilian Harden. In: Die Zukunft 18 (1904), 8. Oktober, Nr. 2. S. 67—68. Zitiert nach: Heinrich Mann 1871—1950. Werk und Leben in Dokumenten und Bildern. S. 78 f.

[24] Heinrich Mann: Briefe an Ludwig Ewers 1889—1913. Berlin u. Weimar 1980. S. 406 f.

sogenannte „Lex Heinze“ [25], bei der sich ansonsten einander fremde Autoren gemeinsam gegen die Zensur engagierten, eine dem Dreyfus-Skandal vergleichbare Wirkung, handelte es sich doch um schriftstellerische Proteste, die man leicht als gewohnte Gegenwehr von sehr partiellem Interesse abtun konnte. Mit anderen Worten: Das am Dreyfus-Skandal studierte Programm der intellektuellen Intervention war in die kulturpolitisch weitaus trägere Landschaft des wilhelminischen Kaiserreichs so nicht zu übertragen. Nichtsdestoweniger förderte das Paradigma ein neues Rollenbewußtsein, dessen oppositionelle Literaten dort dringend bedurften.

Fortan wird auch Heinrich Mann die relative Wirkungsarmut seiner Produktion bis 1910 mit Fassung tragen und den Mangel an publizistischem Echo als Mangel an aufgeklärter Öffentlichkeit und politischer Kultur deuten. Die Briefe dieser Jahre bezeugen einen Wandel des Rollenbewußtseins von selbstzweiflerischer Extravaganz zur beharrlichen Selbstbehauptung, ein Avantgardist demokratisch-republikanischer Denkformen zu sein und damit auch ein Pionier im literar-ästhetischen Feld. [26]

Das Bewußtsein, ideologisch und literar-ästhetisch nicht nur recht zu haben, sondern auch Gleichgesinnte im Streit um die Politisierung der Literatur finden zu können, dokumentiert dann das folgenreiche Manifest „Geist und Tat“, das die literarische Intelligenz der Vorkriegsjahre dazu aufrief, den „Elfenbeinturm“ endlich zu verlassen und das Prinzip Publizität zu verwirklichen. Die intellektuelle Öffentlichkeit als ein vorläufiges Substitut einer weiten demokratischen — das war Heinrich Manns Antwort auf das Fehlen einer politisch wachen Kultur, wie er sie insbesondere durch die Dreyfus-Affäre in Frankreich aktuell bestätigt sehen wollte. [27] Wirkungs-

[25] Vgl. dazu Robin J. V. Lenman: Art, Society and the Law in Wilhelmine Germany: the Lex Heinze. In: Oxford German Studies 8 (1973). S. 86—113.

[26] Vgl. den Briefentwurf vom 1. Oktober 1907: „Ich aber glaube, daß in diesem demokratischen Zeitalter nur Jemand, dem am endgültigen Sieg der Demokratie gelegen ist, wirkliche Schönheit hervorbringen kann.“ Zitiert nach: Heinrich Mann 1871—1950. Werk und Leben in Dokumenten und Bildern. S. 111.

[27] Über die Heinrich Mann eigene Stilisierung des Frankreichbildes liest man bei dem wahlverwandt empfindenden Jean Améry eine rechtfertigend gemeinte Selbstinterpretation, die mir zum Verständnis dieser Bewußtseinslage beizutragen scheint: „Die Kurzformel heißt, du machtest dir ein idealtypisches Bild von Frankreich, so wie der Dichter Heinrich Mann, der die dritte Republik nicht hat erkennen wollen als die intrigante Herrschaft einer stumpfen Besitzbourgeoisie und sie schon im Zola-Essay überhöhte, weil er sie nötig hatte als Gegen-Stand gegen die verhaßte Unrat-Heimat. Ein derartiger Gegenstand — ich nehme an: ein Land, eine politische Bewegung eine Idee — muß freilich, dafür steh' ich heute noch ein, in menschlich-geschichtlichen Situationen, die unser Ganzes uns abfordern, idealtypisch simplifiziert werden, soll er gegenständlich bleiben und Stand halten.“ (Unmeisterliche Wanderjahre. Stuttgart 1971. S. 65.) Siehe auch das Referat von Helmut Koopmann in diesem Band.

zweifel hinsichtlich der eigenen Arbeit, aber bereits unverhohlene Ansprüche, die Kulturintelligenz zum Machtfaktor aufzubauen, äußerte Heinrich Mann in seinem Brief an René Schickele Ende 1909:

„Der Haß des Geistes auf den infamen Materialismus dieses ‚Deutschen Reiches' ist beträchtlich. Aber wie soll er eine Macht werden? Das ist die schwere Frage. (...) Was wir können, ist: unser Ideal aufstellen, es so glänzend, rein und unerschütterlich aufstellen, daß die Besseren erschrecken und Sehnsucht bekommen. Ich arbeite längst daran." [28]

Im Frühjahr 1910, kurz nach Erscheinen von „Geist und Tat", schrieb er an Ludwig Ewers noch erwartungsvoller: „Auf breiten Erfolg darf ich nicht hoffen; die geistige Richtung in Deutschland ist mir zur Zeit noch zu feindlich. Sie wird sich aber vielleicht nicht mehr sehr lange halten (...)." [29]

Heinrich Manns vorsichtiger Optimismus war nicht gänzlich unbegründet. Um 1910 begann eine junge literarische Generation mit antiästhetischen Provokationen und kulturpolitischer Öffentlichkeitsarbeit von sich reden zu machen. Sie, die man bald „Expressionisten" nannte, feierten „Geist und Tat" als Aufruf des eigenen Aktivismus. [30] Wie der von ihnen verehrte „Heros" da mit den indifferenten Ästheten ins Gericht ging, den Führungsanspruch des unkompromittierten Geistes beschwor und die Verantwortlichkeit der Intellektuellen predigte, all das war ganz dazu angetan, den Selbstbehauptungswillen dieser literarischen Anfänger und ideologischen Außenseiter zu forcieren. [31] Ohne die egalitär-demokratische Seite des Manifestes ganz zu begreifen, aber auch ohne seine idealisierenden Schwächen zu durchschauen, bezogen sie bald das Prestige der dort verkündeten Intellektuellenrolle auf die eigenen anti-autoritären Proteste und ihre kulturkritische Literaturrevolte. [32] Sachwalter der Menschenwürde, Stimme der Unterdrückten, Gewissen der Nation zu sein — aus solcherart hehren Zielen leitete sich das Selbstbewußtsein des neuen Typus ab: „(...) die Definition der Welt, die helle Vollkommenheit des Wortes, verpflichtet ihn zur Verachtung der dumpfen, unsauberen Macht. Vom Geist ist ihm die Würde des

[28] Brief vom 27. Dezember 1909. Zitiert nach: Heinrich Mann 1871—1950. Werk und Leben in Dokumenten und Bildern. S. 121.

[29] Brief vom 19. Februar 1910. Zitiert nach: Briefe an Ludwig Ewers. S. 452.

[30] Vgl. Ulrich Weisstein: Heinrich Mann. In: Expressionismus als Literatur. Gesammelte Studien. Hrsg. von Wolfgang Rothe. Bern u. München 1969. S. 609—622.

[31] Vgl. Jürgen Haupt: Zur Wirkungsgeschichte des Zivilisationsliteraten. Heinrich Mann und der Expressionismus. In: Neue Deutsche Hefte 1977, H. 4. S. 675—697.

[32] Vgl. Michael Stark: Die Ritter vom Geiste. Ein erstes Echo auf Heinrich Manns „Geist und Tat". In: Heinrich Mann Mitt. Sonderheft 1981. Hrsg. von Peter-Paul Schneider. S. 289—299.

Menschen auferlegt." [33] Als „Bruder des letzten Reporters" sollte der Schriftsteller aufklärend und agitativ den Mechanismus der öffentlichen Meinungsbildung zur Durchsetzung bislang noch unverwirklichter, aber verallgemeinerungsfähiger Interessen und Forderungen beherrschen lernen, „damit Presse und öffentliche Meinung, als populärste Erscheinungen des Geistes, über Nutzen und Stoff zu stehen kommen, Idee und Höhe erlangen." [34] Heinrich Mann spielte in „Geist und Tat" aber nicht nur auf Zolas Publizistik während der Dreyfus-Affäre an, sondern warf ein Schlagwort in die Debatte, das in der Grauzone politischer Denunziation sein merkwürdiges und linguistisch ärgerliches Dasein führt: es handelt sich um die weithin zum politischen Schimpfwort verkommene Vokabel „Intellektueller" [35], die aus eben jener Affäre stammt und seither sowohl als schriftstellerischer Ehrentitel wie auch als diffamierender Anwurf gegen jeweils Andersdenkende benutzt wird.

Es ist hier gewiß nicht der Ort, sich über die Finessen dieses Schlüsselwortes der politischen Zeitgeschichte im 20. Jahrhundert nun en detail zu verbreiten. An der Vokabel kommt freilich keiner vorbei, der sich mit der Literaturgeschichte vom Expressionismus bis zum Exil beschäftigt. Es steht sogar so, daß die Jahre von 1910 bis 1933 gerade unter dem Gesichtspunkt der schriftstellerischen Intellektuellendebatte zu einem Kontinuum unablässiger Gesinnungskonkurrenz zusammenwachsen, wobei die dramatischen Höhepunkte zu Beginn und am Ende der Weimarer Zeit liegen. [36] Heinrich Manns Diktum vom Geistverrat abtrünniger Intellektueller — „Der Faust- und Autoritätsmensch muß der Feind sein. Ein Intellektueller, der sich an die Herrenkaste heranmacht, begeht Verrat am Geist" [37] lautet der Bannspruch aus „Geist und Tat" — gehörte zu den oft variierten Topoi der Debatte. Noch zwanzig Jahre später hielt Klaus Mann dem Rundfunkredner Gottfried Benn Verrat am Geiste vor, als dieser den nationalsozialistischen Staat mit devoter Prosa bedachte: „Solcher Selbstverrat straft sich fürchterlich (...) Der Intellektuelle, der gegen den Geist zeugt, verwest bei lebendigem Leibe." [38]

[33] Heinrich Mann: Geist und Tat. In: Pan 1 (1910/11), Nr. 5, 1. Januar 1911. S. 137—143. Zitiert nach: Macht und Mensch. S. 7.

[34] Ebd. S. 9.

[35] Dazu bes. Dietz Bering: Die Intellektuellen.

[36] Eine Dokumentation zum Rollenbewußtsein deutschsprachiger Schriftsteller zwischen 1910 und 1933 wird der Verfasser als Veröffentlichung der Darmstädter Akademie für Sprache und Dichtung vorlegen.

[37] Heinrich Mann: Geist und Tat. Zitiert nach: Macht und Mensch. S. 9.

[38] Klaus Mann: Gottfried Benn. Die Geschichte einer Verirrung. In: Das Wort 9 (1937) S. 35—42. Zitiert nach: Die Expressionismusdebatte. Materialien zu einer marxistischen Realismuskonzeption. Hrsg. von Hans-Jürgen Schmitt. Frankfurt a. M. 1973. S. 49.

Für Heinrich Mann jedenfalls war das Schlagwort „Intellektueller“ eine Erbschaft der Dreyfus-Affäre und mithin ein Ehrenname für den auf öffentliche Wirkung zielenden Schriftstellertypus, der Lüge, illegitime Macht und autokratische Privilegien bekämpft. Die Begriffsverwirrung war indes schon damals soweit fortgeschritten, daß René Schickele im Jahre 1913 den Etikettenschwindel jener rügte, die von der ursprünglichen Bedeutung des Wortes keine Ahnung hatten:

„Er ist Anstifter und Sieger der dreyfusistischen Revolution. Er ist der Mann, der mit der Feder den Säbel, mit der Vernunft die Phrase niedergerungen und diese ihrer wahren Gefährlichkeit, ihres Blutzaubers, beraubt hat. (...) Es war eine Partei geistiger Freischärler, die Partei der Unprofessionellen oder gar Parteilosen, hochherzig empfindender und radikal denkender Bürger, die vor allem geistige Ziele verfolgten. Kulturpolitiker.“ [39]

Das modische Gerede, dem sich Heinrich Mann wie Schickele verweigerten, hatte diese Bedeutung bereits getilgt und das reizvoll schillernde neue Wort zum Adelsprädikat für eben diejenigen uminterpretiert, welche ästhetisch-feinsinnig gerade die Publizität verabscheuten. Auch auf seiten der expressionismusnahen Autoren schlichen sich ebenfalls Bedeutungsverschiebungen ein, teils nietzscheanisch-voluntaristische, teils lebensphilosophisch-intuitionistische, die am Sinn des Wortes zehrten. Von da aus war dann der Schritt nicht weit, ein übersteigertes intellektuelles Selbstbewußtsein als natürliche Konsequenz besonderer Fähigkeiten zur intuitiven Erfassung und genialischen Deutung der Realität auszugeben. So kam es, daß sich etwa eine Rezensentin des künstlerisch nicht sonderlich überzeugenden Romans „Die Intellektuellen“ von Grete Meisel-Hess auf solche Selbstsuggestionen und Heinrich Manns Definition in einem Atemzuge berief, um ihre Unterscheidung zwischen den sogenannten und den wirklichen Intellektuellen plausibel zu machen:

„Nicht das Wissensmaß, nicht die Stellung, nicht einmal der Geist allein, sondern ein wundersames Feingefühl der Nerven gehört dazu, das zum Ahnen wird und sein Wesen zum leichtbeschwingten Instrument macht, in dem alle Saiten des dunklen Lebens widerhallen, widerklingen und fortzittern. (...) Der wirklich ‚Intellektuelle‘ opfert sein ganzes Leben der Wahrheit. Der Intellektuelle muß, im Gegensatz zum Intelligenten, Idealist sein und tief im Herzen ein Stück Prophetentum mit sich herumtragen.“ [40]

[39] René Schickele: Die Politik der Geistigen. In: März 7 (1913), Nr. 12, 22. März. S. 440.

[40] Marie Holzer: „Die Intellektuellen“. In: Die Aktion 3 (1913), Nr. 6, 5. Februar, Sp. 172. Die Annahme einer dem gewöhnlichen Sterblichen prinzipiell überlegenen, logisch-diskursiv unübersetzbaren Erkenntnisfähigkeit der „Intellektuellen“ im exklusiven Sinn gehört zu den gefährlichsten Uminterpretationen des Schlagwortes.

Nicht weniger pathetisch, Heinrich Manns Intentionen aber um vieles näher war dagegen, was Rudolf Kurtz in einem Leitartikel der „Aktion" an Ideologie aus „Geist und Tat" herauslas:

„Der Versuch, menschliche Ordnung auf stoffliche, außerhalb des Geistes gelegene Bestimmungen aufzubauen, verwirklicht die Tendenz des Privilegs, das zu hassen, das zu zerstören unser tiefstes, unser dämonisches Schicksal ist. Dieses Primat des Geistigen wühlt als dumpfes Rechtsbegehren im Volk: und Epochen der Weltgeschichte lösen sich ab, wenn die Stunde ihr Organ findet, es auszusprechen. (...) Dieses ungestalte Gefühl in die Wirklichkeit des Wortes auszuprägen, ist die Sendung des Intellektuellen, spezieller des Literaten wie ihn Heinrich Mann fordert." [41]

Heinrich Manns Stilisierung des oppositionellen Literaten zum kulturell-politischen Gewissen des Volkes, insonderheit die kollektive Anspruchnahme dieses Postulats im Sendungsbewußtsein der Aktivisten, trugen ihm schließlich den Ruf ein, der „Vater der deutschen intellektuellen Literatur" zu sein. Der diesen „Slogan" aufbrachte, meinte dies ganz und gar ablehnend. Otto Flake, im Jahre 1915 noch ganz im Banne des kriegsbegeisterten national-konservativen Denkens, formte damit ein folgenreiches Klischee, das die ohnedies vorhandenen Vorbehalte gegen Heinrich Mann selbst, die aktivistischen Expressionisten und das Prinzip Publizität dauerhaft befestigen sollte; immerhin erkannte er zugleich das Neuartige des Phänomens in der mangelnden öffentlichen Anerkennung dieser Spezies sehr richtig:

„(...) sie werden mit Haß auf Verhältnisse reagieren, in denen die Machthaber das einzige Recht, das sie der Kunst gegenüber haben: die großen Talente zu weithin sichtbaren Repräsentanten der nationalen Kultur zu machen, nicht nur nicht ausüben, sondern sie geflissentlich übersehen oder gar beschimpfen; aus diesem Haß oder mindestens der kalten bewußten Entfremdung wurde eine ganz neue, bestimmt gefärbte Opposition geboren, durch einen Akt der Selbsthilfe entstand, später als in anderen Ländern, und noch heute bei uns nicht als berechtigt anerkannt, der *Intellektuelle.* Der Intellektuelle ist nicht mehr der deutsche Dichter, der, wenn es ihm nicht gelingt, bei der Gesellschaft oder dem, was sich so nennt, sein Glück zu machen, irgendwo in dem großen Lande verschwindet und sich resigniert in seine selbstgezimmerte geistige Welt zurückzieht; er rechnet vielmehr scharf und unerbittlich mit den Fehlern und Sünden des ganzen Systems ab. (...) diese Intellektuellen lieben alle die französische Dominante der Kultur, die politische Orientierung (...). Diese Hochschätzung der Politik als angewandter Geistesklarheit (...) hat eine Annäherung an französisch-englische Betrachtungsweise zur Folge, die man bei uns ganz richtig demokratisch nennt." [42]

[41] Rudolf Kurtz: Heinrich Manns politische Ideologie. In: Die Aktion 2 (1912), Nr. 51, 18. Dezember, Sp. 1605 f.

[42] Otto Flake: Von der jüngsten Literatur. In: Die neue Rundschau 26 (1915), H. 9 (September). S. 1276—1287, Zitat S. 1278 f.

Daß systemkritisches Denken und demokratische Betrachtungsweise nicht nur erlaubt, sondern geboten sein könnten, kam dem Kritiker freilich nicht in den Sinn. Und ebensowenig bedachte er, daß die öffentliche Anerkennung dem ernstzunehmenden Literaten erst dann genügt, wenn sie mit der spürbaren Veränderung kritisierter Zustände Hand in Hand geht. Vielleicht ohne es zu wollen, hatte Flake damit aber ein bedenkliches Vokabular in Umlauf gesetzt, das seine diffamierende Schlagkraft noch entfalten sollte.

Im November 1915 erschien Heinrich Manns „Zola"-Essay, in dem er noch einmal die in Deutschland bestrittene Legitimität des intellektuellen Literaten umfassend erörterte. Hier findet sich die bewußt streitbare Definition des Intellektuellen und systemkritischen Bekenners, die in den Nachdrucken — wohl wegen des darin enthaltenen deutlichen Angriffs gegen den vom Krieg enthusiasmierten Bruder — fehlt:

„Wer auf so großen Vorgängen fußt, wer den Geist erlebt und erfahren und in langer Arbeit den Willen erworben hat, aufzustehen für ihn, ist von dem Geschlecht, das Zola nachfolgte und ihn ansah, ein Intellektueller genannt worden. Nur er. Intellektuelle sind weder Liebhaber noch Handwerker des Geistes. Man wird es nicht, indem man gewisse Berufe innehat. Man wird es noch weniger durch das lüsterne Betasten geistiger Erscheinungsformen — und am wenigsten sind die Tiefschwätzer gemeint, die gedankliche Stützen liefern für den Ungeist: die sich einbilden, sie hätten Erkenntnisse, und jenseits aller Erkenntnisse könnten sie die Ruhmredner der ruchlosen Gewalt sein (...). Der Intellektuelle erkennt Vergeistigung nur an, wo Versittlichung erreicht ward." [43]

Als Thomas Mann in seinen „Betrachtungen eines Unpolitischen" gegen die „Zivilisationsliteraten" zu Felde zog und die expressionistischen Aktivisten einschließlich des Bruders der Politisierung und Demokratisierung Deutschlands zieh, nutzte er Flakes Vorwürfe, nicht ohne des Dreyfus-Skandals zu gedenken: „Ein Intellektueller ist, nach der Analogie jenes Prozesses, wer geistig auf seiten der Zivilisations-Entente gegen den ‚Säbel', gegen Deutschland ficht." [44] Es kann nun nicht weiter überraschen, daß Heinrich Mann im Versuch, auf die Rätebewegung nach der Novemberrevolution Einfluß zu nehmen, abermals die Dreyfus-Affäre vor Augen hielt, um seinen Begriff des republikanisch gesonnenen Intellektuellen zu verdeutlichen; vor dem „Politischen Rat geistiger Arbeiter" in München betonte er wie schon seinerzeit gegenüber der Sozialdemokratie die prinzipielle Vorordnung des „seelische(n) Wohl(s)" vor dem „materielle(n)

[43] Heinrich Mann: Zola. In: Die weißen Blätter. S. 1355 f.

[44] Zitiert nach: Thomas Mann: Politische Schriften und Reden. Frankfurt a. M. 1968, Bd. 1. S. 44.

Glück unserer Volksgenossen" und verwies beharrlich auf das idealistische Paradigma der Publizität:

„Republikaner nennen wir Menschen, denen die Idee über den Nutzen, der Mensch über die Macht geht. Unter Republikanern kann ein unschuldig Verurteilter Gewissenskämpfe heraufbeschwören, so ungehemmt, daß sie den Verkehr, den inneren Frieden, sogar die Sicherheit des Landes bedrohen (...)." [45]

Nichts anderes als die Dreyfus-Affäre und der damalige Aktivismus der Intellektuellen konnten gemeint sein. Der auf seine Weise nicht weniger rollenbewußte Künstlerbruder Thomas Mann reagierte prompt; in seinem Tagebuch findet sich die bezeichnende Eintragung: „Es ist unleidlich. Diese alberne Verhimmelung des Dreyfus-Skandals. Die stupide Gleichstellung des deutschen ‚Kaiserreichs' mit dem Cäsarismus des franz. empire. Frech, dumm, spielerisch und unleidlich. Aber das wird als ‚Symbol' und ‚führende Persönlichkeit' ausgerufen." [46] Und auch Heinrich Mann, der Rollenhaftigkeit seines künstlerisch-politischen Profils nicht weniger ausgeliefert als der Bruder, konterte schlagwortbewußt in seiner Odeon-Rede auf den ermordeten Ministerpräsidenten Kurt Eisner: „Wer so unwandelbar in der Leidenschaft der Wahrheit und, eben darum, so mild im Menschlichen ist, verdient den ehrenvollen Namen eines Zivilisationsliteraten." [47] Eine „Gegensätzlichkeit" zwischen integrativ-bewahrenden und experimentell-utopischen Denkformen war damit zu einer „repräsentativen", im Streit zweier feindlicher Künstlerbrüder sinnfälligen geworden, deren Rollenzwang [48] für den Kampf der deutschen Intellektuellen gegeneinander im übrigen symptomatisch blieb. Um eine völlig unrelativierbare Gegensätzlichkeit dürfte es sich allerdings dabei kaum gehandelt haben, obwohl die ideologisch-politischen Streitwerte der beiden vielfach als unvereinbar empfunden wurden und es zuweilen auch tatsächlich waren.

Heinrich Manns Konzeption intellektueller Publizität des Schriftstellers, die wir bis in die Anfänge der Weimarer Zeit eingehender verfolgt haben, beerbte nicht nur den Fall Dreyfus, sondern zehrte insgeheim vom Rollen-

[45] Heinrich Mann: Sinn und Idee der Revolution. Ansprache im Politischen Rat geistiger Arbeiter, München. In: Berliner Tageblatt 47 (1918), Nr. 614, 1. Dezember, Morgen-Ausgabe. Zitiert nach: Macht und Mensch. S. 164.

[46] Thomas Mann: Tagebücher 1918—1921. Hrsg. von Peter de Mendelssohn. Frankfurt a. M. 1979. S. 101 f.

[47] Heinrich Mann: Rede bei der Gedächtnisfeier für Kurt Eisner am 16. März im Odeon. In: Neue Zeitung, München, 17. März 1919. Zitiert nach: Macht und Mensch. S. 173.

[48] Vgl. den Aufsatz von Monika Plessner: Identifikation und Utopie. Versuch über Heinrich und Thomas Mann als politische Schriftsteller. In: Frankfurter Hefte 16 (1961), H. 12. S. 812—826.

bewußtsein des exklusiven Artisten. In einem Punkte sind nämlich die an sich entgegengesetzten Modelle geistesaristokratischer Exklusivität und aktivistisch-egalitärer Publizität durchaus vereinbar: sowohl der sich apolitisch gebende Ästhet als auch der politisierte Literat beanspruchen kulturelle Legitimität und gesellschaftliche Autorität. Sie sind beide — sozusagen als feindliche Brüder — Angehörige derselben spezifisch intellektuellen Ordnung gewesen, die,

„(...) von einem besonderen Typus von Legitimation beherrscht und in Opposition zur ökonomischen, politischen und religiösen Macht, sich aus dem Gegensatz zu all den Instanzen begriff, die im Namen einer selbst nicht spezifisch geistigen Macht oder Autorität den Anspruch auf gesetzgebende Gewalt in kulturellen Dingen erheben konnte." [49]

Während Thomas Mann also innerhalb dieser geistigen Ordnung die Rolle des feinsinnigen, auf künstlerische Autonomie bedachten Intellektuellen kultivierte, der sich nur im „Notfall" politisch engagiert, spielte Heinrich Mann den Part des dreyfusistischen Intellektuellen, der den Eingriff in tagespolitische Angelegenheiten nicht scheut und im Namen radikaldemokratischer Bürgerrechte die ohnmächtige Opposition der selbstgenügsamen Ästheten entlarvt und einen Anspruch auf gesetzgebende Gewalt in politischen Dingen stellvertretend anmeldet. Ob diese — relative — Gegensätzlichkeit der Entscheidung im einen Fall durch eine tiefe Aversion gegen aktive Politik und im anderen Fall durch literarische Mißerfolge erleichtert wurde, hat einen nur biographischen Erkenntniswert. [50] Entscheidend ist in

[49] Pierre Bourdieu: Zur Soziologie der symbolischen Formen. Frankfurt a. M. 1970. S. 77.

[50] Besondere Aufmerksamkeit in diesem Zusammenhang verdienen zwei bislang unbekannte Briefe von Thomas Mann an den Bruder, die Hans Wysling kürzlich veröffentlicht hat. Das öffentliche Vorurteil, das in Heinrich Mann das Abbild eines wirkungssüchtigen „Don Quixote" der eigenen künstlerischen Erfolglosigkeit sehen wollte, findet sich hier bereits in der Rüge des Künstlerbruders: „Lieber Heinrich, ich rede aufrichtig und sage Dinge, die ich längst auf dem Herzen habe. Es ist, meiner Einsicht nach, die Begierde nach Wirkung, die Dich corrumpirt (...). Du hast den Unterschied zwischen uns beiden dahin formulirt, daß ich dem deutschen Volksempfinden näher stände, Du dagegen ‚es mit der Sensation machen müßtest' (...) Was da — machen! Wer macht denn irgend etwas (...). Was Du machst, ist krank, nicht weil es ‚krankhaft' wäre, sondern weil es das Resultat einer schiefen und unnatürlichen Entwicklung ist und einer Wirkungssucht, die Dir unaussprechlich schlecht zu Gesichte steht." (Hans Wysling: „... eine sehr ernste und tiefgehende Korrespondenz mit meinem Bruder ...". Zwei neuaufgefundene Briefe Thomas Manns an seinen Bruder Heinrich. In: DVjs 55 (1981), H. 4, S. 651 f.) Als Stein des Anstoßes fungierten hier die Überreiztheiten des Schlüsselromans „Die Jagd nach Liebe", ein Titel, der nach Meinung des erfolgverwöhnten Autors der „Buddenbrooks" lieber hätte lauten sollen: „‚Die Jagd nach Wirkung'" (S. 651). Das vermeintlich Private dieser brüderlich besorgten Rüge vom 5. Dezember 1903 erweist sich bei näherer Betrachtung wiederum als das rollen-

diesem Kontext, daß Heinrich Mann am Prinzip intellektueller Publizität auch in den zwanziger Jahren festhielt, die Publikumsorientierung seines Öffentlichkeitsmodells jedoch neu überdachte.

Noch zu Beginn der sechziger Jahre konnte man zum politisch-publizistischen Schaffen Heinrich Manns merkwürdige historische und politologische Urteilssprüche lesen, welche die Nachgeborenen vor eilfertiger Sympathie warnen sollten und die recht unglückliche Rolle der linksintellektuellen Prägegestalten der Weimarer Zeit betonten. Heinrich Mann war, so sein Neffe Golo,

„(...) ein volksfremder Romantiker im Grunde, der den Volksmann nur spielte, unerfreulichen Wahrheiten aus dem Weg ging und ein stark idealisiertes Frankreich im gläsernen Kunststil zur Nachahmung bot. Wo es zum Anklagen kam, da blitzten noch immer edler Zorn und Wahrheit durch seine Illusionen. Aber obgleich es ihm aus weiter Ferne an intuitivem Blick nicht fehlte, spielte er nur Politik; er wirkte nicht auf sie durch Literatur wie seine französischen Vorbilder; sie selber, die Politik, die Gesellschaft, wurde ihm wie etwas von Schriftstellern Erfundenes, Künstlerisch-Groteskes, an dessen Korruption und Schlechtigkeit er seine heimliche Freude hatte.“ [51]

In dieselbe Kerbe schlug, was Kurt Sontheimer seinerzeit mit Blick auf Heinrich Manns Essay „Die deutsche Entscheidung“ von 1931 nur noch rhetorisch anfragte:

„Gehörten die Intellektuellen dieses Schlages nicht auch zu jenen, die durch ihre scharfe Polemik und Satire — sie richtete sich ja keineswegs nur gegen Nationalisten und Faschisten — die Republik unterhöhlt hatten? Schmähten sie nicht unablässig die Parteien, die im Rahmen der republikanischen Ordnung die kapitalistischen Interessen vertraten; gossen sie nicht unaufhörlich die ätzende Säure ihrer Kritik über eine im System gefangene Sozialdemokratie, von der sie behaupteten, daß sie die Seele verloren und nur ihr Körpergewicht bewahrt habe?“ [52]

hafte Öffentliche beider Positionen. Öffentlich an der Invektive war nicht nur die geborgte Impertinenz, mit der Thomas Mann die unselige Gesundheitsideologie der kulturkonservativen Kulturkritik gegen das problematische Buch des Älteren ins Feld führte, öffentlich war auch die beiden früh oktroyierte Gegensätzlichkeit zwischen einer moderaten Kunstkonzeption des bürgerlichen Nonkonformismus und einem vermeintlich antibürgerlichen Sensationalismus. Das Mentalitätsstereotyp „deutsches Volksempfinden“, das Heinrich Mann stets gegen sich ausgespielt fühlte, ist als öffentliches Selektionskriterium wirksam gewesen, bevor sich das Rollenbewußtsein der Brüder Mann auf gegensätzliche Repräsentanz kaprizierte. (Vgl. dagegen André Banuls: Thomas Mann und sein Bruder Heinrich — „eine repräsentative Gegensätzlichkeit“. Stuttgart 1968.)

[51] Golo Mann: Deutsche Geschichte 1919—1945. Frankfurt a. M. u. Hamburg 1961. S. 43.

[52] Kurt Sontheimer: Antidemokratisches Denken in der Weimarer Republik. Die politischen Ideen des deutschen Nationalismus zwischen 1918 und 1933. München 1962. S. 389.

Wenngleich die hiermit zuwege gebrachte Legendenbildung längst ihre allgemeine Überzeugungskraft verloren haben mag, scheint das zählebige Gerücht von den linksintellektuellen „Totengräbern" der Weimarer Republik gerade auf diesem Symposium nicht ohne Widerspruch bleiben zu dürfen. Insoweit die neuere Geschichtsforschung Pauschalthesen dieser Provenienz bereits hinreichend problematisiert hat, besteht dabei freilich kein Grund zu einer dramatisierenden Replik. [53]

So wenig aber die These, Heinrich Mann oder der noch radikalere und weitaus resignativere Republikkritiker Kurt Tucholsky hätten — womöglich wider Willen — an der Zerstörung demokratischen Bewußtseins und — gleichsam versehentlich — den Geltungsverlust formaldemokratischer Stützen herbeigeführt, heute einer umständlichen Widerlegung bedarf, so sehr ist man genötigt, den idealistisch-illusionären Ansatz zu beleuchten, dem sie den Schein historischer Wahrheit und berechtigter Kritik verdankte. Wer nämlich die Macht linksorientierter Intellektueller anno 1931 in dieser Weise überschätzt, pflegt den Heinrich Mann unterstellten Wirkungsidealismus im ungefährlichen Bereich der moralischen Nachbetrachtung selber. Vielleicht lief man aus der Sicht des relativ intakten bundesrepublikanischen Demokratiebewußtseins überhaupt Gefahr, resignatives Rollenverständnis und desto vehementere öffentliche Kritik des politischen Spielertums zu verdächtigen, weil von der „Ohnmacht" der Intellektuellen gewöhnlich nur noch im gepflegten Ton des Feuilletons gesprochen wurde. [54]

Was Heinrich Mann anbelangt, scheint es an der Zeit, das ungute Stereotyp vom politisierten Literaten, der sich bedauernswerten Wirkungsillusionen und verfehlten Vorstellungen hinsichtlich der wirklichen politischen Konsequenzen seiner Interventionen hingegeben habe, endgültig fallen zu lassen. Erst jenseits der kultiviert-liberalen Abrechnungen vermag man jene irritierende Vorordnung des Geistes im Denken des Autors als Versuch schriftstellerischer Selbstbehauptung angemessen zu würdigen. Weder für die vielzitierte „idealistische deutsche Intellektuellenkrankheit" [55] — sich über Macht- und Wirkungslosigkeit zu beklagen und zugleich wo immer die

[53] Vgl. Renate Werner: Heinrich Mann — Zu seiner Wirkungsgeschichte in Deutschland. Vorwort zu: Heinrich Mann. Texte aus seiner Wirkungsgeschichte in Deutschland. München bzw. Tübingen 1977. S. 27 ff., wo auf die Untersuchungen von Helmut Böhme, Karl Dietrich Bracher u. Gerhard Schulz hingewiesen wird.

[54] Vgl. z. B. Kurt Hoffmann (Hrsg.): Macht und Ohnmacht der Intellektuellen. Nach einer Vortragsreihe des Bayerischen Rundfunks. Hamburg 1968.

[55] Renate Werner: Heinrich Mann — Zu seiner Wirkungsgeschichte in Deutschland. S. 18.

öffentliche Aktion und die praktische Politik als „schmutziges Geschäft" zu bagatellisieren — noch für die zuweilen vermutete voreilige Resignation der Weimarer Intellektuellen liefert Heinrich Mann nämlich das Muster. Er hat die öffentlichen Verpflichtungen der von ihm nachhaltig geforderten gesellschaftlichen Rolle des Schriftstellers vielmehr außerordentlich bewußt wahrgenommen und die inzwischen erreichte Publizität konsequent benutzt, politischen Einfluß zu nehmen.

Zu Beginn der Republik stand es um seinen Öffentlichkeitsanspruch so schlecht nicht: Der Auflagenerfolg des „Untertan" und die beachtliche Resonanz seiner Essaysammlung „Macht und Mensch" markieren gewiß einen Durchbruch zum breiteren Publikum.[56] In den besten Jahren der Republik galt er, nicht nur unter französischen Intellektuellen, als Repräsentant des europäischen, verständigungsbereiten und demokratiebewußten Deutschland[57], und unverzagte Gesinnungsgenossen feierten ihn noch inmitten der Agonie der Weimarer Republik gar als den deutschen Zola. Heinrich Mann hat dieses äußerliche Prestige zuweilen genossen, ohne die Inanspruchnahme als dekorative Fassade zu durchschauen, die ihm damit zugewachsene Rolle aber stets als eine zugemutete empfunden, und zwar künstlerisch wie intellektuell. So klagt er im April 1923 in einem Brief an Félix Bertaux: „Wir haben es soviel schwerer, als die Mächte des Bösen, denen ihre Propaganda von selbst kommt. Uns kostet sie die persönlichsten Opfer; wie viel lieber schriebe ich jetzt an meinem Roman, den Artikel zu oft unterbrechen müssen. Aber wenn Meinesgleichen nicht seine Pflicht thut, wer bleibt übrig."[58] Im Dezember 1926 schreibt er demselben Adressaten: „Ich werde so viel in Anspruch genommen wie 1918 und spüre nach Jahren der Zurücksetzung wieder die Erfolgswelle. Man muß immer erst ‚recht gehabt haben'. Ich sehe nach den wechselnden Erfahrungen, die hinter mir liegen, den Dingen mit Skepsis zu."[59]

Über 300 Essays, Reden und Aufrufe waren das Resultat dieser intellektuellen Redlichkeit, die man auch als künstlerische Selbstlosigkeit bezeichnen könnte. Die brisanten Artikel Revue passieren zu lassen, wäre Aufgabe

[56] Nach dem Verkaufserfolg des „Untertan" und der beachtlichen Resonanz von „Macht und Mensch" (10 000 verkaufte Exemplare bis 1920) starteten die Romane der Weimarer Zeit mit bis zu 30 000 Stück.

[57] Vgl. André Banuls: Heinrich Mann und Frankreich. In: Heinrich Mann 1871/1971. Bestandsaufnahme und Untersuchung. Ergebnisse der Heinrich-Mann-Tagung in Lübeck. Hrsg. von Klaus Matthias, München 1973. S. 221—233.

[58] Zitiert nach Siegfried Sudhofs Beitrag „Heinrich Mann und der europäische Gedanke". In: Ebd. S. 151.

[59] Brief vom 8. Dezember 1926. Zitiert nach: Heinrich Mann. Sieben Briefe an Félix Bertaux. In: Akzente 16 (1969). S. 397.

einer eigenen Darstellung, die bis heute fehlt.[60] An Heinrich Manns Verdienst, in ihnen unbeirrt die Durchsetzung inhaltlicher Demokratie stets eingeklagt zu haben, ist nicht viel zu deuteln. Was sogar gewogene Zeitgenossen damals in kritisches Erstaunen setzte, war freilich der prononciert „idealistische" Tenor dieser unermüdlichen öffentlich-publizistischen Tätigkeit und die Vehemenz ihrer moralisierenden Abstraktionen. Der gefährlichen Kompromisse bewußt, die das Weimarer Schauspiel einer Demokratie mit antidemokratisch eingestellter Führungselite und weitgehend unveränderter Wirtschaftsordnung ermöglichten, scheute er sich nicht, 1923 „die Diktatur der Vernunft" zu fordern: „Statt der drohenden Diktatur der Gewalt die Diktatur des Rechtes."[61] Man kann dies als kurzsichtigen und wirklichkeitsfremden Radikalismus des Wortes deuten, der in Verkennung realpolitischer Kräfte den Bogen überspannt; hier antidemokritisches Denken am Werk zu sehen, verfehlt Heinrich Manns Wirkungsabsicht.[62] Ihm ging es um das Elend der nicht eingreifenden, wehrlosen, auf Spielregeln zurückgenommenen Demokratie, der zur Durchsetzung ihrer Rechte die Mittel fehlen. Die Inflationszeit hatte indessen ganz andere Probleme.

„Beteiligung der Demokratie an der Literatur ist möglich"[63], heißt es ein Jahr später zuversichtlicher. Es ist die Zeit, in der sich Heinrich Mann — nicht ohne Sentiment — vom Intellektuellenpublikum loslöst und die allmähliche Konstituierung eines demokratisierten Publikums in Betracht zieht: „eine mündige, selbstdenkende, selbsttätige Gesellschaft" bedürfe der „Geistesbildung der Vorkriegszeit" nicht mehr, jener „‚Kultur', die ein Vorrecht war, im Munde geführt von wenigen tausend snobistischen ‚Kulturträgern' (...)".[64] Beteiligung der Literatur an der Demokratie hielt er bald danach für gegeben. Die Institutionalisierung schriftstellerischer Publizität durch die Gründung der „Sektion für Dichtkunst" schien ein Beweis für die ersehnte politische Kultur zu sein.[65] Die Hoffnung, als Mitglied von Anfang

[60] Insbesonders fehlt es an Untersuchungen der Strategien des öffentlichen Sprechens bei Heinrich Mann, welche die Grenzen der bürgerlichen Rezipientenschicht zu durchbrechen suchen. Hugo Dittberner sieht dies ganz ähnlich: „Heinrich Manns Tendenzen, intentional oder im Verfolg einer allgemein herrschenden Tendenz, hin auf dieses Massenpublikum differenziert darzustellen, bleibt eine Aufgabe der Forschung." (Heinrich Mann. S. 158.)

[61] Heinrich Mann: Diktatur der Vernunft. In: Vossische Zeitung 220 (1923), Nr. 481, 11. Oktober, S. 1. Zitiert nach: Sieben Jahre, (Sie gehen bis zum Verrat). S. 163.

[62] Vgl. dagegen das Referat von Herbert Lehnert.

[63] Heinrich Mann: Geistiges Gesellschaftskapital. In: Neues Wiener Journal 33 (1925), 7. April. Zitiert nach: Sieben Jahre. S. 208.

[64] Ebd. S. 206.

[65] Zu den eingeschränkten Wirkungsmöglichkeiten dieser Institution vgl. Inge Jens: Dichter zwischen rechts und links. Die Geschichte der Sektion für Dichtkunst der Preußischen Akademie der Künste. Dargestellt nach den Dokumenten. München 1971.

an nun sozusagen offizielle Kulturpolitik führen zu können, nährte die alte geistesaristokratische Fiktion von der gesellschaftlichen Leitfunktion der Intellektuellen:

„Der Schriftsteller ist Führer jeder Demokratie, auch der unvollständigen. Sein Einfluß begleitet das öffentliche Geschehen, sonst wäre es Interessen preisgegeben. Er ist unentbehrlich. Sein Rang steigt mit der Freiheit eines Volkes. Dies und nichts anderes besiegelt die Republik Preußen, wenn sie ihre Akademie der Künste erweitert durch eine Sektion für literarische Kunst." [66]

Das sind pathetische Worte von nachgerade unglaublicher Selbsteinschätzung und verkennender Idealisierung des Faktischen. Weder von der Marginalisierung des Literaten in der Massengesellschaft noch vom partikulären Charakter solcher Einrichtungen ist die Rede. Es nimmt daher nicht wunder, daß Heinrich Manns Vorordnung des Geistigen sowohl wie des Geistes, sein gegen Realitäten abgeschottet erscheinender Anspruch auf Öffentlichkeit, Wirkung und Führung den zeitgenössischen und nachgeborenen Kritikern als die eigentliche — idealistische — Schwäche seiner Position galt und gilt. Insbesondere hat Bertolt Brecht diesen Primat des Intellektuellen als ideologisch ahnungsloses Tui-Denken bloßzustellen versucht: „In ihnen hat sich die Überzeugung festgesetzt, daß der Geist die Materie bestimmt (...). Immer ist der Geist den Tatsachen voraus, aber nicht wie ein Traktor, sondern wie ein Kapriolen treibender Hund. Folgenlosigkeit ist der Passepartout für den ‚Geist'." [67] Dem ist, zumindest was das Scheitern der Weimarer Republik angeht, wenig zu entgegnen, jedoch in Sachen Heinrich Mann ein wesentlicher Gesichtspunkt hinzuzufügen.

Daß vorwegnehmende Bewegungen im sogenannten „Überbau" möglich sind, wird auch die materialistische Literaturgeschichtsschreibung eingestehen, und insofern behauptet eine künstlerische Konzeption wie diejenige Heinrich Manns, die das literarische Werk als dichterische Antizipation zukünftiger Wirklichkeit postuliert, ihr volles Recht. Problematischer dagegen ist die Frage nach der ursächlichen gesellschaftsbildenden und -verändernden Wirkung der Literatur zu beurteilen, nach der Dynamik und Macht der Worte. [68] Trotz aller nach außen zur Schau getragenen Zuversicht und idealistisch formulierten Beharrlichkeit bei der öffentlichen Aktion hatte

[66] Heinrich Mann: Letzte Warnung. In: Berliner Tageblatt 55 (1926), Nr. 526, 6. November, Abend-Ausgabe. Zitiert nach: Sieben Jahre. S. 298.

[67] Bertolt Brecht: Der Tui-Roman. Fragment. Frankfurt a. M. 1973. S. 7 f.

[68] Zu den wirkungstheoretischen Grundlagen einer Kontrolltheorie der Literatur, die mit der passiven Beeinflußbarkeit der Rezipienten rechnet, vgl. Ruth A. Inglis: Das Verhältnis von Literatur und Gesellschaft in objektiver Betrachtung. In: Wege der Literatursoziologie. Hrsg. von Norbert Fügen. Neuwied u. Berlin 1968. S. 163—176.

Heinrich Mann ausgerechnet in diesem Punkt seine besonderen Zweifel. Es fällt auf, daß der strategische Idealismus seiner Essayistik in den Briefen — gleichsam „privat" also — ständig bewußt bleibt, und zwar ganz im Sinne einer wirkungsskeptischen Reserve.

Ein gutes Beispiel für den forcierten Idealismus des essayistischen Entwurfs bei paralleler skeptischer Zurückhaltung im brieflichen Kommentar ist der Sektionsbericht „Dichtung und Politik" von 1928. Scheinbar unbehelligt von jedem Selbstzweifel behauptet Heinrich Mann dort die Verpflichtung des Schriftstellers zur Aufsicht über die öffentlichen Gewalten in Staat und Gesellschaft, welche vom Geist auferlegt sei: „Wir nennen Geist die menschliche Fähigkeit, der Wahrheit nachzugehen ohne Rücksicht auf Nutzen oder Schaden, und Gerechtigkeit zu erstreben sogar wider die praktische Vernunft." [69] Was sich so als rigoroses sendungsbewußtes Ethos der Gesinnung darstellt, äußert sich hinter der Kulisse als skeptische Strategie: „Gerade jetzt beende ich einen ‚Bericht' an die Preußische Akademie über ‚Dichtkunst und Politik', wo ich die unbeschränkten Rechte des freien Geistes vertrete", heißt es im Brief vom 20. Mai 1928 an Bertaux, der über die eigentlichen Motive aufklärt: „Ich meine im Grunde: halten, so lange man kann! Aber sich auf etwas anderes doch vorbereiten." [70] Bei allem Glauben an die Macht der Worte scheint Heinrich Mann die idealistische Methodik seiner öffentlichen Aktionen und Proteste letzten Endes als absichtsvolle Verfahrensweise wirkungsskeptischer Selbstbehauptung betrachtet zu haben. Daß die Feder mächtiger sein kann als das Schwert, hatte Heinrich Mann an der Dreyfus-Affäre und Zolas Publizität bewiesen gefunden. Und doch bezeichnete er die für seinen Öffentlichkeitsanspruch modellbildende Dreyfus-Zeit als den „Höhepunkt tatfreudiger Skepsis". [71]

„Tatfreudige Skepsis" und keineswegs ein verblendeter, pathetisch verblasener Wirkungsidealismus zeichnet Heinrich Manns Öffenlichkeitskonzept der Literatur aus; der betont plakative Verbalidealismus seiner Schriftstelleressays und mancher tagespolitischen Schrift darf darüber nicht hinwegtäuschen. Ich meine, ein bislang unveröffentlichter Brief Heinrich Manns bestätigt diese These nicht nur, sondern wirft darüber hinaus ein Licht auf den existentiellen Grund, der diese „idealistische" Rollenfassade dringlich

[69] Heinrich Mann: Dichtkunst und Politik. Bericht an die Preußische Akademie der Künste, Sektion für Dichtkunst. In: Die neue Rundschau 39 (1928), H. 7 (Juli), S. 1—13. Zitiert nach: Sieben Jahre. S. 498.

[70] Zitiert nach: Heinrich Mann 1871—1950. Werk und Leben in Dokumenten und Bildern. S. 237.

[71] Heinrich Mann: Skepsis und Liebe. Zum Tode von Anatole France. In: Frankfurter Zeitung 69 (1924), Nr. 787, 21. Oktober, 1. Morgenblatt, S. 1—2. Zitiert nach: Geist und Tat. Franzosen 1780—1930. Berlin 1931. S. 267.

werden ließ. Am 17. Oktober 1923, inmitten einer durch Resignation bedrohten Schaffensphase verfaßt, bezeugt das an Tucholsky gerichtete Schreiben den ungebrochenen Willen zur schriftstellerischen Selbsterhaltung:

„Sie haben natürlich recht mit Ihren Zweifeln an der Wirksamkeit meiner vorigen Arbeit und aller übrigen. Der französische Kollege unseres Staatsmannes würde einem Schriftsteller, der ihm so freundlich zuredet, beispielsweise vielleicht seine Visitenkarte schicken. Anders der hiesige. Denn erstens: hat er es nöthig? Und dann, ich kompromittire ihn höchstens. Aber das wußte ich vorher und habe mir die Mühe auch nicht seinetwegen gemacht, so wenig wie für diese fragwürdige Nation: sondern mehr zu meiner Selbstbehauptung. Was vernünftig wäre, muß man doch wenigstens gewußt haben, sonst ginge man gar zu nichtswürdig mit unter." [72]

Die Rede ist von Heinrich Manns Offenem Brief an Gustav Stresemann, in dem der die „Diktatur der Vernunft" beschwor. Über die scheinbar unnachgiebige Selbstermächtigung zur intellektuellen Autorität, steht weiter zu lesen:

„Als ich für ‚Europa, Reich über den Reichen' einige vehement idealistische Forderungen aufgestellt hatte, sagte ein deutscher Berufsgenosse: ‚Das ist so blau.' Dagegen ein Franzose: ‚Justement. Il faut forcer sa conviction.' So ist es. So ist wahrscheinlich alles gemacht worden, was an Besserungsversuchen je unternommen wurde. Wer auf die eigene restlose Überzeugtheit wartet, kommt nie zu was. Womit nicht gesagt ist, daß ich zu was komme. Aber wenn ich bloß meine Skepsis sprechen ließe? Dann hätte der übliche Schafskopf oder Halunke jede erdenkliche Ausrede. Ich zeige ihnen, daß sie eigentlich gar nicht so dumm und so verbrecherisch sein müßten, und daß das sogar besser wäre für sie selbst. Sie wollen es trotzdem sein? Na schön. Dann muß ich immer noch hoffen, daß die Macht der Dinge — oder etwa gar die Macht des Geistes, der in den Dingen ist — es besser mit ihnen meint als sie selbst. Das ist vorgekommen. Im Übrigen und für den Tagesbedarf ist Pessimismus erlaubt und geboten. Bevor der härteste — sachliche oder menschliche — Zwang unseren Zeitgenossen etwas Anstand abnöthigt, werden sie noch tolle Zicken machen. Ich sehe dem entgegen." [73]

Der idealisierende Vorgriff in der öffentlichen Aktion, um die eigene Überzeugung zu bestärken, geistige Politik als schriftstellerische Selbstbehauptung, um der privaten Resignation Herr zu werden — diese Denkform wäre zu kritisieren, wenn man unbedingt auf Schwächen des Rollenbewußtseins von Heinrich Mann aus sein sollte. Noch nach der Machtergreifung

[72] Zitiert nach dem Original im Deutschen Literaturarchiv Marbach/Neckar. Der kommentierte Abdruck des Briefes und dreier Karten Heinrich Manns an Kurt Tucholsky (siehe Petra Goder-Stark: Das Kurt-Tucholsky-Archiv. Marbach 1978, S. 39) ist für die Nr. 17 der Heinrich-Mann-Mitt. vorgesehen. Ich danke Frau Mary Tucholsky (Rottach-Egern) und dem Aufbau-Verlag (Berlin-DDR) für die Erlaubnis zur Veröffentlichung.

[73] Ebd.

17. Okt. 1923
München
Leopoldstr. 59

Verehrter Herr Doctor Tucholsky,

Ihr Brief erfreut mich, weil ich sehe, dass Sie gern mit mir sprechen. Trostreich ist er nicht, aber das ist auch nicht zu verlangen. Sie haben natürlich recht mit Ihren Zweifeln an der Wirksamkeit meiner vorigen Arbeit und aller übrigen. Der französische Kollege unseres Staatsmannes würde einem Schriftsteller, der ihm so freundlich zuredet, beispielsweise vielleicht seine Visitenkarte schicken. Anders der hiesige. Denn erstens: hat er es nöthig? Und dann, ich kompromittire ihn höchstens. Aber das w[illegible]ste ich vorher, und habe mir die Mühe auch nicht seinetwegen gemacht, so wenig wie für diese fragwürdige Nation: sondern mehr zu meiner Selbstbehauptung. Was vernünftig wäre, muss man doch wenigstens gewusst haben, sonst ginge man gar zu nichtswürdig mit unter.

Als ich für „Europa, Reich über den Reichen" einige ehement idealistische Forderungen aufgestellt hatte, sagte ein eutscher Berufsgenosse: „Das ist so blau". Dagegen ein ranzose: „Justement. Il faut forcer sa conviction." So ist es. o ist wahrscheinlich alles gemacht worden, was an Besserungs-[illegible]suchen je unternommen wurde. Wer auf die eigene restlose berzeugtheit wartet, kommt nie zu was. Womit nicht gesagt -, dass ich zu was komme. Aber wenn ich bloss meine Skepsis echen liesse? Dann hätte der übliche Schafskopf oder Halunke de [illegible]denkliche Ausrede. Ich zeige ihnen, dass sie eigentlich nicht so dumm und so verbrecherisch sein müssten, und dass s sogar besser wäre für sie selbst. Sie wollen es trotzdem sein? schön. Dann muss ich immer noch hoffen, dass die Macht Dinge — oder etwa gar die Macht des Geistes, der in den gen ist — es besser mit ihnen meint als sie selbst. Das ist gekommen.

Im Übrigen und für den Tagesbedarf ist Pessimismus aubt und geboten. Bevor der härteste — sachliche oder menschhe — Zwang unseren Zeitgenossen etwas Anstand abnöthigt,

werden sie noch tolle Zicken machen. Ich sehe dem entgegen.
Was heisst: „Alles gute für Sie in München"? Wenn Sie mir einmal irgendwelche beunruhigende Nachrichten geben können, unterlassen Sie es bitte nicht!

Vor Weihnacht werde ich wohl nach Prag fahren, dort soll Madame Legros gespielt werden. Wie gern hätte ich noch vorher mein Stück „Das gastliche Haus" in Berlin gehabt. Aber es liegt an den Schauspielern, die die Gewalt haben. Holländer geht ohne zu gehen. Dauert sein Abgang noch lange, so müssen die liebenswürdigen Künstler noch unter ihm die nächste deutsche Uraufführung machen, es ist wenigstens anzunehmen. Ist dies nicht mein Stück, so wäre damit erwiesen, dass sie nicht nur gegen ihren Direktor, sondern gegen mich sind; (es ist ein soziales Stück, mit politischem Einschlag.) Dies zu erfahren, wäre lohnend. Sie sprechen doch viel mit Theaterleuten, können Sie es nicht herausbringen? Betheiligt ist als Regisseur Günther, als Hauptdarstellerin Fein. Ersterer sagte: „Die Stimmung im Theater ist so erregt, dass ich den Schauspielern das Stück frühestens auf der zehnten Probe nahebringen könnte." Was heute natürlich nur noch Redensart wäre. Diese Herrschaften sind von ihren eigenen Rechten so überzeugt; das ganze Land muss sich für sie aufregen, wenn sie mal streiken. Aber einen Autor beleidigen, ist die einfachste Sache. Ihn schädigen, sein Stück entwerthen, das dauernd angekündigt und nie gespielt wird, ihn zwingen, es entwerthet wieder an sich zu nehmen, das alles geht glatt. Vielleicht höre ich von Ihnen, wenn Sie mit Jemand gesprochen haben?

Nun, dies sind persönliche Sorgen; und Ihr Brief war nur von den öffentlichen beherrscht. Sie sind weiser als ich.

Seien Sie herzlich begrüsst.

Ihr Heinrich Mann

Soeben dringt die Nachricht bis zu mir, dass Rosen Direktor geworden ist. Man kann aber die Schauspieler jetzt erst recht, scheint mir, fragen, ob Sie, die die Aufführung bisher verhindert haben, den neuen Direktor nicht ersuchen wollen, es als erstes herauszubringen. Wenn Sie das nicht thun, weiss ich Bescheid

Heinrich Mann an Kurt Tucholsky, 17. Oktober 1923. Original: Tucholsky-Archiv im Deutschen Literaturarchiv, Marbach/N.

Hitlers, bereits im französischen Exil, beschließt er seine Manifestation „Die erniedrigte Intelligenz" mit einem erneuten Bekenntnis zu tatfreudiger Skepsis des Literaten, der sich im Recht glaubt und zugleich erkennt, daß erst die Normativität des Faktischen recht gibt:

„Ich glaube wie je, daß literarische Bemühungen niemals ohne Wirkung bleiben, wie lange es auch dauern mag, bis die greifbare Welt ihnen zugänglich wird. Künftige Menschen können sich einem gerechteren Handeln nur dann gewachsen zeigen, wenn wir verharrt haben in der Sprache der Wahrheit." [74]

Bis in die Wortwahl dokumentiert sich auch hier noch die fortwirkende Ausstrahlung des Dreyfus-Paradigmas mit seinem Wahrheitsgebot und Rechtsanspruch im wirkungsskeptischen Rollenbewußtsein des streitbaren Republikaners. Die neuerlich notwendig gewordene Selbstvergewisserung, als Schriftsteller und Intellektueller von Nutzen zu sein, betraf wiederum nur die Publikumsorientierung. Ich meine die Wendung des Nicht-Marxisten Heinrich Mann zur proletarischen Öffentlichkeit, die sein Engagement im Rahmen der antifaschistischen Volksfrontpolitik begleitete. An die Prager „Rote Fahne" schrieb er am 10. August 1935:

„Der Begriff ‚Antifaschist' ist neu und wichtig: Er stellt eine wirkliche, große Menschengemeinschaft her. So kommt es, daß Arbeiter, Proletarier mich zu den ihren zählen wollen und daß ich ihnen sagen darf: ihr habt recht, ich danke euch. Ich habe allerdings von jeher unter dem Volk die arbeitenden Menschen verstanden, und selbst ein redlicher Arbeiter, habe ich mich ihnen nahe gefühlt. Inzwischen aber stellt sich heraus, daß ich auch als denkender Mensch, ebenso wie als arbeitender, Zustimmung und guten Willen nur beim Proletariat finden kann. Die entarteten Nachkommen der ehemaligen Bildungsschicht flüchten heute das ehrliche Denken und hassen einen Gestalter, der sie selbst nur zu gut dargestellt hat (...)." [75]

Als Gestalter und Intellektueller hatte Heinrich Mann während der Weimarer Zeit allen Grund zur tatfreudigen Skepsis auch dieser Sätze: nicht nur die zunehmende Ablehnung des bürgerlichen Lesepublikums, sondern auch der Argwohn der Ideologen der Arbeiterklasse waren ihm gegenwärtig. Man darf daher zumindest noch die Frage stellen, ob Heinrich Manns Entscheidungen nach dem Debakel von 1933, in dem sich für ihn die Ohnmacht der deutschen Intellektuellen seines Formats erwiesen hatte, weniger politisch-ideologisch denn vielmehr als Aktionen künstlerischer und intellek-

[74] Heinrich Mann: Die erniedrigte Intelligenz. In: Das Neue Tage-Buch 1 (1933), H. 12, 16. September, S. 282—286. Zitiert nach: Der Hass. Deutsche Zeitgeschichte. Amsterdam ²1933. S. 194.

[75] Zitiert nach Werner Herden: Geist und Macht. Heinrich Manns Weg an die Seite der Arbeiterklasse. Berlin u. Weimar ²1977. S. 86.

tueller Selbstversicherung zu beurteilen sind: „um als Schriftsteller gebraucht zu werden“ [76], um die immer wieder versagte Wirkung in der Lebenspraxis endlich zu finden. Noch am Ende des Weimarer Dramas jedenfalls hielt er den Leitbegriff „Öffentlichkeit“ mehr als je für unteilbar: die unverkürzte Kommunikation einer entwickelten inhaltlichen Demokratie schwebte ihm dabei vor, eine Gesellschaft, in der „alle, ohne Unterschied der Klasse“, am öffentlichen Leben Anteil haben. [77]

[76] Jörg Schönert: „Wir Negativen“ — Das Rollenbewußtsein des Satirikers Kurt Tucholsky in der ersten Phase der Weimarer Republik (1918—1924). In: Kurt Tucholsky. Sieben Beiträge zu Werk und Wirkung. Hrsg. von Irmgard Ackermann. München 1981. S. 88. Die für andere linksintellektuelle Schriftsteller relevante Frage, ob das erwogene Bündnis mit dem klassenbewußten Arbeiter vor allem die Aufhebung der Funktionslosigkeit gewähren sollte, d. h. wesentlich sozialgeschichtlich-rollentheoretisch statt politisch-ideologiekritisch zu beurteilen ist, stellt sich bei Heinrich Mann um so mehr, als er auf seinem Weg an die Seite der Arbeiter erst während des antifaschistischen Kampfes klassenideologische Momente in das schriftstellerische Rollenbewußtsein aufnahm.

[77] Heinrich Mann: Die geistige Lage. Vortrag. In: Das öffentliche Leben. Berlin, Wien u. Leipzig 1932. S. 51.

ELKE EMRICH

Heinrich Manns Novelle „Kobes"

oder die „bis ans logische Ende" geführte deutsche Geistesgeschichte

In einem Brief an Kurt Tucholsky nannte Heinrich Mann die Novelle „Kobes" „den Hymnus der Inflation, eine Art Stinnes-Verklärung in Novellenform" [1]; uns dagegen erscheint sie heute als eine Prophetie des Faschismus. Es drängt sich uns daher die Frage auf: Sollte diese Novelle bereits eine Lösung des historischen Rätsels enthalten, wieso das deutsche Volk zwölf Jahre lang dem Hitler-Faschismus verfallen konnte? Was hat 1923 mit 1933 zu tun? Welche den Faschismus präfigurierenden zeittypischen Erscheinungen hat Heinrich Mann eigentlich in dieser novellistischen Gestaltung jener „Tragödie von 1923" herauspräpariert, die er in sechs Essays des gleichen Jahres als das „Sterben der geistigen Schicht", als den „Ruin des Mittelstandes", als die „Gierigstenherrschaft" beschrieb? [2]

Vergegenwärtigen wir uns die Novelle selbst: Markiert ihren Beginn der Tod des Mittelstandes, eines Mannes im Cut, der sich in „Selbstverleugnung" um der Kobesmythe willen buchstäblich zu Tode rennt, so bildet den Schluß der um seiner Selbstachtung willen in den Tod rennende Intellektuelle Sand. Die Novelle erweist sich also als Allegorie: Der Mann im Cut, Kobes, Sand repräsentieren ganze Gesellschaftsschichten, die Inflation gerät zur Inflation des Geistes, des Menschen selbst.

Im Angesicht der „Leiche des totgerannten Mittelstandes" (125) definieren die oberen Chargen des Reiches Kobes', sieben Rayonchefs, die Herrschaftsprinzipien dieses autonomen Machtgebildes: „‚Sozialabbau!' ‚Gehälterabbau' (...) ‚Beamtenabbau' — ‚Kulturabbau!' (...) ‚Abbau des Lebens' (...) ‚Wir sind die Wirtschaft. Leben müssen nicht Menschen, sondern die Wirtschaft. Zu erhalten ist nicht das Leben, sondern die Substanz. Unser Pro-

[1] Abgedruckt in: Sigrid Anger (Hrsg.): Heinrich Mann. 1871—1950. Werk und Leben in Dokumenten und Bildern. Mit unveröffentlichten Manuskripten und Briefen aus dem Nachlaß. Berlin und Weimar ²1977. S. 211—213, S. 212.

[2] Heinrich Mann: Sieben Jahre. Chronik der Gedanken und Vorgänge. Berlin, Wien u. Leipzig 1929. S. 96—163, hier: S. 96 f., 115. Im Folgenden zitiert unter der Sigle SJ.

blem: durchkommen mit unverminderter Geltung und konzentriertem Nationalvermögen, bis genügend Menschen verhungert sind, daß der Rest in unser System paßt. Wir sind System! Wir sind Idee!'

'Der deutsche Idealismus sieht wesentlich anders aus, als Literaten ihn sich gedacht haben', sagte sinnend der Rayonchef für Propaganda." [3] (127) Hier stellt sich uns die Frage: Was hat der deutsche Idealismus, wie Literaten ihn verstehen mögen, mit dem Mythos Kobes, mit einer Wirtschaft zu tun, die sich 1923 in der Tat als eine autonome, vom Staat unabhängige, Menschenleben und kulturelle Werte mißachtende und der Bevölkerung zum Mythos gewordene Macht darstellte? Hat Heinrich Mann hier etwa nur um der Pointe willen den deutschen Idealismus ins Spiel gebracht? Charakterisiert er hier lediglich *die* Perversion des Geistes, wie sie für einen Rayonchef, einen Minister für Propaganda bezeichnend sein mag? Oder sollte er tatsächlich einen Zusammenhang erblicken zwischen dem deutschen Idealismus und den in „Kobes" pointiert eingebrachten Realitäten jenes Reiches Stinnesien, das in kritischen Kommentaren zum Wirtschaftsgeschehen in der Weimarer Republik etwa in der „Weltbühne" der Jahre 1921—1923 kontinuierlich vor Augen geführt wird?

Ein Vergleich zwischen diesem Stinnesien der „Weltbühne" und der Novelle „Kobes" mag uns hier weiterführen. Zunächst ist festzuhalten, daß Heinrich Mann der „Weltbühne" all jene Fakten über Stinnes und das „Weltreich Stinnesien" [4] entnehmen konnte, die in z. T. satirischer Überspitzung in die Novelle eingegangen sind. Eine *Jahresbilanz* der ersten Januarnummer des Jahres 1922 resümiert: „Für das deutsche Volk aber muß im neuen Jahr die Entscheidung fallen, ob es fortan in der Republik Deutschland wohnen soll oder im Kaiserreich Stinnesien." [5] In einem Novemberheft von 1921, in dem auch Heinrich Mann sich zu Wort meldet, werden unter dem Titel *Stinnesierung* die Hintergründe von Stinnes' Bestreben erläutert, die Reichseisenbahnen in die Hand zu bekommen. In diesem Zusammenhang sei ihm durch Amerikaner eine „peinliche Schlappe" beigebracht worden. Stinnes' vertikaler Trust wird als ein autonomes Reich bezeichnet, in dem die „politische Propagandamaschine, die Zeitung" „Lobeshymnen (...) auf die 'Uneigennützigkeit' der Industrie und ihre 'zielbewußte Arbeit für das Volksganze'" [6] verbreite. Die peinliche Schlappe, die

[3] Zitiert nach: Heinrich Mann: Der Unbekannte und andere Novellen. München ²1975. S. 123—160, S. 125.

[4] WB 19 (1923) II 573; vgl. dagegen hierzu und zum Folgenden Walter Gontermann: Heinrich Manns „Pippo Spano" und „Kobes" als Schlüsselnovellen. Diss. Köln 1973. S. 91 ff.; vgl. bes. Anm. 29, S. 182 ff.

[5] WB 18 (1922) I 20.

[6] WB 17 (1921) II 534—537, 536.

Kobes bei der ungewöhnlichen Verhandlung über die Reichseisenbahnen und über die Vertrustung der ganzen Welt von Amerikanern einstecken muß, die Lobeshymnen der Propagandamaschine Radio auf die Macht des Kobes, auf seine Arbeitskraft und seine Opferfreudigkeit für das Ganze sind hier gleichsam vorgebildet. Stinnes wird in der „Weltbühne" als „pater patriae" [7], als ein Monarch mit einem Lordkanzler und eigenen Regierungsbeamten beschrieben, er sei durch „Sechzehnstundenarbeiter" zu Geld gekommen. [8] Das Ende der Inflationsgewinne, heißt es in der „Weltbühne", käme für Stinnes einer „Götterdämmerung" gleich. [9] Sind die Sechzehnstundenarbeiter eine Übertreibung der Stinnesschen Forderung, den Zehnstundentag für Arbeiter einzuführen, so gerät sie in Heinrich Manns Satire zu dem Befehl: „Täglich zwanzig Stunden Arbeitszeit!" (126) Eine Götterdämmerung aber wird in der Novelle nicht durch das Ende der Inflationsgewinne, sondern durch die Amerikanerin und den Intellektuellen Sand heraufbeschworen.

Die Zukunftsvision, die Heinrich Mann in der Novelle entwickelt, hat ebenfalls zahlreiche Vorläufer in der „Weltbühne". Einige Beispiele mögen hier genügen: Kurt Tucholskys Gedicht „Prophezeiung" von 1922 beginnt mit dem Vers: „Natürlich kommt noch mal die Stinnes-Zeit." Diese „Stinnes-Zeit" erweist sich als verschärfte, verhärtete Neuauflage der Kaiserzeit. Einige Sequenzen aber machen im Nachhinein deren Übereinstimmung mit der Hitler-Zeit evident: „Die Pazifisten? Und die Vorwärts-Leser? Die Kerle müssen alle an die Wand." [10]

Ebenfalls 1922 fragt sich Kurt Tucholsky unter dem Titel „Was wäre wenn...?" [11], wie Deutschland nach einem Putsch von rechts aussähe. Er entwirft dabei ein Zukunftsbild, das dem Hitler-Faschismus bedenklich nahe kommt: Unter Republikanern wird ein Blutbad angerichtet, und das Urteil der Welt ist stillschweigende Duldung der Greuel. Am 8. November 1923, am Tage des Hitler-Putsches in München, erklärt Hermann Windschild über „unser Vaterland Stinnesien": „Es bedarf heute keiner Prophetengabe mehr, um vorauszusagen, daß wir über ein kleines, mit oder ohne Putsch, die den wirklichen Machtverhältnissen durchaus entsprechende reine Rechtsregierung erhalten werden, die dann überall im Reich auf ihre Weise

[7] WB 19 (1923) I 727.

[8] WB 19 (1923) II 24.

[9] WB 19 (1923) I 727. — Zu den historischen Hintergründen vgl. Gontermann, a.a.O. S. 100 ff.

[10] WB 18 (1922) I 157. — Auch Gontermann weist auf Tucholskys „Prophezeiung" hin, a.a.O. S. 103 und 185.

[11] WB 18 (1922) I 615 ff.

die Ordnung herstellen, einen Kirchhofsfrieden schaffen und auf diesem Kirchhof den vaterländischen Gedanken pflanzen wird. Sie wird ungestört regieren können. Die beste Bürgschaft dafür ist die grenzenlose seelische und körperliche Erschöpfung des deutschen Volkes, das bereit ist, sich heute von jedem Feldwebel regieren zu lassen, der ihm Brot schafft. So hat sich die konsequente Inflationspolitik der Schwerindustrie doch wenigstens innenpolitisch segensreich bewährt." [12] Gleich anschließend schildert Martin Enker unter dem Titel „Kahr, Hitler und die Juden" (ebd. 465) den reaktionären, monarchistischen Generalstaatskommissar und ehemaligen bayerischen Ministerpräsidenten Kahr: „Herr von Kahr ist ein Mann mit jenen echten Merkmalen des kleinen Mannes. (...) er hat es mit der biedern Trauerkrawatte, (...) seine Stirn ist vertrauenerweckend niedrig. (...) Er trägt sich ohne jeden modischen Einschlag schwarz. Schwarz ist sein Bratenrock, schwarz seine Hose, die Weste so, und sein Inneres ist tieftrauerschwarz und ernst, weil es Deutschland so schlecht geht. (...) Herr von Kahr tut, was Hitler auf seinem Programm als Generalnenner hat." Dieser Beschreibung nun entspricht Kobes, der „ungebügelte Herr in Schwarz" (139), der eine „breite Trauerkrawatte" trägt (141), voll „Trauer" der Armut Deutschlands gedenkt (143) und als „ungebügelte Trauergestalt" (144) seine amerikanischen Geschäftspartner entläßt.

Es zeigt sich, daß Heinrich Mann im Winter 1923/24 mehrere Komponenten in die Gestalt des Kobes einfließen ließ. Zunächst einmal Stinnes. Zweitens aber als Vertreter des monarchistischen, rechtsradikalen Anti-Republikanismus den Politiker Kahr, der den Hitler-Putsch zunächst unterstützte, um ihn, als er ausbrach, mit Polizeigewalt niederzuschlagen. Am 15. November heißt es in der „Weltbühne", hinter dem Hitler-Putsch stekken die Hugenberg-Stinnes-Presse und die Industrie (ebd. 485). Aufgrund der Personalunion Stinnes-Kahr in der Figur des Kobes kann denn auch der Kobessche Rayonchef für Völkisches erklären: „Ich habe seit drei Tagen dreimal meine Dispositionen ändern müssen. Einmal bezahle ich den Putsch, damit er kommt, ein anderes Mal, damit er nicht zu weit geht." (125) Die Gestalt des Kobes entspricht somit jenem Zukunftsbild für Deutschland, das Julius Bab am 22. November 1923 in der „Weltbühne" (ebd. 515) als die „Koalition Kahr, Wulle, Hergt und Stinnes" entwirft. Den Zeitgenossen war Wulle als Antisemit und Anhänger Hitlers, Hergt als der Vorsitzende der Deutschnationalen Volkspartei und später ebenfalls Hitleranhänger bekannt. Auch diese Zukunftsprognose ist somit durchaus zutreffend. Es

[12] WB 19 (1923) II 464.

gilt lediglich die Namen auszutauschen: Kahr gegen Hindenburg, Wulle und Hergt gegen Hitler und Hugenberg, Stinnes gegen Krupp.

Wir erkennen nunmehr, daß die eingangs gestellte Frage nach den zeittypischen, faschistoiden Erscheinungen, die in „Kobes" eingegangen sind, differenzierter zu stellen ist: Da die Novelle vor dem Hintergrund zahlreicher Voraussagen dessen, was kommen sollte, entstanden ist, müssen wir uns vielmehr fragen: Welche *Deutung* gibt der aufmerksame „Weltbühne"-Leser Heinrich Mann den düsteren Aussichten, die die „Tragödie von 1923" den Zeitgenossen eröffnet?

Der befremdliche Ausspruch des Rayonchefs für Propaganda, das System Kobes sei eine Realisationsform des deutschen Idealismus, kann mithin als Fingerzeig dafür gewertet werden, daß hier in allegorischer Form eine *Zeitgeistanalyse* vorliegt. Mit der Frage nach der Deutung, die Heinrich Mann der sog. Stinnesierung Deutschlands gibt, wollen wir uns im folgenden beschäftigen. Der Zeitgeist, vom *Essayisten* Heinrich Mann als „Aberglaube an die Wirtschaft" apostrophiert, als Glaube an den Gott Wirtschaft und an „unbegreiflich böse Mächte" (SJ. 99, 120, 155), zeichnet sich in der Novelle aus durch einen alles beherrschenden *Mythos*. Der Rayonchef für Soziales behauptet: „Kobes ist nicht existent. Er ist eine mythische Erfindung, die Personifizierung von Naturkräften, sagen wir Sonnengott. Das Volk liebt so etwas auch heute noch." (128) In der Tat, auch heute noch: Denn bereits im Jahre 1900, im „Schlaraffenland"-Roman, gerät der Bankier Türkheimer der Berliner Bevölkerung zum mythischen „Sagenkönig" [13]. Seine „Koteletten leuchteten (...) wie ein der Anbetung des Volkes errichtetes mythisches Symbol." (366 f.) In der Romantrilogie „Die Göttinnen" erscheint die Herzogin von Assy als Verkörperung „fabelhafter Naturkräfte" [14]; sie wird „zur Religion erhoben und angebetet." (169) Beide, die Herzogin und der Bankier, verursachen Selbstmorde und bewirken gerade dadurch, daß sie dem Volk als die personifizierte Macht selbst erscheinen. Sie sind Realisationsformen jener mythischen Macht, die, wie es im „Untertan" heißt, „über uns hingeht und deren Hufe wir küssen." [15] Der Machtmythos,

[13] Heinrich Mann: Im Schlaraffenland. Professor Unrat. Zwei Romane. Hamburg 1966 S. 367.

[14] Heinrich Mann: Die Göttinnen oder Die drei Romane der Herzogin von Assy. Hamburg u. Düsseldorf 1969. S. 600.

[15] Heinrich Mann: Der Untertan. Roman. Hamburg 1958. S. 64 und 344. — Vgl. zu dem hier angedeuteten Reflexionszusammenhang im Werk Heinrich Manns Vf.: Macht und Geist im Werk Heinrich Manns. Eine Überwindung Nietzsches aus dem Geist Voltaires Berlin u. New York 1981.

der die gesellschaftskritischen und die ästhetizistischen Werke Heinrich Manns verklammert und bestimmt, wird in „Kobes“ mit den zeittypischen Akzenten „Stinnesiens“, der „Diktatur der Gierigsten“ (SJ. 144) versehen und erneut gedeutet.

Dieser personifizierten, mythischen Mach des Kobes gilt der Wille zu Hingabe, Verführung und Vergewaltigung von seiten der *Amerikanerin,* gilt der Vernichtungswille des Philosophen *Sand. Beiden* geht es um Bloßstellung des Mythos Kobes. Zugleich sind die lustbetonte Amerikanerin und der verarmte Intellektuelle Sand Symptome einer Zeit, die sich in unmittelbarem Lebensgenuß gefiel und „die geistigen Arbeiter (...) verhungern oder Bürodiener werden“ ließ. (SJ. 114) Im Sinne der Allegorie vergegenwärtigen sie das Leben und den Geist in zeittypischer Umsetzung.

Die *Amerikanerin,* begeistert von Kobes' Reichtum, insofern er, auf Kosten des „ärmsten Volks der Welt“ erworben, „Sünde“ ist und mithin ruchlosen „Lebensgenuß“ (141) gewährt, scheint eine Repräsentantin unbekümmert machtvollen, machtbewußten Lebens im Sinne Nietzsches zu sein. Sie versetzt durch „ihre Frechheit, Menschenverachtung und einfältige Niedertracht“ das „Blut“ des Philosophen Sand in Wallung und wirkt auf ihn wie ein berauschendes „Giftgas“. (131) Von Kobes verlangt sie bündig, mit ihr zu tanzen und, wie ihr Gatte es drastisch ausdrückt, mit ihr zu schlafen. Infolge ihres Auftritts fühlt sich Kobes durch „Zusammenbruch“ bedroht, und zwar nicht nur in seiner vorgeblichen bürgerlich-spießigen Moral, sondern vor allem im Sinne des „Geschäfts“ mittels einer durch Propaganda erreichten Mythisierung seiner Person. (143) Denn offenbar ist er weit entfernt, die „Personifizierung von Naturkräften“ zu sein; offenkundig ist er außerstande, den Forderungen der „unerbittlichen Ausländerin“ zu genügen (145): Der Erweis seiner Impotenz aber würde das Ende seines Mythos, würde Götterdämmerung bedeuten. Die Amerikanerin entlarvt sowohl durch ihre Ansprüche als auch durch ihre Aussprüche, daß zum Wesen der Kobesmythe eine Verlogenheit gehört, die von sich selbst nicht weiß, — eine, um mit Nietzsche zu sprechen, instinkthafte „Unschuld in der Begierde“.[16] Von der Unbewußtheit in der Unmenschlichkeit und Immoralität dieses Geschäftsmannes fasziniert, erklärt sie: „Ich träumte von Ihnen, Mister Kobes! (...) Aber so schön habe ich Sie nicht geträumt. Wie? Sie tun es nicht mit Absicht? Sie wissen gar nicht, wer Sie sind? Haben Sie auch nur zehn Cents für die tuberkulösen Kinder gegeben, die Ihr Werk sind? Ich

[16] Zitiert nach: Friedrich Nietzsche: Werke in drei Bänden. Hrsg. von Karl Schlechta. München 1966. Zweiter Band, S. 378; im folgenden zitiert nach dem Muster N II, 378.

möchte Sie küssen!" (141) Die bewußtseinsmäßige Verlogenheit seiner „Trauer" (143) um das durch seine „traurige", „irre Gier" (140, 143) verarmte Deutschland, die Unbewußtheit seines Willens zu Massenelend und Massentod löst bei der Amerikanerin eine wollüstige Hingabebereitschaft aus, wie sie im Satanismus des Fin de siècle vorgebildet erscheint. Von sinnlichem Schauder erregt, glaubt sie, den „Teufel" vor sich zu haben. (143) Kobes' Selbstverständnis, er sei „ehrbarer Kaufmann", er mache Geschäfte im Dienste des „Ganzen", dem auch er „Opfer bringe" (141), ist integraler Bestandteil des von ihm inszenierten und von ihm selbst geglaubten Mythos. Diese Selbstdarstellung sichert ihm seine Wirkung auf die Massen, und dies wiederum fasziniert, auf einer anderen Bewußtseinsebene, die machtbewußte Amerikanerin, die das Teuflische dieses „Schwindels" (ebd.) vollkommen nüchtern durchschaut.[17] Die Repräsentantin des Lebens entlarvt den Kobesmythos als einen Mythos der Unfruchtbarkeit, als einen infamverlogenen, satanischen *Todes*mythos. Kobes aber, der nicht weiß, wer er ist, nimmt unter ihrem Einfluß das Aussehen eines Affen an: Er blickt „aus tiefliegenden, einander zu nahen Augen, die gelbe Stirn bekam Wülste. Sein Ausdruck ward halb irr" (140); „Seine Arme hingen bis auf den Boden." (143) Auf dieses Phänomen komme ich später nochmals zurück.

Wenden wir uns nunmehr dem Philosophen *Sand* zu. Seine Waffen gegen Kobes sind nicht sinnlich-materieller, sondern geistiger Natur. Seine Aktion gegen Kobes endet mit Sands Ausruf: „‚Wenn er das letzte von dir hat, Volk, (...) wenn dieser Gott von dir das letzte hat, ist seine Stunde da. Dann kann er nichts mehr fressen, dann ist er voll. Dann ist er abgeklärt und kann sich nicht mehr wehren. Dann wird er umgelegt, erledigt, gekillt.' In Raserei: ‚Gedenke, o Volk! Dies wird mein Werk sein! das reine Werk des Gedankens!'" (152) Das „reine Werk des Gedankens", so meint Sand, ist die Tötung eines Gottes durch sein Volk, das ihm alles, bis hin zu den eigenen Kindern — wie die Dalkony-Kobes-Vorführung demonstriert —, opfern muß: Wer ist Sand, und was bedeutet seine Entlarvung des Kobesmythos? Im Selbstgespräch erklärt er, es gehe ihm darum, vermittels geistiger „Waffen (...) alle hier [zu] demütigen, sie [zu] überholen und an die Spitze [zu] gelangen". Erfüllt vom „titanischen Vorsatz", sich „mit Kobes

[17] Gontermanns Deutung der „Amerikanerin als eine moderne ‚Hure Babylon'", a.a.O. S. 97, ist aufgrund der moralischen Bewußtheit dieser Frauengestalt abzulehnen. — Eine konkrete historische Grundlage könnte ein Passus in dem Aufsatz „Stinnesierung" von Morus enthalten (WB 17 (1921) II 534—537, 536): Morus vermutet, der amerikanische Eisenbahnkönig Harriman habe gegen einen Machtzuwachs Stinnes' im Reedereigeschäft erfolgreich protestiert.

in leiblicher Gestalt" zu messen, hofft und fürchtet er, womöglich „sofort göttergleich zu werden." (134 f.) Was ihn treibt, ist der Wille zur Macht. Der kleine Mann mit dem „zu großen Philosophenkopf" (129) ist der Antipode, das mit Bewußtsein ausgestattete Gegenstück zu Kobes. „Mich blendet alles, was nicht Gedanke ist", erklärt er der Amerikanerin, „Gott aber weiß: Mister Kobes ist nicht Gedanke." (131) Von Kobes, der nicht weiß, wer er ist, werden wir schwerlich Auskunft über ihn selbst und das Wesen seines Mythos erlangen können. Vielmehr ist es Sand, der Kobes deutet und den Kobesmythos bis an sein „logisches Ende" führt. Die Amerikanerin ist ihm eine willkommene Verbündete im Sinne „seiner Seelenbehandlung gegen den großen Kobes." (146)

Sehen wir uns diesen Gelehrten Sand zunächst etwas genauer an. Sein „einzig geliebter Zettelkasten" (133) ist das Ergebnis eines Forscherdranges, der die geistigen Werte der Nation so systematisch zu erfassen und auf ihre „Verwendbarkeit" hin auszuwerten bestrebt ist, wie der vertikale Trust des Kobes sich der materiellen Werte der Nation bemächtigt hat. Gipfelt in der Vertrustung der ganzen Welt durch das System Kobes die materielle, konkrete Umsetzung eines Systemdenkens, das der Rayonchef für Propaganda vom deutschen Idealismus herleitet, so ist das Forschungsergebnis Sands, in dem „keine Persönlichkeit Deutschlands (...) nicht ihren Akt hätte. Persönlichkeit, Idee, Leistung, Verwendbarkeit: nichts fehlt", (ebd.) ebenfalls das positivistisch-materialisierte Endprodukt des pervertierten Idealismus: die systematische Erfassung des geistig Seienden im Sinne seiner zweckmäßigen Verwendbarkeit.[18]

Analog deutet Heinrich Mann in seinem Essay „Wirtschaft 1923" im Rahmen der Analyse von Stinnes' „Gierigstenherrschaft" die „geistigen Machtmittel": „Zur Verfügung steht der brotlose Nationalismus, die zügellosen Fanatiker einer abgehausten, schädlich gewordenen Idee. Am Anfang war die Idee uneigennützig, hochherzig, geistig anspruchsvoll. (...) Das letzte Geschlecht ihrer Anhänger aber (...) leistet nur noch Banditendienste den Reichsten. Später Anhang Fichtes, Schillers." (SJ. 115 f.) Bei Sand nun, vielleicht ein später Anhang Hegels, gerät die systematische Erfassung der geistigen Substanz der Nation zu einer Materialsammlung, die Geheimdiensten und Überwachungsorganisationen unschätzbare Dienste erweisen könnte.

[18] Insofern ist es fraglich, ob Sand als „der Vertreter der Vernunft" bezeichnet werden kann, ob sein „zu großer Philosophenkopf" „an die Züge des Sokrates" gemahnen soll, ob Sands Tod „ein modernes Sokrates-Schicksal" genannt zu werden verdient und sein Ende „die Kapitulation der Vernunft" bedeutet, vgl. Gontermann, a.a.O. S. 127, 131, 195; vgl. im übrigen Vf., a.a.O. S. 140—159, bes. S. 148 ff.

Der Mensch wird kategorisiert und Zwecken unterworfen. Sand ist in der Tat „nicht Kant". (131) Seine Sprache verrät vielmehr, daß er zwar mit den zu Schlagwörtern gewordenen Begriffen des deutschen Idealismus vertraut, vor allem aber ein später Anhänger Nietzsches ist. „Ich kann, vermittels dieses Vierecks aus Papier, (...) an die Spitze gelangen. (...) Oder soll ich das Ganze hier in die Pfanne hauen? Vielleicht will der Weltgeist nichts Geringeres von mir, als daß ich diese fürchterliche Veranstaltung, Geißel der Menschheit und ihr Gegenbeweis, stillege (...) Vor die Wahl gestellt, entschied sich der kleine Mann nicht frisch und frei für den Genuß des Seienden. Es auszulöschen schien ihm ersehnenswerter." (134) Vor diese Wahl: dionysische Daseinsbejahung oder rigorose „Zerstörung, Vernichtung, Verneinung" (N II, 245) stellt Nietzsche. Sands Entscheidung entspricht Nietzsches Selbstcharakterisierung: „Ich bin der erste *Immoralist:* damit bin ich der *Vernichter par excellence.*" (N II, 1153, Hervorhebungen von F. N.)

Sand, der Kobes einer Seelenbehandlung unterwirft, der „Brücken" abbricht, „die ruchlose Hand ausstreckte", um durch Entlarvung des Gottes Kobes „sofort göttergleich zu werden" (135), erweist sich als ein zum Bürodiener herabgewürdigter Anhänger Nietzsches.

Er erklärt, Kobes sei „der tragische Mensch". (145) Er deutet Kobes mithin als Realisation des in Nietzsches „Geburt der Tragödie" entwickelten neuen Menschentypus, des „tragischen Menschen", Repräsentanten einer „tragischen" Kultur (N I, 101), in die Nietzsche die deutsche Geistesgeschichte nach Kant und Schopenhauer münden sieht. Sie werde statt durch Wissenschaft durch Mythos bestimmt sein. Einem Erwachen des „deutschen Wesens", des „deutschen Geistes", werde die „Wiedergeburt des deutschen Mythos" folgen, und diese gehe einher mit dem „Wiedererwachen des dionysischen Geistes und der Wiedergeburt der Tragödie" aus dem Geiste der deutschen Musik und Philosophie. (N I, 112, 126, 132) Emphatisch ruft Nietzsche aus: „Ja, meine Freunde, glaubt mit mir an das dionysische Leben und an die Wiedergeburt der Tragödie (...) Jetzt wagt es nur, tragische Menschen zu sein, denn ihr sollt erlöst werden (...) Rüstet euch zu hartem Streite, aber glaubt an die Wunder eures Gottes!" (N I, 113) Diese Glaubensverkündung, verbunden mit der Aufforderung, zu hartem Streite gerüstet zu sein — kapitalistisch und satirisch gewendet: zu einem Zwanzigstundentag —, entspricht die Radiopropaganda des Kobes, gipfelnd in der Verkündung: „Kobesmythe! Die neue Religion, nach der unser ganzer Erdteil in furchtbaren Zuckungen ringt, sie ist gefunden!" (130)

Die *Kobes-Vorstellung* des Schauspielers Dalkony, der „greifbar (...) in Betrieb" genommene „Kobesmythos" (145), mündet in die Freisetzung bestialischer Urtriebe, in eine dionysische Tragödie, die sich ins Archaisch-Mythische steigert: „Mörderischer Gestank entfesselter Körper, verwüsteter Stätten, entrückte den Vorgang in seine Wolke." (152)

Zunächst tritt Dalkony auf, wie Kobes der Amerikanerin erschienen war, wie ein Affe in Menschengestalt: „gebückt, zu lange Arme, der Blick hohl und eng. Ernst und traurig, mehr als Menschen es sind. Wenn er unbewegt stand, schwarz und gelb auf schwarzem Grund, konnte er ein aus vergangenen Welten zurückgekehrtes Phänomen sein. Nun er Arm und Bein hob, erwartete man, er werde an dem Bühnenrahmen hinaufklettern als Affe." (148 f.)

Er vergegenwärtigt damit jene Vorzeit der menschlichen Spezies, bis in welche Nietzsche Religion und Moral zurückverfolgt und von der er betont, daß diese „Vorzeit übrigens zu allen Zeiten da ist oder wieder möglich ist" (N II, 812). In der „Genealogie der Moral" führt er aus: „alle Religionen sind auf dem untersten Grunde Systeme von Grausamkeiten", erwachsen aus der Lust zur Grausamkeit, der die Lust zur Selbstopferung immanent sei (N II, 802, 828). Dieser Lust zur Selbstopferung erliegt in der Novelle gleich anfangs der Mittelstand. Zur Lust der Grausamkeit und der Selbstopferung verführt Dalkony-Kobes seine Zuschauer. Als Verkörperung eines Kaufmanns, der dem Volk als Gott in Menschengestalt erscheint, entspricht er der Vorstellung Nietzsches, die Lust zur Grausamkeit sei die Voraussetzung einerseits jedweder Religion, nämlich der Beziehung der Masse zu einem „in einen *Gott* transfigurierten" menschlichen Wesen, dem die Gläubigen Menschenopfer schulden (N II, 830), und andererseits sei Grausamkeit die archaische Basis der „Grundformen von Kauf, Verkauf, Tausch, Handel und Wandel", die älter seien „als selbst die Anfänge irgendwelcher gesellschaftlichen Organisationsformen." (N II, 805 f., 811) Nietzsches Vorstellung einer zu allen Zeiten wieder möglichen Vorzeit entsprechen die Grausamkeit, die Mythisierung und das affenartige Äußere des Kaufmanns. Ihr entspricht es, daß Dalkony-Kobes „ein aus vergangenen Zeiten zurückgekehrtes Phänomen" zu sein scheint. Was dieses Phänomen bewirkt, ist ein Erwachen des dionysischen Geistes, das Nietzsche als „die dionysische Lösung von den Fesseln des Individuums", als die „orgiastische Selbstvernichtung" der entindividualisierten Masse beschrieb (N I, 114, 118): In „allerinnigster Verführung" ruft Dalkony-Kobes der Masse zu: „Ich kann, wenn ich will, meine Schwester vergewaltigen (...) Mir ist nichts verboten, ich bin jenseits von Gut und Böse. Werdet wie ich (...) Ich gebe euch frei (...) Springt jedem an die Gurgel!" (150) Die Arbeiter, gebannt von der Faszination des Grauens, erblicken „in selbstvergessener Haltung" den inszenierten „Moloch" an ihren Kindern und erliegen anschließend einer triebgesteuerten Massenpsychose, die zutreffend als „orgiastische Selbstvernichtung“ zu definieren ist.

Diese Szene bezeichnet der Rayonchef für Soziales als das „logische Ende“ der „neuen Religion, nach der unser Erdteil in furchtbaren Zuckungen ringt.“ (152) Sand, sich zur Führergestalt vor dem Volk aufschwingend, als gälte es, wie Goebbels die Masse zu so etwas wie einem totalen Krieg zu enthusiasmieren, definiert dieses „logische Ende“ als das Endopfer der Vernunft. Mit ausgebreiteten Armen ruft er von oben: „Volk, mein Volk! (...) So lieb ich dich. Sei frei und groß! Deine selbsterwählten Führer haben dir den Weg gewiesen, ich sorge nur für letzte Lockerung. Dein Gott will, Volk, als Endopfer deine Vernunft: her damit!“ (152) Das Versinken in Irrationalismus und Barbarei erscheint somit als die zu Ende gedachte Konkretion der Prognose Nietzsches zur deutschen Geistesgeschichte in der „Geburt der Tragödie“. Zugleich erweist sich die Kobesmythe als konkrete Umsetzung von Nietzsches Analysen der Grundlagen von Ethik und Religionen in der „Genealogie der Moral“. Wir erkennen hier, daß sich Heinrich Mann einerseits Grundgedanken der „Genealogie der Moral“ zu eigen macht und sie auf seine Zeitgeistdeutung, die Deutung des „Aberglaubens an die Wirtschaft“ anwendet, andererseits aber Nietzsches Wirkung auf den Zeitgeist, den fortschreitenden Irrationalismus satirisch entlarvt und verurteilt. Dies entspricht exakt Heinrich Manns kritischer Würdigung Nietzsches und seiner Wirkung auf die Nachwelt, auf Kaiserreich und Republik. Im „Nietzsche“, Essay und in „Ein Zeitalter wird besichtigt“ nimmt der Autor die „Genealogie der Moral“ ausdrücklich von seiner scharfen Kritik an Nietzsche aus.[19]

Das Scheitern des Intellektuellen Sand an der Macht und Tücke seines Antipoden Kobes liest sich wie ein Einwurf des Autors gegen Nietzsche. Nietzsche hatte Gott für tot und sich als „Parodisten der Weltgeschichte und Hanswurst Gottes“ bezeichnet (N II, 686); in letzten Briefen erklärte er, „nachdem der alte Gott abgedankt ist, werde *ich* von nun an die Welt regieren“, er sei „verurteilt, (...) die nächste Ewigkeit durch schlechte Witze zu unterhalten.“ (N III, 1342, 1351)

Entsprechend hofft Sand, Kobes zu stürzen und selbst „göttergleich“ zu werden. Der Rayonchef für Soziales aber klärt ihn darüber auf, daß ein Gott nicht gestürzt, nicht totgesagt werden *kann:* „Ist Kobes tot, wenn Sie dumme Witze mit ihm machen? Da er nie Mensch war, lebt er weiter. Sie

[19] Heinrich Mann: Nietzsche. In: Maß und Wert II (1938/39) S. 277—304, S. 288; Heinrich Mann: Ein Zeitalter wird besichtigt. Düsseldorf 1974. S. 170.

wissen keinen Witz, der das System umbringt. Systeme sind noch weniger Mensch, als Sie es sich geträumt haben. (...) Sie begreifen nicht das System, das doch der Einfachste begreift, wenn er sich ihm opfert!" (157) Das System hat die Funktion einer Religion angenommen, man könnte es auch Ideologie nennen, eine Ideologie mit dem totalitären Anspruch der Vereinnahmung, Vertrustung der ganzen Welt, der Erfassung der Seele „zum Zwecke größerer menschlicher Ergiebigkeit" (147), der Selbstaufgabe der Massen und der Individuen. Ein solcher vom Fanatismus, von der Lust zur Grausamkeit und zur Selbstopferung getragener „Glaube der Menschen" (160), so erkennt Sand zum Schluß der Novelle, ist durch Bloßstellung nicht zu überwinden. Weder „Gerichte" noch „öffentliche Meinung" werden es zulassen, ihn zu „entweihen" (157); weder die Demonstration „seiner letzten Folgen" (ebd.) noch der Augenschein der Nichtigkeit seines Gegenstandes können der Glaubens- und Opferbereitschaft der ideologisierten, fanatisierten Massen Einhalt gebieten. (160)

Erlauben Sie mir abschließend einige Bemerkungen zu der rätselhaft kafkaesken Struktur dieser Novelle. Die Behauptung der Amerikanerin, sie habe von Kobes geträumt, die Erklärung des Rayonchefs, „Systeme sind noch weniger Mensch, als Sie es sich geträumt haben", legen die Deutung nahe, die Zeitgeistanalyse der Novelle „Kobes" sei eine in die Konkretion einer phantastischen Traumbildkette umgesetzte, die deutsche Geistesgeschichte reflektierende Tiefen-Psychologie des deutschen Volkes, seiner Massen, seiner Intelligenz und der sie beherrschenden Mächtigen. Die Allegorie auf das Reich Stinnesien ist als eine Folge von Ereignissen gestaltet, die sich durch A-Logizität, Plastizität und eine symbolhaltige Ungeheuerlichkeit auszeichnen, wie sie Traumbildern eignen:

Der Weg zu Kobes führt in „ein fernes Dunkel", dorthin, wo „tiefe Nacht" zu herrschen scheint, wo das „Gefühl für den Ort" verloren geht und „keine Erfahrungstatsachen (...) Stich" halten. (135 f.) Ein Kassenschrank entpuppt sich als Wartezimmer, ist jedoch ein ungewöhnlicher Lift und wird für Sand schließlich zum „Grab". (136 f., 160) Die Amerikanerin erklärt, sie erkenne in Kobes den „Teufel", sie wolle ihn lieben, andernfalls platze das Geschäft, die Vertrustung der ganzen Welt. War Sands erster Weg zu Kobes ein „lebensgefährliches" Abenteuer „durch tiefe Nacht", so ist sein zweiter Versuch, zu Kobes zu gelangen, ein Dauerlauf „ins Nichts", endend im „Nichts (...) Für immer nichts". „Mit der Ruhe des Grabes" fragt er sich schließlich, ob er Kobes je wirklich erblickt habe. (159 f.)

Die Traumlogik dieser und vieler anderer Vorgänge in „Kobes" ist evident. Die Novelle erscheint mir als eine die Methode der Traumdeutung nutzende und diese in epische Bilder umsetzende Diagnose der geistigen

Verfassung der Zeit und ihrer tieferen Schichten: der ihr zugrunde liegenden, geistesgeschichtlich bedingten Prägungen [20], in denen Nietzsches Nihilismus und Immoralismus dominant waren.

[20] Diese Deutung wird von den hier diskutierten Anspielungen auf Kant, Hegel und Nietzsche, aber auch von Anspielungen auf die Bibel (vgl. Gontermann, a.a.O. S. 113 f., 129, 135 und „Kobes“, S. 135: „Noch heute wirst du vor deinem Richter stehen“), auf den Wirtschaftstheoretiker John Law of Lauriston des 17./18. Jahrhunderts („Kobes“, S. 141: Kobes' „großartigster Schwindel seit Law“ wird wirtschaftsgeschichtlich eingeordnet), auf Napoleon („Kobes“, S. 156: Im Bewußtsein seiner vermeintlichen Macht wirft sich der klein geratene Sand in die Pose Napoleon Bonapartes) und auf Heinrich Heines Gedicht „Kobes I“ (vgl. Alfred Kantorowicz, Nachwort des Herausgebers. In: Heinrich Mann: Novellen, Zweiter Band. Berlin 1953. S. 408; Gontermann, a.a.O. S. 95) gestützt. Je dichter das Anspielungsnetz geknüpft werden kann, als desto überzeugender stellt sich uns diese Deutung von „Kobes“ dar.

KLAUS SCHRÖTER

Zwischen Autobiographie und Zeitgeschichte

Zu Heinrich Mann's Roman „Der Kopf"

> Wer wußte, daß der Generalstab ihr Beauftragter war? Die Kriegsziele vor allem die ihren? ...
> Die Parlamente scheinen ihnen Spielzeug, sie verstehen Mussolini.
>
> Wirtschaft 1923

Indem ich zu Ihnen über Heinrich Mann's Roman „Der Kopf" spreche, werde ich eine Zurückhaltung aufgeben, die ich mir in den zwanzig Jahren meiner Beschäftigung mit diesem Autor auferlegt hatte: Heinrich Mann war zu Anfang der 60er Jahre in der Bundesrepublik wenig gekannt. Mir lag daran, sein Ansehen zu fördern, und also war ich in meinen Darstellungen und Bewertungen so zweckdienlich wie vorsichtig. Das ist heute nicht mehr nötig. Teile von Heinrich Mann's Werk werden gelesen. Für Germanisten ist es ein ergiebiges Thema des Brotstudiums geworden. Man kann kritisch mit ihm ins Gericht gehen.

Um es vorweg zu nehmen: „Der Kopf" gehört zu den zwieschlächtigsten Arbeiten Heinrich Mann's, zwieschlächtig in seinem Sprachstil, in der Handlungs- und Figurenführung, in seiner Welt- und Menschendeutung (es ist eine schlechte Schicksalstragödie, die da abrollt) und auch bedenklich in seiner Gesellschaftsdarstellung und -kritik. Ja, ich denke manchmal, daß dieser Roman die schlechteste Arbeit Heinrich Mann's ist. Dabei gehört sie zu seinen umfangreichsten, subjektiv anspruchsvollsten. Sie wurde geschrieben von einem erfahrenen Schriftsteller, einem Endvierziger und Mitfünfziger, der sich in den drei literarischen Genres der Novelle, des Romans und des Essays durch mehrere Meisterwerke ausgezeichnet hatte und der während und noch nach Abschluß des Romans in gar keiner Weise Zweifel am Gelingen dieses Unternehmens hatte. Im Gegenteil. Gleich nach Erscheinen meinte er: „So etwas schreibe ich nicht mehr. Es war das Vollständigste und Höchste, das ich zu leisten hatte." (An Maximilian Brantl, 2. 5. 1925.)

Während der Niederschrift hoffte er, „daß mein Gesichts- und Gedankenkreis sich darin erweitert zeigen wird“ (an Félix Bertaux, 19. 10. 1922), erweitert nämlich über den „Untertan“ und die „Armen“, den „Roman des Bürgertums“ und den des „Proletariats“ des Kaiserreichs hinaus. Begründet ist diese Hoffnung durch die Stoffwahl, mit der „die Politik und die Geistesart der wilheminischen Ära in ihren höchsten Vertretern, vom Anfang bis ans Ende, behandelt“ ist (ebd.). Merkwürdiger Irrtum zu glauben, daß durch die Darstellung der „höchsten Vertreter“ das „Höchste“ zu leisten sei. Heinrich Mann's bisherige große Werke, „Professor Unrat“, „Die kleine Stadt“, „Der Untertan“, hatten gerade im bürgerlich-kleinbürgerlichen Milieu das Höchste ästhetisch und ideologiekritisch geleistet, während Werke mit „höchsten Vertretern“ wie „Im Schlaraffenland“, „Die Göttinnen“ und „Die Jagd nach Liebe“ hinter solchen Leistungen zurückgeblieben waren. Hier müssen Vorstellungen des jungen Heinrich Mann, der die Gesellschaft von oben herab kennengelernt hatte, leitend geblieben sein. „Ich glaube“ — so hatte er als 22jähriger in seinem Tagebuch notiert —, „wenn ich überhaupt zur Analyse gemacht bin, nur auf diejenige der haute vie oder doch auf diejenige eines einigermaßen eleganten Lebens angewiesen zu sein.“ (Dok. 55)

In diese Welt der „haute vie“, der „existence superieure“, der „gesättigten Existenz“ führt uns „Der Kopf“, der „Roman der Führer“, mit welchem Untertitel er den beiden vorangegangenen sozialkritischen Romanen angeschlossen wurde. Die gesamte Dreierfolge erhielt den Klammertitel „Das Kaiserreich“, und wenn der „Untertan“ noch in seinen Anfängen als „Geschichte der öffentlichen Seele unter Wilhelm II.“ charakterisiert worden war, so trägt die Dreierfolge nun den sachlicheren, aber nicht weniger anspruchsvollen Untertitel „Die Romane der deutschen Gesellschaft im Zeitalter Wilhelms II.“. Der konkrete Bezug zur Geschichte ist in jedem der Werke durch Jahreszahlen gegeben. Nach diesen durchläuft die Handlung des „Untertan“ die Jahre 1892 bis 1896, die der „Armen“ die Jahre 1912 bis 1914, im „Kopf“ werden — das „Vorspiel“ aus den Napoleonischen Kriegen hier einmal beiseitegelassen — gemäß Heinrich Mann's Vorsatz, die Epoche „Vom Anfang bis ans Ende“ zu behandeln, als erste Jahreszahl 1891, als letzte 1915 genannt. Schon in diesen Daten beginnen sich persönliche Entwicklungsgeschichte des Autors und deutsche Reichsgeschichte zu mischen: Wenn auf der ersten Seite des Romans der 5. Oktober 1891 als Handlungsbeginn gesetzt wird, so sucht man dies Datum vergeblich in den politischen Annalen. Es ist aber der Tag, an dem der 20jährige Heinrich Mann in Leipzig die Bitte seiner Mutter empfing, nach Hause an das Sterbebett seines Vaters zu kommen. Im Roman projiziert Klaus Terra (das Autoporträt Heinrich Mann's) im ersten Gespräch mit Wolf Mangolf (seinem Gegenspieler mit Zügen Thomas Mann's) die Vorwegnahme seines Aufbruchs in die Ferne, unabhängig von Brotberufen durch sein „Erbe", — das Heinrich Mann beim Tod seines Vaters, nach dem wirklichen Kalender eine Woche später, zufiel. Die Jahreszahl 1915 hingegen verweist auf den Stand der deutschen Kriegsführung im 1. Weltkrieg: Es ist das Jahr des sogenannten Stellungskrieges im Westen (der schon jede Hoffnung auf raschen Sieg zunichte machte) und der Offensiven an der Ostfront (die realiter die Marschbewegungen der Truppen und das Gefühl überlegener Erfolge begründen, von denen wir gegen Schluß des Romans hören).

Wer bildet nun das Personal dieser „haute vie" im Roman? Und wer ist letztlich „der Kopf" des Ganzen? Die Figuren sind Direktoren aus allerlei Berufsbranchen, höhergestellte Juristen sowohl im öffentlichen Dienst wie in der Privatwirtschaft, Industrielle, Militärs, reiche, schöne und umworbene Frauen sowie der Berliner Hof, von dessen Chargen allein der höchste, der Kaiser, eine gewisse, allerdings stereotype Hohenzollern-Rolle spielt. Der „trionfo sozialer Stufung", an dem Heinrich Mann als jugendlicher Zeichner in Rom einst gearbeitet und der — nach Thomas Mann's Erinnerungen (GW X, 314 f.) — zu einer langen Rolle zusammengeklebt, „die menschliche Gesellschaft in allen ihren Typen und Gruppen (...) vom Kaiser und Papst bis zum Lumpenproletarier und Bettler" enthalten und so gewiß der ersten literarischen sozialen Pyramide, „Im Schlaraffenland", vorgearbeitet hatte — dieser „trionfo" entbehrt nun seiner Basis. Gerade aber die von mir als Meisterwerke vorher erwähnten Romane „Professor Unrat", „Die kleine Stadt" und „Der Untertan" hatten mit großer Sorgfalt die „soziale Stufung" der Gesellschaft jeweils repräsentativ und typisch aufgebaut — im Fall des „Untertan" war es mir möglich gewesen, das Modell dieses sorgfältigen Aufbaus in Stendhal's „Rot und Schwarz", insbesondere in bezug auf die Funktion der Selbstbespiegelung des Untertan Diederich Heßling in Kaiser Wilhelm II. aufzeigen zu können.[1] Im „Kopf" entfällt dieses Inbeziehungsetzen des einzelnen zum gesellschaftlichen Gesamtgewebe.

[1] Nach Abschluß meiner Analyse und Interpretation des „Untertan" für das Sonderheft der Etudes Germaniques zu Heinrich Mann's 100. Geburtstag 1971 erschien im März 1971 Heft 3 des Jg. 19 der Neuen Deutschen Literatur, in dem ein Briefpassus an Félix Bertaux meine Befunde erhärtet: „Was den ‚Untertan' betrifft, sprechen Sie selbst meinen besten Trost aus. Es ist nie verloren, wenn man des états d'esprit analysirt hat, die un fait historique sind. Auch Le Rouge et le Noir war bei seinem Zeitalter nicht beliebt, aber es hat das wahre Bild jenes Zeitalters, oder doch sein glaubwürdigstes Bild, nun schon 100 Jahre lang aufbewahrt." (An Félix Bertaux, 19. 10. 1922).

Und ebenso wie das Personal dieser „haute vie“ weit oberhalb des kleinen Mannes und der gemeinen Mitte schwebt, sind auch Heinrich Mann's Studien und Beobachtungen der Gesellschaft seiner Zeit von einem stark eingeschränkten Gesichtspunkt her vorgenommen worden. Er hat uns diesen Gesichtspunkt selbst im Rückblick genannt: „Die diplomatische Geschichte des Bismarckschen Reiches hat mich damals unaufhörlich beschäftigt, ich beherrschte sie schon wie ein Fachmann.“ (Dok. 215) (Auch wenige Jahre zuvor über Entstehungsgeschichten seiner Werke befragt, gab er zum „Kopf“ an: „Studium der diplomatischen Geschichte“, an Karl Lemke, 29. 1. 1947) Diplomatie und ihre Geschichte sind in Alter und Neuer Zeit nur sehr bedingt fähig gewesen, Gliederung und Prozesse der durch sie vertretenen Gesellschaften widerzuspiegeln; selbst noch die Tributdelegationen, die sich als diplomatische Funktionäre zu den Höfen der alten Despotenreiche aufmachten, sagten in ihren Ablieferungen nicht aus, ob diese durch Priester, Beamte oder Adlige, den Jägern, Bauern, Bergleuten oder Händlern abgepreßt waren und unter welcher Sterblichkeitsrate welche Verzinsung und welche Profite erreicht waren ... Was uns im „Kopf“ an geschichtlichem Material entgegentritt, sind — gemäß diesem Vorhaben Heinrich Mann's, sich auf die „diplomatische Geschichte des Bismarckschen Reiches“ zu stützen — denn auch punktuelle Ereignisse, die irgendeine Kohärenz in der Entwicklung der Handlung, des plots nicht gewährleisten. Ja, im Rückblick erscheinen die aus der Politik des Kaiserreichs von Heinrich Mann ausgewählten Details —der „Panama-Skandal“, der aufgekündigte Vertrag mit Rußland, die abgewiesenen Bündnisanträge Englands, die Sondersitzung des Reichstags anläßlich der kaiserlichen Lügen in der Daily Telegraph-Affaire — als strategisch weniger zusammenhängende Einzelheiten, als zwei andere Punkte, die von Heinrich Mann mit größerer Konsequenz behandelt sind, die aber ihrerseits der Wirtschaftsgeschichte des Kaiserreichs eher zugehören als seiner Diplomatie. Das sind die vom Alldeutschen Verband betriebene ideologische Verfechtung des deutschen Anspruchs auf wirtschaftliche Expansion und der vom Kaiser und dem Staatssekretär des Marineamtes und späteren Admiral Alfred von Tirpitz betriebene Ausbau der deutschen Flotte. Mit dem „Bismarckschen Reich“ haben sowohl die diplomatischen als auch die wirtschaftlichen Akte nur das gemein, daß sie Bismarck's auf Europa und ein europäisches Gleichgewicht der Kräfte beschränkte Politik durchaus widersprechen. Alle Details gehören vielmehr der nachbismarckischen Ära an. Aber auch hier können wir noch genauer sondern: Die beiden von Heinrich Mann mit größerer Konsequenz behandelten Punkte der Alldeutschen Propaganda und des Flottenausbaus stammen aus den Zeiten gleich nach Bismarck's Sturz. Der Alldeutsche Verband, seit 1890 bestehend, gab sich 1894 seinen Namen. Mitte der 90er Jahre trat der Kaiser als besonderer Befürworter des Flottenausbaus hervor. Beides entsprach dem Aufschwung Deutschlands in der Weltwirtschaft, in der wir in jenem Jahrzehnt nach England und den USA zur drittgrößten Kapitalmacht aufgestiegen waren. Es war nur konsequent, daß dieser Ausdruck sich wiederum in der Ideologie der Alldeutschen einerseits, im Ausbau unserer Marinemacht andererseits zeigte. Schon im „Schlaraffenland" hatte Heinrich Mann die Herausbildung von „Regierungsliberalismus und Hurrapatriotismus" (GW I, 12) auf das Jahr 1890, dem Gründungsjahr der Alldeutschen, datiert und in seinen Werken seither satirisch verfolgt. In „Professor Unrat" war dann — wohl ausgelöst durch die massiven englischen Flottendrohungen von 1904 — das „Flottenlied" in den Tingeltangel der Künstlerin Fröhlich eingedrungen. So erscheinen die im „Kopf" am gründlichsten genutzten Themen auch als diejenigen, denen Heinrich Mann die längste Aufmerksamkeit gewidmet, an denen sich seine Kritik des Kaiserreichs am frühzeitigsten in seiner eigenen politischen Entwicklung hat entzünden können.

Die diplomatischen Details gehören alle der sogenannten Ära Bülow an, sie treten später in Heinrich Mann's Gesichtskreis. Bernhard Graf, seit 1905 Fürst von Bülow, war Kanzler des Reichs von 1900 bis zu seinem Rücktritt 1909. Er hatte innenpolitisch mit dem Verfassungsproblem zu kämpfen und außenpolitisch der — wie er es nennt — „Einkreisungspolitik" Edwards VII. zu begegnen.[2] Beide Probleme waren älter als Bülow's Kanzlerschaft; er leitete mit ihrer Behandlung keine neue Epoche ein. Heinrich Mann nimmt Bülow erst 1904 zur Kenntnis, als sich in seiner eigenen Entwicklung sein naturrechtlich fundiertes Demokratie-Prinzip im Hinblick auf die französische Republik zu befestigen beginnt. Deutschland sei politisch nicht mehr liberal, schreibt er damals an den Schulfreund Ludwig Ewers. Die „groteske und hassenswerte Vorherrschaft des Militärs, durch die ein Kulturvolk geschändet wird", beklagt er besonders. Dann wendet er seine Aufmerksamkeit Bülow zu: „Über den jetzigen Reichskanzler scheinen wir ja einer Ansicht zu sein. Aber siehst Du denn nicht, daß er nur der Exponent eines herrschenden Systems ist? (...) Es ist leider die Nation selbst, die auf eine Stufe von Materialismus gesunken ist, wo die Worte Freiheit, Gerechtigkeit nur noch leerer Schall sind. Geld verdienen, die Arbeiterbewegung durch soziale Gesetze oder aber durch Repressalien zur Ruhe bringen, damit man ungestört weiter Geld verdienen kann: sage selbst, ob das nicht das einzige ist, das die Deutschen aller Stände heute ernsthaft beschäftigt." (10. 4. 1904) Hier ist die Figur des Kanzlers Lannas im „Kopf" als nur ausführendes

[2] Bernhard von Bülow: Deutsche Politik. Berlin 1917. S. 58.

Organ bereits umrissen und sein diplomatisches „System" (wie es im Roman heißt) des Gewährenlassens in Wahrheit als Dienerin des „herrschenden Systems" der Profitmacherei entlarvt. Im Roman werden die Schwerindustrie und der Bergbau dann stellvertretend für die allgemeine Profitmacherei fungieren. Drei Jahre später sammelte Heinrich Mann schon Materialien für seinen „Untertan". Seinerseits hatte Bülow im Januar 1907 eine neue Blockbildung der Konservativen und Liberalen gegen das Centrum im Reichstag durchgesetzt und zugleich eine öffentliche Verfehmung der Sozialdemokratie als einer subversiven, gegen Obrigkeit, Eigentum, Religion und Vaterland arbeitenden Partei ausgesprochen.[3] „Wie blöd alles auf Bülow's Schwindel hineinfällt!" kommentierte Heinrich Mann im Januar 1907 in einem Brief an René Schickele (8. 1. 1907). Doch schon im Oktober 1906 — während er erste Notizen für den „Untertan" macht —, hatte er diesen, der eben auch das Produkt der Bülowschen Ära war, mit dem bezeichnenden Stichwort des „Byzantiners" benannt. „Byzantinismus" — abgeleitet schon durch Edward Gibbon vom nicht ganz verstandenen byzantinischen Herrscherzeremoniell — war in der politischen Publizistik des 19. Jahrhunderts bis hin zu Maximilian Harden und Karl Kraus ein Warn- und Schlagwort des Liberalismus. Tatsächlich hatte Bülow sowohl mit seiner Blockbildung als auch durch eigene Servilität der persönlichen Macht des Kaisers neue Eingriffsräume und dem Gedanken des Gottesgnadentums weitere Strahlungssphären erschlossen. (Im „Kopf" soll eine Oper „von hoher Hand" (102) vermakelt werden, in der das „musikalische Thema des Gottesgnadentums" (114) bemerkenswert ist.) Die im Roman Kanzler Lannas in den Mund gelegte byzantinische Phrase „Der Kaiser ist so bedeutend!" (330) entstammt einem Brief Bülow's, den dieser bald nach seinem Kanzleramtsantritt an Philipp Eulenburg gerichtet hatte, womit die Meldung im Ohr des Kaisers direkt landete. Die Meldung lautete: „Er ist so bedeutend!! Er ist mit dem großen König und dem Großen Kurfürsten weitaus der bedeutendste Hohenzoller, der je gelebt hat."[4] So sehen wir den spezifischen servilen Byzantinismus der Bülowschen Ära von Heinrich Mann dem Bürger ebenso zugeschrieben wie dem leitenden Staatsmann. Fontane hatte in seiner sonst sehr wachsamen und genauen Kritik des Regiments des jungen Kaisers zur Zeit Bismarcks's und Caprivi's diesen Zug noch nicht wahrgenommen.

In seinem großen Essay „Kaiserreich und Republik" vom Mai 1919, der nun schon die Niederschrift des „Kopf" begleitet und als die geschichts-

[3] Vgl. das Kapitel Deutsche Politik unter Bülow. In: Werner Conze: Die Zeit Wilhelms II. und die Weimarer Republik, Deutsche Geschichte 1890—1933. Stuttgart 1964.

[4] Ludwig Reiners: In Europa gehen die Lichter aus. München 1954. S. 54.

philosophische Interpretation der Romanfolge „Das Kaiserreich“ gelten darf, spricht Heinrich Mann im Hinblick auf den Zusammenbruch der Außenpolitik des Reichs im 1. Weltkrieg von „dem schuldigen Reichskanzler Bülow“. (MM 219) Das ist eine negative Bewertung dieses Politikers, die weit über jenes erste resignierte Urteil über Bülow als dem „Exponenten“ des „Systems“ aus dem Jahr 1904 hinausgeht. Sie übersteigt auch die Darstellung des Kanzlers Lannas im „Kopf“, die im ganzen den Umriß einer bestimmbaren, durch Prinzipienlosigkeit gefährdeten und gefährlichen, aber auch sensiblen, geistig empfänglichen, in Paul Bourget's Sinn: „dilettantischen“ Persönlichkeit nicht verläßt. Vom bürgerlichen auf das Niveau der „höchsten Vertreter“ gehoben, wäre Lannas dem Rechtsanwalt Wolfgang Buck, dem dilettantischen Spiegelbild des Untertan Diederich Heßling vergleichbar. Die Verurteilung Bülow's, die im Roman nicht, sondern nur im begleitenden Essay ausgesprochen ist, weist auf ein ganz generelles Dilemma hin, dem Heinrich Mann sich bei der Gestaltung dieses Romans ausgesetzt sah: Als er ihn konzipierte, fand Heinrich Mann „es noch geraten, die Handlung in ein Land mit ausgedachten Namen zu verlegen“ (GW 24, 223) Man könnte durchaus einen Augenblick verweilen und bedenken, was aus dem „Kopf“ geworden wäre, wenn Heinrich Mann ihn in Lilliput oder in einem der vielen Länder, die Candide bereist, angesiedelt hätte. Wahrscheinlich wäre das der Einheitlichkeit, aber zugleich auch der Einseitigkeit eines satirischen Entwurfs zugute gekommen, die etwa die Abschnitte über die „Generalagentur für das gesamte Leben“ (im 3. Kapitel des Romans) kennzeichnet. Zu dieser Einheitlichkeit der Durchführung ist es nicht gekommen, sondern zu einer widersprüchlichen Mischung aus Abbildung der Wirklichkeit — Heinrich Mann berief sich später darauf, „daß auch Zola den Zusammenbruch des Kaiserreiches ‚gebraucht‘ hatte, als er seine Geschichte in Romanen begann“ (Dok. 214) —, Satire auf die Zeitgeschichte, Autobiographie und Schlüsselroman.

Heinrich Mann selbst hat in späteren Jahren einen fragmentarischen Schlüssel zur Entzifferung der Figuren gegeben, er enthält die Gleichung Lannas–Bülow. Fischer–Tirpitz, Gubitz–Fritz von Holstein, Tolleben–Theobald von Bethmann Hollweg sind hier leicht zu ergänzen. Den autobiographischen Charakter der Terra und Mangolf hat Heinrich Mann in der Andeutung „ihre Tragik ist dasselbe wie ihre Brüderlichkeit“ (Dok. 215) halb enthüllt, dann aber in dem Zusatz: „Ich habe bei Mangolf am häufigsten an Harden gedacht. Terra habe ich so sehr an Wedekind angenähert, daß er seine Sprache und Sätze aus seinen Stücken spricht“ (ebd.) die Enthüllung wieder aufgehoben. Soweit ich sehe, wird aus Wedekind's Texten nur einmal ein prononciertes Zitat gegeben, nämlich des Marquis von Keith

Maxime: „Gute Geschäfte lassen sich nun einmal nur innerhalb der bestehenden Gesellschaftsordnung machen!“ („Der Marquis von Keith“, 2. Aufzug), wird von Terra unter Gewissenskrupeln wiederholt (272). Sonst geben die Verweise weder auf Maximilian Harden noch Frank Wedekind der Deutung des Romans Substanz.

Eine andere Fährte führt da weiter. In dem Bruch der brüderlichen Beziehung zwischen Heinrich und Thomas Mann aus Anlaß von Thomas' Kriegsjournalistik 1914, der Heinrich im „Zola“-Essay von 1915 eine Abfuhr erteilt hatte, war Thomas im entscheidenden, abbrechenden Brief vom 3. 1. 1918 — wenige Monate nachdem Heinrich den „Kopf“ konzipiert hatte — zu der Formulierung gelangt: „Laß die Tragödie unserer Brüderlichkeit sich vollenden.“ Zwar wies Heinrich damals im Entwurf einer Antwort diese Deutung ihres Zerwürfnisses und überhaupt die Deutung ihrer gegensätzlichen Welterfahrung als bloßen „brüderlichen Welterlebnisses“ zurück („mein Welterlebnis ist kein brüderliches, sondern eben das meine“). Er reduzierte ihren Antagonismus auf seine sachlich begründbaren Fronten. Aber indem er das tat, fügte er andererseits eine ganz neue Deutung ihrer beider geistig-künstlerischer Existenzen hinzu. Diese Deutung ging über jene aus den Entschlüsselungsanweisungen: Terra's und Mangolf's „Tragik“ sei „dasselbe wie ihre Brüderlichkeit“ — in der Thomas Mann's Interpretation post festum angenommen war —, weit hinaus. Er notierte in seinem Antwort-Entwurf den Gedanken, „wie viel wir alle, die Kunst und Geistesart unserer Generation es verschuldet haben, daß die Katastrophe kommen konnte.“ (An Thomas Mann, 5. 1. 1918) Wir finden hier die Steigerung der Kategorie zur ethischen Verurteilung einer antagonistischen Zeitgenossenschaft unter den Intellektuellen so angewandt wie im Essay „Kaiserreich und Republik“ auf den leitenden Staatsmann und die Alldeutschen. Es ist der Gedanke der kollektiven Schuld der „Führer“ des Kaiserreichs, unter dem Heinrich Mann sich und seinen Bruder als Terra und Mangolf zeichnet.

Nur um einer gewissen Vollständigkeit in unseren Nachweisen willen, seien einige Details genannt, die das biographische Element in den Brüderporträts belegen: Terra's Schwester Lea steht in dem innigen Verhältnis zu ihrem Bruder wie die Schwester Carla zu Heinrich Mann. Sie ist Schauspielerin wie diese, hat einen Totenschädel bei sich zuhause und begeht Selbstmord nach schauspielerischen Mißerfolgen. Im Tod ruft sie nach ihrem entfernten Bruder, was er hört — eine mystische Wahrnehmung, von der Heinrich Mann im „Zeitalter“ ebenso berichtet wie von dem gleichzeitig mit einem Geistlichen geführten Gespräch über „Stolz“, „Hochmut“ und „Glauben“ (595 f.). Heinrich Mann's Schwester Carla hatte 1910 ihr Leben in Bad Tölz geendet; Lea ertränkt sich in einem Gebirgsbach. Ihr Tod wird gegen Ende des Romans als die Einleitung der vielen Todesfälle des 1. Weltkriegs gedeutet, „sie begann das Sterben“ (597). Auch diese Überhöhung autobiographischer Erfahrung war Heinrich Mann von Thomas nahegelegt worden, in jenem Trennungsbrief, in dem er die „Tragödie unserer Brüderlichkeit“ ausdehnte auf den weiteren Familienkreis: „Seit Carla sich tötete (...), ist Trennung für alle Zeitlichkeit ja nichts Neues mehr in unserer Gemeinschaft.“ (An Heinrich Mann, 3. 1. 1918) Lea hat Mangolf vorausgesagt, daß er aus Ehrgeiz sich ein Mädchen suchen werde, „das um mehrere Millionen reicher ist als ich.“ (21) Dieses Mädchen trägt Züge Imma Spoelmann's aus „Königliche Hoheit“ oder auch Katja Pringsheim-Mann's. Mangolf blickt Terra einmal mit dem Opernglas nach (260), wie Thomas Mann das mit Arthur Holitscher getan hatte. „Was er tat“ — heißt es von Mangolf — „war sein Leben lang bestimmt durch wechselnde Ursachen, aber immer auch durch das, was Terra tat.“ (548) Im Antwort-Entwurf hatte Heinrich Thomas geraten: „Bezieh nicht länger mein Leben und Handeln auf Dich, es gilt nicht Dir und wäre ohne Dich wörtlich dasselbe.“ (An Thomas Mann, 5. 1. 1918) Als Mangolf Leuten nach dem Mund geredet hat, bemerkt Terra: „Das ist die zweite Naivität, Deine Erfindung“. (582; auch 383) Damit ist auf allgemeine ästhetische Reflexionen Thomas Mann's im ersten Jahrzehnt dieses Jahrhunderts angespielt; aber auch im besonderen hatte Thomas Heinrich brieflich bekannt: „Umkehr! Zurück zur Buddenbrook-Naivität!“ (An Heinrich Mann, 18. 2. 1905) Oder endlich die Prognose Terra's, daß Mangolf „ein großer Streber“ sei und mit Bezug auf den 1. Weltkrieg: „Du wirst die Aufsicht verlieren über Deine vergewaltigte Vernunft, wirst Dich verrennen und schlecht enden.“ (38)

All diese Details fügen aber dem Gehalt dieser „Tragödie der Brüderlichkeit“ nichts hinzu, sie dienen als Einzelbezüge nur der Gestaltung. Zur Gestaltung von Klaus Terra sind Lübecker Details, wie sie uns aus „Buddenbrooks“ und „Professor Unrat“ bekannt sind, ebenso genutzt wie Kindheitserlebnisse Heinrich Mann's, die wir aus novellistischen Skizzen und aus seinem Memoirenbuch kennen. Der Gehalt ist wie im abstrakten Schuldspruch gegenüber dem Bruder in Formeln gepreßt, die von der „Sünde des Ehrgeizes“ (135) bis zu dem Urteil „Wir haben beide durch Stolz gesündigt“ (634) reichen. Diese Formeln im Roman mögen zusammengesehen werden mit dem Aufruf in „Kaiserreich und Republik“: „Geistige, entledigt euch des Hochmutes!“ (MM 255) Sie mögen ferner ergänzt sein um die Zwischenbilanz, die Terra als praktizierender Rechtsanwalt einmal zieht: „Die Summe von allem“ ergäbe „zum Schluß nur Demut“ (265) und um den Verweis darauf, daß „Demut“ zum ethisch-religiösen Leitbegriff in

Heinrich Mann's letztem Roman „Der Atem", der letzten großen Darstellung des Bruderzwistes — hier in der Verkleidung zweier aristokratischer Schwestern — erhoben ist. Diesen weiten Kontext wohl bedacht, erhält die symbolische Abbreviatur des Schlußtableaus im „Kopf" erst ihren eigentlichen theologischen Gehalt, nämlich den, daß Terra und Mangolf als Sündige und Schuldige, als die Opfer und Geopferten ihrer Epoche anzusehen seien. Sie prosten sich beide zuletzt zu, umarmen sich, „wie um Bruderschaft zu trinken — in der Hand die Revolver." Sie verabreden, sich gegenseitig in den Kopf zu schießen, was sie auch unverzüglich tun. Mangolf sieht sich im Moment des Todes als „Christus", den Hügel Golgatha ersteigend. Terra lauscht, ob ihn nicht noch einmal die tote Schwester riefe. „Die Militärmusik schmetterte draußen. Marschtritt und schwere Räder erschütterten das Zimmer. Mangolf und Terra erkannten von allem, was vorbeizog, weder den Stolz noch das Elend, kein wildes Gesicht mehr, kein angstvolles, keins, das noch kämpfte. Terra und Mangolf ruhten und formten ihr Kreuz." (637)

Die Symbolik des Opfers hat in der neueren Literatur ihre eigene Tradition. Es scheint, als wenn die Darstellung ausweg-, ja sinnloser Fehlentwicklungen, die ihren Grund in oft nicht sichtbaren, unkenntlichen Widersprüchen der Gesellschaft haben, nicht nur bürgerliche Autoren anhält, ihnen Sinn und Bedeutung zu erborgen. Gerade in der zeitkritischen Literatur dieser Epoche wird die Opferthematik immer wieder gestaltet, oder es wird auf sie verwiesen, und zwar in der aus den Traditionen naheliegenden Passionsgeschichte Jesu Christi. Seit Fritz von Unruh's „Opfergang" (1916) taucht sie in Bernhard Kellermann's „Der 9. November" (1920), Karl Kraus' „Die letzten Tage der Menschheit" (1922), nach Heinrich Mann's „Kopf" sogleich auch wieder in seiner Novelle „Kobes" (1925) auf. Kafka hat solch ein Opfer beschrieben und in wiederholter Wendung die Annahme der Verurteilung durch den Geopferten „um die sechste Stunde", der Todesstunde Jesus, angesetzt, „In der Strafkolonie" (1919). In Ludwig Renn's „Krieg" (1928), in großen Epochendarstellungen und Zeitmilieuschilderungen wie Arnold Zweig's „Der Streit um den Sergeanten Grischa" (1927), Alfred Döblin's „Berlin Alexanderplatz" (1929) und seinem „Pardon wird nicht gegeben" (1935) sehen wir Figuren und Bilder aus der Passionsgeschichte herangezogen. Upton Sinclair hatte das Thema des Opfers in die Schlachthofthematik seines Romans „The Jungle" (1906) gebracht, von wo aus es in Brecht's „Heilige Johanna der Schlachthöfe" (1932) transponiert wurde. Aber auch unabhängig davon sind der Passionsweg und die Kreuzigung in ihrer Chronologie von (Grün-)Donnerstag bis (Kar-)Freitag in einer ganzen Werkreihe Brecht's von „Mann ist Mann" (1926) über die „Dreigroschenoper" (1928) bis zu der Oper „Aufstieg und Fall der Stadt Mahagonny" (1930) eingebaut. Ja, sie erscheinen noch im „Dreigroschenroman" (1934). Hier aber wird die Metaphysik des Opfers von Macheath bloßgestellt, wenn er sagt: „Geschäftliche und überhaupt menschliche Erfolge seien an die Fähigkeit geknüpft, zu gelegener Zeit *Opfer* zu bringen" und wenn er dann diesen Gedanken in Beziehung zur imperialistischen und faschistischen struggle for life-Ideologie dadurch setzt, daß er ihn an das Leitmotiv von Rudyard Kipling bindet: „Der kranke Mann stirbt, und der starke Mann ficht." Das könnte man die marxistische Korrektur der Passionsthematik nennen. Denn wie alle Autoren von Unruh über Kafka bis Heinrich Mann hatte auch Brecht sie benutzt, um der seit dem 1. Weltkrieg dringlich gewordenen, unter den gesellschaftlichen Gegensätzen der Weimarer Republik immer erneut sich stellenden Frage nach dem Sinn gesellschaftlich veranstalteten Tötens nicht mit der Auskunft absoluter Sinnlosigkeit begegnen zu müssen. Statt dessen wird durch die Passionsthematik im allgemeinen und in Heinrich Mann's Romanschluß durch jenes „Terra und Mangolf formten ihr Kreuz" im besonderen ein Moment der Hoffnung oder in der heilsgeschichtlichen Sprache der Religion: das Moment der Verheißung oktroyiert, das immanent nicht abzuleiten ist. Schauen wir auf ein letztes Beispiel — und zwar mit engerem Bezug auf Heinrich Mann's Romanschluß —, um uns anschaulich zu machen, daß eine dermaßen oktroyierte Deutung dann in der schönen Literatur nicht mehr „schön", d. h. sinnfällig ist, wenn der eigentliche Gehalt der Opferthematik, nämlich die Wandlung, Veränderung, vernachlässigt wird. Wenn sie nur dem Aufbau einer ausweglosen Endsituation dient: Ich denke an den Kreuzestod des vereinsamten, wahnsinnigen Komponisten, der seine ausgebreiteten Arme über die Tastatur seines Pianos streckt, wie Thomas Mann das im „Doktor Faustus" (1947) gestaltet hat.

Das Herbeiholen solcher Bilder ist ästhetisch in keiner Weise dadurch legitimiert, daß sie zu unserem Kulturkreis, unserer Bildungswelt gehören. Gerade ihre Vertrautheit ist gemeint, sonstige Lücken der Konzeption zu schließen, Widersprüche zu verdecken. Die Metaphysik der Hoffnung gehört so wenig in die Schlußpartien des „Kopf", wie die punktuellen diplomatischen Ereignisse in den Gang der Handlung gehörten. Der schicksalhafte Verlauf der Dinge zwischen Terra und Mangolf — augurenhaft vorgesehen und vorgedeutet in dem Vorspiel zum Roman „Neunzig Jahre vorher" — bleibt unvereint mit irgendwelchem Vernunftbegriff — sei dieser nun aus Kant's (was ich bezweifle) oder aus Heinrich Mann's eigenem eklektischen Idealismus hervorgegangen. Der ursprüngliche Titel des gesamten Romans, „Die Blutspur", zeigt uns aber das von Heinrich Mann schicksalhaft Gedachte in der „Tragödie der Brüderlichkeit“ als eine Grundvorstellung an...

Bei all diesen problematischen Punkten wollen wir die Frage nicht vergessen zu beantworten, wer denn nun letztlich der Kopf des Ganzen sei? Waren das die Staatsmänner oder die beiden Intellektuellen, die sich in den Kopf schossen? Nein, es ist Terra, von dem es im Roman ausdrücklich heißt: „Der Kopf sind Sie.“ (599) Nehmen wir diese Deutung ernst — und es besteht kein Anlaß, sie weniger ernst zu nehmen als die Deutung Mangolf-Thomas Mann's als des Typs in der „Schicht der Intellektuellen“, der den „zur verdächtigen Anpassung Geneigten“ repräsentiert oder als die überhöhende Deutung des Selbstmords der Schwester Lea-Carla als Vorbote des Sterbens im Krieg —, folgen wir der Selbstinterpretation Heinrich Mann's, daß Terra „unter den Intellektuellen der Unabhängige“ sei (Dok. 215), so öffnet sich die Perspektive auf eine ungeheure Überschätzung des eigenen persönlichen Erlebnisses als der repräsentativen Erfahrung der Epoche. Diese Überschätzung umschließt eine Fehlplazierung der Rolle des „Geistes“ als der in Gesellschaft und Geschichte bewegenden Macht, wie sie in Postulaten des gleichzeitigen geschichtsphilosophischen Essays: des Menschen „Geist komme über den Stoff“ (MM 271) ihren voluntaristischen Ausdruck finden.

Diesem Voluntarismus entspricht es, daß Heinrich Mann damals 1918/19 sich weigerte, Sinn und Bedeutung der Klassenkämpfe anzuerkennen oder auch nur wahrzunehmen. Er findet die deutsche Revolution „eine Revolution ohne Idee!“ (MM 243) „Sie faßt sich wirtschaftlich auf, als Klassenrevolte, nichts weiter; diese Revolution fühlt noch nicht ihre nationale Einheit, ihren Beruf, ein neues Zeitalter deutscher Geistigkeit heraufzuführen. Sie läßt es sich nicht träumen, sie könne Menschen verändern, anstatt nur die Besitzverhältnisse.“ (ebd.) (So erscheint ihm auch der „Bolschewismus“ als ein „Gebilde aus Blutdunst und Logarithmen als das offenbar Unmögliche.“ (MM 245)) Folgerichtig faßt Terra, der „Kopf“, der inkarnierte „Geist“ im Roman die Idee der „Revolution von oben!“ (510) Sie scheint — wenn man die Abstraktionen und Abbreviaturen richtig liest — nicht mehr zum Inhalt zu haben als die Forderung nach staatlicher Kontrolle der Erz- und Kohlenmonopole. An ihr hält Heinrich Mann vornehmlich auch in den Folgejahren der Inflation und Ruhrbesetzung fest. Sie ist es, die den einheitlichen satirischen Entwurf der Novelle „Kobes“ inspiriert, in der die Weltwirtschaft als Privatsache von Hugo Stinnes und einem amerikanischen Kompagnon imaginiert wird...

Die „haute vie“, die Diplomatie, die „höchsten Vertreter“, — ihnen ordnet sich der „Patrizier“ Terra-Heinrich Mann (36) zu. Aber erst der philosophische idealistische Voluntarismus prägt die Bedeutung dieser Schichten und Gruppen, in ihm ist ihr Anspruch „Kopf" und „Führer" des Kaiserreichs zu sein, begründet. Aus diesem wahnhaften Anspruch heraus ist es verständlich, daß Heinrich Mann nach Abschluß des Romans glaubte, mit ihm sein „Höchstes" geleistet zu haben. Dieser Wahn verdeckte die sämtlichen stofflichen, stilistischen Widersprüche des Werks im subjektiven Empfinden des Autors. Dergleichen war in einer Krisensituation ein einziges Mal möglich. Gleich nach Abschluß des „Kopfes" und für den Rest der Weimarer Zeit wandte Heinrich Mann sich einem neuen Erzählmodell zu, mit dem er — nun willentlich und bewußt — Disparatheiten und Widersprüche auszusöhnen versuchte, dem Märchen. Seinen Vorsatz, „man sollte Märchen schreiben" (an Kurt Tucholsky, 12. 5. 1924), führte er alsbald nach Abschluß des „Kopfes" aus. Das erste Produkt im neuen Genre war „Liliane und Paul" (1926), das offenbar keiner der Heinrich Mann-Kenner kennt. Die erfindungsreiche Albernheit — soviel will ich hier nur sagen —, mündet in einen Mystizismus der Allmächtigkeit und Allgegenwart des Erzählers, der bis hinein in „Die große Sache" (1930) mehrfach erzählerisch praktiziert wird. Erst der Entwurf des „Henri Quatre" und die Erfahrungen der Emigration heben Heinrich Mann's Schaffen auf eine neue Stufe, deren später „Greisen-Avantgardismus" (Thomas Mann) dann allerdings ganz Einzigartiges hervorbringt.

Im Text benutzte Siglen:

Dok.: Heinrich Mann 1871—1950, Werk und Leben in Dokumenten und Bildern, Berlin und Weimar 1971.

GW: Für Heinrich Mann: Berlin, Weimar 1965 ff.

MM: Für Thomas Mann: Gesammelte Werke in 13 Bänden. Frankfurt a. M. 1974. Macht und Mensch (Der deutschen Republik), München 1919. — Der Essay „Kaiserreich und Republik" ist bisher nur in dieser Erstveröffentlichung in vollem Wortlaut gedruckt worden; alle späteren Wiederabdrucke sind stark gekürzt.

Ziffern bedeuten (Band- resp.) Seitenzahlen.

PAUL MICHAEL LÜTZELER

Heinrich Manns „Kaiserreich“-Romane und Hermann Brochs „Schlafwandler“-Trilogie

Bruno Seitz zum Gedächtnis

Während der ersten drei Dekaden unseres Jahrhunderts erschienen eine Reihe deutschsprachiger Romane, die sich auf melancholisch-nachtrauernde, teilnehmend-ironisierende, kritisch-abrechnende oder distanziert-analysierende Weise auseinandersetzten mit dem Phänomen des Zerfalls der alten Staats-, Gesellschafts- und Wertsysteme im wilhelminischen bzw. franzisko-josephinischen Zeitalter. Erinnert sei an die epischen Epochen-Darstellungen Joseph Roths, Thomas Manns, Robert Musils, Heinrich Manns und Herman Brochs. Zwei dieser Werke scheinen — zumindest auf den ersten Blick — eine frappierende Ähnlichkeit zu haben: die beiden Trilogien „Das Kaiserreich“ (1914—1925) von Heinrich Mann und „Die Schlafwandler“ (1930—1932) von Hermann Broch.[1] Nicht nur, daß Mann und Broch den gleichen historischen Zeitraum und dieselbe Gesellschaft zum Gegenstand des Epochen-Porträts gewählt haben, nämlich das Deutschland vom Antritt bis zur Auflösung der Regierung Wilhelms II., sondern Band für Band lassen die beiden Werke eine Fülle von Übereinstimmungen erkennen.

1. Strukturelle und inhaltliche Ähnlichkeiten

Der jeweils erste Roman (Heinrich Manns „Untertan“ und Brochs „Pasenow“) spielt zu Beginn der Herrschaft des letzten Hohenzollern-Kaisers

[1] Zitiert wird in der Folge nach: Heinrich Mann: Das Kaiserreich. Die Romane der deutschen Gesellschaft im Zeitalter Wilhelm II.: Der Untertan: Roman des Bürgertums. Die Armen: Roman des Proletariers. Der Kopf: Roman der Führer. Berlin, Wien u. Leipzig 1925; Ausgabe in zwei Bänden; Hermann Broch: Die Schlafwandler. Eine Romantrilogie: Der erste Roman: 1888. Pasenow oder die Romantik. Der zweite Roman: 1903. Esch oder die Anarchie. Der dritte Roman: 1918. Huguenau oder die Sachlichkeit. Frankfurt a. M. 1978; Band 1 der Kommentierten Werkausgabe Hermann Broch. Hrsg. von Paul Michael Lützeler. Beim Zitieren werden folgende Abkürzungen vor der Seitenangabe benutzt: U = Der Untertan, A = Die Armen, K = Der Kopf, P = Pasenow, E = Esch, H = Huguenau.

abwechselnd in der preußischen Provinz und in der Reichshauptstadt Berlin. Held ist in beiden Fällen ein jüngerer Mann, der aus Gründen seiner Ausbildung in Berlin lebt, der dort in eine Affäre mit einer jungen Frau verwickelt wird, die sozial unter ihm steht bzw. einer Familie entstammt, welche dabei ist, gesellschaftlich abzusteigen. Krankheit und Tod des Vaters rufen ihn zurück in die Provinz, wo er den Familienbesitz übernimmt und dadurch mehrt, daß er standesgemäß heiratet: Die Gattin bringt ein beträchtliches Vermögen mit in die Ehe. Vorher kommt es zur komplikationsreichen Auflösung des Berliner Liebesverhältnisses, wobei das Wiedertreffen eines ehemaligen Schulkameraden eine bestimmte katalysatorische Rolle spielt.

Die Erzählfabel macht deutlich, daß Diederich Heßling und Joachim von Pasenow, von denen hier die Rede ist, Sprößlinge, sozusagen natürliche und legitime Söhne des Botho von Rienäcker aus Fontanes „Irrungen, Wirrungen" sind. Die äußere Handlung ist in allen drei Fällen ähnlich, in einigen Details ist sie fast identisch. Denken wir etwa an die Schilderung des Landausflugs Bothos mit Lene zu „Hankels Ablage", Diederichs mit Agnes nach Mittenwalde [2] bzw. Joachims mit Ruzena an die Havel. Diese Abstecher bedeuten jeweils gleichzeitig Erfüllung wie beginnendes Ende, Höhepunkt wie Auflösung der Liebesbeziehung; sie sind zudem mit Idyllsituationen verbunden, in denen die sozialen Barrieren momenthaft beseitigt zu sein scheinen. Nach dem Ausflug wissen die Frauen, daß die Beziehung von den Männern gelöst werden wird. Lehne spürt: „es geht zu End" [3]; Agnes ahnt, daß Diederich „fortgehen" (U 94) wird, und Ruzena wiederholt in der Folge ständig ihr „is aus". (P 62, 89, 141) Die Gestaltung der ersten Liebesvereinigung des Helden mit seiner Verehrten im „Pasenow" erinnert an jene im „Untertan": Die Paare ziehen sich nach einem regnerischen Tag in die Privatwohnung zurück, zu Ruzena bei Broch, zu Diederich bei Heinrich Mann. Im „Untertan" heißt es dort:

> Und plötzlich kam ihr Gesicht auf ihn zu: mit offenem Mund, halbgeschlossenen Augen und mit einem Ausdruck, den er nie gesehen hatte und der ihn schwindlig machte. ‚Agnes! Agnes, ich liebe dich', sagte er wie aus tiefer Not. Sie antwortete nicht, aus ihrem offenen Mund kamen kleine warme Atemstöße, und er fühlte sie fallen, er trug sie, die zu zerfließen schien. (U 72, 73)

Bei Broch lautet die parallele Stelle:

[2] Vgl. dazu Klaus Schröter, Zu Heinrich Manns ‚Untertan'. In: Etudes Germaniques 26 (1971), S. 342.

[3] Theodor Fontane: Irrungen, Wirrungen. München 1980. S. 89.

Im Dunkel sah er Ruzenas Gesicht, (...) die Linie des Mundes zum Kusse geöffnet. Welle des Sehnens schlug gegen Welle, hingezogen von der Strömung fand sein Kuß den ihren, (...) erstickt und nicht mehr atmend, bloß ihren Atem noch suchend, war es wie ein Schrei, den sie vernahm: ‚Ich liebe dich', sie aufschloß, so daß (...) er in ihr ertrinkend versank. (P 45)

Auffallend an diesen Zitaten ist auch, daß beide Autoren (Broch stärker als Heinrich Mann) mit den Bildern des „Zerfließens" und der „Welle" Anleihen bei der Jugendstil-Metaphorik machen. Was die Personenkonstellationen betrifft, so sind sich in einer Hinsicht die Romane Brochs und Fontanes verwandter [4], aber andererseits wiederum besteht eine größere Nähe zwischen den Werken Heinrich Manns und Brochs. Botho von Rienäcker und Joachim von Pasenow sind Barone, gehören dem preußischen Landadel an (Botho stammt aus der Neumark, Joachim ist in Westpreußen beheimatet) und verrichten in Berlin als Premierleutnants Dienst im königlichen Heer. Diederich Heßling dagegen ist Sproß einer bürgerlichen Fabrikantenfamilie aus einer brandenburgischen Kleinstadt. Ihrer Herkunft nach betrachtet, sind also die Unterschiede zwischen Brochs Joachim und Manns Diederich beträchtlich. Was aber, strukturell gesehen, das geschilderte Beziehungsgeflecht der handelnden Personen betrifft, ähneln die Romane Brochs und Manns einander wiederum sehr. Joachim und Diederich haben z. B. mit einem ehemaligen Schulkollegen zu tun, welcher im Leben der beiden Protagonisten eine vergleichbare Rolle spielt. Diese ehemaligen Jugendfreunde und nunmehrigen Antipoden (Brochs Eduard von Bertrand und Manns Wolfgang Buck) geben Karrieren auf, die ihnen vorgezeichnet schienen und haben sich zu kritischen, illusionslosen Analytikern ihrer Zeit entwickelt. Schließlich treten sie freiwillig Frauen an ihre Antagonisten Joachim und Diederich ab, Frauen (Elisabeth und Guste), die sich mehr zu Eduard und Wolfgang hingezogen fühlen. Wie wenig spontan, wie gefühlsarm, oberflächlich und gezwungen das Verhältnis zwischen Joachim und Elisabeth bzw. Diederich und Guste ist, wird deutlich bei der Schilderung ihrer Hochzeitsreisen. Beide Männer jagen Phantomen ihrer Ideologie nach: Diederich — auch physisch-konkret — seinem Über-Ich, dem Kaiser (U 368 ff.), und Pasenow dem Ideal der christlich-altpreußischen Ehe. In der Hochzeitsnacht eröffnet Diederich seiner Gattin: „Bevor wir zur Sache selbst schreiten, (...) gedenken wir Seiner Majestät unseres allergnädigsten Kaisers." (U 364) Auch Joachim kommt nicht ‚zur Sache selbst', bevor er seiner Elisabeth die

[4] Broch selbst bestritt jeden Einfluß Fontanes. Er behauptete sogar, „niemals Fontane gelesen" zu haben. Vgl. Brochs Brief an Daniel Brody vom 29. 1. 1931 in: Hermann Broch: Briefe 1 (1913—1938). Frankfurt a. M. 1981. Band 13/1 der Kommentierten Werkausgabe, a.a.O. S. 127.

Einsicht anvertraut, „daß ihnen in einem christlichen Hausstand die rettende Hilfe der Gnade beschieden sein werde." (P 177)

Eduard von Bertrand und Wolfgang Buck sind Geistesverwandte, was ihre Lebenseinstellung und ihre Haltung gegenüber den herrschenden Tendenzen der Epoche betrifft. Sie decouvrieren die imperialistische Politik des wilhelminischen Reiches als „Romantik" und stoßen damit bei ihren Gesprächspartnern Joachim und Diederich auf wenig Verständnis. „Ist ja doch alles Romantik" (P 32), so lautet Eduards Kommentar zu den deutschen Kolonialplänen. Wolfgang prophezeit gar, daß die Politik der „großen Männer" des Reiches eine „Romantik" sei, die „zum Bankerott" (U 85) führe. Allerdings handelt es sich bei diesen Romanhelden keineswegs um Revolutionäre. Sie sind „skeptisch" (U 85), „zynisch" (P 155) und wollen vor allem, wie Wolfgang Buck es formuliert, ihre „Persönlichkeit ausleben." (U 84) Eduard von Bertrand bekennt sich zu einem ähnlichen Grundsatz: „Nur wer sich frei und gelöst dem Befehl seines Gefühls und seines Wesens unterwirft, kann zur Erfüllung kommen." (P 111) Nach ihren Sottisen, Zynismen und Angriffen „retten" sie sich „ins Spaßhafte" (P 154) bzw. „zwinkern" und „glänzen heiter." (U 320) Zum Ausleben ihrer Persönlichkeit gehört — neben einer betonten Bindungslosigkeit — die Liebe zum wechselnden Rollenspiel, und so verwundert es nicht, daß sie gute Beziehungen zum Theater unterhalten. Mit seinen „allzu gewellten" (P 62) bzw. zu „langen Haaren" (P 64) kommt der Zivilist Eduard dem Offizier Joachim wie „eine Art Schauspieler" (P 78, 33, 55) vor, und dank seiner Kontakte zur Bühnenwelt vermag Eduard der Geliebten Pasenows eine Stelle beim Theater zu verschaffen. Der Rechtsanwalt Wolfgang Buck hat ein Verhältnis mit einer Schauspielerin, lädt zu seinem Verteidiger-Plädoyer während der Gerichtsverhandlung die Mitglieder des Stadttheaters ein (U 238), interessiert sich mehr aus künstlerischen als aus juristischen Gründen für die „Rolle", die der Gegner vor Gericht spielt (U 317) und gibt schließlich — jedenfalls vorübergehend — seinen Beruf als Jurist auf, um selbst Theaterschauspieler zu werden. „Das Theater ist vorzuziehen", so argumentiert er, „es wird dort weniger Komödie gespielt, (...) man ist ehrlicher bei der Sache." (U 344) Ganz so konsequent ist Eduard von Bertrand freilich nicht. Sein Spielterrain ist die internationale Wirtschaft, und hier ist er ein ausgesprochen erfolgreicher Akteur. Die Inspirationsquelle seiner Geschäfte ist freilich nicht — wie bei Diederich Heßling — die zwar expansionsfreudige, aber in weltökonomischen Belangen noch unerfahrene deutsche Volkswirtschaft, sondern der interkontinentale Handel Englands, eines Staates, den Diederich haßt. (U 446) „Überflüssige Kapitalien", so vertraut Eduard seinem Gesprächspartner Joachim an, lege er „immer noch lieber in englischen Kolonialpapieren an als in deutschen", denn „England ist England." (P 32) Eduards Vorliebe für Englisches kommt auch darin zum Ausdruck, daß er eine englische Pfeife raucht, einen Anzug aus englischem Tuch trägt, ja sogar einen Berliner Rechtsvertreter hat, der „einem Engländer ähnlich" (P 59, 31, 147) sieht.

Pasenow und Heßling teilen eine für die Wilhelminische Epoche bezeichnende Passion: die uneingeschränkte Verehrung der Uniform. Brochs Charakterisierung des Uniformkults im „Pasenow" fand der amerikanische Historiker Gordon A. Craig so zutreffend, daß er die entsprechende Passage zur Illustration seiner These von der Wilhelminischen Uniformberauschtheit abdruckte in seinem Standardwerk zur deutschen Geschichte zwischen 1866 und 1945.[5] Die „eigentliche Romantik dieses Zeitalters", so konstatiert Brochs Eduard von Bertrand, sei „die der Uniform." (P 23) Joachim von Pasenow ist es, als gewähre ihm die Uniform „Schutz vor der Anarchie (P 26), als wäre ihm mit ihr „eine zweite und dichtere Haut gegeben", die ihm hilft, „in sein eigentliches und festeres Leben zurückzukehren." (P 24) „Der Uniform wahre Aufgabe" sei es, „die Ordnung in der Welt zu zeigen und zu statuieren." (P 24) Diederich Heßling versteht es zwar, dem unbequemen Militärdienst zu entgehen, doch auch er ist „von dem Wert der Uniform durchdrungen." (U 354) Während seiner Zeit als Korps-Student erlebt er den „Genuß der Uniform" (U 46), erfährt er die durch sie vermittelte beglückende Zugehörigkeit zum „unpersönlichen Ganzen" (U 15) und erkennt im Uniformtragen „die einzige wirkliche Ehre." (U 463)

Im zweiten Band von Heinrich Manns „Kaiserreich"- und Hermann Brochs „Schlafwandler"-Trilogie geht es nicht mehr um das späte 19. Jahrhundert, vielmehr geraten die Jahre vor Ausbruch des Ersten Weltkriegs in den Blick. Orte der Handlung sind preußische Industriestädte im Brandenburgischen bzw. Rheinisch-Westfälischen; zusätzlich kommen im Falle Brochs Orte im Badischen vor. Nicht Adel und Industrie-Bürgertum werden ausführlich dargestellt, sondern die Welt des Proletariats und des Kleinbürgertums, soziale Bereiche, die allerdings in konflikthafter Auseinandersetzung mit der Industrie gezeigt werden. Nachdem er ein Unrecht entdeckt, wird der aus niederer gesellschaftlicher Schicht stammende Held zum anarchistischen Rebellen mit Erlösungs- und Messiasphantasien. Dieser individualistische Empörer will nichts zu tun haben mit organisierten Sozialdemokraten und Gewerkschaftlern; vielmehr nimmt er alleine seinen privaten Kampf auf mit dem Vertreter des Großkapitals, auf den er ein Attentat auszuüben plant. Das Entkommen aus dem Gefängnis der Alltagsmisere

[5] Gordon A. Craig: Deutsche Geschichte 1866—1945. München 1980. S. 209, 696.

strebt er allerdings nicht nur für sich an, sondern möchte vor allem eine platonisch geliebte Frau teilhaben lassen an der neuen Freiheit. Der Rebell täuscht sich aber sowohl über die Angemessenheit der Mittel bei seinen Ausbruchsversuchen als auch über die Wünsche der von ihm verehrten Frau. Am Ende resigniert er; er kapituliert vor den bestehenden Mächten und geht eine kleinbürgerliche bzw. proletarische Ehe ein.

Die Rede ist vom entlassenen Buchhalter August Esch in Brochs „Esch" und vom Arbeiter Karl Balrich in Heinrich Manns „Die Armen". Esch verliert ohne eigene Schuld seine Arbeitsstelle in einer Kölner Weinhandlung. Von dieser privaten Erfahrung zieht er Rückschlüsse auf den großen „Buchungsfehler", den es im Weltgeschehen allgemein auszumachen und zu beseitigen gelte. Bei Balrich liegen die Dinge anders: Vor vierzig Jahren schlug der Vater des jetzigen Industriellen Diederich Heßling 396 Taler, die Balrichs Onkel Gellert gehörten, dem Gründungskapital seiner Firma zu. Dieses Geld wurde von den Heßlings nie an Balrichs Onkel zurückgezahlt. Balrich glaubt nun die Forderung stellen zu können, Heßling habe den gesamten Firmen- und Privatbesitz an ihn abzutreten. Esch und Balrich sind weit davon entfernt, Systemkritiker zu sein. Sie verallgemeinern höchst individuelle Erfahrungen und projizieren ihren Haß auf einzelne Personen, mit deren Beseitigung sie glauben, der Ungerechtigkeit und Unfreiheit ein Ende bereiten zu können. Objekte ihres Hasses sind Personen, die wir bereits aus den vorhergehenden Trilogieteilen kennen, nämlich Eduard von Bertrand und Diederich Heßling. Diese beiden Romanhelden sind inzwischen zu Großkapitalisten avanciert; der Reeder von Bertrand ist gar „reicher als der Kaiser". (E 295) Für Esch verkörpert Eduard von Bertrand den „Sitz des Giftes" (E 237), und Balrich meint, daß Heßling „der eine" sei, für den „alles Böse geschieht." (A 583) Balrichs Attentat auf Heßling schlägt fehl, und zur Begegnung Eschs mit Bertrand kommt es nur in einer tagtraumartigen Szene. Immerhin aber erstattet Esch die Anzeige gegen den Reeder beim Kölner Polizeipräsidium und löst damit dessen Selbstmord aus. Eduard von Bertrand im „Esch"-Roman und Diederich Heßling in den „Armen" tragen Züge des Industriellen Krupp, den beide Autoren als Prototyp des wilhelminischen Unternehmers betrachten. Wie Friedrich Alfred Krupp geht von Bertrand seiner homosexuellen Passion in Italien nach und wählt 1903 nach Publikwerden seiner Affären den Freitod.[6] Heßling residiert auf „Villa Höhe", einer Imitation der Kruppschen „Villa Hügel" in Essen.

[6] Vgl. Paul Michael Lützeler: Hermann Broch: Ethik und Politik. Studien zum Frühwerk und zur Romantrilogie ‚Die Schlafwandler'. München 1973. S. 120. Zur Bertrand-Figur siehe auch: Dorrit C. Cohn: The Sleepwalkers. Elucidations of Hermann Broch's Trilogy. The Hague. Paris 1966. S. 61—102.

Das Denken der Rebellen Esch und Balrich kreist nicht um die Befreiung von Gruppen oder Klassen. Wie im Falle ihres Hasses können sie auch die Erwartungen und Hoffnungen nur auf Einzelmenschen projizieren: Esch ist besessen von der fixen Idee einer „Erlösung" der Varieté-Künstlerin Ilona aus den Fängen des Messerwerfers, und Balrich träumt von einer märchenhaften Zukunft seiner Schwester Leni. Das Don-Quijotteske ihres Unterfangens wird deutlich, wenn ihre jeweilige Dulcinea entweder gar nichts von ihren Plänen weiß (so bei Ilona) bzw. sie als illusionär bezeichnet (so im Falle Lenis). Esch und Balrich sind keine politisch handelnden Empörer, sondern Menschen mit einer ins Leere zielenden seltsamen Mischung aus Egoismus und Märtyrermentalität. Die Wünsche und Sehnsüchte Eschs und Balrichs finden ihren konkreten Zielpunkt in der Villa bzw. dem Schloß des Kapitalisten. Esch wird in seinen Tagträumen nicht mehr losgelassen von der Vorstellung des „prächtigen Schlosses" mit dem „herrlichen Park", in dem „Rehe äsen unter mächtigen Bäumen" (E 301), des Schlosses, an dessen Fenster die „entrückte" Ilona „im Flimmerkleide zu sehen" (E 321, 334) ist. Ähnlich sind Balrichs „Visionen" (A 584) und „Träume" (A 542) erfüllt von Bildern der Villa Höhe, deren „süßer Garten" ihm wie das „verlorene Paradies" (A 502) erscheint. Traumhaft-halluzinatorisch sieht er „Leni, seine Schwester, in einem schleppenden Gewand aus Mondlicht die Terrasse" (A 535) der Villa herabwandeln.

„Die Armen" und „Esch" sind Romane über Anarchisten. Balrich bezeichnet sich selbst als Anarchist (A 652), und Brochs Roman trägt den Titel „Esch oder die Anarchie". Esch ist ein Anarchist weniger im politischen als vielmehr im weltanschaulich-moralischen Sinne. Sein Denken und Handeln ist das Resultat einer einzigen großen Konfusion. Gleichwohl hält gerade er sich für berufen, „Ordnung" zu schaffen; „Ordnung" ist seine Lieblingsvokabel. Seinen Freund Martin Geyring, einen Mann mit klar umrissenen gesellschaftspolitischen Vorstellungen, bezeichnet Esch dagegen als „Anarchisten". (E 186, 194) Geyring ist aber alles andere als ein Anarchist, er ist Sozialdemokrat und Gewerkschaftler mit einer reformistisch-revisionistischen Einstellung. Für die revisionistische, auf eine evolutionäre Entwicklung setzende Richtung innerhalb der Sozialdemokratie steht auch der Reichstagsabgeordnete Napoleon Fischer in den „Armen" [7] ein. Fischers ‚Revisionismus' geht allerdings so weit, daß er die Interessen der Arbeiter überhaupt nicht mehr vertritt. Er agiert vor den Proletariern wie ein „routinierter Schauspieler" [8], mimt den alten Revolutionär, doch insgeheim verrät

[7] Vgl. Klaus R. Scherpe, ‚Poesie der Demokratie'. Heinrich Manns Proletarierroman „Die Armen". In: Germanisch-Romanische Monatsschrift N. F. Bd. 25 (1975), S. 161.

er seine Genossen und paktiert mit Heßling. Geyring hingegen will von „revolutionärem Geschwätz“ (E 206) nichts hören, setzt sich aber praktisch ständig für die Belange der Arbeiter ein und nimmt dabei auch eine ungerechtfertigte Gefängnisstrafe wegen des angeblichen „Verbrechens der Aufwiegelung“ (E 230) in Kauf.

Auch zwischen dem letzten Trilogieband Brochs („Huguenau“) und Heinrich Manns („Der Kopf“) bestehen Ähnlichkeiten, wenngleich diese nicht so auffallend sind wie bei den vorangehenden Teilen. In beiden Büchern reicht die behandelte geschichtliche Zeit bis in das letzte Jahr des Ersten Weltkriegs, in beiden wird das Problem des Führertums diskutiert (Heinrich Manns Werk lautet im Untertitel „Roman der Führer“), und in beiden geht es um den Zerfall überlieferter moralischer und politischer Ordnungen sowie um den Wirklichkeitsverlust der in ihnen lebenden Menschen. Das Thema des „Verlusts der tradierten Wertvorstellungen“ [9] transponiert Heinrich Mann in die Romanhandlung, Broch gestaltet es sowohl dichterisch wie — in der Essayfolge „Zerfall der Werte“ — auch philosophisch. Was Broch unter anderem im „Zerfall der Werte“ konstatiert, ist das Auseinanderfallen, die Polarisierung von Rationalem und Irrationalem. Just dieses Phänomen führt Heinrich Mann vor Augen mit der Schilderung des gefühllosen, bloß rational kalkutierenden Mangolf und des human orientierten, aber chaotisch-irrationalen Terra. Brochs Esch ähnelt übrigens in vielem Terra, und in Huguenau erkennt man Charakterzüge Mangolfs wieder. Mangolf und Terra verstehen sich als „Führer“, doch werden sie mit ihren Plänen und Aktionen durch die Entwicklung der Zeit überholt; sie enden im Freitod. Brochs Roman läuft ebenfalls hinaus auf die Feststellung, daß die Zeit führerlos ist. (H 421) Wie Heinrich Manns „Kopf“, so endet auch Brochs „Huguenau“ mit der — zum Teil ungewöhnlichen — Verwendung von biblischen Bildern. „Jerusalem“ als Topos des Neubeginns im „Geist Gottes“ (K 594) spielt sowohl bei Heinrich Mann (im Gespräch des Mönchs mit Mangolf) als auch in Brochs Parallelerzählung vom „Heilsarmeemädchen in Berlin“ eine wichtige Rolle. Ausgerechnet die völlig unethischen Romanfiguren bei Mann und Broch — Mangolf und Huguenau — identifizieren sich am Schluß der Romane mit Christus. Der Opportunist Mangolf erkennt in einem Gemälde, welches die Passion Jesu darstellt, seinen eigenen Lebensweg gestaltet, und der Mörder Huguenau sieht sein Lebensgefühl im triumphierenden Christus des Grünewaldschen Colmar-Bildes ausge-

[8] Frithjof Trapp: „Kunst“ als Gesellschaftsanalyse und Gesellschaftskritik bei Heinrich Mann. Berlin u. New York 1975. S. 228.

[9] Renate Werner: Skeptizismus, Ästhetizismus, Aktivismus. Der frühe Heinrich Mann. Düsseldorf 1972. S. 253.

drückt. (H 678) Während aber die Handlung im „Kopf" beschlossen wird mit dem Selbstmord der Protagonisten, endet Brochs Trilogie mit den beschwörenden Worten „Tu dir kein Leid!" (H 716) Bei Broch könnte es sich hier um den Versuch einer Kurskorrektur der Mannschen Konsequenzen handeln. Denn das Wort „Tu dir kein Leid!" hatte der Apostel Paulus im Gefängnis an seinen Wärter gerichtet, der aus Verzweiflung Selbstmord begehen wollte.[10]

Die Unterschiede zwischen „Kopf" und „Huguenau" sind nicht zu übersehen, bedenkt man Ort, Zeit und Personal der Romanhandlungen. Brochs „Huguenau" berichtet von Vorgängen in einem Moselstädtchen des Jahres 1918; im Zentrum des Geschehens bei Heinrich Mann dagegen steht das Leben in der Reichshauptstadt Berlin vom Anfang der neunziger Jahre bis etwa 1917. Protagonisten bei Broch sind zwei Kleinbürger: der Kaufmann Huguenau und der Redakteur Esch; die Großbürgersöhne Terra und Mangolf, denen es gelingt, Spitzenpositionen in Industrie und Politik zu besetzen, sind die Helden im „Kopf". Heinrich Manns letzter Trilogieteil schließt zwar insofern strukturell an die beiden vorangegangenen Bände an, als in ihm nach Bürgertum und Proletariat das Leben der gesellschaftlichen Elite geschildert wird, aber thematisch führt der Autor die Handlung der beiden ersten Bände nicht fort. Keine der Romanpersonen des dritten Teils taucht vorher auf, und keine Figur aus dem „Untertan" — bis auf Wilhelm II. — und den „Armen" erscheint nochmals im „Kopf". Bei Broch dagegen ist auch der Handlungsverlauf der Trilogie zusammenhängend konzipiert: Mit der Fortführung der Biographie August Eschs und der Schilderung des alten Majors von Pasenow wird die erzählerische Kontinuität gewahrt.

Der Vergleich zwischen den beiden letzten Trilogiebänden zeigt, daß sie relativ wenig Ähnlichkeit miteinander aufweisen. Trotzdem haben Heinrich Manns „Kaiserreich"-Romane die Konzeption des „Huguenau" beeinflußt, und zwar weniger mit dem „Kopf" und den „Armen" als durch den „Untertan". Es zeigt sich nämlich, daß Diederich Heßling als Präfiguration Wilhelm Huguenaus angesehen werden kann.[11] Die kleinstädtischen Geschäftsleute Huguenau und Heßling sind mit den gleichen Charakterzügen ausgestattet: mit Erfolgssucht, Lust am Denunzieren und zur Hochstapelei sowie dem Respekt vor der Macht bei gleichzeitigem Willen, selbst Macht an sich zu reißen. Weitere Gemeinsamkeiten im Persönlichkeitsbild dieser negativen Helden sind die Heirat unter dem Aspekt der Mitgift, die Bordellbesuche,

[10] Neues Testament, Apostelgeschichte 16, 28.

[11] Auf einige Ähnlichkeiten zwischen Heßling und Huguenau wird hingewiesen bei: Jean-Paul Bier, Hermann Broch und Heinrich Mann. In: Hermann Broch und seine Zeit. Hrsg. von Richard Thieberger. Bern 1980. S. 81.

Mord- und Vernichtungslust sowie die sog. ‚Sachlichkeit'. Huguenau ermordet Esch (H 677), und Heßling wünscht seinem Feind, dem alten Buck, den Tod: „Hätten sie ihn wenigstens geköpft!" (U 135), so lautet sein Kommentar zu dem Todesurteil, das während der 48er Revolution über Buck verhängt worden war. „Sachlich sein heißt deutsch sein!" (U 235, 381) ist eine der stehenden Redewendungen Heßlings. Huguenau verkörpert für Broch ‚Sachlichkeit', verstanden als ein Handeln, das von keinen ethischen Normen bestimmt wird. Dieser letzte Trilogieteil trägt denn auch den Titel „Huguenau oder die Sachlichkeit". Eine Fülle einzelner Motive weist darauf hin, daß Heßling Broch bei der Darstellung Huguenaus als Vorbild gedient hat. Wie Heßling versteht es Huguenau, sich dem Militärdienst zu entziehen: ersterer simuliert eine Fußkrankheit (U 54), letzterer desertiert. (H 388) Heßling streitet als patriotisch-kaiserlich Gesonnener gegen die Freisinnigen und Sozialdemokraten als den ‚Umsturz', und Huguenau hält es für seine „patriotische Pflicht" (H 411), dem Freidenker Esch und seinen sozialistischen Freunden das Handwerk zu legen, indem er sie als „submarine Bewegung bedenklicher subversiver Elemente" (H 411) anzeigt. Gipfelpunkte chauvinistischer Aktivität sind bei Heßling und Huguenau die Errichtung eines Denkmals bzw. eines Standbildes. Heßling setzt als Stadtverordneter den Bau eines Denkmals Wilhelms I. durch; Huguenau einigt sich mit den Kleinstadt-Größen auf die Aufstellung des „Eisernen Bismarcks". Beide bitten mit Erfolg die jeweilige staatliche Autorität (Präsident von Wulckow bzw. Stadtkommandant von Pasenow) um den „Ehrenvorsitz" (U 340) im Denkmal-Komitee bzw. um den „Ehrenschutz" (H 515) bei der Standbild-Aktion. Jedesmal sind Patriotismus und Wille zu geschäftlicher Expansion untrennbar miteinander verquickt. Huguenau geht es darum, seiner Druckerei „Aufträge der Heeresverwaltung [zu] verschaffen" (H 548), und Heßling spekuliert als Papierfabrikant auf „die Papierlieferungen für die Regierung." (U 337) Mit der Gesinnung desjenigen, der „für sich und seine Tasche sorgte" und der „damit die Sprache redete, die die anderen verstanden" (H 438), scharen Huguenau und Heßling die Honoratioren ihrer Stadt um sich und verstehen es, sie als Zugpferde vor die Karren ihrer eigenen Interessen zu spannen. Wenn es der Egoismus befiehlt, sind beide rasch zu Koalitionen mit dem sog. ‚Umsturz' bzw. mit den ‚subversiven Elementen' bereit, was sich zeigt in der Kumpanei Heßlings mit dem Arbeitervertreter Fischer und in der plötzlichen Wendung Huguenaus zu den Sozialisten um Pelzer bzw. in dem späteren Wahlbündnis, das er mit den Kommunisten eingeht. (H 697) Ferner sind beide Kriegsgewinnler, deren kaufmännisches Über-Ich ausgefüllt ist vom Bild des Großindustriellen Krupp. Huguenau bewundert Krupp und überlegt: „Wenn also Krupp und die Kohlenbarone

Zeitungen kauften, so wußten sie, was sie taten, und dies war ihr gutes Recht." (H 370) Er imitiert Krupp bzw. dessen Direktor Hugenberg und eignet sich in dem Moselstädtchen, in das es ihn verschlagen hat, die lokale Zeitung an. (Die Ähnlichkeit zwischen den Namen Huguenau und Hugenberg ist sicher keine zufällige.) Beim Erwerben des Blattes gibt er sich hochstaplerisch aus als „Exponenten der kapitalkräftigsten Industriegruppe des Reiches (...) (Krupp)" (H 439), gibt an, er besitze „Vollmachten" des „Pressedienstes" der „patriotischen Großindustrie". (H 408, 409) Heßling, der sich im „Untertan" bereits die örtliche Zeitung gefügig gemacht hatte, versucht in den „Armen" mit Krupp nicht nur im Repräsentationsstil (siehe Villa Höhe) gleichzuziehen, sondern stellt auch rechtzeitig zu Beginn des Weltkriegs seine Papier- auf Rüstungsproduktion um. (A 689) Kein Wunder schließlich, daß Heßling und Huguenau den Vertretern der alten Ordnung, also den Bucks bzw. dem Major von Pasenow, als „Teufel" (U 477) bzw. als der „Leibhaftige" (H 591) erscheinen. Es wurde in der Forschung bereits festgestellt, daß sowohl der „Untertan" wie „Huguenau" als Parodie auf den deutschen Bildungsroman angelegt ist.[12]

2. *Der Epochen-Typus*

Auch in geschichtsphilosophischer Hinsicht sind — wie ihre Essays belegen — Heinrich Mann und Hermann Broch Geistesverwandte. Denktraditionen des europäischen Idealismus verpflichtet und beeinflußt durch Nietzsches Dekadenzthesen, sind sie überzeugt, in einer Zeit des ethischen Niedergangs zu leben. Beide hoffen aber auch auf einen neuen Sieg des ‚Geistes' bzw. auf eine Wiedergeburt des ‚Wertes', da sie von der „Unzerstörbarkeit einer moralischen Substanz"[13] bzw. des „Humanen" (H 710) überzeugt sind. Ihr Schwanken zwischen Geschichtspessimismus und Geschichtsoptimismus hat nicht nur mit ihrer anthropologischen Skepsis gegenüber der ‚bête humaine'[14] zu tun, sondern erklärt sich vor allem aus der Unsicherheit der

[12] Vgl. David Roberts: Artistic Consciousness and Political Conscience. The Novels of Heinrich Mann 1900—1938. Bern u. Frankfurt a. M. 1971. S. 95 und Paul Michael Lützeler, Lukács' Theorie des Romans und Brochs Schlafwandler. In: Hermann Broch und seine Zeit, a.a.O. S. 54 f.

[13] Friedrich Carl Scheibe, Rolle und Wahrheit in Heinrich Manns Roman der Untertan. In: Literaturwissenschaftliches Jahrbuch 7 (1966), S. 226. Zu Brochs Werttheorie vgl. Sverre Dahl: Relativität und Absolutheit. Studien zur Geschichtsphilosophie Hermann Brochs (bis 1932). Bern 1980. S. 160 ff.

[14] Vgl. Renate Werner, a.a.O. S. 268; zu Broch siehe seine Massenwahntheorie. Frankfurt a. M. 1979. Band 12 der Kommentierten Werkausgabe, a.a.O. S. 101 ff.

beiden Autoren über die Dauer der von ihnen als Gegenwart erlebten Übergangsphase. Auf vergleichbare Weise wird ferner das geschichtliche Telos umschrieben. Letztlich geht es sowohl Mann wie Broch um die „Befreiung der gesamten Menschheit“ [15] bzw. um die Realisierung der „Idee der Freiheit“, in der „die ewige Erneuerung des Humanen sich rechtfertigt.“ (H 710) In der Diagnose des moralisch-ethischen Zerfalls stimmen die zwei Autoren freilich nicht überein. Heinrich Mann rekurriert immer wieder auf die Ideale der Französischen Revolution. Er geht davon aus, daß Epochen, in denen nicht an der Einlösung dieser Ideale gearbeitet wird, zum Untergang verurteilt sind. Als prominenteste Beispiele für Zeiten solcher Dekadenz nennt er die zweiten Kaiserreiche in Frankreich und Deutschland. [16] Broch dagegen beschreibt in seiner Essayfolge vom „Zerfall der Werte“ die Entwicklung eines gesamteuropäischen ethischen Auflösungsprozesses, welcher mit der Zersplitterung der unitären europäischen Wertkosmogonie zur Zeit von Renaissance und Reformation einsetzte. In einem jahrhundertelangen Vorgang sei die ehemalige Werteinheit der mittelalterlichen Welt allmählich zerfallen in immer kleiner werdende Partial-Wertgebiete. In der Gegenwart des 20. Jahrhunderts habe sich der „wertfreie Mensch“ (H 703) herausgebildet, dessen „Privattheologie“ (H 710) seinen Wertehorizont auf die Grenzen des eigenen Ichs einenge. Damit sei der „absolute Nullpunkt“ (H 714) im Zerfallsprozeß der Werte erreicht. Heinrich Mann also konzipiert eine Romanfigur wie Heßling als Inkarnation jener Bestrebungen, die gegen den menschheitsgeschichtlichen Auftrag der Französischen Revolution gerichtet sind. Heßling stemmt sich gegen einen Geschichtsablauf, der als letztlich unumkehrbar angesehen wird. So hinkt er nicht nur — ohne sich dessen bewußt zu sein — hinter der geschichtlichen Entwicklung her, sondern marschiert in ihre entgegengesetzte Richtung. Bei Broch dagegen ist der ansonsten mit Heßling zum Verwechseln ähnliche Huguenau gerade Exponent, d. h. adäquater Typus des epochalen Nullpunkts am Ende des Wertzerfall-Prozesses.

Mit ‚Typus‘ und ‚Epoche‘ sind zwei Begriffe genannt, denen bei der Konzipierung der hier behandelten Romantrilogien über die wilhelminische Ära zentrale Bedeutung zukam. Broch war es darum zu tun, den „Geist der Epoche“ (H 463) zu gestalten, ihren „Stil“ (H 444), ihre „Gesamtlogik“ (H 463) zu beschreiben, und Heinrich Mann wollte „die Seele der darge-

[15] Klaus R. Scherpe, a.a.O. S. 154.

[16] Zum Beispiel in Heinrich Mann, Zola. In: H. M., Essays. Erster Band. Berlin 1954. S. 156—235.

stellten Epoche“ [17] erfassen. Beide Trilogien sind „Zeitromane“ [18], stehen also eher im Banne des kritischen europäischen Gesellschaftsromans als in der Traditionslinie des Bildungsromans [19], den sie bezeichnenderweise parodieren. Um ihr Ziel zu erreichen, schaffen sich die beiden Autoren als Protagonisten den Epochen-Typus. Im Typus wird eine Ära auf ihr Charakteristisches, Essentielles, Dominierendes und Repräsentatives reduziert. Die Grundzüge der betreffenden Geschichtsphase werden in den Typus transponiert; er ist die Synthese der herrschenden Tendenzen, er verkörpert ‚Seele‘, ‚Geist‘, ‚Stil‘ oder ‚Logik‘ seines Zeitalters. Wie Heinrich Mann zufolge Flaubert, so weigerte auch er selbst sich, „zu schildern, was nicht typisch“ [20] ist. Auch im Denken Brochs nimmt der Typus als „Einheitsbegriff“ für den Menschen einer Epoche einen wichtigen Platz ein. [21]

Durch welche Eigenschaften zeichnen sich die typischen Vertreter der Epoche zwischen 1888 und 1918 in Heinrich Manns und in Hermann Brochs Trilogien aus? Die von den Autoren für typisch befundenen Charakteristika weichen voneinander ab. Dies hängt mit ihren unterschiedlichen geschichtsphilosophischen Interpretationen der Epoche zusammen. Was Heinrich Mann als dominierend auffällt, sind Machtgelüste bzw. Erfolgswille, Haß und Schauspielerei, sämtlich Untugenden, die gegen die Ideale der Französischen Revolution gerichtet sind: Machtanbetung ist an die Stelle des Freiheitsstrebens getreten, Erfolgssucht verdrängt das Gleichheitspostulat und Haß wie Verstellung lassen keine Brüderlichkeit aufkommen. Broch dagegen versieht seine Helden mit Ideologien, die verschiedene Aspekte des Wertzerfalls, genauer seines Endstadiums, beleuchten: Romantik, Anarchie und Sachlichkeit. Macht- und Erfolgswille, Haß und Schauspielerei sind die hervorstechenden Eigenschaften fast aller Romanfiguren in den drei Romanen Heinrich Manns. Lediglich Balrich, Held der „Armen“, kann man vom Vorwurf der Schauspielerei freisprechen. Bei Brochs Helden aber überwiegen romantische Verhaltensweisen im „Pasenow“, anarchische im „Esch“ und ‚sachliche‘ im „Huguenau“: Der romantische Pasenow klammert sich an ein überholtes Wertsystem, der anarchische Esch verliert seine Orientierung im Chaos der sich bekämpfenden Partialwertgebiete, und

[17] Ibid, S. 170.

[18] H. Mann: Essays, Erster Band, a.a.O. S. 57, 71.

[19] Vgl. Manfred Hahn, Zum frühen Schaffen Heinrich Manns. In: Weimarer Beiträge 12 (1966), S. 376.

[20] H. Mann: Essays. Erster Band, a.a.O. S. 16. Vgl. auch Edgar Kirsch und Hildegard Schmidt, Zur Entstehung des Romans Der Untertan. In: Weimarer Beiträge 6 (1960), S. 131.

[21] Hermann Broch: Philosophische Schriften 2: Theorie. Frankfurt a. M. 1977. Band 10/2 der Kommentierten Werkausgabe, a.a.O. S. 73.

der sachliche Huguenau gibt jede Bindung an übergreifende ethische Normen auf. Broch weist auf die jeweils typischen Merkmale seiner Protagonisten hin durch die Untertitel seiner Romane, die „Romantik", „Anarchie" und „Sachlichkeit" lauten. Heinrich Mann hätte seine Trilogieteile mit analogen Untertiteln versehen können. Denkbar wären etwa: „Der Untertan oder die Macht", „Die Armen oder der Haß" und „Der Kopf oder die Maskerade". „Nichts Menschliches hielt stand vor der Macht" (U 227) ist Heßlings Einsicht; „verdammt (...) zum Haß" (A 635) fühlt sich Balrich, und Mangolf sowie Terra werden ständig als „Schauspieler" (K 37, 143, 629) bzw. „Komödianten" (K 23, 261, 464) bezeichnet.

Wenn Broch Helden vorführt, die sich in überholte Wertsysteme oder in Irreal-Utopien flüchten, und wenn Heinrich Mann Figuren zeichnet, die sich hinter Masken zu verstecken suchen, wird deutlich, daß beide die Erfahrung der Unwirklichkeit ihrer Epoche gestalten wollen. „Hat dieses verzerrte Leben noch Wirklichkeit?" (H 418) ist die zentrale Frage, mit der Broch im „Huguenau" die Essayfolge „Zerfall der Werte" eröffnet. Broch und Mann haben mit verwandten Mitteln in ihren Trilogien das Erlebnis dieser Unwirklichkeit in dichterische Metaphern übersetzt. In beiden Werken wissen die Helden häufig nicht mehr zu unterscheiden zwischen gespielter und wirklicher sozialer Rolle. Es verwischen sich ihnen die Grenzen zwischen Fiktion und Realität, zwischen Schauspiel und Tatsächlichkeit, zwischen Imitation und Originalität. Die Fäden, die August Esch im zweiten Band von Brochs Trilogie mit Theater und Alltag verbinden, sind ihm auf eine konfuse, nicht mehr entwirrbare Weise verknäuelt. Varieté und Buchhaltung, Damenringkämpfe und Lagerverwaltung, Bühnenattrappe und Arbeitswelt, Traumvision und Tagesbewußtsein gehen im Erfahrungsbereich Eschs eine Synthese ein, in der alles ununterscheidbar miteinander verschmilzt. Lea Terra in Heinrich Manns „Kopf" ist Schauspielerin. Rolle und Leben kann sie zuweilen nicht auseinanderhalten, etwa wenn sie sich den Schmerz um den Verlust des geliebten Mangolf im „eleganten Dirnenstück" (K 298) „wegspielt". (K 303) Die Irrealität des „Symposion oder Gespräch über die Erlösung" im „Huguenau" hebt Broch durch eine Art Regiebemerkung hervor: Die Beteiligten befinden sich „auf einer Theaterszene (...), in eine Darbietung verstrickt, der kein Mensch entgeht: als Schauspieler zu agieren." (H 551) Mit zahlreichen Regiehinweisen, in denen vom „Auftritt" und vom „Abgang" der Personen die Rede ist, hat auch Heinrich Mann seine Trilogie durchsetzt. Als Beispiel sei nur eine dieser Anweisungen aus dem „Kopf" zitiert: „Bella Knack tritt auf (...). Sie betrat den Teppich des Salons wie eine Bühne." (K 155) Fast alle Protagonisten bei Broch und Mann sind auf irgendeine Weise mit dem Theater verbunden: Pasenow hat ein Verhältnis mit der Lebedame und Schauspielerin Ruzena, Esch beteiligt sich am Theatergeschäft Oppenheimers, Huguenau nimmt teil an der ‚Darbietung' des „Symposions", Heßlings Schwestern spielen mit bei der Laienaufführung der „Heimlichen Gräfin" (wobei es allen Beteiligten schwerfällt, Schein und Sein auseinanderzuhalten), Balrichs zweiter Bildungsweg gipfelt im Besuch einer Theateraufführung, und Mangolfs Karriere verläuft so steil wie logisch vom Stadttheater in die Reichskanzlei. Ähnlich entwickelt sich Terras Lebenslauf, den es vom Jahrmarkt in die Direktion der Firma Krupp drängt. Zudem steht Terra vorübergehend in engem Kontakt mit dem sozialkritischen Dichter Hummel (eine Karikatur Gerhart Hauptmanns) und dessen Vereinigung „Weltwende". Verwechseln im „Kopf" Politiker vom Schlage Wilhelms II. ihre Profession mit Theaterspielen, so hält umgekehrt der Dichter Hummel das Bühnenspiel für Politik. Er glaubt, die soziale Frage durch seine „zeitgemäße Kunstdoktrin" (K 127) lösen zu können.[22] Esch und Terra verspüren eine gewisse Seelenverwandtschaft mit Schiller bzw. mit dessen Freiheitshelden. Esch kauft sich eine Statuette des Dichters, eine „Nachbildung des Schillerdenkmals" (E 248) in Mannheim, und Terra trägt die Züge idealistischer Vergeblichkeit des Marquis Posa. (K 314) Mit dem Pathos, das dem Malteser bei seiner Forderung nach Gedankenfreiheit vor Philipp II. zur Verfügung steht, verlangt Terra von Wilhelm II. die Abschaffung der Todesstrafe. (K 377) Zu erwähnen sind auch verfremdete Reminiszenzen an Goethes „Faust" im „Pasenow"[23] sowie im „Kopf" (Lannas hat eine Vorliebe für klassische Zitate) und an Goethes „Natürliche Tochter" im „Untertan".[24]

Unterstrichen wird das Ineinander von Fiktivem und Faktischem durch jene zahlreichen Stellen in den beiden Trilogien, an welchen von Opern die Rede ist.[25] In Brochs Pasenow projiziert Joachim seine Erlebniswelt in die Handlung der romantischen Oper „Faust" von Ludwig Spohr. Dabei identifiziert er sich selbst mit Faust, seinen Freund Bertrand mit Mephisto, Ruzena mit Gretchen und deren — nur in der Phantasie Joachims existierenden — Bruder mit Valentin.[26] Eine durch keinerlei ästhetische Distanz

[22] Zum Einfluß Nietzsches auf den Gebrauch der Schauspielmetapher bei Heinrich Mann vgl. Klaus Schröter: Anfänge Heinrich Manns. Zu den Grundlagen seines Gesamtwerks. Stuttgart 1965. S. 105.

[23] Vgl. Paul Michael Lützeler (wie Fußnote 12), S. 49 ff.

[24] Vgl. David Roberts, a.a.O. S. 109.

[25] Ursprünglich hatte Broch den letzten Teil des Huguenau im Stil „opernhafter Szenen" angelegt. Vgl. Hermann Broch, Huguenau. In: H. B.: Novellen. Prosa. Fragmente. Frankfurt a. M. 1980. Band 6 der Kommentierten Werkausgabe a.a.O. S. 112.

[26] Wie Fußnote 23.

gebrochene Identifizierung mit seinem Opernhelden Lohengrin nimmt Diederich Heßling im „Untertan" vor. Wolfgang Buck hatte ihm eine ironisch gemeinte Interpretationsstütze des Wagnerschen Werkes bereits mit auf den Weg gegeben, als er ihm empfahl, die begehrte Guste ritterlich „zu sich hinaufzuziehen." (U 344) Aber auch ohne diese Verständnishilfe wäre es wohl bei jenem nach der Verlobung fälligen Opernbesuch zu der sehr privaten Aneignung des „Lohengrin" gekommen. Nach Heinrich Mann mußte sich dem typischen Bürger im wilhelminischen Deutschland eine solche Identifikation geradezu aufdrängen. „Wagner", so schreibt der Autor, „war einer der ihren, erfolgssüchtig" und „mit der Lüge auf bestem Fuß." [27] Dieser Meinung war auch Broch. In seiner Hofmannsthal-Studie heißt es: „Das Wagnersche Kunstwerk (...) ist der Spiegel des Vakuums (...). Nichts von den verächtlichen und hassenswürdigen Zügen der Epoche wird hier bekämpft, nichts von ihrer Dumpfheit (...) zur Klarheit gebracht." [28] „Tausend Aufführungen einer solchen Oper", schwärmt Diederich Heßling, „und es gab niemand mehr, der nicht national war!" (U 357) [29] Wagner-Opern sind auch im „Kopf" ein Kommunikationsmedium und ein Mittel der Selbstfindung. Die ehemalige Wagner-Interpretin Altgott wurde berühmt durch ihre Ortrud-Rolle im „Lohengrin"; nun ist die „Theatergräfin" (K 337) Hausdame beim Reichskanzler Lannas. Die Altgott bekennt dem Abenteurer Terra, daß sie in ihm den „Fliegenden Holländer" wiedererkennt. Wagners „Tristan" hat es Terras Freund und Gegenspieler Mangolf angetan. Nachdem er gewaltsam seine Empfindungen für die geliebte Lea unterdrückt, d. h. nachdem er Gefühle verdrängt, die seiner politischen Karriere im Wege stehen, intoniert er auf dem Klavier „den ‚Liebestod' in einer dermaßen hingegebenen Haltung, als spielte der ‚Liebestod' sich selbst." (K 271) Oper und Politik gehen im „Kopf" auch dann eine seltsame Symbiose ein, wenn durch Terras „Generalagentur für das gesamte Leben" eine „Oper von hoher Hand" (K 102), die sog. „allerhöchste Oper" (K 116), lanciert werden soll. Das „musikalische Thema des Gottesgnadentums" (K 114) spielt darin angeblich eine wichtige Rolle. Bei diesem Projekt handelt es sich insofern um eine Irrealität zweiter Potenz, als hier ein gar nicht existierendes Werk einer Agentur anvertraut wird, die selbst in sich eine Fiktion, genauer gesagt ein Schwindelunternehmen ist. Es liegt nahe,

[27] H. Mann, Kaiserreich und Republik. In: H. M.: Essays. Zweiter Band. Berlin 1956. S. 47.

[28] H. Broch, Hofmannsthal und seine Zeit. In: H. B.: Schriften zur Literatur 1: Kritik. Frankfurt a. M. 1975. Band 9/1 der Kommentierten Werkausgabe, a.a.O. S. 140, 142.

[29] Vgl. dazu Klaus Matthias, Heinrich Mann und die Musik. In: Heinrich Mann 1871/1971. Hrsg. von Klaus Matthias. München 1973. S. 281.

die „allerhöchste Oper“ als „eine Chiffre für das opernhafte Gesamtkunstwerk des kaiserlichen Auftretens“[30] zu interpretieren. Dieser Opernkaiser des „Kopfes“ war in den Augen seines Reichskanzlers Lannas ein „pflegebedürftiger Unmündiger“ (K 533), der „in einer englischen Zeitung“ die „behütetsten Geheimnisse“ des Staates „ausplauderte.“ (K 530) Angespielt wird an dieser Stelle auf die Daily Telegraph-Affäre von 1908. Lannas erfährt von dem Skandal, während er der Aufführung einer Oper Jacques Offenbachs beiwohnt. Bewußt deutet der Autor dadurch eine Beziehung zwischen dem Operettenkönig des zweiten französischen und dem Herrscher des zweiten deutschen Kaiserreiches an. Nicht von ungefähr ist es die phantastische Oper „Hoffmanns Erzählungen“, die gespielt wird, und nicht zufällig sind es die sanften Klänge der Barkarole, die Lannas ans Ohr dringen, als man ihm die Nachricht von der Zeitungsaffäre überbringt. Denn wie auf der Bühne die verträumte Stimmung der Gäste im venezianischen Palast durch Hoffmanns Launen zerstört wird, so bereitet Wilhelm II. mit seiner Interview-Eskapade der Ruhe im Reich ein jähes Ende.

Den Eindruck des Unwirklichen, des Fiktionalen der geschilderten Lebensläufe vermitteln Broch und Mann auch durch die Verwendung von Motiven aus der Sagen- und Märchenwelt. Huguenau wird verglichen mit Homers irrfahrendem, listenreichen Odysseus. (H 687) Wie Kalypso sich mit Odysseus in der Höhle vereinigt (5. Gesang), so besucht eine Magd Huguenau im Heu. (H 389) Statt Nausikaa (6. Gesang) verhilft der Kleinstadt-Friseur dem Wanderer zu neuer Frische. (H 397) Die Rolle der Phaiaken, die den Fremden freundlich aufnehmen (7. Gesang), wird von den Honoratioren des Moselstädtchens übernommen. Nicht den Verführungen einer Kirke (10. Gesang), sondern der erotischen Attraktion einer Druckmaschine droht Huguenau zu erliegen. (H 491) Skylla und Charybdis (12. Gesang) stellen für Huguenau die Vertreter des Militärs und die Revolutionäre dar, die ihn beide zu vernichten drohen und deren Zugriffen er sich wie sein griechischer Ahn zu entziehen weiß. Und wie Odysseus zu seiner Penelope zurückfindet, so vermählt sich Huguenau nach überstandenen Abenteuern. Auf die „Ilias“ Homers mit ihrer Schilderung des Trojanischen Krieges wird in den „Armen“ angespielt. Dabei erhält Leni — schon ihr Name deutet darauf hin — die Rolle der schönen Helena zugewiesen, Horst Heßling agiert als der seine Geliebte entführende Paris, Karl Balrich wird mit Ajax und Hans Buck mit Hektor verglichen. (A 603) Troja ist hier „Villa Höhe“, die sich — wie das mythische Vorbild es will — im „Verteidigungszustand“ (A 607) befindet. Gellerts Schuldbrief erweist sich

[30] Ibid.

freilich als untaugliches Trojanisches Pferd, und so wird der Krieg um Villa-Hügel-Troja beendet, noch bevor er recht begonnen hat. Die Trojaner in den „Armen“ verstehen es, die Aggressionen der Griechen auf ein anderes Land, das des sogenannten ‚Erbfeindes‘, abzulenken.

Zahlreich sind die Anspielungen auf Märchen, besonders auf jene aus der bekannten Grimmschen Sammlung. Wenn Pasenow seine Braut Elisabeth betrachtet, muß er an „Schneewittchen im Glassarg“ (P 159, 171) denken: So lebendig und gleichzeitig tot wie die Märchenprinzessin in ihrem Sarg ist auch Joachims Beziehung zu seiner künftigen Gattin. Märchenfiguren wie Kröten und Rumpelstilzchen versetzen Diederich Heßling schon als Kind in Angst und Schrecken (U 11), und dieses „Märchengrauen“ (U 92) stellt sich wieder ein, als sein Verhältnis zu Agnes Göppel Züge einer tieferen menschlichen Beziehung anzunehmen beginnt. Während des Rom-Besuches veranstalten „der Kaiser und Diederich (...) ein Wettrennen!“ (U 368) Heinrich Mann erkennt in diesem Sportkampf des Herrschers mit seinem Untertan jenes Rennen zwischen Hase und Igel aus dem Grimmschen Märchen wieder. Es heißt dort: „Er [der Kaiser] erkannte ihn wieder, seinen Untertan! Den, der schrie, den, der immer schon da war, wie Swinegel.“ (U 372) Dieser Vergleich ist sicher absichtsvoll gewählt, denn in den Folgebänden seiner Trilogie zeigt der Autor, wie der bürgerliche Untertanen-Igel den aristokratischen Kaiser-Hasen sich zu Tode hetzen läßt. „Villa Höhe“ in den „Armen“ ist nicht nur ein belagertes Troja, sondern auch das „Dornröschenschloß“ (A 610), dessen Bewohner „immer schlafen“ (A 496) und das umgeben ist von „Rosenkränzen“ (A 549, 567) bzw. „Rosengewinden“. (A 605) Balrich gehört zu jenen Prinzen, die das Schloß nicht erobern, sondern in der dornenreichen Rosenwand hängenbleiben und eines traurigen Todes sterben. Bekanntlich kann das Dornröschenschloß ja erst in hundert Jahren — dann freilich mühelos — eingenommen werden. Terra im „Kopf“ fühlt sich bei seinem Prozeß gegen den Wucherer Kappus wie Aladin mit der Wunderlampe, der im strittigen Vertrag nach dem „Sesam“ sucht, nach dem „geheimen Spalt, durch den das Licht der Märchenschätze blinkt.“ (K 266) Terras und seiner Schwester Leas liebstes Kindermärchen war das von den roten Schuhen. Noch als Erwachsene gesteht Lea ihrem Bruder: „Manchmal, wenn ich nicht weiß, wohin es kommen soll, denke ich, daß ich an den Füßen die roten Schuhe habe, die immer weiter tanzen.“ (K 73) Wie Karen im Andersenschen Märchen „Die roten Schuhe“ von der Tanzleidenschaft gepackt wird und erst im ersehnten Tod von dieser ihr Leben ruinierenden Passion befreit wird, so erliegt Lea der Faszination des Theaters und vermag sich seiner Scheinwelt nur durch den Freitod zu entziehen. Mit dem Fischer aus dem Butt-Märchen vergleicht sich Mangolf. Als seine Politiker-

Karriere durch die Ernennung zum Reichskanzler den Höhepunkt erreicht hat, meditiert er über seine Anfänge vor zwanzig Jahren: „Ich bin Reichskanzler (...). Ich bin ans Meer gegangen, der verzauberte Fisch hat gefragt, was ich wollte. Ich habe gesagt: Reichskanzler werden. Da bin ich." (K 610) Freilich ist sich Mangolf der Ironie, die in dieser Assoziation steckt, nicht bewußt. Der Fisch, der ein verwunschener Prinz ist, bereitet ja am Ende des Märchens den gewährten Herrlichkeiten wieder ein Ende. So wird auch Mangolf wieder aus seinem Amt entfernt, und zwar durch den gleichen verzauberten Prinzen Wilhelm II., der ihn ernannt hatte.

Die Anspielung auf den Butt erinnert ferner daran, daß Broch und Mann noch ein weiteres Verfremdungsmittel aus dem Bereich der Literatur nutzen, um die Unwirklichkeit der Epoche erkennbar zu machen: Sie lassen ihre Romanfiguren als Fabeltiere [31] auftreten. Brochs Helden assoziieren — auf jeweils subjektiv gefärbte Weise — den alten Pasenow (P 12, 13), Esch (E 279, 399, 650) und Teltscher (E 368) mit Pferden; die Polizei (E 291), die Sozialisten (E 300) und den Präsidenten von Bertrand (E 268, 297) mit Schweinen; Ruzena (P 42) und Geyring (E 266) mit Hunden; Ilona mit einem Käfer (E 203) sowie die Ringerinnen im Varieté mit Kühen. (E 290) Diese Tiermetaphern kommen in Brochs Romanen eher beiläufig vor, in Heinrich Manns Trilogie aber werden wir konfrontiert mit dem großen Bestiarium der deutschen Kaiserzeit, mit der „vollständigen sozialen Zoologie" (K 265) der wilhelminischen Ära. Gewisse anthropologische und moralische Grundvorstellungen Heinrich Manns haben seine Entscheidung, die Trilogie als Tierfabel anzulegen, sicherlich mitbeeinflußt. Der Topos der ‚bête humaine', die dualistische Auffassung von der Tier-Geist-Natur des Menschen [32], der Gedanke, das Ich habe seine bloß naturhafte, seine irrational-tierischen Züge zu bekämpfen, um moralisch fortschreiten zu können [33] — all diese Ideen sind im gesamten Werk Manns wirksam. In der „Kaiserreich"-Trilogie wird das Tierische identifiziert mit der Macht, also mit dem von allen Protagonisten der Trilogie verehrten Gott der Epoche. Wolfgang Buck in den „Armen" sagt über den Stellenwert der Macht im wilhelminischen Zeitalter:

Die Macht — das ist mehr als Menschenwerk; das ist uralter Widerstand gegen unser Atmen, Fühlen, Ersehnen. Das ist der Zwang abwärts, das Tier, das wir

[31] Trapp spricht von der mit „Fabelwesen bevölkerten Welt" in den „Armen". F. Trapp, a.a.O. S. 202.

[32] Vgl. R. Werner, a.a.O. S. 249 und Hanno König: Heinrich Mann. Tübingen 1972. S. 245.

[33] Vgl. M. Hahn, a.a.O. S. 371.

einst waren. Das ist die Erde selbst, in der wir haften. Frühere Menschen, zu Zeiten, kamen los aus ihr, und künftige werden loskommen. Wir heutigen nicht. Ergeben wir uns. (A 687)

Auch Terra im „Kopf" spricht in ähnlichem Sinne von seiner Epoche als einer „vertierten Zeit" (K 598), und für Balrich ist die bestehende Macht „ein Tier aus Stein, zu schwer, um es fortzuwälzen." (A 640) Je nach ihrer Partizipation an bzw. ihrer Beziehung zur Macht erhält fast jede Figur der Mannschen Trilogie eine Bezeichnung als Fabeltier, als zoon politicon im wörtlichen Sinne.

König im Reich der Tiere ist ein Monarch aus der Gattung der Katzen. Bezeichnenderweise ist er kein Löwe, sondern nur ein Kater, der auf den Namen Wilhelm hört. Artgenossen ihres Herrschers sind diejenigen, die sich zur ‚Partei des Kaisers' zählen, also Wiebel (U 58), Heßling (U 167) und Klotzsche (der Verlobte Gretchen Heßlings). (A 608, 612) Mit zur Hierarchiespitze im Tierstaate gehören die Raubtiere, d. h. die Bären, Wölfe und Füchse. Als Bär mit „schwarzer Tatze" (U 290, 301) und „wütendem Grunzen" (U 295) behauptet Präsident von Wulckow seinen höheren Rang in der Hackordnung; ein bloßer Tanzbär an der Leine eines Mächtigeren ist jener Medizinalrat, der Karl Balrich ins Irrenhaus einweist (A 579); und Fischer (eine Karikatur des Admiral Tirpitz) gibt sich als Seebär. (K 373, 529) Den machthungrigen, reißenden Wolf spielt Mangolf: Heinrich Mann hat ihn bereits durch den Vornamen „Wolf" zoologisch hinreichend etikettiert. Lannas und Schwertmeyer, die politischen Jongleure und Opportunisten, umschleichen als Füchse (K 534, 466) den Kater-Thron. Vom Himmel des Tierreiches herab lauern die Geier Kappus — ein Wucherer — (K 269) und Sprezius — ein Landgerichtsdirektor — (U 217) auf Beute. Ein unheildräuender Nachtvogel (K 166) ist der Intrigant von Gubitz (er soll Holstein vorstellen). Als giftige Natter (A 598) durchzischt Frau Polster das Armenviertel des Tierkosmos. Zu gejagten Hasen werden Bürgermeister Scheffelweis (U 287) sowie der Spitzel Jauner. (A 676) Ein „auf allen vieren laufender", „Nüsse fressender" und „Zähne fletschender" Affe (U 118, 178, A 570) durchschwingt Napoleon Fischer Fabrikhalle und Reichstag. Dem Katerstaat gehören auch Meereskreaturen an: Einem rachsüchtigen Haifisch gleichend (A 668) taucht Klinkorum aus der Tiefe der See empor, und als harmlose Qualle (U 213) wird Wolfgang Buck an Land gespült. Die herrschende Kater-Partei umgibt sich mit einem Hofstaat von Domestiken, d. h. gezähmten Haustieren, also Hunden, Pferden, Gänsen, Schweinen und Schafen samt dazugehörigen Läusen. Die Bulldogge von Tolleben (K 112, 431) beißt sich durch bis zum Kater-Thron, den er dann als Kanzler bewacht. Gegen diese Dogge vermag der junge und gehetzte

Hund Terra (K 56, 274) lange nichts auszurichten, bis er sie — gemeinsam mit Verbündeten — in den Tod treibt. Als alte bzw. falsche Hunde (U 304, 395) bereiten Buck senior und Mahlmann (U 46) dem Kater Heßling viel Verdruß. Dafür hält der Heßling-Kater sich schadlos an Agnes, dem Lamm — nomen est omen —, das sich schon nach wenigen Blessuren nicht mehr in seine Nähe wagt. Diederich ist ein Kater mit einer ausgesprochenen Vorliebe für Würste. Diese Passion hatte bald zur Trübung seines Verhältnisses zum Lamm Agnes beigetragen. (U 89) Den Zug hin zur Wurst — statt zur Kunst wie bei Agnes — teilt Diederich Heßling mit Guste Daimchen. Bei ihrer ersten Wiederbegegnung entflammt sein Eros angesichts der Wohlgestalt ihrer Finger, die „rosigen Würstchen glichen." (U 108) Er ist begeistert von ihrer Seelenverwandtschaft signalisierenden Vorliebe für Würste, und Guste ist gleich bereit, ihn teilhaben zu lassen am Genuß der Wurst, die sie gerade verzehrt. Daß eine solche kulinarische Gleichgestimmtheit die beste Voraussetzung für die dann erfolgende Ehe ist, versteht sich. Der Kater Diederich nennt Guste, die übrigens in der Schweinichenstraße wohnt, sein „Schweinchen". (U 108) Erste Frucht der ehelichen Verbindung von Kater und Schweinchen ist eigenartigerweise eine Gans mit Namen Gretchen. (A 565) Im Pferdestall des Kaisers der Tiere finden recht unterschiedliche Hengste Platz wie der Schwindler Mohrchen und der Großindustrielle Knack: man erkennt sie am Wiehern. (K 117, 167) Paradestück im herrscherlichen Stall ist eine Stute, ein „Rennpferd", ein „Klassetier", das „hohe Schule vorreitet" (K 455): der Bühnenstar Lea Terra. Auch an einer Laus fehlt es im Tierreich nicht. Sie heißt Karl Balrich und versucht vergeblich, sich im Fell des Katers Heßling festzusetzen. Das Leben der Fabeltiere untereinander ist gekennzeichnet durch Angst vor Fallen, durch Unfrieden und Machtkampf. Weder existiert eine funktionierende monarchische Ordnung (es fehlt ein mächtiger, weitsichtiger und gerechter Löwe als König der Tiere), noch gibt es ein handlungsfähiges Tier-Parlament. Den Interessenkämpfen der Bären, Wölfe, Füchse, Pferde und Geier, die — offen oder versteckt — selbst die Herrschaft an sich reißen möchten, ist der Kater, diese Kleinausgabe und Imitation des Löwen, nicht gewachsen: am Ende der Fabel ist er faktisch entmachtet.

3. Realismus und Überrealismus

Ein „Fabeltier seiner Zeit" [34] nennt der Historiker Michael Balfour Wilhelm II., und Heinrich Manns Porträt erfaßt die hier gemeinte Wirklichkeit der Unwirk-

[34] Zitiert nach Sebastian Haffner, Wilhelm der Zweite. In: Sebastian Haffner, Wolfgang Venohr: Preußische Profile. Königstein 1980. S. 210.

lichkeit dieses Kaisers. Die Glaubwürdigkeit des Herrscherbildes in Manns Trilogie wird auch von anderen Geschichtsschreibern bestätigt, etwa wenn Gordon A. Craig auf die Sucht des Kaisers nach theatralischen Auftritten und auf seine „romantische Energie“ [35] hinweist, oder wenn Sebastian Haffner — bei direkter Bezugnahme auf Manns „Untertan“ — den Monarchen einen Schauspieler nennt, der sich am wohlsten fühlte in der Rolle des Lohengrin mit glitzerndem Gefolge. „Er spielte Kaiser“, so lautet das Resümee von Haffners biographischer Skizze über den letzten Hohenzollernherrscher. [35] „Ich spiele nicht mehr mit“ (K 615) sind denn auch die letzten Worte, die Heinrich Mann Wilhelm II. am Ende seiner Trilogie sprechen läßt. Ein „schlechter Schauspieler“ (K 37), „leicht beeinflußbar, am meisten durch Geschichte in Form von Maskeraden“ (K 356) und „Absolutismus, gemildert durch Reklamesucht“ (U 461) — das sind Heinrich Manns Charakterisierungen des Kaisers bzw. seines ‚persönlichen Regiments‘, wie sie bereits in die langue der internationalen Zeit- und Kulturgeschichtsschreibung eingegangen sind. Über das Monarchenbild im „Untertan“ urteilte Kurt Tucholsky schon 1919: „Das ist der Kaiser, wie er leibte und lebte.“ [36]

Die besondere Kunst des Autors bestand darin, sowohl im Herrscher wie im Untertan den gleichen Epochentypus zu beschreiben. [37] Es ist nicht so — wie es undialektisch Wolfgang Buck im „Untertan“ sieht —, daß nur der Kaiser sich seinen Untergebenen „forme“ (U 240); vielmehr prägt der Bürger auch seinen Monarchen. Einerseits ahmt Diederich zwar den Kaiser nach, etwa wenn er aus dessen Reden zitiert [38], wenn er sich den ‚Es-ist-erreicht-Schnauzbart‘ zulegt, wenn er im „Hohenzollernmantel“ (U 367) die Romreise unternimmt oder wenn er in Netzig das pompöse Denkmal ‚Wilhelms des Großen‘ errichten läßt, dessen Vorbild damals unter Leitung des Kaisers in Berlin emporwuchs [39]; aber andererseits ‚imitiert‘ — wenngleich ohne Wissen — der Kaiser auch seinen Untertan. So bestätigt er Diederichs fingiertes Telegramm (U 178) und läßt, wie jener es wollte, den Reichstag auflösen. Dadurch, daß der Untertan als Kaiser und der Kaiser als Untertan handelt, wird die Identität ihrer Ideologie ersichtlich, wird erkennbar, wie sehr sie den gleichen Epochen-Typus verkörpern. Auffallendes Kennzeichen dieses Typus ist das Parvenühafte. Denn wie Heßling als

[35] G. A. Craig, a.a.O. S. 206, 242.

[36] Zitiert nach Hartmut Eggert, Das Persönliche Regiment. Zur Quellen- und Entstehungsgeschichte von Heinrich Manns „Untertan“. In: Neophilologus 55 (1971), S. 289.

[37] Diese Meinung teilt auch D. Roberts, a.a.O. S. 99.

[38] Vgl. H. Eggerts Hinweis auf: Das persönliche Regiment. Reden und sonstige öffentliche Äußerungen Wilhelm II., zusammengestellt von Wilhelm Schröder. München 1907.

[39] Vgl. Preußen. Versuch einer Bilanz. Ausstellungsführer. Hrsg. von Gottfried Korff, Text von Winfried Ranke. Reinbek 1981. S. 548 f.

Fabrikant und der Hohenzoller als Kaiser, so ist das Deutsche Reich als Staat damals der Emporkömmling unter den Weltmächten und mit den charakteristischen Fehlern eines solchen behaftet.

Weder der Kaiser noch Bülow, weder Bethmann Hollweg noch Tirpitz kommen direkt oder in verschlüsselter Gestalt in Brochs „Schlafwandler"-Romanen vor. Brochs Stärke ist nicht die Darstellung jener übergreifenden gesellschaftlichen Konflikte, wie sie die Handlung in Manns Trilogie bestimmen. Zwar sieht er nicht von ihnen ab, doch werden sie in den schon von Alfred Döblin so bewunderten „diskreten Details" [40] nur angedeutet. Wenn Broch etwa den reformistisch-revisionistischen Gewerkschaftler Martin Geyring in Köln und Mannheim agieren läßt, so ist dies kein Zufall. Auf dem großen Gewerkschaftskongreß in Köln von 1905 und auf dem Mannheimer Parteitag der Sozialdemokraten von 1906 setzte sich nämlich jene pragmatisch-unideologische Richtung des Sozialismus durch, für die Geyring im „Esch" einsteht. Und es kommt auch nicht von ungefähr, daß der unpatriotische Deserteur Huguenau aus dem Elsaß stammt. Die Distanz der (1871 ungefragt ins Reich integrierten) Elsässer zum deutschen Staat trat ja erneut 1913 in der Zabern-Affäre [41] zutage. Anders als im Falle der „Kaiserreich"-Trilogie (man denke z. B. an Lannas/Bülow oder Fischer/Tirpitz im „Kopf") handelt es sich bei den Darstellungen der Brochschen Helden nicht um verschlüsselte Porträts historischer Persönlichkeiten. Bertrand und Huguenau tragen zwar einige Züge von Krupp und Hugenberg, aber sie sind als synthetische Romanfiguren Träger sehr komplexer Bedeutungen. Heinrich Mann bringt im „Kopf" die Pläne der imperialistisch-alldeutschen Fraktion direkt zur Sprache; bei Broch werden solche Bestrebungen nur angedeutet im Gespräch Eduards mit Joachim über die Kolonialromantik oder etwa durch die Erwähnung des „Kaiserpanoramas" (P 166) im „Pasenow". Die wirklichen und imaginär-zukünftigen kolonialen Handelsbeziehungen weckten damals ein allgemeines Interesse an Informationen über exotische Länder, ein Interesse, dem der Physiker August Fuhrmann entgegenkam, als er 1883 das Kaiserpanorama in Berlin eröffnete. [42] Dieses Panorama besuchen Joachim und Elisabeth, um etwas über Indien zu erfahren, wo ihr gemeinsamer Bekannter Eduard seine kommerziellen Kontakte knüpft. Heinrich Mann stellt die gesellschaftlichen Tendenzen und Kon-

[40] Vgl. den Brief Alfred Döblins an Genia Schwarzwald vom 3. 2. 1931, in: Hermann Broch—Daniel Brody. Briefwechsel 1930—1951. Hrsg. von Bertold Hack und Marietta Kleiß. Frankfurt a. M. 1971. Nr. 101 A.

[41] Siehe Hans-Ulrich Wehler: Krisenherde des Kaiserreichs 1871—1918. Göttingen 1970. S. 65 ff.

[42] Wie Fußnote 39, S. 545 f.

flikte seiner Zeit direkter dar: Das neue, kaiserlich-imperialistisch orientierte Bürgertum (siehe Heßling) kämpft gegen die liberal-demokratisch, antimonarchistisch eingestellte Bourgeoisie der Jahrhundertmitte (siehe Buck). Der alt-preußische Beamten-, Militär- und Agraradel (Wulckow, Karnauke, Quitzin) sucht einerseits den wachsenden Einfluß der Industrie zurückzudämmen, muß aber andererseits Zweckbündnisse mit ihr gegen die alte republikanische Fronde eingehen. Diesem Adel fällt es im Laufe der Zeit immer schwerer, seine Identität und seine Standesprivilegien zu wahren. Das gesellschaftliche Leben auf „Villa Höhe" verdeutlicht den sich vollziehenden sozialen Umkehrungsprozeß der Aristokratisierung des Industrie-Bürgertums und der Verbürgerlichung des preußischen Adels. Dessen wenig adlige Spekulationsgeschäfte und rüde Manieren waren schon im „Untertan" kaum noch von Heßlings Praktiken und Umgangsformen zu unterscheiden; und bereits der junge Heßling drängt sich und seine Familie in die Salons aristokratischer Familien. Wie sehr im Kräfte-Dualismus ostelbisch-preußischer Adel / neudeutsches Industrie-Bürgertum, wie sehr in diesem Grundkonflikt des zweiten deutschen Kaiserreiches die Adligen den Kürzeren ziehen, ruft Mann im „Kopf" in Erinnerung. Mehr und mehr ist die preußische Nobilität in Regierung und Heer gezwungen, dem rheinisch-westfälischen Großkapital in die Hände zu arbeiten. Dem Einfluß der Industrie vermag auch die Intelligenz (verkörpert in Mangolf und Terra) sich nicht zu widersetzen.[43] Und der „Armen"-Roman demonstriert, daß weder die anarchistische noch die reformistische Richtung innerhalb der Arbeiterschaft etwas gegen die Macht der Industriellen auszurichten vermag. Auf dichterische Weise analysiert Heinrich Mann in seiner Trilogie die sozialen Prozesse, wie sie mit der rapiden Industrialisierung Deutschlands zur Zeit Wilhelms II. stattfanden. Damit schildert er auch die Verdeutschung Preußens, d. h. die rasche Verschiebung der Kräftekonstellation, wie sie zur Zeit der Bismarckschen Reichsgründung noch existierte. Hatte man damals gehofft oder gefürchtet, daß Deutschland verpreußt werde, so trat während der beiden letzten Dekaden des vorigen Jahrhunderts der umgekehrte Prozeß ein[44]: die Auflösung Preußens im Deutschen Reich. Mit der „Kaiserreich"-Trilogie liegt wohl das Werk vor, in dem, was seine künstlerische Darstellung betrifft, diese Entwicklung am genauesten beschrieben worden ist. Broch hat als In-

[43] Vgl. dazu Lorenz Winter: Heinrich Mann und sein Publikum. Köln u. Opladen 1965. S. 61 und H. König, a.a.O. S. 195.

[44] Siehe dazu Wolfgang Venohr, Preußen und Deutschland. In: S. Haffner, W. Venohr, a.a.O. S. 1—14. Zum Verhältnis Bürgertum—Adel vgl. ferner die Beiträge von Rudolf Vierhaus und Gerald N. Izenberg in: Legitimationskrisen des deutschen Adels. Hrsg. von Peter Uwe Hohendahl und Paul Michael Lützeler. Stuttgart 1979.

dustrieller selbst die hier behandelte Zeit noch miterlebt, und so war ihm jener sozialgeschichtliche Umbruchsprozeß nicht unbekannt. Dieser gesellschaftliche Vorgang wird — wenngleich nicht zentral behandelt — aus der Welt von Brochs Romantrilogie auch nicht ausgeklammert. So läßt der Autor den preußischen Adligen Eduard von Bertrand sich schon vor 1888 für eine Kaufmannskarriere und gegen die Offizierslaufbahn entscheiden. Broch weist sogar voraus auf das erneute Zusammenspiel der bürgerlich-ökonomischen mit den preußisch-militärischen Kräften im Deutschland der zwanziger Jahre. Wenn nämlich der Kaufmann Huguenau am Tage der Kieler Revolution (3. 11. 1918) den zwar stark lädierten und ohnmächtigen, aber immerhin noch lebenden Major von Pasenow aus dem zusammenbrechenden Kaiserreich in die neue Zeit der deutschen Republik rettet, so ist in diesem Bild auf einprägsame Weise die gesellschaftliche Macht- und Konfliktsituation im Deutschland der Zwischenkriegsjahre eingefangen.

Broch und Mann sind sich auch in ihren roman-ästhetischen Konzeptionen verwandter, als man zunächst vermuten mag. Sie gehen in ihren Epochen-Porträts nicht mehr von einem Mimesis-Verständnis aus, wie es Realismus und Naturalismus im 19. Jahrhundert propagiert hatten. 1931 setzt Heinrich Mann sich in seinem Essay „Die geistige Lage" für den „überrealistischen" [45] Roman ein, und zwei Jahre später prägt Broch in seinem Vortrag „Das Weltbild des Romans" den Begriff des „erweiterten Naturalismus". [46] Beide Autoren zeigen dort, daß ihr „erkenntnistheoretisches Einsichtsvermögen weit über den Horizont des Naturalismus hinausreicht" [47], daß es ihnen nicht nur um die Schilderung der äußeren Welt in ihrer Faktizität geht, sondern darüber hinaus um die Darstellung von Bewußtseinsformen. Heinrich Mann schreibt dazu:

> Wichtig ist allein, daß eure Lebensangst, eure vergeblichen großen Anläufe und die Sehnsucht, die euch (...) verzehrt, — daß die Seele der Menschen und ihrer Gesellschaft in meinem Roman nackt und bloß handelt und dasteht. [48]

Ähnlich postuliert Broch:

> Der Roman [hat] innerhalb seines eigenen Bereiches weder Wünsche noch Befürchtungen, er muß diese genau wie alles andere aus der geschilderten Welt entnehmen (...). Wir [finden] jenes Verhältnis zwischen Wunsch- und Angsttraum

[45] H. Mann: Essays. Erster Band, a.a.O. S. 352.
[46] H. Broch: Schriften zur Literatur 2: Theorie. Frankfurt a. M. 1975. Band 9/2 der Kommentierten Werkausgabe, a.a.O. S. 105.
[47] F. Trapp, a.a.O. S. 23.
[48] Wie Fußnote 45.

in den beiden dichterischen Tendenzen, die Welt zu zeigen, wie sie gewünscht und wie sie gefürchtet wird, widergespiegelt, die Einsicht gewinnend, daß sie beide der Angstbefreiung dienen.[49]

Beide Trilogien sind in diesem Sinne „überrealistisch" bzw. „erweitert-naturalistisch" konzipiert, und ihre Autoren stehen mit dieser Ästhetik zwischen traditionalistischen und modernistischen Kunstrichtungen. Weder im „Kopf" noch im „Huguenau" sind z. B. Einflüsse des Expressionismus zu leugnen[50], und für die „Armen" wie für den „Esch" gilt: „Die Sprache ist exzentrisch und hyperbolisch, die Personen wirken teilweise bis zur gespenstigen Verzerrung grotesk."[51]

Daß hinsichtlich Aufbau, Inhalt, Zeitkritik und Romanästhetik so viele Ähnlichkeiten zwischen den Trilogien Brochs und Manns bestehen, ist kein Zufall. Schon der frühe Broch hat mit großer Aufmerksamkeit die dichterische und essayistische Produktion Heinrich Manns beobachtet.[52] Eine seiner ersten Studien ist inspiriert durch Manns „Zola"-Aufsatz.[53] Vermutlich wären „Die Schlafwandler" ohne das Vorbild der „Kaiserreich"-Trilogie anders konzipiert worden. Es ist ja erstaunlich, daß der Österreicher Broch — anders als etwa Musil oder Roth — seine Zerfallserfahrungen und -theorien nicht am Beispiel der Habsburg-Monarchie demonstriert. Ohne die Romane Manns vor Augen hätte er vielleicht die „fröhliche Apokalypse Wiens um 1880"[54] behandelt, was er zwanzig Jahre später auf essayistische Weise dann in seinem Hofmannsthal-Buch nachholte.

Zum Schluß seien auch die Grenzen aufgewiesen, die einem Vergleich der beiden Werke Manns und Brochs gesetzt sind. Bei allen strukturellen, motivlichen und ästhetischen Parallelen dürfen wir die grundlegenden Unterschiede in den Trilogien nicht übersehen. Diese Differenzen machen sich sowohl in der Intention wie in der Ausführung der Romane bemerkbar. Erstens sind die geschichtsphilosophisch-werttheoretischen und die historisch-politischen Reihen anders gewichtet, zweitens liegt im Falle Brochs ein unverhältnismäßig größerer Einfluß der Psychologie vor, und drittens hat die Ästhetik der Avantgarde einen weitaus nachhaltigeren Einfluß auf Broch als auf Heinrich Mann ausgeübt. Heinrich Mann möchte vor allem die

[49] Wie Fußnote 46, S. 97, 111.

[50] Zu den expressionistischen Einflüssen auf den „Kopf" vgl. N. Serebrow, Heinrich Manns Antikriegsroman „Der Kopf". In: Weimarer Beiträge 8 (1962), S. 19.

[51] F. Trapp, a.a.O. S. 187.

[52] Vgl. J.-P. Bier, a.a.O. S. 72 f.

[53] H. Broch, „Zolas Vorurteile", in: H. B.: Schriften zur Literatur 1. Kritik, a.a.O. S. 34—40. Vgl. dazu: Paul Michael Lützeler, Erweiterter Naturalismus: Hermann Broch und Emile Zola. In: Zeitschrift für deutsche Philologie 93/2 (1974), S. 214—237.

[54] Wie Fußnote 28, S. 145.

„soziale Geschichte“ [55] des im Kriegschaos endenden wilhelminischen Zeitalters gestalten, Broch hingegen will die Endphase des europäischen Wertezerfalls darstellen, wobei ihm das zweite deutsche Kaiserreich nur als Exempel dient. Ist Heinrich Mann von einem genuinen politischen Engagement beseelt, wird Brochs Erkenntnisinteresse von einer betont philosophischen Fragestellung geleitet. Broch hebt diese anders gelagerte Absicht selbst hervor, wenn er schreibt:

Das Buch [„Die Schlafwandler“] (...) ist nämlich nicht die Vorgeschichte des Krieges! Die Geistesentwicklung, in deren Ablauf der Krieg steht, ist ja viel breiter, die Kriegskatastrophe ist in ihr nur ein Nebenmotiv, ein Nebensymptom, denn das Wesentliche der drei Bücher liegt (...) in der ethischen Problematik, liegt in der Auflösung der alten Werthaltungen. [56]

Broch, der sich selbst psychoanalytisch behandeln ließ, zeigt in seinen Romanen eine enge Vertrautheit mit den Theorien der modernen Psychologie und vermag deren Einsichten in dichterische Bilder umzusetzen. Während Manns Begabung für die Darstellung ideologischer Konflikte sich romanfüllend Bahn bricht, setzt sich bei Broch immer wieder das Talent zum subtilen Erfassen unterbewußter Regungen, traumatischer Komplexe und geheimer Wünsche oder zum Festhalten von Nacht- und Tagträumen durch. Heinrich Mann geht es darum, die „öffentliche Seele“ [57] der wilhelminischen Ära zu analysieren; Broch hingegen versucht Einblicke in die Traumstruktur des kollektiven Unbewußten jener Epoche zu gewinnen. Schließlich haben Avantgardisten der modernen Literatur wie James Joyce [58] Broch stärker geprägt als Heinrich Mann. Auch Einflüsse des Surrealismus, die in Manns Oeuvre nicht zu finden sind, lassen sich bei Broch nachweisen. [59] All dies

[55] Wie Fußnote 16, S. 158.

[56] Hermann Broch in einem Brief an Daniel Brody vom 29. 1. 1931, in: H. Broch: Briefe 1 (1913—1938), a.a.O. S. 127.

[57] Heinrich Mann plante ursprünglich als Untertitel für den „Untertan“: „Geschichte der öffentlichen Seele unter Wilhelm II.“. Zur politischen Aussage des „Untertans“ vgl. auch Ulrich Weisstein: Heinrich Mann. Tübingen 1962. S. 111 ff. und André Banuls: Heinrich Mann. Le poète et la politique. Paris 1966. S. 215 ff. Zur politischen Analyse der „Schlafwandler“ siehe: P. M. Lützeler (wie Fußnote 6) und Hartmut Steinecke, Hermann Broch: Zeitkritik zwischen Epochenanalyse und Utopie. In: Zeitkritische Romane des 20. Jahrhunderts. Hrsg. von Hans Wagener. Stuttgart 1975. S. 76 ff.

[58] Zum Einfluß von Joyce auf Broch vgl. Breon Mitchell, Joyce and Hermann Broch: The Reader Digests. In: B. M.: James Joyce and the German Novel 1922—1923, S. 151 bis 174; Manfred Durzak, Die Ästhetik des polyhistorischen Romans: James Joyce. In: M. D.: Hermann Broch. Der Dichter und seine Zeit. Stuttgart 1968. S. 76—113 und Paul Michael Lützeler, Hermann Broch und Georg Lukács. Zur Wirkungsgeschichte von James Joyce. In: Etudes Germaniques 35/3 (1980), S. 290—299.

[59] Vgl. z. B. die im „Pasenow“ vorkommenden Beschreibungeen der Verwandlung des menschlichen Gesichts in eine Landschaft, ein Motiv, das häufig von Salvador Dali und René Magritte gemalt wurde.

berücksichtigt, kann man im Falle der „Schlafwandler" nicht von einer Nachahmung Heinrich Manns sprechen, und gegen diesen Vorwurf hat Broch sich mit Recht gewehrt.[60] Doch zählt die „Kaiserreich"-Trilogie zweifellos zu jenen Romanen, die ihn bei der Konzeption seines Erstlingswerkes maßgeblich beeinflußten.

Was an den Trilogien Heinrich Manns und Hermann Brochs besticht, was ihnen eine anhaltende Wirkung sichern dürfte, ist die auf realistische und transrealistische Weise gelungene Darstellung der Sehnsüchte und Ängste einer Generation, der Innen- und Außenansicht einer Epoche, des Körpers und der Seele einer Ära sowie des Geistes und der Tat eines Zeitalters, das zu besichtigen lehrreicher Beunruhigung nicht entbehrt.

[60] Hermann Broch in einem Brief an Frank Thiess vom 5. 6. 1931, in: H. Broch: Briefe 1 (1913—1938), a.a.O. S. 137. Broch bezieht sich auf eine Rezension von Paul Fechter, Esch oder die Anarchie. Der 2. Band der ‚Schlafwandler'. In: Deutsche Allgemeine Zeitung, Nr. 233 (27. 5. 1931).

HEIDE EILERT

Der Künstler als Moralist

Bemerkungen zu Heinrich Manns Roman „Eugénie oder Die Bürgerzeit"

1926, zur 700-Jahr-Feier der Stadt Lübeck, hielt Thomas Mann im Stadttheater die Festrede mit dem Titel „Lübeck als geistige Lebensform". Dabei erinnerte er seine „Mitbürger" gleich zu Beginn an den anderen berühmten „Sohn" ihrer Stadt, an Emanuel Geibel, den auf einem „Repräsentanten-Denkmal" „thronenden Poeten", „zu dessen Füßen", wie Mann hintersinnig hinzusetzte, „der klassizistische Genius mit der gebrochenen Schwinge" lehne. „Ich habe Emanuel Geibel als Kind noch gesehen", so fuhr Mann seinerzeit fort, „in Travemünde, mit seinem weißen Knebelbart und seinem Plaid über der Schulter, und bin von ihm um meiner Eltern willen sogar freundlich angeredet worden. Als er gestorben war, erzählte man sich, eine alte Frau auf der Straße habe gefragt: ‚Wer kriegt nu de Stell? Wer ward nu Dichter?' — Nun, meine geehrten Zuhörer, niemand hat ‚de Stell' bekommen, ‚de Stell' war mit ihrem Inhaber und seiner alabasternen Form dahingegangen, der Laureatus mit dem klassisch-romantischen ‚Saitenspiel' konnte keinen Nachfolger haben, das erlaubte die Zeit, die fortschreitende, sich wandelnde Zeit nicht (...)." [1]

Noch markanter freilich als sein eigener „naturalistischer" Jugendroman, die „Buddenbrooks", auf die er im folgenden einging, setzte sich das satirische Romanwerk seines älteren Bruders Heinrich, der schon als Gymnasiast über die Errichtung des Geibel-Denkmals gespottet hatte, von den „alabasternen" Gebilden des berühmten Lübecker Dichters ab. Um so befremdlicher erschien es schon den zeitgenössischen Lesern, daß Heinrich Mann in seinem 1928 erschienenen Roman „Eugénie oder Die Bürgerzeit" eben jenem Dichter mit dem „weißen Knebelbart" und dem „ewigen Plaid über der Schulter" eine ganz dominierende Rolle zuschrieb.

Der kleine Roman spielt im Lübeck des Jahres 1873, und die Gestalt des berühmten Dichters Professor von Heines, der im zweiten Romankapitel

[1] Thomas Mann: GW in 13 Bänden, Bd. 11. Frankfurt a. M. 1974. S. 378.

erstmals das Haus von Konsul West betritt, ist ohne Mühe als Porträt Emanuel Geibels zu identifizieren. „Man erkannte ihn an seinem hohen Schlapphut und dem gefalteten Plaid über der Schulter", heißt es hier. „Jeder hätte ihn erkannt. — ‚Professor von Heines', raunte Konsul West seiner Frau zu. — ‚O Gott', rief sie gedämpft. ‚Will er denn zu uns?' — Sie grüßten ihn wohl auf der Straße; die ganze Stadt grüßte in dem alten Dichter ihren eigenen Ruhm. Aber er verkehrte bei ihnen nicht (...) Er kam aus Ländern, wo man Damen die Hände küßte! Dort hatte er sein Leben verbracht, nur sein Alter gehörte der entlegenen Heimatstadt (...) Seine Haltung drückte aus, daß er viel erfahren habe, aber stolz und keusch davon schweige. Sie drückte Abstand aus. Sein Gedicht und Geschick, das alle in Liedern lasen oder sangen, samt seiner Rolle als Herold der sich einenden Nation, alles erlebte er öffentlich und für ein Volk (...)." (20/21) [2] Schon hier wird auf einige Details aus dem Leben Geibels angespielt, auf seine Aufenthalte in Griechenland und vor allem in München, wo er das Haupt der sogenannten Münchener Dichterschule bildete, auf seine Rückkehr nach Lübeck im Jahre 1868, auf sein politisches Engagement. Später ist noch von der bekannten übergroßen Empfindlichkeit des Dichters die Rede, von seinem physischen Leiden, das er sich „auf seinen Sängerfahrten" geholt habe, vom frühen Tod der Frau. Auch einzelne seiner Werke werden verhüllt zitiert, so das Gedicht „Das Mädchen von Paros" oder das Trauerspiel „Sophonisbe".

Der ironische Abstand des Autors zu dieser Dichtergestalt ist freilich von vornherein unverkennbar, denn gerade die menschlichen Schwächen und Eigentümlichkeiten von Heines' werden mehrfach karikaturistisch herausgestellt. „(...) seine Augen leuchteten weihevoll", heißt es unter anderem, „der Ton schwang sich hinan oder grollte. Freilich warf er den Kopf auch wie ein Schwan, sein blütenweißer Knebelbart stieg in die Luft, um seine Glatze tanzten vom Luftzug weiße Büschel. Im Grunde belächelten die Zuschauer ihn milde, nur wußten sie es selbst kaum bei ihrer Befangenheit." (30) „Er wäre, für sich allein genommen, lächerlich gewesen, mit Glatze, Kopfrücken, erhabenem Blick", diesen Eindruck macht er auch auf Gabriele West. „Aber", so korrigiert sie sich selbst, „hinter ihm gab es Welten, — er hatte sie gekannt, und sie verlor man nicht (...) Vor ihrem Innern erschie-

[2] „Eugénie oder Die Bürgerzeit" wird zitiert nach der zehnbändigen Ausgabe des Claassen-Verlags: Heinrich Mann: Werksauswahl in 10 Bänden. Düsseldorf 1976. — Die Seitenangaben sind dem jeweiligen Zitat in Klammern nachgestellt.

nen zwei mit Standbildern gekrönte alte Säulen an einem besonnten, breiten Fluß." (23)

Aller Komik seiner Erscheinung, allen lächerlichen Eigenheiten zum Trotz agiert Heines von Anfang an als der „Wissende", der geistig Überlegene, als der „Seelenkenner" und „große Arzt", der sowohl den Untergang des Hauses West vorherahnt als auch die Anfechtungen und seelischen Krisen der Eheleute durchschaut und aufgrund dieses psychologischen Scharfblicks helfend und lenkend in das Geschick der Hauptfiguren eingreifen kann. Zur Skizzierung seiner Rolle innerhalb des Romangeschehens gestatten Sie mir eine knappe Vergegenwärtigung des Handlungsnexus.

Im Mittelpunkt des Romans steht Gabriele West, die junge und schöne Gemahlin von Konsul Jürgen West, einem der angesehensten Kaufherren Lübecks. Aus Bordeaux stammend, fühlt sie sich in der norddeutschen Hansestadt als eine Fremde. Ihre ganz auffallende Ähnlichkeit mit der schönen Kaiserin Eugénie, mit der sie darüber hinaus auch ihre ausgesuchte Eleganz, ihr Leichtsinn, ihre Koketterie, ihr blindes Vertrauen in das Glück verbinden, inspirieren von Heines zur Idee eines Theaterstücks mit Eugénie und Napoleon III. in den Hauptrollen. In einer Liebhaber-Aufführung im Hause Konsul Wests soll das fiktive Zusammentreffen zwischen Eugénie und dem bei Sedan geschlagenen Gatten auf Schloß Wilhelmshöhe bei Kassel dargestellt werden. Eugénie, die von Wilhelm I. vergebens die Freilassung Napoleons und ihre gemeinsame Rückkehr nach Paris erbittet, soll sich nach Heines' Konzeption schließlich in ihr unglückliches Schicksal fügen und zu ihrem kranken und besiegten Gatten bekennen. Mit dieser von den historischen Fakten abweichenden poetischen „Erfindung" beabsichtigt er, Gabriele West, der die Rolle der Eugénie zugedacht ist, von ihrem Leichtsinn und Übermut zu „heilen". Der zwielichtige Börsenspekulant Heinrich Pidohn, der in kürzester Zeit zum „großen Mann" Lübecks aufgestiegen ist und von dem Gabriele sich wider Willen angezogen fühlt, übernimmt die Rolle Napoleons. Während einer Probe der letzten Szene, in der sich für die beiden Hauptakteure Wirklichkeit und Bühnenillusion untrennbar miteinander vermischen, rückt Gabrieles Ehebruch in greifbare Nähe. Konsul West, der die Probe hinter einem Vorhang heimlich belauscht, erfährt darüber hinaus auch seinen unmittelbar bevorstehenden geschäftlichen Ruin. Denn auch er war dem Versucher und Verführer Pidohn erlegen, indem er sich an seinen unsauberen Börsenspekulationen beteiligt hat. Pidohn aber, durch die Rolle Napoleons gedeckt, enthüllt sich plötzlich als der Unglückliche und Geschlagene, den darzustellen er während aller vorangegangenen Proben unfähig gewesen war. „Nicht einmal bei der allerersten Probe", so hatte der unzufriedene Dichter zuvor bemängelt, „hätte der Darsteller die

Rolle derart verkennen dürfen. Statt eines Besiegten, Gebrochenen dieser hochgetragene Kopf, das selbstgewisse Lächeln! — Er könne nicht anders, behauptete Pidohn.“ (119)

Die Theateraufführung vor den Lübecker Honoratioren schließlich bildet den Höhepunkt der Romanhandlung. Schon vor Beginn der Vorstellung ist Pidohn verhaftet worden. Um die Aufführung seines Stücks um jeden Preis zu ermöglichen, übernimmt Heines unbemerkt die Rolle Napoleons und trägt durch die tragische Würde, mit der er den besiegten Kaiser zu gestalten weiß, zur entscheidenden Einsicht seiner Partnerin Gabriele West bei. „Es kam daher“, so heißt es über die Wirkung seines Spiels, „daß er selbst sein Geschick zu lieben schien, so geheimnisvoll und furchtbar dies berührte. Damit wäre er beinahe über Eugénie Sieger geblieben, denn die stürmische Dame war merklich stiller geworden. Sie wehrte sich wie sie konnte, und auch die Zeitgenossen wehrten sich gegen den entmutigenden Eindruck.“ (197)

Die schockierende Mitteilung von Pidohns Verhaftung läßt die Vorstellung noch vor Ende des Stücks mit einem Eklat enden. Er besiegelt den Untergang des Handlungshauses West und setzt Konsul West der gesellschaftlichen Ächtung aus. Der geschäftliche und soziale Ruin aber bereitet den Boden für die innere Umkehr, die seelische Gesundung der Eheleute West, wie es Heines vorhergesagt hatte. „Wir haben nichts, aber wir haben einander“, kann die vom Luxus so verwöhnte Frau ihrem Mann am Ende versichern, und Konsul West selbst liest aus den Farben des „nordischen Sommermorgens“ die „Lehre“ heraus, die er und Gabriele aus den Ereignissen zu ziehen haben: „Zwischen dem ausgezackten Laub vor uns bildet sich mir immer wieder eine rosige Schrift auf Perlgrau“, so bemerkt er „fröhlich“ lachend. „Ob ich will oder nicht, ich lese: Lernet ertragen!“ (227)

In dieser etwas sentimentalen Schlußwendung läßt der Autor seine Romanfigur eben jene Moral verkünden, die er selbst dem „kleinen“, „leicht lesbaren“ Werk innerhalb der Roman-Trilogie aus der Weimarer Zeit zuordnete. So schrieb er am 13. 2. 1928 an Félix Bertaux über den „Eugénie“-Roman: „Er hat seine moralische Lehre, wenn auch keine hohe Geistigkeit. Er ist eine Zwischenarbeit zwischen ‚Mutter Marie‘ und dem dritten Roman dieser Reihe (Die große Sache), die zusammen eine ‚gute Lehre‘ bildet: 1) Lernt verantworten, 2) lernt ertragen, 3) lernt euch freuen.“ [3]

Ein Roman solle „nicht schildern“, sondern „bessern“: mit dieser Maxime hatte Mann bereits im „Zola“-Essay von 1915 die moralische Aufgabe des

[3] Vgl. Klaus Schröter: Heinrich Mann in Selbstzeugnissen und Bilddokumenten. Reinbek 1967. S. 108.

Schriftstellers postuliert. „Autorität, Ehrwürdigkeit, jede hoch menschliche Wirkung“ seien bei dem Moralisten, heißt es im selben Essay.[4] Wenn also der Moralist von Heines den Hauptfiguren des Romans den Blick öffnet für die „gute Lehre“, die es zu beherzigen gilt, so kommt er dem Selbstverständnis Heinrich Manns, wie es sich seit dem Flaubert-Essay von 1905 entwickelte, erstaunlich nahe. Auch Heines hat jenes „Gewissen für die Handelnden“, das Mann vom Schriftsteller als dem Nicht-selber-Handelnden forderte.[5] Die „Würde des Moralisten“, die der Zola-Essay akzentuierte, gewinnt er vor allem in den Augen von Konsul West, der ihm zunächst ironisch, später feindselig gegenübergestanden hatte und den er schließlich durch seine Unbestechlichkeit und moralische Überlegenheit zur Einsicht in das eigene Verschulden führt. „Sie sahen einander an, — und Konsul West wich aus. Ihm ward es unheimlich. Endlich begriff er, wodurch eigentlich dieser Mann, eine nur halb ernste Figur bislang, in der Welt sich dennoch Platz geschafft hatte. Nicht nur mit guten Versen, wahrhaftig nicht nur damit... Angesichts aber einer solchen Unbeirrbarkeit fühlte er selbst sich enthüllt und sah zum erstenmal, was er tat. — ‚Ich betrüge.‘ — Dies nur gedachte Wort trieb ihm den Schweiß aus der Stirn.“ (181) Mann kennzeichnet die Dichterfigur seines Romans als die geistig und moralisch überragende Persönlichkeit, als denjenigen, der „sieht und verbindet“, „was anderen ohne Sinn“ bleibt. (21) Als solcher kann er seine Kunst, in diesem Fall das Theaterstück „Eugénie“, als quasi therapeutisches Medium einsetzen, um die beteiligten Personen zur inneren Umkehr zu bewegen, er kann aber auch unmittelbar als „Gewissen für die Handelnden“ fungieren, wie dies in einer scharfen Auseinandersetzung mit Konsul West geschieht, der ihm vorwirft, er habe seiner Frau Gabriele mit seinem Theaterstück den Ehebruch sozusagen „mundgerecht“ gemacht. (160) Heines tritt als die lenkende, allwissende Figur auf, wie sie aus dem Lustspiel oder dem Märchen vertraut ist. Er kann es sich leisten, auch zu riskanten Mitteln zu greifen, da er das glückliche Ende vorherweiß. „Ich habe gehandelt“, so reflektiert er selbst sein gewagtes Vorgehen. „‚Habe ich recht gehandelt? Ich weiß nur, daß es notwendig war, ungezwungen kam und daß es gut enden muß. Ich fühle meine glückliche Hand‘, dachte er ungewohnt erhoben. Höchstens seine ersten Gedichte, in früher Zeit, hatten ihn so erhoben.“ (163)

Als derjenige, der in seiner Person das Glück garantiert, steht hier der Intellektuelle, der nur das „Schwert des Geistes“ zu führen gewohnt ist,[6] in

[4] Heinrich Mann: Essays. Hamburg 1960. S. 172.
[5] Heinrich Mann: Sieben Jahre. Wien u. Berlin 1929. S. 282.
[6] Auch diese Wendung nimmt eine Parole Emanuel Geibels auf.

prononciertem Gegensatz zu dem Tatmenschen, dem skrupellosen Betrüger Pidohn, dem „verkörperten Unglück", als das ihn Heines von Anfang an durchschaut. Die Kontrastierung dieser beiden Außenseiterfiguren der Lübecker Gesellschaft unterstreicht die Glück-Unglück-Antithetik, die den ganzen Roman strukturiert. Beider Wege kreuzen sich bereits im 2. Kapitel. Während aber der „Schwarze", die „Teufelsgestalt" Pidohn, das Haus des Konsuls West, in dem bislang das „Glück" geherrscht hatte, verläßt, betritt es der weißköpfige von Heines, um dort in einem Trinkspruch das Glück dieses Hauses zu beschwören, das er freilich als ein „angefaultes", von den „Göttern preisgegebenes" erkannt hat. Beide, Pidohn wie Heines, haben es mit Theatralik, mit Spiel, Maske und Kostüm, mit den Illusionen der Menschen zu tun [7] und verweisen somit auf den theatralischen Gestus, den Heinrich Mann als dominierende Tendenz des Kaiserreichs wiederholt gebrandmarkt hat. [8] Während aber Pidohn seine falschen Larven, sein Komödiantentum für sein Falschspiel, für seine kriminellen Aktionen einsetzt, benutzt von Heines das Theaterspiel, um das eigentliche Glück des Hauses West, das sich von dem Schein-Glück der Anfangskapitel grundlegend unterscheidet, herbeizuführen.

Die Dominanz des Glücks-Motivs in „Eugénie" könnte jenen Kritikern Recht geben, die von einem Ausweichen Heinrich Manns „ins fabulös ‚Märchenhafte'" sprechen. [9] Doch sollte man die Bemerkung des Autors über die nicht hoch zu veranschlagende „Geistigkeit" seines kleinen Romans nicht — wie dies zumeist geschieht — allzu wörtlich nehmen, im Sinne etwa der „Figaro"-Parole: „Er sagt es ja selbst!" Auch in Heinrich Manns Vorträgen und Essays kommt dem Glücks-Begriff eine herausragende Bedeutung zu.

War schon im „Zola"-Essay von den enttäuschten Glückserwartungen der französischen Bürger des Kaiserreichs, von dem gescheiterten „Menschenbeglücker" Napoleon III. die Rede, [10] so spricht Heinrich Mann in den politischen Essays der Folgezeit nachgerade von einer Verpflichtung zum „Glück": In einem im „Berliner Tageblatt" vom 27. Mai 1917 veröffentlichten Artikel mit dem Titel „Das junge Geschlecht" ruft er der jungen Generation zu: „Eure Pflicht, Zwanzigjährige, wird das Glück sein", [11] und

[7] Vgl. zu diesem Motivkomplex die detaillierte Studie von Monika Hocker: Spiel als Spiegel der Wirklichkeit. Die zentrale Bedeutung der Theateraufführungen in den Romanen Heinrich Manns. Bonn 1977. S. 94 ff.

[8] Vgl. z. B. Essays, a.a.O. S. 406/407, 410, 449.

[9] So Schröter, a.a.O. S. 108.

[10] Essays, a.a.O. S. 188.

[11] Ebd. S. 380.

in „Leben — nicht Zerstörung“ heißt es entsprechend: „Geschlechter sind denkbar, die in Freundlichkeit von Mensch zu Mensch nicht Schwäche sehen werden und wenigstens in ihrem Durchschnitt das Glück, nur erreichbar durch Menschlichkeit, doch höher schätzen werden als die Macht (...) Demokratie, Erkenntnis, Friede sind Wege. Pflicht ist nur, das Glück zu erleben.“ [12]

Macht ist für Heinrich Mann weder mit Geist noch mit Glück vereinbar. So erwächst auch in „Eugénie“ das Glück gerade aus der äußersten Niederlage, dem Unglück. Die symbolische Repräsentanz dieses Vorgangs wird offenkundig, wenn man ihn im Kontext der essayistischen Äußerungen Heinrich Manns interpretiert. Das „Mehr an allgemeinem Glück, die Zunahme der menschlichen Würde, Ernst und Kraft“, seien, so heißt es im „Zola“-Essay, ein „Geschenk der Niederlage“. [13] Der „Unterlegene“, so in „Kaiserreich und Republik“, sei „ausersehen, sich seines Menschentums zu erinnern“. [14] Während er immer von neuem den „Ungeist“, die „Geistwidrigkeit“ des siegreichen deutschen Reiches nach 1871 brandmarkt, zeichnet Mann schon im „Zola“-Essay ein Bild der menschlichen Würde des geschlagenen Kaisers Napoleon, wie er es aus Zolas Roman „La Débâcle“ herausliest. In diesem Passus des „Zola“-Essays ist die Porträtierung Napoleons durch von Heines im „Eugénie“-Roman bereits vorgebildet. Und so wie sich die Bühnengestalt des besiegten Napoleon ihres „Menschentums“ erinnert, so begreift schließlich auch Konsul West im äußeren Ruin die Chancen einer wiederzugewinnenden moralischen Integrität. „(...) nicht mehr heucheln müssen? Nicht mehr lügen müssen? Ich bin wieder mein eigener Herr (...)“ (213), so kommentiert er selbst den Bankrott seines Hauses. Die gleiche Chance eines moralischen und geistigen Neubeginns sah Heinrich Mann mit der Weimarer Republik gegeben, wenn er in „Kaiserreich und Republik“ der geschlagenen Nation zuruft: „Beginne, Deutschland! — Trage deine Taten, verantworte dein Schicksal! (...) Du hast zum Leben nichts weiter mehr als die Wahrheit. Dein Entschluß zur Demokratie kann keinen anderen Sinn haben als den, die Lüge abzuschwören, die dich so arm gemacht hat. Wozu noch das Feilschen und die Ausflüchte (...).“ [15] Erst die „Armut, die segenreiche“, verspräche die „geistige Erneuerung“, so hieß es wenige Seiten zuvor. [16] Die Parallelen zu dem „Eugénie“-Roman sind überdeutlich. Sie signalisieren den Zeitbezug des Werks, das man nicht

[12] Ebd. S. 382.
[13] Ebd. S. 199.
[14] Ebd. S. 396.
[15] Ebd. S. 422/423.
[16] Ebd. S. 396.

als „nostalgische“ Rückwendung in ein „verklungenes Zeitalter“ mißverstehen sollte.[17]

In der skrupellosen Gewinngier, die Heinrich Mann vor allem nach 1924, dem Jahr der Dawes-Anleihe bei führenden Finanziers und Industriellen beobachten konnte, sah er eine verhängnisvolle Wiederkehr des wirtschaftlichen Expansionsstrebens der Gründerjahre. „Dieselbe Wirtschaft, an der wir schon einmal gescheitert waren, wieder aufrichten wollen“ — das war sein Vorwurf gegen die verfehlte Wirtschaftspolitik der Weimarer Republik.[18] Als Symbolfigur eines hemmungslosen Gewinnstrebens auf Kosten des breiten Mittelstandes, der nach 1923 verarmte, erschien ihm Hugo Stinnes, der der „Teufelsgestalt“ Pidohn seines „Eugénie“-Romans zweifellos wesentliche Züge geliehen hat.[19] Nur vom „Geistig-Sittlichen“ her, so glaubte Mann, sei auch eine „Ordnung des Wirtschaftlichen“ herzustellen. „Wie anders wäre das Schicksal Deutschlands entschieden worden, hätte der geistige Mensch es mitgestalten können“,[20] diese wehmütige und bittere Einsicht bestimmte seine Konzeption von der Aufgabe des Schriftstellers als eines Moralisten. Gerade die „neue Wichtigkeit der Moral“ gebe der Literatur ihre „Aussichten“, sie könne „sittliche Tatsachen eindringlicher formen“ als andere Kunstgattungen, expliziert er in dem Aufsatz „Die neuen Gebote“.[21] Wenn er in „Eugénie oder Die Bürgerzeit“ den Dichter von Heines in diesem Sinne als einen Moralisten kennzeichnet, der das Bewußtsein für das „Geistig-Sittliche“ schärft, so wird vollends deutlich, daß es ihm keineswegs um eine späte Glorifizierung Emanuel Geibels gegangen sein kann. Gerade als Repräsentant der „silbernen Klassik“ nimmt die Dichtergestalt des Romans ja komische Züge an, wird sie in lustspielhaften Situationen und Szenen wirkungsvoll ironisiert. Als Moralist aber gewinnt sie die Würde, die Mann seit dem Flaubert-Essay von 1905 für den engagierten Schriftsteller reklamiert. Über das historisierende Porträt hinaus wird Heines somit zu einer Verkörperung desjenigen Schriftstellertypus, zu dem er selbst sich seit der Abkehr vom Ästhetizismus der frühen Schaffensperiode bekannte.

[17] So Ulrich Weisstein: Heinrich Mann. Eine historisch-kritische Einführung in sein dichterisches Werk. Tübingen 1962. S. 151.

[18] Sieben Jahre, a.a.O. S. 156.

[19] Ich beziehe mich hier auf die überzeugende Interpretation des Romans durch Wolfdietrich Rasch, dem die Aufdeckung dieser Gegenwartsbezüge in „Eugénie“ zu danken ist: W. R.: Krisenbewußtsein und Moralität. Zu Heinrich Manns Roman der zwanziger Jahre. In: Historizität in Sprach- und Literaturwissenschaft. Vorträge und Berichte der Stuttgarter Germanistentagung 1972. In Verbindung mit Hans Fromm und Karl Richter hrsg. von Walter Müller-Seidel. München 1974. S. 467—477, v. a. S. 470, 472/473.

[20] Essays, a.a.O. S. 388.

[21] Ebd. S. 273.

Über Zola hatte Mann geschrieben, er erblicke „Gleichnisse" und er schaffe „in Gleichnissen".[22] Diese Charakteristik gilt auch für den Dichter seines Romans, der im gleichnishaften Bühnengeschehen den Figuren der Romanhandlung den Spiegel vorhält und ihnen auf diesem Wege zur Einsicht verhilft, sie gilt für Mann selbst, der in den zeitlich fernliegenden Ereignissen seines kleinen Romans den Lesern den Blick für gefährliche Tendenzen der eigenen Gegenwart öffnen wollte.

[22] Ebd. S. 188.

ULRICH WEISSTEIN

„Die große Sache": Unsachliche Kritik an neuer Sachlichkeit

Wir haben nichts, was 'ne Sache ist,
Aber wir haben Sachlichkeit.

J'aime à croire que j'ai écrit sous la
dictée de la masse des mes contemporains.

„Bibi und andere Gestalten"
Heinrich Mann

Nach den unter dem Kollektivtitel „Die Göttinnen" 1903 veröffentlichten „drei Romanen der Herzogin von Assy" und der Kaiserreich-Trilogie („Der Untertan", „Die Armen", „Der Kopf"), deren Schlußband 1925 erschien, machte sich Heinrich Mann, ungekrönter König des Weimarer Kulturstaates, Mitte der zwanziger Jahre daran, eine weitere Trias von Romanen zu erstellen. Die drei erzählerischen Werke, um die es sich hierbei handelt, sind freilich nur locker miteinander verknüpft. Das erhellt rein äußerlich daraus, daß zwei von ihnen — „Mutter Marie" (1927) und „Die große Sache" (1930) — in der unmittelbaren Gegenwart spielen, während das zwischen sie eingeschobene dritte — „Eugénie oder Die Bürgerzeit" (1928) — das Lübeck der Gründerzeit zum Schauplatz hat.

Von einer geplanten Reihe ist zum Beispiel in einem Brief Heinrich Manns an den Freund Félix Bertaux die Rede, der vom 13. Februar 1928 datiert; und in einem an den gleichen Adressaten gerichteten Schreiben vom 20. März desselben Jahres steht: „Die Motti meiner drei Romane heißen wohl (ungeschrieben): „Lernt verantworten, lernt ertragen, lernt euch freuen! Alle drei zusammen könnten *Die gute Lehre* heißen. Ich fürchte nur, daß alles dies für einen Romanschriftsteller zu anspruchsvoll klingt." [1] Dem

[1] Zitiert in Sigrid Angers Nachbemerkung (S. 557) zu Heinrich Mann: Die große Sache / Ein ernstes Leben. Berlin u. Weimar 1972. Ich zitiere im Folgenden nach dieser Ausgabe, der der Erstdruck von 1930 als Vorlage dient, wobei hin und wieder die Schreib-

so charakterisierten Triptychon schloß sich noch vor der Machtübernahme, die dem republikanischen Wesen ein Ende bereitete, ein vierter Roman — „Ein ernstes Leben" (1931) — an, den Heinrich Mann 1928 noch nicht eingeplant hatte. Er ergänzt „Mutter Marie" und „Die große Sache" und bildet somit den eigentlichen Abschluß des Unternehmens. Die Publikation dieses Buches, in das die Lebensgeschichte seiner damaligen Gefährtin und späteren Frau Nelly Kroeger einfloß, markiert das Ende einer Phase im künstlerischen Schaffen Heinrich Manns. Doch war zu diesem Zeitpunkt der Übergang zur nächsten, der Exilphase, schon gesichert; denn bereits 1925 war anläßlich einer Fahrt nach Südfrankreich das Hauptwerk der Spätzeit und die Krönung des Lebenswerks, der zweiteilige historische Roman „Jugend und Vollendung des Königs Henri Quatre", der erst 1938 abgeschlossen vorliegen sollte, konzipiert worden. [2]

In der Forschung herrscht ziemlich einhellig die Meinung, der Zeitabschnitt von 1914 bis 1933 sei für den Romancier Heinrich Mann ästhetisch gesehen von verhältnismäßig geringer Bedeutung gewesen, und was der Dichter zwischen dem „Untertan" und dem Doppelroman über den französischen Volkskönig an vollastigen Werken „verbrochen" habe, gehöre nicht gerade zu seinen Spitzenleistungen. Dieser kritischen *vox populi*, die gleichzeitig *vox dei* sein will, läßt sich schlecht widersprechen. Denn daß sowohl die neo-naturalistische Epopöe „Die Armen" als auch die ins Phantastische bzw. Phantasmagorische ausufernde Satire „Der Kopf" künstlerische Mißgeburten sind, liegt auf der Hand; und jedem der vier Romane der Weimarer Zeit haftet irgendein Makel an. Mit einigem Recht also richtet sich die Aufmerksamkeit der Forschung auf das umfangreiche und gewichtige essayistische und publizistische Oeuvre jener Jahre, dessen Katalog, von Edith Zenker dressiert, über dreihundert Nummern umfaßt. [3]

Die völlige Ebbe innerhalb der Sekundärliteratur über „Die große Sache" ist unter diesen Umständen nicht nur leicht erklärlich, sondern hätte auch Heinrich Mann selbst, wie seine damaligen Äußerungen vermuten lassen, kaum überrascht. Wie bewußt sich der Dichter vorübergehend in den Dienst des Tages stellte, weil er zu wissen glaubte, in diesen unruhigen Zeitläuften sei kein Anspruch auf Dauer zu machen [Gautiers in seinem Frühwerk wiederholt zitiertes *le buste survit à la cité]*, geht aus Bemerkungen wie der

weise dem „heutigen Gebrauch" angeglichen wurde. Im Roman selbst heißt es auf S. 17. „Birk trug sich mit drei Forderungen an sich und die Seinen: Lerne verantworten! Lerne ertragen! Lerne dich freuen!"

[2] Einzelheiten zur Vorgeschichte des „Henri Quatre" finden sich im Aufsatz „Nach einer Reise". Siehe den Band Essays II in den von Alfred Kantorowicz herausgegebenen Ausgewählten Werken in Einzelausgaben. Berlin 1956. S. 335—343.

[3] Edith Zenker: Heinrich-Mann-Bibliographie: Werke. Berlin u. Weimar 1967.

folgenden hervor, die er Ende 1927 dem französischen Journalisten Frédéric Lefèvre gegenüber in der Pariser Zeitschrift „Nouvelles Littéraires“ machte:

Il me parait difficile de faire aujourd'hui du roman social et du vrai roman. Le monde est très changé par les événements. (...) Trop de faits nouveaux embarassent le regard. Les vues d'ensemble ne s'organiseront que plus tard lorsque nous nous trouverons à une plus grande distance. — Pour le moment, contentons-nous d'établir les détails de ce temps-ci et d'en démontrer les caractères. Aussi, nos romans sont plus courts qu'ils n'étaient naguère ou bien ils occupent une surface sociale plus restreinte. [4]

Und auf eine Umfrage der „Literarischen Welt“ „Warum werden Ihre Bücher viel gelesen?“ antwortete er nur wenig später: „Mit allem, auch mit dem Schreiben, sind jetzt unmittelbare soziale Dienste zu leisten. Das weiß und befolge ich nach Kräften selbst.“ [5] Daß sich trotz der Einsicht in die Notwendigkeit, *art pour la vie* zu machen, der sicherlich erhoffte literarische Erfolg — geschweige denn eine möglicherweise erstrebte gesellschaftliche Wirkung — nicht einstellte, ist aktenkundig. So versuchte Heinrich Mann vergeblich, „Die große Sache“ als Fortsetzungsroman bei einer Tageszeitung unterzubringen [6]; und der Roman, in einer Erstauflage von 10 000 Exemplaren erschienen und 1931 noch einmal aufgelegt, verschwand schnell von der Bildfläche. Nachdem er, wie übrigens auch „Mutter Marie“, den Lesern der von Alfred Kantorowicz besorgten „Ausgewählten Werke in Einzelausgaben“ vorenthalten worden war, machte ihn erst 1972 Sigrid Anger im Rahmen der „Gesammelten Werke“ wieder zugänglich. Das Echo, das diese als Ehrenrettung überfällige Publikation hervorrief, war freilich sehr schwach.

Daß sich trotz aller Beteuerungen Heinrich Mann in der Haut des Kolporteurs auch damals nicht wohlfühlte, läßt sich anhand von zeitgenössischen Zitaten beweisen. So wird in der 1928 verfaßten Glosse „Zeit und Kunst“ unter Hinweis auf Flaubert die geforderte Lebensnähe ausgespielt gegen den mit offensichtlicher Nostalgie betrachteten Ruhm, „die Erfindung ausgestorbener Menschenarten“, der fünfzehn Jahre erfolg- und brotloser Fronarbeit erfordere. [7] Und in der Gedenkrede zum 150. Todestag Lessings wird

[4] Nouvelles Littéraires vom 24. 12. 1927.

[5] Die literarische Welt, Bd. 4, Nos. 21/22 (25. Februar 1928), S. 4.

[6] „Als er von seinen Romanen der Republik den am meisten prophetischen in der Zeitung abdrucken wollte, sprach der verantwortliche Redakteur: „Wenn die Republik wirklich so wäre wie in der ‚Großen Sache‘, dann müßten die Nazis kommen“. Das war 1931, und schon Ende 1932 waren sie da. Das Unglück tritt ein, weil man es vor Augen hat und die Augen schließt.“ Aus einer autobiographischen Skizze (1946) für den Katalog des Mondadori-Verlages. Abgedruckt in: Heinrich Mann 1871—1950: Werk und Leben in Dokumenten und Bildern. Berlin u. Weimar n. d. 1971. S. 550.

[7] Sieben Jahre. Berlin 1929. S. 544.

unverhüllt gesagt: „Man muß die Wahrheit dem augenblicklichen Nutzen vorziehen.“ [8]

Kein Wunder also, daß dieses paradoxe Selbstverständnis und das ihm analoge künstlerische *mauvaise foi* der Mitwelt suspekt vorkam. Auch die etablierte Kritik konnte sich nämlich nicht dazu durchringen, das neueste Werk eines sattsam bekannten Verfassers, dessen mittlerweile fünfundzwanzig Jahre alter Roman „Professor Unrat“ soeben im cinematographischen Gewand Furore gemacht hatte [9], ganz ernst zu nehmen. Ihre Indifferenz spiegelt sich in den spärlichen und wenig schmeichelhaften Rezensionen, die der Dichter über sich ergehen lassen mußte. [10] So widmete Werner Bergengruen in einer „Große Sachen“ betitelten Sammelbesprechung von Neuerscheinungen in der „Deutschen Rundschau“ dem Werk insgesamt zwei kurze Abschnitte. Er war der Meinung, der Leser werde sich abgestoßen fühlen

> von unerträglichen Gewaltsamkeiten, Zufällen, hintertreppigen Belauschungsszenen, also von Dingen, die im Kolportageroman kaum geschluckt werden können, aber auch hier, wo sie auf einer Ebene des Ironischen plaziert sind, sich in ihrer ewigen Wiederkehr nur mühsam hinnehmen lassen; und doppelt mühsam, weil sie nicht einem fabulativ explodierenden Erzählertemperament entspringen, sondern eine doktrinär erklügelte Fabel mit unglaubhaften Voraussetzungen zu stützen haben. [11]

Bergengruen monierte weiter, „die dürre Sachlichkeit des heutigen Heinrich Mann [sei] weltenweit entfernt von der romanischen Formenschärfe seiner Frühzeit“, und schloß seine Ausführungen mit dem Seufzer: „Im Ganzen wird man das Gefühl nicht los, daß der Sechzigjährige in der Furcht, hinter der Zeit zurückzubleiben, den aussichtslosen Wettlauf immer mehr auf Kosten der Organe forciert.“

Am ausführlichsten und eindringlichsten befaßte sich mit der „Großen Sache“ der im Familienkreis als Tommy bekannte, kürzlich mit dem Nobelpreis für Literatur ausgezeichnete Thomas Mann in der „Literarischen

[8] Das öffentliche Leben. Berlin 1932. S. 15.

[9] An Reminiszenzen fehlt es nicht. So gemahnt das Ehepaar Landsegen in der „Großen Sache“ an das Ehepaar Kiepert in „Professor Unrat“; und auf S. 239 („Frauen umschwirren mich wie Klamotten [sic!] um das Licht“) und 263 („Ich bin von Kopf bis Fuß auf Liebe eingestellt“) wird sogar aus dem „Blauen Engel“ zitiert.

[10] Sigrid Anger, die kurz auf dieses Problem eingeht, stellt fest, es ließen sich „von November 1930 bis Februar 1932 (...) nur etwa fünfundzwanzig Rezensionen nachweisen, deren Verfasser sich zumeist reserviert verhielten oder den Autor offen angriffen. Aus dem Kreise der Schriftstellerkollegen, von Ernst Weiss, Hermann Kesten und Alexander M. Frey, kamen wohlwollende Kritiken“ (a.a.O. S. 559). Die von Jürgen Haupt (Heinrich Mann. Stuttgart 1980) erwähnten Aufsätze Sigfrid Kracauers in der „Vossischen Zeitung“ waren mir leider nicht zugänglich.

[11] Deutsche Rundschau, No. 231 (Mai 1932). S. 132 f.

Welt", zu deren ständigen Mitarbeitern sein älterer Bruder gehörte. In seiner Rezension findet der von Haßliebe genährte Bruderzwist im Hause Mann, der in den „Betrachtungen eines Unpolitischen" in sein Krisenstadium getreten war, seine Fortsetzung mit etwas weniger kriegerischen Mitteln. Der wohlwollend maliziöse Kritiker fand den Roman „in einem Grade reizgeladen und reizüberladen, daß die Lust, die er bereitet, in jedem Augenblick im Begriffe ist, zur Pein zu werden." [12] Mit Bedauern stellte er fest, die Lektüre der „Großen Sache" täte weh — was um so peinlicher sei, als es eine hinreißende Lektüre wäre.

Im Verlauf seiner Darlegungen, die einer eingehenden literarkritischen und -historischen Analyse wert wären, kommt Thomas Mann auf viele formale und inhaltliche Aspekte der „Großen Sache" zu sprechen. Er zeigt sich insbesondere fasziniert von einer Sprache, die „an edler Schmissigkeit nicht [ihresgleichen] hat, einer Mischung aus Saloppheit und Glanz, Tages-Argot und intellektueller Hochspannung." [13] Abschließend wirft er dem Bruder vor, er mystifiziere nicht nur sich selbst, sondern auch seine Mitmenschen, indem er, der Mann der *ratio,* dem Außer- und Widervernünftigen Türen und Tore öffne und als Radikaler Konservativismus predige: „Krisis, Umschichtung, soziales Abenteuer, Politisierung bis ins Mark — es fehlt nicht an Leben in der Bude, und der Gesellschaftsromantiker ist in seinem Element. Er, der dies wollte und sah, als wir es höchstens sahen, aber nicht zu wollen wagten, will es, eben weil es sich erfüllt hat, nicht mehr." Soweit die Tageskritik.

Und die Nachwelt, die bekanntlich dem Mimen keine Kränze flicht? Sie, d. h. die etablierte Germanistik, hat diese Lehre wieder einmal bekräftigt. So kommt es, daß „Die Große Sache" bislang in der Literaturwissenschaft kaum beachtet worden ist. In den gängigen Monographien wird dieses Werk gewöhnlich auf ein paar nicht eben tiefschürfenden Seiten abgetan; und die Einzelstudien, die sich mit der Materie befassen, lassen sich an den Fingern einer Hand abzählen. (Es handelt sich vor allem um einen Aufsatz Wolfram Schüttes über Kinotechnik in Heinrich Manns Romanen der zwanziger Jahre und um den Beitrag Wolfgang Wendlers zu dem von Wolfgang Rothe herausgegebenen Reclam-Band „Die deutsche Literatur in der Wei-

[12] Die literarische Welt, 12. Dezember 1930. Im Wortlaut wiedergegeben in Thomas Mann / Heinrich Mann, Briefwechsel. Hrsg. von Hans Wysling. Frankfurt 1968. S. 313—318.

[13] Mit dem Argot bzw. Jargon ist es nicht so schlimm. Er wird nur hin und wieder gleichsam als Glanzlicht aufgesetzt, um der Darstellung Authentizität zu verleihen. Hier ein paar Beispiele: „Und der Erfinder ist ocke?" (S. 52); „Nach dem giepern sie" (Dialekt, S. 61); „Mit mir zusammen liegst du richtig" (S. 95); „So'n Dollbrägen" (Dialekt, S. 198); „Die chappen ihn und Schluß" (S. 219).

marer Republik". [13a] Abgesehen davon führt „Die große Sache" ein Aschenbrödeldasein.)

Da man wohl selbst bei Heinrich Mann-Afficionados eine detaillierte Kenntnis der „Großen Sache" nicht voraussetzen kann, sei der von Herbert Ihering in seiner kleinen, aber von großem kritischen Verstand zeugenden Monographie aus dem Jahre 1950 gelieferte Handlungsabriß an den Beginn meiner Ausführungen gestellt. Er lautet:

Die große Sache ist ein Sprengstoff (...) von äußerster Brisanz. Als Oberingenieur Birk im Mai 1929, beim Brückenbau von einem schleudernden eisernen Tragbalken getroffen, im Krankenhaus liegt, übergibt er diese seine neue Erfindung der Familie zur finanziellen Auswertung, da er selbst kaum noch dazu imstande sein werde. Nun geht die Jagd nach der Bombe los, die Intrigen, die Eifersüchteleien, die Konzernkämpfe. Jeder ist gegen jeden. Der Höllentanz des Kapitalismus hat begonnen. In Wirklichkeit aber existiert die große Sache nicht, die Vernichtungsbombe ist nicht erfunden. Allein die Nachricht genügte, um die menschliche Gier zu entfesseln. Oberingenieur Birk hat erfahren, was er gefürchtet hatte, und gibt die Wahrheit preis. [14]

Bei der Lektüre und propädeutischen Auslegung des Buches, von dem sein Verfasser in einem Paralipomenon zu seiner Autobiographie behauptet, er habe damit „der deutschen Republik ihren Roman" geschrieben, der, wie diese selbst, „nicht sehr wichtig" gewesen sei [15], mag uns Heinrich Mann selbst auf eine kleine Wegstrecke begleiten. Er, der an der „Großen Sache" etwa ein Jahr lang intensiv gearbeitet hatte [16], sprach nämlich im Oktober 1930 im Berliner Rundfunk über sein Werk und veröffentlichte den Text der *conférence* kurz darauf in der „Vossischen Zeitung". Dort heißt es, die hervorstechendsten Züge des Zeitalters seien der Sportgeist und die Existenzangst. Sie wolle sein Roman, ein Stendhalscher Spiegel auf der Landstraße, reflektieren, zugleich aber mit Sinn anreichern.

„Der erste, tiefste Gegenstand" der „Großen Sache", „zugleich aber auch der Antrieb [sie] zu schreiben" — so Heinrich Mann —, sei die Bewegung

[13a] Wolfram Schütte, Film und Roman: Einige Notizen zur Kinotechnik in Romanen der Weimarer Republik. In: Heinrich Mann. Hrsg. von Heinz Ludwig Arnold. Stuttgart 1971, S. 70—80, vor allem S. 77—79; Wolfgang Wendler, Die Einschätzung der Gegenwart im deutschen Zeitroman. In: Die deutsche Literatur in der Weimarer Republik. Hrsg. von Wolfgang Rothe. 1974. S. 183—187.

[14] Herbert Ihering: Heinrich Mann. Berlin 1950. S. 114. Die Angabe des Datums (Mai 1929) erfolgt auf S. 17 des Romans.

[15] Ein Zeitalter wird besichtigt. Düsseldorf 1974. S. 558.

[16] Wie aus einem Brief an Klaus Lemke hevorgeht, begann Heinrich Mann mit der Niederschrift der „Großen Sache" im Juli 1929 (Heringsdorf) und beendete sie am 1. Juli 1930 in Nizza. Wie Sigrid Anger (a.a.O. S. 566) berichtet, existieren für diesen Roman — wie für fast alle Materialien aus der Berliner Zeit — keine Vorarbeiten oder Handschriften mehr.

aus Angst gewesen, das rastlose Tempo der Zeit, die Jagd nach dem, was nicht zu erhaschen ist.[17] Daher die rasante, zuweilen futuristisch anmutende Geschwindigkeit, mit der die Handlung in „dreimal vierundzwanzig Stunden“[18] filmisch abrollt.[19] Wie Rennwagen der Avus-Formel flitzen die von Birk angekurbelten Figuren — vor allem sein Schwiegersohn Rapp, mit dem ihn trotz des Generations-Unterschieds eine gewisse, als zeittypisch zu verstehende Affinität verbindet[20] und den er im motorsportlichen Sinne „laufen“ läßt[21] — durch das Leben, das für sie nur Sensation und Oberfläche ist. Weil sie Maschinen sind, sind sie im Getriebe der modernen Welt fast durchwegs ersetz- bzw. vertauschbar.[22] Und weil sie eher geschoben werden als selbst zu schieben, fehlt ihnen das moralische Rückgrat. Statt Verantwortungsgefühl zu haben, warten sie, betriebsam wie sie sind, auf ihre Chance, die Göttin Gelegenheit, die ihre höchste Instanz ist und die sie stets von neuem am Schopfe zu packen suchen.[23]

Unter Verwendung sportlichen Jargons sagt der Verfasser dieses von ihm selbst doch wohl ziemlich ernst genommenen Scherzes von seinen Figuren unverhohlen, sie gingen ins Leben „wie zu einem Boxkampf“. „Die Zuschauer“, so heißt es in der Vorankündigung, „erblicken im Ring das wahre Bild ihres täglichen Lebens und begleiten es mit Beifall und Entrüstung;

[17] „Mein Roman“, ursprünglich erschienen in der „Vossischen Zeitung“ vom 15. Oktober 1930. Das hier wiedergegebene Zitat findet sich auf S. 562 der Ausgabe von Sigrid Anger.

[18] „Die ganze Zeit beträgt übrigens dreimal vierundzwanzig Stunden“ (ebd.). Im Roman selbst (S. 298) heißt es: „Wie viele Tage waren es? Sonnabend um diese Stunde hatte Papa den Unglücksfall. Dienstag — das macht dreimal vierundzwanzig Stunden. Für drei Tage haben wir uns eine Menge Informationen eingeholt, das wollen wir (...) ruhig zugeben.“

[19] Hinweise und Anspielungen hierzu auf S. 77, 96 („Das Gefühl des Jungen unterschied zwischen dem Ehmann, der wie aus einem Film stammte, und dem Ehmann für den täglichen Gebrauch“), 128 („Margo suchte in ihrer Erinnerung die Gesichter junger Leute, die sie auf der Leinwand erblickt hatte“), 160 („Es würde einschlagen wie ein Tonfilm, der die neueste Technik hat“) usw.

[20] „Rolf (...) ging noch immer dieselbe Bahn, das kannte sein Vater. Das hatte er selbst gehabt, und es langweilte ihn. Die drei Abenteurer standen heute seinem eigenen Empfinden näher. (...) Birk, der für seine Person weder dies noch jenes mehr zu erwarten hatte, liebte es, die ungewissen, erst bevorstehenden Schicksale mitzufühlen“ (S. 23).

[21] Birk: „Ich bin fest überzeugt von dem Jungen, sonst ließe ich ihn nicht laufen“.
Inge: „Du läßt ihn laufen?“
Birk: „Wie einen Wagen — und eigentlich, als ob ich den ganzen Jungen erfunden hätte“ (S. 109).

[22] „Jeder andere Junge hätte ihn ersetzen können und er jeden anderen“ (S. 23); „Alles und alle waren auswechselbar“ (S. 84).

[23] „Rolf sagte: ‚Ich habe Anzeichen, daß er [Birk] depressiv wird. Er spricht von übernommenen Verantwortungen, die er nicht tragen könne‘. — ‚Was heißt Verantwortung‘, warf der Junge hin. ‚Man behält sie, solange der Patient noch Chancen hat‘, erklärte der Arzt. ‚Es heißt überhaupt Chance — statt Verantwortung‘, schloß der Junge“ (S. 97).

denn alles, was bei ihnen selbst vorgeht, ist Kampf." [24] Wie es um diese Seile, die hier die Welt bedeuten, bestellt ist, zeigt uns die genau in der Mitte des Romans erfolgende Schilderung eines Matches zwischen dem Mulatten Julio Alvarez, einem wahren Tarzan des Pugilismus, und dem in eine Tochter Birks sterblich verliebten deutschen Meister Bruno Brüstung. Das Resultat dieses anfangs mörderischen Schlagaustausches ist ein Remis, genauer gesagt: ein doppeltes k.o., das symbolisch zu verstehen ist als Zeichen dafür, daß es aus der Perspektive Heinrich Manns in jener Zeit keinen Unterschied zwischen Siegern und Besiegten gab.

Der Konkurrenzkampf, in dem die in der „Großen Sache" abgebildete Gesellschaft sich befindet, ist Ausfluß dessen, was Heinrich Mann in seinen Essays der zwanziger Jahre wie auch im Roman selbst (13), Existenzangst nennt. Das will heißen, daß dieses Jahrzehnt im Zeichen der Wirtschaft stand, weshalb die Personen der Handlung in ständiger Angst davor schweben, ihren Lebensunterhalt zu verlieren. Das weiß Birk, „die Seele und treibende Kraft des Buches (...), hinter dessen Maske", wie Thomas Mann in seiner Rezension vermerkt, sich „ein wenig des sechzigjährigen Dichters Antlitz verbirgt" [25], sehr genau. Es geht ihm bei seinen Bestrebungen um zweierlei: „den geliebten (...) Zeitgenossen darauf aufmerksam zu machen, daß er nicht nur seine Existenzangst hat, sondern doch vielleicht in einer tieferen Gegend unbefriedigt ist" [26] — also unterschwellig von Lebensangst gepeinigt wird —, und ihn dazu zu bringen, daß er neben den rein materiellen Werten auch ideelle, emotionelle und geistige anerkennt, wenn nicht gar pflegt. „Wenn ihr künftig nicht nur in der übrigen Technik, sondern auch in der Seelentechnik einige Fortschritte machtet", sagt der skeptische Utopist Heinrich Mann am Ende seiner Betrachtungen über „Die große Sache",

> wird natürlich auch daraus wieder Unheil entstehen; der Mensch ist verurteilt, Unheil zu stiften, wo er sich regt. Aber auch die Sympathie unter Menschen würde nebenbei an Umfang gewinnen, und die Freude, die es in der Welt gibt, wäre nicht mehr nur von der Wirtschaftslage bedingt. Wir selbst würden sie erzeugen. [27]

Bleibt noch die Frage, inwieweit „Die große Sache" auch eine ideologische oder ausgesprochen politische Dimension hat. In seiner Vorankündigung leugnet der Verfasser ganz entschieden, daß dies der Fall sei. Am Herzen gelegen habe ihm die Änderung sittlicher Begriffe unabhängig von der Weltanschauung ihrer Träger. „Heute verfällt alles gleich der Parteidisziplin"

[24] A.a.O. S. 563.
[25] A.a.O. (Anmerkung 12). S. 314.
[26] „Mein Roman", a.a.O. S. 564.
[27] Ebd. S. 565.

klagt er in seiner Besprechung des längst in der Versenkung verschwundenen Romans „Leerlauf Mensch“ von Karl Nils Nicolaus.[28] Selbst parteilos, obwohl dem linken Flügel der SPD nahestehend, weigerte er sich daran zu glauben, daß die „Einübung“ einer anderen politischen Formel zu einer Veränderung des Bewußtseins führen könne. Ganz im Sinne der damals grassierenden und noch immer nicht völlig verdrängten Geistesgeschichte war er der Meinung, „daß die mitlebenden Menschen erstens alle denselben Stempel tragen und ihn zweitens so bald nicht loswerden können — ganz gleich, ob sie sich politisch links oder rechts herumlegen.“[29] So wird verständlich, warum in der „Großen Sache“ die Politik nur unter der Hand und höchst sporadisch ihre Aufwartung macht, etwa als Hinweis auf die Zugehörigkeit des Arbeiters Laritz zur KPD (31) oder im Gespräch zwischen dem ehemaligen Reichskanzler Schattich und einem der Zentrumspartei nahestehenden kirchlichen Würdenträger. (158 f.)

Die der Klärung und Erklärung wichtiger Aspekte der „Großen Sache“ dienenden Aussagen Heinrich Manns ergeben insgesamt so etwas wie eine Theorie des Romans im allgemeinen und eine Poetik des zeitgenössischen Romans im besonderen. Vor allem in dem unter dem Titel „Die geistige Lage“ in die Werkausgaben eingegangenen Sammelreferat aus dem Jahre 1931, in das mehrere ursprünglich in der „Literarischen Welt“ publizierte Buchbesprechungen in leicht veränderter Form eingegangen sind, befaßt sich der Dichter mit der Frage der Gattungen und Unterarten der *long fiction.* Es lohnt sich, näher auf seine poetologischen Ausführungen einzugehen.

Die von Heinrich Mann in dem genannten Aufsatz und anderwärts erstellte Wertskala erstreckt sich zwischen zwei von ihm mit gleicher Vehemenz abgelehnten Extremen: einerseits der bloßen Reportage, die am Boden der Tatsachen klebt, und andererseits dem Klassizismus, dessen Vertreter, wie er meinte, sich „stellen, als wäre in aller Welt nichts Besonderes geschehen oder als hätten sie selbst es überwunden.“[30] Den Stilisierern, die er aufs Korn nimmt, ruft er zu: „Wenn harmonische Sprache ein Beweis wäre!“ Das richtet sich wohl unter anderem auch gegen den einst glühend und rückhaltslos verehrten Gustave Flaubert, der angesichts des trivialen Stoffes der „Madame Bovary“, zu dessen Bearbeitung er sich nach eigener Aussage zwingen mußte, vermöge des Stils in eine neue Dimension vorstoßen wollte.

[28] Von der Lebensangst zur Gewalt. In: Die literarische Welt, Bd. 6, No. 46 (14. Nov. 1930). In veränderter Form eingebaut in „Die geistige Lage“. Siehe „Das öffentliche Leben“. S. 73—77.

[29] „Mein Roman“, a.a.O. S. 564.

[30] Briefe ins ferne Ausland (1925). In: Sieben Jahre. S. 317.

Was Heinrich Manns Kritik an der Reportage betrifft, so ist sie zugleich versteckte Kritik an der Sachlichkeit (ob alt oder neu), dergegenüber er sich mehr oder weniger abwartend verhielt. So spürt man leise Ironie in seiner Antwort auf die von der „Literarischen Welt" im Juni 1926 gestellte Frage „Wird die Dichtung, insbesondere die epische Kunstform, von der neuen Sachlichkeit der Reportage entscheidend beeinflußt werden?":

Ich bin erfreut, von Ihnen zu hören, daß es eine „neue Sachlichkeit der Reportage" gibt. Dann muß es wohl auch schon sachliche Romane geben. Haben sie zugleich Kunstwert, dann verwirklichen sie für jetzt das Höchste. Abhängigkeit der Romane von der Reportage? Eher doch wohl Gehorsam beider gegen die Forderung derselben Lebensform. [31]

Als Gefühlsmensch, der zwar den Expressionismus intellektuell und weltanschaulich ablehnte, sich aber emotionell zu ihm hingezogen fühlte, war er des trocknen Tons schon immer satt. Was ihm vorschwebte, war die Überwindung der Sachlichkeit durch Rückkehr zum romantischen Naturalismus, der Kunst Zolas im Geiste Victor Hugos. Auf die seiner Meinung nach zwangsläufig nächste Phase der literarischen Entwicklung hinweisend schrieb er, wieder in Beantwortung einer Umfrage der „Literarischen Welt": „Ein begabter junger Dichter (...) sagte mir, daß er für die lyrische Kunst keine große Möglichkeit durchzudringen sähe, solange die mitlebende Welt sich von der Empfindung weder bewegen noch ändern lassen wollte. So ist es gewiß — und die gerühmte Sachlichkeit dient schließlich nur als Voraussetzung für das eigentlich Bewegende, das die Empfindung bleibt. Man hofft auf die Zeit, da sie wieder wirkt. (...) Alles wird erst dadurch wert, zu etwas zu führen, daß es dem geheimen Antrieb der Leidenschaften und inneren Forderungen gehorcht." [32]

Höher als die von ihm verworfene *literatura facta* schätzte Heinrich Mann deren fiktionale Entsprechung: erfundene Handlungen, die, ohne ein wirkliches Geschehen abzupausen, aber auch ohne es willkürlich zu entstellen, den Sinn der flüchtigen Ereignisse anhand von typischen oder symptomatischen Handlungen aufbereiten. „Ein Roman dieser Art" — so der Lübecker Dichter —

macht Anspruch sowohl auf Vollständigkeit wie auf Richtigkeit. (...) Statt der historischen Vorgänge ist eine Parallelhandlung erfunden, die genau so gut geschichtlich sein könnte. (...) Es ist bloßer Zufall, wenn nicht dies, sondern etwas anderes die historische Wirklichkeit ist. Wahr bleibt es in seiner Weise trotzdem. [33]

[31] Reportage und Dichtung. In: Die literarische Welt, Bd. 2 (1926), No. 26 (25. Juni).

[32] Die literarische Welt, Bd. 5, No. 1 (4. Januar 1929), S. 5. Siehe auch Heinrich Manns Beitrag zur Nummer vom 4. April 1930.

Positiv aus der gewollt bescheidenen Sicht der Weimarer Zeit beurteilte Heinrich Mann den Typ des sozialen Romans, den er unter Hinweis auf „Achtung, der Otto Puppe kommt!", einen Roman seines Landsmannes Hans H. Hinzelmann, zu charakterisieren unternahm. Soziale Romane sind demnach Werke, die sich dadurch auszeichnen, daß ihr Verfasser die „Menschen nicht nur einzeln und um ihrer selbst willen" liebt, sondern an ihrer sozialen Bedingtheit, der Gesellschaft, die sie hervorbringt, dem allen aufgezwungenen Kampf, dem Erwerb und seinen Gesetzen Interesse zeigt.[34] Das sind die kleinen Erben des großen Balzac, mit dem er sich gerade in jenen Jahren erneut intensiv beschäftigte. Balzac stand überhaupt in mehr als einer Hinsicht Pate bei der „Großen Sache", nicht zuletzt auch deshalb, weil er in erregend-abenteuerlichen Handlungen die Wirklichkeit des modernen Lebens, wie Heinrich Mann sie verstand, vorweggenommen hatte: „Wer kann denn sehen, daß er [d. h. der Zeitgenosse] selbst mit seiner eigenen Person in einem viel größeren Abenteuer-Roman drinsteht, in den Abenteuern des Erwerbes, des Klassenkampfes, des geheimen, wenn nicht schon offenen Krieges innerhalb der gesamten Menschheit zwischen den beiden äußerst feindlichen Mächten, die um uns streiten?"[35]

Eine besonders zeitgemäße und Heinrich Mann in jenen Jahren kongenial erscheinende Sonderform des sozialen Romans war diejenige Variante desselben, die „nur ein bestimmtes Lebensalter, die Jugend"[36], zur Darstellung bringt, weil es eben die Jugend war, die in diesem schnellebigen Jahrzehnt das Tempo bestimmte. Was der Dichter in diesem Zusammenhang über den erwähnten Roman von Karl Nils Nicolaus zu sagen hat, ließe sich zum Teil durchaus auf „Die große Sache" anwenden[37] — freilich mit dem Unterschied, daß das, was bei Nicolaus naiv anmutet, bei Heinrich Mann eher „sentimentalisch" ist.

[33] „Die geistige Lage", a.a.O. (Anmerkung 28), S. 53.

[34] Ebd. S. 67. Die Rezension erschien zuerst in der „Literarischen Welt", Bd. 5, No. 39 (27. Sept. 1929) unter dem Titel „Soziale Romane".

[35] „Die geistige Lage", a.a.O. S. 63 f. Und auf S. 70 des gleichen Aufsatzes wird gesagt: „Die großen Gestalten Balzacs kommen aus seiner reinen Freude an der Triebkraft der Gesellschaft. Seine katholische Überzeugung hätte ihn vielmehr der Verzweiflung zu einer solchen Welt nähern müssen. Aber große Verbrecher sind ihm lieber als kleine Heilige, und erst eine große Heilige macht ihn wieder fromm. In Europa ist jeder soziale Romancier an seinem Ursprung ein Romantiker."

[36] Ebd. S. 73.

[37] In seiner Rezension des Buches von Nicolaus betont Heinrich Mann z. B. die dort thematisierte Furcht vor der Freiheit bei allem offenbaren Streben nach ihr und die vom Verfasser in den Mittelpunkt gestellte „Doktrin der Lebensangst" — Motive, die sich in der „Großen Sache" wiederfinden.

Mit dieser offensichtlich vom Verfasser der „Großen Sache" goutierten Parallele ist allerdings nur der, wenn man will, realistischen Komponente dieses Romans unter nicht sehr feinen Leuten Genüge getan; denn zum adäquaten Verständnis aus der Sicht Heinrich Manns bedarf es einer doppelten Perspektive. Will sagen: auch um 1930 hegte der Dichter, wie es in seinem Bericht an die Preußische Akademie der Künste heißt, die Überzeugung, „daß die Dichtung als eine Form des schöpferischen Geistes schlechthin vom Allgemeinen herkommt, ja das unzulängliche Besondere im Grunde nur benutzt wie ein Gleichnis und Gegenbeispiel zum unbedingten Allgemeinen." [38] Damit ist das Stichwort gefallen; und wem das Parabolische dieses vorgeblich sozialen Romans bei der Lektüre entgangen sein sollte, der wird am Schluß mit der Nase darauf gestoßen. Dort heißt es nämlich vom sterbenden, und im Sterben resigniert abdankenden, Birk, er sei willens, „zu verschwinden nach allen seinen Irrtümern, Anläufen zu Erkenntnissen und einem eigenen Gleichnis des Lebens, das zum Teil gestimmt hatte — bis auf den ungelösten Rest." (303)

Das Leben, verstanden als ein Vergängliches, das gleichnishaften Charakter hat und damit dem unsteten Geist der Zeiten überhoben ist — das wäre in der Tat eine mögliche Formulierung des in der „Großen Sache" zu realisierenden Programms. Auch damit wäre aber das letzte Wort über diesen auch für den Leser guten Willens schwierigen, weil in sich selbst widersprüchlichen Roman noch nicht gesprochen. Hinzu kommt, *last but not least*, das Moment des Phantastischen, das Heinrich Mann bei Hinzelmann herausstreicht und dem er selbst in der Novelle „Liliane und Paul" aus dem Jahre 1926 einigermaßen die Zügel schießen ließ. Es handelt sich hierbei jedoch keineswegs um die Phantastik eines Edgar Allan Poe oder Gustav Meyrink, sondern um den Ausdruck von Seelenkräften, die unter Bezug auf „Die große Sache" in der Sekundärliteratur oft fälschlich als surrealistisch bezeichnet werden. Sie sind jedoch telepathischer Natur, und Birk bedient sich ihrer, um durch Fernsteuerung — er liegt ja im Krankenhaus — in die Handlung, die er selbst entfesselt hat, einzugreifen und drohendes Unheil eben noch abzuwenden. [39]

[38] „Dichtkunst und Politik" (1928). In: Sieben Jahre. S. 508.

[39] Die Irrealität der „telepathischen" Erlebnisse wird dadurch unterstrichen, daß in der hellsichtigen Schau die Zeit, in der sich das mitvollzogene Erlebnis abspielt, zusammengezogen, ja fast aufgehoben bzw. verräumlicht wird. So heißt es in bezug auf Margos „Augenzeugenbericht" vom Boxkampf: „Plötzlich erschrak sie. Das Läutewerk rasselte, es war nicht im Sportpalast, es war hier im Zimmer — das Telefon, auf dem sie die Hand hielt. Wie lange schon? Ihre Hand war nicht im geringsten ermüdet. Das Läuten hatte sicher gerade erst angefangen, als sie auch schon erschrak. Vielleicht hatte es sogar begonnen in demselben Augenblick, als sie die Hand an den Hörer legte, und länger als diesen

Durch zeitweilige Übertragung dieser Kräfte auf ihm nahestehende Menschen ermöglicht Birk es diesen, Vorgänge, deren Augenzeugen sie nicht sind, in mediumistischer Schau deutlich mitzuerleben. [40] Doch sind diese sekundären Hellsichtigkeiten exzeptionell, man könnte sagen punktuell. Den Vertretern der sachlichen Generation ist die Welt der geistigen Tele-Vision verschlossen. Sie haben keinen Zugang zum Reich des Wunderbaren.

Birk, des Dichters *alter ego,* der, wie Heinrich Mann selbst, Anspruch darauf erhebt, „an [den Menschen] zu arbeiten und die Gesellschaft umzugestalten" [41] und der von der Überzeugung ausgeht, „daß sie eine handgreifliche Lehre brauchten, um ein für alle Male das Leben richtig zu erfassen" (20), wird dem Leser als der Propeller des Geschehens vorgestellt mit den Worten: „Er hatte die junge Welt samt mehreren Alten in Bewegung gesetzt und jeden in seiner Richtung bestärkt, die seine Natur ihm ohnehin anwies." (112) Es ist ihm nur vergönnt, latente Eigenschaften in den Kreaturen, die er nicht machte, freizusetzen; ansonsten muß er der „Sache" ihren Lauf lassen: „Die einzelnen aufzuhalten war ihm (...) nicht mehr erlaubt. Er hatte auch keine Lust, sich selbst und den gegebenen Verlauf der von ihm erfundenen Handlung noch abzubremsen." (ebd.) Ihn, den Sachwalter in „loco parentis", konzipierte Heinrich Mann gewiß nicht, wie André Banuls behauptet, als einen „menschenfreundlichen Volpone" [42], sondern als Mischung aus Prospero und Montaigne, der auch im „Sturm", der in der „Großen Sache" gleichsam im Wasserglas rekapituliert wird, als Mentor fungiert. Während aber der weiland Herzog von Mailand und jetzige Inselmonarch am Schluß seinen Zauberstab zerbricht, weil der von ihm erhoffte und angestrebte *sea change* stattgefunden hat, bleibt Birk, der nichts Halbes und nichts Ganzes schuf, zu guter Letzt unbefriedigt. Was in Heinrich Manns Lehrroman ohne Lehre soviel heißen soll wie: im Weimar-Deutschland kann das Unmögliche nicht Ereignis werden.

Die vordringlich symbolische Funktion des Neuen Prospero erklärt, warum er keinen richtigen *état civil* hat und man ihn ungern nach seinem Reisepaß fragen würde. Für ihn gilt das, was, Zola zufolge, auf den Hauptmann in Strindbergs „naturalistischem" Trauerspiel „Der Vater" zutrifft:

Augenblick hatte alles, was sie sah und hörte, nicht gewährt." (S. 153) Eine ähnlich traumhafte Kontraktion erfolgt auf S. 256: „Alles ist geschehen, solange im Hause eine Uhr schlug."

[40] Allerdings macht der Verfasser eine kleine Einschränkung in bezug auf die Deckungsgleichheit des Geschehenen und des Geschauten. So heißt es auf S. 168: „Inge hatte sich im Sportpalast wirklich fast so verhalten, wie Margo es, die Hand am Telefonapparat, gesehen und gehört hatte." (Unterstreichung vom Verfasser, U. W.)

[41] „Die geistige Lage", a.a.O. S. 83.

[42] André Banuls: Heinrich Mann. Stuttgart 1970. S. 166.

daß er zu abstrakt und konstruiert wirkt. Von seiner Biographie erfahren wir stichwortartig das Allerwesentlichste, und seine als sehr erfolgreich bezeichnete Karriere als Konstrukteur und Brückenbauer wird völlig unzureichend beschrieben.[43] Seines internationalen Rufes und persönlichen Ruhms — er war „schon zur Zeit der letzten Pariser Weltausstellung von 1900 (...) so weit, daß er dem obersten internationalen Ausschuß angehörte" (11) — von der modernen Massengesellschaft beraubt, ist er „in das anonyme Heer der Arbeit" (12) zurückversetzt worden.[44] Auch im wirtschaftlichen Sektor war die entsetzliche Gleichmacherei bei ihm am Werk, hat ihn doch die Inflation so gründlich ruiniert, daß er, wie sein Schöpfer behauptet, „als Kapitalist ausgelitten hat" und eines schönen Tages als Proletarier erwacht." (ebd.) Gerade als ein Entwurzelter und aus den gewohnten Verhältnissen Herausgerissener vermag er, „die ungewissen, erst bevorstehenden Schicksale mitzufühlen." (23) Kein Einziger mehr, und ohne Eigentum, wird er gewissermaßen zum Mann ohne Eigenschaften, der von seiner Person absehen und fast anonym die ihm vom Verfasser zugedachte Rolle spielen kann: „Er dachte an alles, nur nicht an seinen Beruf und die Tatsachen seines täglichen Lebens. (...) Hier lag einer, der absah von seiner getanen Arbeit; von ihm war nur noch da, was übrigbleibt nach Abzug der gewöhnlichen Pflichten, Sorgen und Bedenken. Ja, er unternahm es, in jeder Hinsicht seinen Menschen freizulassen." (112) Konzise ausgedrückt: Birk ist eine Allegorie, ein reines Funktionswesen.

Und wie verhält es sich mit der großen Sache, auf die der Titel des Romans so verheißungsvoll anspielt? Anfangs ist sie etwas ganz Konkretes und Greifbares — ein Päckchen nämlich, in dem sich die vorgebliche Erfindung Birks, das Superdynamit, befinden soll. Doch ihre Realität verflüchtigt sich zusehends. Birk selbst versteht sie am Ende symbolisch: „Was ist die große Sache? (...) Wir fühlen, solange wir jung sind, noch nicht, daß sie eine bloße Erfindung ist. Darum haben wir sie grade, in Gestalt der Freude. Älter und schon losgelöst, wäre die große Sache, im Geist zu erscheinen, zu verschwinden und dabei ein gesundes Herz zu behalten." (303) Eine Mystifizierung also? Man möchte es glauben und wundert sich kaum, daß in der

[43] Auf S. 216 wird zusätzlich eine Anekdote aus seinem Leben berichtet, derzufolge er einst in der Wüste, krank und verhungert, eine Belagerung durch Eingeborene durchstand und eines Tages „in die Gesittung" zurückkehrte. Die Moral von der Geschichte lautet: „Die Gesittung gab es noch, man konnte höchstens ihr Gebiet verlassen. Jetzt — wo verfügte die Gesittung jetzt noch über gesichertes Gebiet?"

[44] Im Essay „Die neuen Gebote" (1926) heißt es parallel hierzu: „Bemerkenswert, wenn auch nicht unbemerkt, ist der Verlust des Begriffes ‚Ruhm'. Wo ist er hin? Ein befristeter Erfolg, womöglich wieder einer, und nach dem letzten wahrscheinlich das Vergessenwerden: dies ist doch wohl das Gefühl des geistig Bemühten." Sieben Jahre. S. 319.

Kritik ein großes Rätselraten einsetzte. So konnte Thomas Mann behaupten, im Roman selbst sei sie gleichzusetzen mit Liebe und zuletzt mit dem Tode; aber „ganz zuletzt und schon außerhalb des Buches [sei] sie die Freiheit, die unendliche Kritik, der Geist selbst, in Kunst vermummt und in das gegen seine eigene Unglaublichkeit gleichgültige Abenteuer." [45] Zerbrechen wir uns nicht weiter den Kopf und begnügen wir uns mit der trockenen Feststellung, die große Sache sei schwer auf einen Nenner zu bringen, diene aber zweifelsohne dazu, diejenigen Qualitäten und Phänomene zu subsumieren, die den Zeitgenossen abgingen — so die Liebe, das Gefühl überhaupt, die Phantasie und die Freude am Dasein.

Birks Gegenspieler, Karl August Schattich — *nomen est omen* — ist ein „shady character". Er vertritt in der „Großen Sache" die zweite der drei Hauptspielarten zeitgenössischer Existenz — Arbeit, Beziehungen und Verbrechen —, von denen es im Roman heißt, man könne „zwei von ihnen zurückdrängen und in den gebotenen Grenzen halten" (16):

> Sein Feld waren die Beziehungen — nicht das Wissen um irgendeinen sachlichen Inhalt, nicht die Handhabung der Dinge, nicht, was Arbeit heißt. (...) Sein Feld waren Beratungssäle, Konferenztische und die Schlachtordnungen der Klubsessel. Er war ein Menschenbehandler, insoweit sie es zuließen (7).

Als Mittler, der kein echter Vermittler ist, führt er, sozial gesehen, ein Drohnendasein, in dessen Mittelpunkt die Verwertung von Arbeit steht, die andere geleistet haben. [46] Beziehungen sind in diesem Roman der Schlüssel zu dem — zwangsläufig illusorischen — Erfolg in Wirtschaft und Politik, die eines sind. Für Heinrich Mann war die Weimarer Republik nämlich eine Aktiengesellschaft [47] und ihre Bewohner „Angestellte eines Riesenkonzerns". [48] Industrieverrat war hier immer zugleich Hoch- und Landesverrat. [49]

[45] A.a.O. (Anmerkung 12) S. 316.

[46] Ist es wohl bloßer Zufall, daß Hans Luther, das Vorbild für Schattich, in seinen Memoiren davon berichtet, er habe von seinem Vater die Fähigkeit zum Kompromiß geerbt: „Hier hatte [mein Vater] die Befugnis, selbständig Zeugen zu vernehmen und zu vereidigen. Ihm gelang bei solchen Gelegenheiten eine unwahrscheinlich große Zahl von Vergleichen. Ich kann wohl manches, was ich im Leben gestalten konnte, mit dieser besonderen Fähigkeit meines Vaters in Verbindung bringen" (Politiker ohne Partei: Erinnerungen. Stuttgart 1960, S. 10). Auch die von Luther selbst gerühmte eigene Parteilosigkeit ließe sich mit diesem „angeborenen" Mittler- und Kompromißlertum in Zusammenhang bringen.

[47] Im Essay „Deutsche Republik" (1927) steht der Satz: „Unser Anteil an der Aktiengesellschaft, wenn wir die Republik für sonst nichts halten (...)." Sieben Jahre. S. 377.

[48] Das deutsche Rätsel (1931). In: Das öffentliche Leben. S. 297 f.

[49] Der Aufsatz „Die Tragödie von 1923" (1923) bringt die Feststellung: „Für kleine Leute aber haben sie ein früher unbekanntes Verbrechen erfunden: Industrieverrat, der

Entsprechend dieser Formel fühlt sich der mit Sternheimischen Attributen ausgestattete Schattich in beiden Bereichen wie zuhause:

Die große Laufbahn des Reichskanzlers Karl August Schattich vollzog sich in drei Abschnitten. Er kam aus mittleren Stellungen bei der Industrie. Eines Tages durfte er als Abgeordneter die Industrie in der Politik vertreten. Ja, dort gelangte er so schnell, als ob die Republik eigens für ihn errichtet wäre, auf den höchsten Posten. Unmöglich geworden (...) kehrte er in die Mitte der Industrie zurück. Wir finden ihn in diesem dritten Abschnitt. Jetzt vertrat er umgekehrt bei der Industrie die Politik. Er wurde politischer Berater eines industriellen Konzerns (7).

Seine Pendants auf niedrigerer Ebene sind Ehmann (auch ein „Mann der Beziehungen" 77) und Rapp, zwei blasse Abklätsche des Marquis von Keith, für die das Leben auch eine Rutschbahn ist, freilich eine ohne Höhen und Tiefen. Rapp, der durch ständige Bewegung Fortschritt vortäuscht und, wie alle Welt, auf den „gutmütigen Schwindel" seines Schwiegervaters hereinfällt, trägt Züge des Leutnant Hans, dessen Nachkriegserlebnisse und schließliche Düpierung Heinrich Mann im zweiten Abschnitt seines Essays „Tragische Jugend" (1922) schildert, und seines fiktionalen Gegenstücks, des „von morgens bis mitternachts" nach nicht vorhandenem Radium jagenden Gerd Götz Rackow aus der Novelle „Sterny" (1924).

In der Darstellung der Welt Schattichs macht „Die große Sache" ihren berühmteren Vorgängern „Im Schlaraffenland" und „Der Untertan" Konkurrenz; auch hier wird oft mit dem Zaunpfahl gewinkt und mit mehr oder weniger Finesse auf zeitgenössische Personen und Begebenheiten angespielt. Beim Lesen wird also ein gewisses Vorverständnis vorausgesetzt. Ist das Milieu, in dem sich Birk bewegt, so blaß und abstrakt wie es pädagogischen Provinzen zusteht, so ist das Ambiente seines Antagonisten sehr konkret, dabei durchsetzt mit grotesken Auswüchsen, von denen die Barlachisch anmutende Szene im zehnten Kapitel, in der sich Schattich durch ein Mannequin vertreten läßt, besonders gelungen ist.

Die Stadt, in der sich die Handlung der „Großen Sache" abspielt, wird zwar nicht beim Namen genannt, alle Anzeichen sprechen aber dafür, daß es sich um Essen handelt, der, gemäß der von Heinrich Mann verwendeten Formel Staat = Wirtschaft bzw. Industrie, eigentlichen, wenn auch geheimen Hauptstadt Deutschlands *entre deux guerres.* [50] Hier war das geschicht-

Hochverrat an ihnen." (Sieben Jahre, S. 115) Siehe hierzu das Echo in der „Großen Sache", S. 94 (Margo: „Industrieverrat, so gut wie Landesverrat! Verrat militärischer Geheimnisse, das machen wir nicht.")

[50] Nach Auskünften des Stadtarchivs Essen gibt es freilich die im Roman genannten Örtlichkeiten (Monbijou-Park, Heumarkt) nicht, es könnten aber Verschlüsselungen (Monbijou-Park = Kruppscher Hügelpark und Heumarkt = Kornmarkt) vorliegen.

Hans Luther mit Gustav Stresemann

Reichskanzler Dr. Hans Luther
nach dem Gemälde von Max Liebermann

liche Vorbild Schattichs, der spätere Landwirtschafts- und Finanzminister, zweifache Reichskanzler (1925 und 1926) und nachmalige Reichsbankpräsident (1930—1933) Hans Luther, von 1918 bis 1922 Oberbürgermeister.[51]

In der „Großen Sache" dient der von der Mit- und Nachwelt falsch beurteilte Luther als Sündenbock, dem alle Schuld angelastet wird, obwohl er nur Agent einer Macht ist, die unsichtbar bleibt und die schmutzige Arbeit von ihren Vasallen verrichten läßt.[52] Einseitigkeit ist bekanntlich die Tugend des Satirikers, der sich ungestraft seiner Narrenfreiheit erfreut. So heißt es von dem Zerrbild des Mannes, der sich rühmen konnte, lange Zeit keiner Partei angehört zu haben: „Oft erhob er Anspruch auf etwas, das er seine überparteiliche Politik nannte — da sah man ihn wild entschlossen, keine Meinung zu haben." (8) Auch als Karikaturist beweist Heinrich Mann, daß er ein scharfer Beobachter ist und Quellenstudien betrieben hat. So muß man das Bildnis Luthers von der Hand Max Liebermanns kennen, um die folgende Stelle, die in ihrer bewußten Klischeehaftigkeit an die Beschreibung der monotonen Richterbildnisse in Kafkas „Prozeß" gemahnt, goutieren zu können:

Sein Kopf war haarlos. In einem seiner seltenen Zeitungsartikel war er dafür eingetreten, daß erst die völlige Haarlosigkeit, vereint mit der schon üblichen Bartlosigkeit, den modernen Mann mache. Er war nicht durchgedrungen. Sein zugleich hartes und verschwommenes Gesicht nahm seine Zuflucht zu der Haltung staatsmännischer Autorität. (...) Die Sorge des Reichskanzlers a. D., sich immer oben zu erhalten, hatte sein Gesicht etwas schmaler gestaltet, als es für den Umfang des Körpers passend schien. Aber wer bemerkte dies, außer seiner Frau: Der große Porträtist, der ihn malte, (...) bemerkte es wohl. Er betonte Schlaffheit und Bleichheit, einen weichen Hals, einen schwammigen Mund, indes er auf den Schenkel des Staatsmannes eine geballte Faust legte (8).

Mit diesem, wie Lea Ritter-Santini anhand der „Göttinnen" gezeigt hat, für Heinrich Mann charakteristischen „optischen Zitat"[53] ist es nicht getan. An einer späteren Stelle wird diese physiologisch-physiognomische Eigenheit

[51] Über die politische Bedeutung des Oberbürgermeisteramtes in der Zeit vor 1933 berichtet Wolfgang Hofmann in seinem Buch: Zwischen Rathaus und Reichskanzlei: Die Oberbürgermeister in der Kommunal- und Staatspolitik des Deutschen Reiches von 1890 bis 1933. Stuttgart 1974. Dort ist wiederholt von Hans Luther die Rede. Über seine Amtszeit als Oberbürgermeister berichtet Luther in der Schrift: Zusammenbruch und Jahre nach dem ersten Krieg in Essen. Essen 1958. Beiträge zur Geschichte von Stadt und Stift Essen, Bd. 73.

[52] Das negative Luther-Bild, das sich anfangs herausgebildet hatte, ist inzwischen von der Geschichtsschreibung revidiert worden. Vor allem die Studie: Währungs- und Finanzpolitik der Ära Luther 1923—1925 von Karl-Bernhard Netzband und Hans Peter Widmayer. Basel u. Tübingen 1964 hat dazu beigetragen, seinen Anteil an der Währungsreform ins rechte Licht zu rücken und gegenüber desjenigen Hjalmar Schachts gebührend abzugrenzen. So schreibt Edgar Salin in seinem Vorwort (S. v): „Hans Luther (...) hat

zum Signum der Herrscher-Schicht in der Ära Hindenburg gestempelt. So überlegt Schattichs Gattin Nora, ein seiner Herkunft und seinem Gebaren nach ihm überlegenes Weib von wahrhaft Wagnerischen Dimensionen: „Er hat einen Domkopf. (...) Seinesgleichen haben alle einen Domkopf. Im Geiste erblickte sie eine ganze Galerie von Führern der Wirtschaft und des Staates. Bei allen verjüngte sich derselbe kahle Schädel nach oben und lag als unnötig hohes Gewölbe unter der vollen Beleuchtung." (187) Man braucht sich nur das photographische Doppelporträt Hans Luthers und Gustav Stresemanns anzusehen, das Luther in seinem Buch „Vor dem Abgrund 1930—1933: Reichsbankpräsident in Krisenzeiten" (Berlin 1964) reproduziert, um von der Richtigkeit dieser Feststellung überzeugt zu sein.

Auch anderweit hält sich Heinrich Mann an historisch beglaubigte Tatsachen. So lautet ein ganz harmlos anmutender Passus:

> [Die Zofe] lehnte sich an den Mast der schwarz-weiß-roten Fahne, die Schattich hier immer wehen ließ, damit die Spaziergänger des Parks sie vor Augen hätten. Vorn auf den Heumarkt hinaus überließ er das Flaggen seinem Mieter Birk, der ganz oben wohnte. Daher trug das Dach die Farben Schwarz-Rot-Gold, und Schattich duldete es. Sie stellten das Gleichgewicht her, und der frühere Reichskanzler war außer Verantwortung (38).

Was geht hier vor? Der mit der Materie vertraute Leser merkt sehr bald, daß das Zitat auf den wegen der sogenannten Flaggenfrage erfolgten Rücktritt Luthers und seines zweiten Kabinetts gemünzt ist. Der Kanzler hatte nämlich eine umstrittene Verordnung erlassen, derzufolge deutsche Handelsschiffe in fremden Häfen außer der schwarz-rot-goldenen Nationalflagge der Republik auch die schwarz-weiß-rote Handelsflagge (Gösch) hissen sollten oder durften.[54]

Die Gründe dafür, daß Heinrich Mann ausgerechnet Luther zur Zielscheibe seines Spottes machte, lassen sich mit einiger Sicherheit vermuten. Entscheidend für die Wahl des Objekts waren anscheinend die 700 Millionen Mark, die 1924, als Luther Reichsfinanzminister war, aus Mitteln, die Deutschland aufgrund des Dawes-Plans erhalten hatte, an die deutsche Industrie — vor allem den Ruhrkohlenbergbau — gezahlt worden waren,

zusammen mit Gustav Stresemann Volk und Reich der Deutschen nach dem Zusammenbruch von 1918 und der Inflationskatastrophe von 1922/23 wirtschaftlich und politisch zu neuer Form und Kraft emporgehoben."

[53] Siehe ihren Beitrag zum Heinrich-Mann-Symposium des Jahres 1971, Verfremdung des optischen Zitats. In: Heinrich Mann: Bestandsaufnahme und Untersuchung. Hrsg. von Klaus Matthias. München 1974. Jetzt auch in Lea Ritter-Santini: Lese-Bilder. Stuttgart 1978.

[54] Man vergleiche hierzu Luthers Darstellung in „Politiker ohne Partei".

um diese für durch Frankreich erzwungene Sachleistungen zu entschädigen. So heißt es schon zu Anfang des ersten Kapitels der „Großen Sache“: „Unmöglich geworden, weil er seiner Auftraggeberin, der Industrie, als Reichskanzler [sic!] zugewendet hatte, was er irgend konnte, einmal gleich siebenhundert Millionen, kehrte er in ihre Mitte zurück“ (7), womit das von Luther selbst wiederholt betont gute persönliche Verhältnis zu Alfred Krupp von Bohlen und Halbach und seine beruflichen Kontakte mit Hugo Stinnes gemeint sein dürften.[55] Daß das Reich moralisch verpflichtet war, „der Ruhrindustrie die Ausgaben zur Finanzierung der Reparationsnachlieferungen zu ersetzen“ und daß sich die politischen Parteien im Prinzip über diese Verpflichtung einig waren, bestätigen Karl-Bernhard Netzband und Hans Peter Widmaier in ihrer 1964 veröffentlichten Studie „Währungs- und Finanzpolitik der Ära Luther 1924—1925“, in der Luthers Verhalten zwar gebilligt, gleichzeitig aber moniert wird, daß der damalige Finanzminister es — aus taktischen Gründen — versäumt habe, die Zustimmung des Parlaments zu dieser Abmachung einzuholen sowie den genauen Zeitpunkt der Ersatzleistung bekanntzugeben und die Öffentlichkeit über die erfolgten Zahlungen zu informieren.[56] In seinen unter dem Titel „Politiker ohne Partei“ im Jahre 1960 erschienenen Erinnerungen weist Luther zusätzlich darauf hin, daß sein Vorgehen nicht nur vom Ministerpräsidenten Stresemann unterstützt, sondern neben der Industrie auch von den Bergarbeitern gefordert wurde, da zu befürchten stand, „daß bei Ablehnung dieser Vorschläge eine Hungerkatastrophe ausgelöst werden würde.“[57] Auch hier, wie so oft in der Geschichte, sind also Lob und Tadel am Platze.

Wie sehr Heinrich Mann dieser finanzielle „Dolchstoß“, der wenigstens für ihn keine Legende war, zu Herzen ging, erhellt u. a. daraus, daß er in „Ein Zeitalter wird besichtigt“ zweimal auf diesen Gegenstand zu sprechen kommt. An einer dieser Stellen heißt es:

> Einst hieß der Reichskanzler Luther, ein vielversprechender Name, er schoß denn auch den Vogel ab. Zu seiner Zeit traf in dem entblößten Reich die erste amerikanische Anleihe ein — achthundert Millionen. Luther, nicht faul, übersandte den Scheck der Industrie, den Herrschaften, die sich so nennen und deren Beauftragter er war. Er fragte niemand. Nachher erklärte er, er habe die zuviel gezahlten

[55] Zu Stinnes, dem Luther ein wenig kühler gegenüberstand — bei aller Bewunderung für seine Leistung —, siehe ebd. S. 186 ff. Bezüglich Krupps von Bohlen und Halbach heißt es in der in Anm. 51 angeführten Schrift, der soeben installierte Oberbürgermeister habe am Mittag in der Villa Hügel gespeist, „bei dem Mann, der ein Drittel der Stadtverordneten ernannt hatte.“

[56] Siehe vor allem den Abschnitt „Die Ruhrentschädigung“ auf S. 258—265.

[57] Politiker ohne Partei, S. 189. Das achte Kapitel (S. 184—192) befaßt sich mit „Repko und Micum im Separatismus“.

Löhne ersetzt. (...) Mir ist der Vorgang als einer der ungeheuerlichsten im Gedächtnis geblieben, mag sein nur gerade mir. Er machte mit Recht kein Aufsehen mehr. [58]

Der zweite Stein des Anstoßes für Heinrich Mann war die in der „Großen Sache“ sarkastisch als „Verein zur Rationalisierung Deutschlands“ bezeichnete Körperschaft, die nach Meinung des Verfassers alle diejenigen Individuen erfaßt, „die, ohne die im Lande bestehenden Einrichtungen gewollt zu haben, jetzt wenigstens den Nutzen für sich beanspruchen.“ (8) [59] Als ihr Gründer wird Schattich vorgestellt, der die von ihm und seinen Gesinnungsgenossen ins Auge gefaßten Ziele wie folgt umreißt: „Rationalisierung ist soviel wie Aufhebung der Entfernungen und Konzentrierung aller Geschäfte in derselben Hand.“ (164) Für Heinrich Mann war dies, wie so ziemlich alles, was Schattich von sich gibt, hohles Gerede:

Schattich (...) hatte gelernt, daß die Menschen nichts lieber und länger ertragen als das Unerfüllte, leere Hoffnung und das Wort ohne Sinn. Diese allgemeine Neigung kam seiner eigenen Natur entgegen. Angreifern erklärte er offen: „Ich bin entschlossen, mein Werk nicht dadurch zu gefährden, daß ich mich konkret ausdrücke“ — was er auch nicht gekonnt hätte. (8)

Auch hier hält sich der Satiriker Heinrich Mann nicht an die gegebenen Tatsachen. Bei besagtem Verein handelt es sich um den 1928 gegründeten „Bund zur Erneuerung des Reiches“, an dessen Spitze Luther — wie er sagt, auf Wunsch „eines größeren Kreises führender Deutscher“ — getreten war und dessen Belange er mehrere Jahre lang vor der Öffentlichkeit vertrat. [60] Das Hauptanliegen des Lutherbundes, wie er im Volksmund hieß, basierte auf der Erkenntnis, „das Preußen, nachdem es seine historische Aufgabe im Dienste des Reiches erfüllt hatte, sich nunmehr durch Verschmelzung mit dem Reich selbst vollenden sollte.“ [61] Was konnte Heinrich Mann gegen dies dem Augenschein nach durchaus löblichen Unternehmen einzuwenden haben? Ein Krypto-Prussophile war er sicher nicht. Anstoß genommen haben muß er nicht nur an der konservativen Mitgliedschaft des Bundes, dem viele Adlige und Industrielle angehörten [62], sondern auch an dem im

[58] Ein Zeitalter wird besichtigt, S. 334. Ein weiterer Hinweis auf S. 319.

[59] Heinrich Mann spielt vielleicht auf den Untertitel der im gleichen Verlag wie die noch zu erwähnende Schrift „Reich und Länder“ erschienenen Broschüre des Preußischen Finanzministers Höpker-Aschoff, Deutscher Einheitsstaat: Ein Beitrag zur Rationalisierung der Verwaltung. Berlin 1928 an.

[60] Politiker ohne Partei, S. 419.

[61] Hans Luther: Vor dem Abgrund 1930—1933: Reichsbankpräsident in Krisenzeiten. Berlin 1964. S. 42.

[62] Eine Liste der Personen, die „bisher den Leitsätzen des Bundes zugestimmt haben“, findet sich auf S. 11—17 der genannten Schrift, die Leitsätze selbst auf S. 7—10.

Vorwort zur Streitschrift des Bundes, „Reich und Länder: Vorschläge, Begründung, Gesetzentwürfe" (Berlin 1928), verkündeten Willen zur „lebendigen Dezentralisation" und der „Stärkung der heimatlichen Kräfte in Ländern und Provinzen" (6), die letzten Endes auf eine Stärkung des Reiches hinauslief. Ihm, dem dezidierten Paneuropäer und Anhänger der vom Grafen Coudenhove-Kalergi initiierten Bewegung „Vereinigte Staaten von Europa" (VSE), mußte der verkappte Nationalismus, der aus den Leitsätzen des Lutherbundes sprach, verdächtig vorkommen.

Die Inkarnation der Macht und höchste Instanz innerhalb der vertrusteten Welt, die Heinrich Mann in der „Großen Sache" vor uns hinstellt, bleibt zunächst wie der Aufsichtsrat in Zolas „Germinal" anonym, wird aber gleich anfangs im Flüsterton unter einem Decknamen erwähnt. Zu ihr möchte Emanuel Rapp sich für sein Leben gern Zugang verschaffen: „Er hätte den unbekannten Weg gesucht nach den höchsten, unsichtbaren Gipfeln des eigenen Konzerns. Er hätte sich durchgekämpft bis zu Karl dem Großen. (...) Aber derartiges träumte man natürlich nur" (113). Die Stelle ruft Erinnerungen wach an die Novelle „Kobes", die Heinrich Mann 1925 in der „Neuen Rundschau" veröffentlichte und die nicht nur in der dargestellten Grundsituation, sondern in manchen, von der Literaturkritik künftig herauszuarbeitenden Einzelzügen inhaltlicher — nicht stilistischer — Art der „Großen Sache" wahlverwandt ist. Doch besteht ein gewaltiger Unterschied zwischen den beiden Vertretern der Industrie, dem Protagonisten Kobes der Erzählung und dem Antagonisten Schattich des Romans. Während nämlich Kobes/Stinnes als absoluter Priester-Herrscher sich einen eigenen Mythos und das dazu gehörige Ritual schaffen läßt [63], handelt der von seinen Untergebenen als Sonnenkönig [64] verehrte Karl der Große/Krupp verteufelt human und verspricht der als Pilotin verkleideten Tochter Birks, die ihn nach Berlin fliegt, für den bescheidenen Unterhalt der Familie zu sorgen.

Es wäre, gäbe es „world enough and time", noch Manches über das Personal der „Großen Sache" zu sagen — so über den potentiellen Mörder Mulle, über einen Herrn von List, der sich in die Hierarchie der Werte zwischen Schattich und seinen hochgestellten Brotgeber schiebt, sowie über die sechs lebenden Kinder Birks, von denen nur Margo, die mit Rapp verhei-

[63] Stinnes war übrigens 1924 gestorben, konnte also aus chronologischen Gründen nicht in der im Jahre 1929 spielenden „Großen Sache" figurieren.

[64] „Der Konferenztisch, der kein Ende nahm, hatte über sich, zwei Stockwerke hoch, den reich vergoldeten Plafond, sonst bis in die dünneren Luftschichten hinauf nichts. Man merkte deutlich: hier saß eine große Macht. Der Konzern formte an dieser Stelle einen seiner Knoten, und ihn beherrschte ein Generaldirektor. Demgemäß hing hinter dem Sessel des Vorsitzenden das Bildnis des Sonnenkönigs, Ludwig des Vierzehnten."

ratet ist und Schattichs Sekretärin wird, und seine „von Kopf bis Fuß auf Liebe" eingestellte Lieblingstochter Inge mehr als Schemen bzw. zweibeinige Schemata sind. Damit wäre zwar eine gewisse Vollständigkeit des Überblicks gewährleistet, aber recht wenig für das Verständnis der künstlerischen Qualität des Romans gewonnen. Gerade darin, daß Heinrich Mann versuchte, auf dreihundert Seiten den „ganzen Kreis" der Weimarer Schöpfung auszuschreiten und sich wohl oder übel gezwungen sah, schematisch vorzugehen, liegt eine der Schwächen seiner „Großen Sache".

Ich fasse zusammen: Der Roman, der Gegenstand dieser Untersuchung war, ist gewiß kein Haupt- oder Meisterwerk Heinrich Manns, dem die Literaturgeschichte viel Beachtung zu schenken hätte. Doch hat die intensive Lektüre gezeigt, daß interpretatorisch weit mehr aus ihm herauszuholen ist, als man bisher geahnt hat. Was bei aller Brisanz der Darstellung befremdend wirkt, ist eine gewisse Flüchtigkeit, mit der der Verfasser zur Lösung der von ihm selbst gestellten Probleme schreitet. Man nimmt es ihm z. B. nicht ab, daß der Schurke Schattich „dank den unausweichlichen Mächten, die nach so vielen anderen jetzt ihn persönlich in Arbeit zu nehmen drohten", sich „in sittlicher Hinsicht" verändert und gläubig wird, wie auf S. 278 anheischig gemacht wird, oder daß das Ehepaar Rapp innerhalb von drei Tagen in dem Spiel, das Birk in Szene gesetzt hat, soviel lernt, daß es zwischen ihnen am Ende „wieder richtig ist". (298) Das sind schwer zu verkraftende Verkürzungen *in psychologicis*. Überhaupt kann man sich, vor allem im Hinblick auf das Schlußkapitel der „Großen Sache", des Eindrucks nicht erwehren, der Autor habe entweder die Lust am Schreiben verloren oder habe sich plötzlich daran erinnert, daß Kürze geboten und ein Zeichen der Zeit sei.

Heinrich Mann gestand in einer schwachen Stunde, er habe im Leben wie im Schreiben, „die eines sind" [65], zu oft improvisiert. Das hat er mit dem passionierten *va banque*-Spieler Lafcadio aus André Gides „sotie" „Les caves du Vatican", die er allen anderen französischen Romanen der Nachkriegszeit vorzog [66], gemeinsam. Die Lust am freien Spiel in allen Ehren;

[65] „Ich erfuhr höchst lebendig, daß auf Jahrhunderte die Größe höchstens einmal trifft, und daß lange aushalten muß, wer in seiner begrenzten Laufbahn auch nur der Vollkommenheit vielleicht begegnen soll. Ich habe, um oft vollkommen zu sein, zu oft improvisiert. Ich widerstand dem Abenteuer nicht, im Leben oder im Schreiben, die eines sind." Ein Zeitalter wird besichtigt, S. 184. Am 18. Juli 1929 schrieb Heinrich Mann an Bertaux: „Ich habe wieder mehr Mut zu improvisieren und mich der Führung der handelnden Personen [in der im Entstehen begriffenen „Großen Sache"] anzuvertrauen." Zitiert bei Anger, a.a.O. S. 558.

[66] In dem schon erwähnten Interview mit Frédéric Lefèvre heißt es z. B.: „Parmi les livres récentes, j'ai été le plus vivement intéressé par Les Caves du Vatican. Il [Gide] y

doch paßt der Zufall, dem Birk selbst am Ende des Romans einen Ehrenplatz neben Arbeit und Geschicklichkeit einräumt (298), zur didaktischen Intention nicht eben wie die Faust aufs Auge. Selbst wenn sie vermittels von Ironie dialektisch verknüpft sind — was in der „Großen Sache" meines Erachtens nicht der Fall ist, obwohl die zeitgenössischen Kritiker dies vermuteten —, vertragen sich Scherz und tiefere Bedeutung nicht immer glänzend. Das ständige Oszillieren zwischen Satire, Allegorie und realistischer Darstellung setzt beim Leser des Romans eine große Anpassungsfähigkeit voraus. So gemahnt das Werk, das hier vorgestellt wurde, an die Anamorphosen-Bilder mit ihren optischen Tricks. Wie gering ist die Zahl solcher visueller Kunst-Stücke, die außer ihrem Schauwert — und der mag beträchtlich sein — auch echten, d. h. dauernden Kunstwert besitzen. „Die Große Sache" ist, wie man es dreht und wendet, ein Zwitter: kein Roman großen Stils, aber auch kein Spitzenprodukt literarischer Vexierkunst.

est un précurseur par sa description dilettante du monde et des hommes, par le dédain élégant des frontières, par son allure vive et sa train legère. Et malgré celà, il n'y manque ni de profondeur ni de coeur. Les transitions si vrais et si réussies de la légéreté à la profondeur, de la moquerie à la tendresse m'ont ravi." Ähnlich wird im Essay „Der Einfluß der französischen Literatur" (1924) betont: „Die Caves sind ein auffallend französisches Buch; ich liebe es."

ANDRÉ BANULS

Das Jahr 1931

Mes plus beaux souvenirs bâtissent des tombeaux
Valéry, Air de Sémiramis

Am 16. Juni 1931 notierte André Gide in seinem Tagebuch, er sei trotz seiner Bewunderung für Nietzsche nicht imstande, die Wiederkehr des Gleichen zu begreifen und gutzuheißen. Statt dieser unmenschlich starren mystischen Vision, dieses Fatalismus ohne Fortschreiten und Fortschritt, wünsche er sich die vielfältigsten Bestrebungen, sich dem Glück zu nähern; Kleopatras Nase solle ruhig einmal kürzer und das Angesicht der Erde ein anderes sein. Solch eine Abwechslungsmöglichkeit würde man willkommen heißen, wenn man auf die letzten fünfzig Jahre zurückblickt.

In seinen geschichtsphilosophischen Reflexionen aus jener Zeit hat Paul Valéry beharrlich die Unmöglichkeit von Prognosen, von „Prophetien", unterstrichen: Denker, Historiker würden sich hüten; Politikern und Ökonomen könne man nach so vielen Irrtümern nicht mehr glauben. „Nous entrons dans l'avenir à reculons", wir gehen (besser vielleicht: stolpern) rückwärts in die Zukunft hinein: das war seine Antwort, als 1931 jemand von ihm wissen wollte, wie die Welt fünfzig Jahre später aussehen werde.[1] Heinrich Mann dagegen meinte am Ende seines Lebens in der strengen Rückschau seiner Memoiren: „Das Schicksal werde nicht bemüht. Was wirklich ist, ist berechenbar." 1931 war er (sozusagen) vorsichtiger gewesen: „Es ist bloßer Zufall, wenn nicht dies, sondern etwas anderes die historische Wirklichkeit ist."[2]

Nun, diese 50 Jahre waren noch nicht, was sie geworden sind, noch nicht geschehen, noch nicht Geschichte, keine Fakten und Petrefakten, nunmehr

[1] Paul Valéry: La politique de l'esprit (1932). In: Oeuvres, Bibliothèque de la Pléiade, Bd. 1. S. 1015, 1039 f. S. auch: Discours de l'histoire (1932), ebd. S. 1135.

[2] Ein Zeitalter wird besichtigt. Berlin 1947. S. 16; Die geistige Lage (1931). In: Ausgewählte Werke, Band 11, Essays, Erster Band (*hier abgekürzt:* E I). Berlin 1954, S. 351.

tragisch unumstößlich, — wenn auch (immer noch laut Valéry) als erzählte Historie weitgehend nachträglich Imaginäres, Fiktion, Vorurteile, Dichtung, „chose toute mentale“, „images et croyances“, wohl weil Klio eine Muse sei (und da er die Musen verehre, müsse er wohl oder übel seine Ansprüche auf Rationalität und Exaktheit der Darstellung zurückstellen). [3]

Wenn man sich in einen besonders gefährlichen, von jetzt aus gesehen entscheidenden Abschnitt der Vergangenheit zurückversetzt und das in seiner Greulichkeit endgültig versteinerte Geschehen gleichsam wieder flüssig machen möchte, wenn man im Glauben an die Freiheit der Menschheit, an die Beeinflußbarkeit des Kommenden, an die Vielfalt des Möglichen rückwärts in die damalige Zukunft hineinzugehen versucht, wenn Hoffnung und Furcht noch voll dem noch Unerlebten gelten sollen, dann besteht die Gefahr der Spätlingsrechthaberei mit erhobenem Finger, geschütteltem Kopf und salbungsvollem Tonfall, den naiv-bangen Wenn-Fragen, an den Zufall, an die damals Lebenden gerichtet: Bewunderung hier, Verwunderung da... An das Christus-Wort: Richtet nicht! erinnert, antwortete einmal Charles Péguy: Ich richte nicht, ich verurteile... Versuchen wir, ohne Hochmut zu berichten.

Souvenir

Heinrich Mann wurde am 27. März 1931 sechzig Jahre alt. Im September des Vorjahres hatte Hitlers Partei bei den Wahlen Stimmen gewonnen. Die Zahl der Konkurse erreichte ihren Höhepunkt, die Arbeitslosigkeit noch nicht. Die Harzburger Front wurde gegründet. Der NS-Studentenbund erlangte die Mehrheit in der deutschen Studentenschaft. Trotzdem: die Krisen (aus verständlichen Gründen ein Modewort geworden), die Krisen, mit denen sich das literarische Leben beschäftigte, waren oft wenig politischer Natur. Mit der „Krisis des Romans“ befaßte sich Musil, sowie Mauriac. Herbert Ihering meinte in der Zeitschrift ‚Querschnitt‘, die angebliche Theaterkrise sei eine geistige überhaupt. [4] Ganze Nummern von Zeitschriften entbehrten jeder Anspielung auf politische Sorgen, kaum daß in einer bescheidenen Ecke eine Anzeige für eine Broschüre wirbt mit dem Titel: ‚Kommt das Dritte Reich?‘ — nach der Lektüre, versichert ein kurzer Kommentar der Königsberger Hartungschen Zeitung, wisse man, daß es nicht komme. [5] Die ‚Litera-

[3] S. Anm. 1. Discours de l'histoire (1932). Bd. 1, S. 1132.

[4] Musil: Die Krisis des Romans (1931). GW 1978, Bd. 8. S. 1048—1412. — Mauriac [Übers.]: Die Krise des Romans. In: Neue Rundschau, 1929, Bd. 1, S. 641. — Herbert Ihering: Theaterkrise? Geistige Krise! In: Querschnitt, IX/4, Ende April 1931.

[5] Querschnitt, IX/2, Ende Februar 1931, S. 141.

rische Welt' lancierte ständig Umfragen (z. B. auch über Astrologie, Chiromantie, Hellseherei, etc.); Berühmtheiten antworteten, Heinrich Mann war oft dabei, Thomas Mann auch, etwa als es darum ging — provozierende Frage —, ob man das bevorstehende Goethe-Jahr feiern solle oder nicht. Gerhart Hauptmann bereitete sich auf seine diesbezügliche Amerika-Reise vor. Man reiste überhaupt viel, Thomas Mann nach Paris, dann nach Genf, am 7. September nach Lübeck, zur 400-Jahresfeier des Katharineums (er hielt bei dieser Gelegenheit seine ‚Ansprache an die Jugend'). Heinrich Mann fuhr nach Paris; ob und wohin er 1929 mit der Junkers 52 geflogen war, vor der er sich freundlich lächelnd mit Trude Hesterberg photographieren ließ, weiß man nicht ...[6]

Ersatz-Reisen bot das Kino, die neue Kunst. Mehr als auf die Kameliendame, mehr fast als auf Chaplin und Pat und Patachon spitzte man sich als Kind auf das Mysterium des surrenden Projektors mit den vielen Pannen, auf das Tanzen des Staubs im beweglichen, violett-blassen Lichtstrahl ... Aber 1931 war der Tonfilm schon da: Le Million, die Dreigroschenoper, Mädchen in Uniform, ein Jahr zuvor Sous les toits de Paris und — Der Blaue Engel. „C'est vous l'auteur de l'Ange Bleu!", sagte staunend der Bürgermeister von Paris zu Heinrich Mann bei einem Empfang; „dies ist der Gipfel des Ruhms, den ich kenne", kommentiert dieser schmunzelnd in seinen Memoiren.[7]

Politik hin, Politik her, das Leben ging weiter. Berlin war eben Berlin. Joséphine Baker sang: Paris sera toujours Paris. Tino Rossi war noch nicht in Sicht, dessen geraspeltes Süßholz ein merkwürdiges Pendant zum HJ-Juvijuvidieren und zu Hitlers Rhetorik werden sollte ...[7a] Von der Grande Guerre (wie die Deutschen) noch betäubt, von der Wirtschaftskrise geplagt, trösteten sich die Franzosen halbwegs, in bescheidener Vergnüglichkeit, mit gutmütiger Guinguette-, Vorstadt- und Provence-Romantik, wobei Aktivität, industrielle Emsigkeit, Pioniertatenlust nicht zu kurz kamen: 1931 startete die anthropologisch-geographische Citroën-Expedition der ‚Croisière Jaune' nach China (Teilhard de Chardin begleitete sie), 1930 hatten

[6] Zu einer Sitzung des Comité Permanent des Lettres et des Arts traf sich T. M. in Genf mit Valéry, Béla Bartók, Salvador de Madariaga und anderen (Cf. Brief an Valéry vom 24. 7. 1931. In: Hans Bürgin und Hans-Otto Mayer: Die Briefe Thomas Manns. Regesten und Register, Bd. 1: Die Briefe von 1889 bis 1933. Frankfurt 1976. 31/92). Das Lufthansa-Photo H.M.s mit Trude Hesterberg (1929) in: Klaus Schröter: Heinrich Mann. Reinbek 1967. S. 110.

[7] Zeitalter [s. Anm. 2], S. 195. Dazu auch: Empfänge. In: Das öffentliche Leben. Berlin 1932 (*hier abgekürzt:* Ö). S. 246—251 (auch in E I 345—348).

[7a] Übrigens: nachdem Tino Rossi 1936 in Berlin gesungen hatte, sagte jemand zu Pierre Grappin: „Der Führer hört ihn so gern!" — also nicht nur Wagner und Operetten ...

Costes und Bellonte den Atlantik überquert, etc. Stolz war man auch, trotz einiger Einwände, z. B. der Surrealisten, (auch, milde, unter der Feder Heinrich Manns [8]), auf das Empire français: die Kolonial-Ausstellung prangte im Bois de Vincennes, Heinrich Mann, von Berlin gekommen, wo er seinen Wohnsitz hatte, besichtigte sie, Marschall Lyautey drückte ihm die Hand...

Übrigens — wenn es erlaubt ist, meine Winzigkeit, den Zehnjährigen von damals, hier kurz einzublenden — dort war auch ich, genau zur selben Zeit, aus der südlichen Provinz angereist, entzückt durch diese Weltentdeckung, durch die exotischen Kunstwerke und die leuchtenden Bauten, durch die stachlichten Lehmpaläste und Moscheen West-Afrikas, vor allem aber durch die majestätische Phantastik des Tempels von Angkor-Vat. [9] Man war harmlos glücklich, sang (ohne es zu wissen kulturell deutsch-französisch) „Die Liebe der Matrosen" — den Namen Hitlers hatte meine Familie sicher nicht ein einziges Mal gehört und befand sich eigentlich deswegen in keiner schlechten Gesellschaft; zwei Beispiele nur: André Gide hielt sich 1930 längere Zeit in Deutschland auf, 1931 besuchte er Thomas Mann: seine Tagebücher ignorieren die Politik gänzlich; Karl Jaspers gestand nach dem Krieg im Vorwort zur Neuauflage seines Buchs ‚Die geistige Situation der Zeit', 1931 erschienen, damals „kaum Kenntnis vom Nationalsozialismus" gehabt zu haben. Dies kann man weder von Heinrich Mann noch von Thomas Mann behaupten.

Geist und Staat

1932 publizierte Heinrich Manns Verleger Paul Zsolnay einen Essay-Band von ihm mit dem Titel: ‚Das öffentliche Leben'. Er enthält u. a. Aktuelles, Reiseeindrücke, Politisches und Kulturpolitisches, Notizen über Merkwürdigkeiten des so überraschend neuartigen Nachkriegslebens, über die „geistige Lage" — so der Titel eines der Aufsätze, der wie viele andere im Jahr 1931 entstand, alles Zeichen von der wachsenden Bekanntheit und Autorität des Autors.

In den ersten Jahren hatte es gegolten, verzweifelten oder renitenten Landsleuten die neue Staatsform (welche „auf Erden Gott sein" sollte [10]) näherzubringen, ihnen den „tieferen Sinn der Republik" zu erklären: „die

[8] Kolonial-Ausstellung. In: Ö 243—246.

[9] Von Heinrich Mann in ‚Kolonial-Ausstellung' erwähnt.

[10] In: Kaiserreich und Republik (1919) Essays Bd. 2 (s. Anm. 2) (*hier abgekürzt:* E II), S. 52.

Republik ist" (hieß es noch 1927 in dem so betitelten Artikel) „der Staat, der Gedanken offen ist." [11] Der letzte der drei Romane, die er selbst als „moralisch" bezeichnete, ‚Die große Sache', 1930 erschienen, war allerdings politisch keine sanfte oder strenge Ermahnung mehr, die sich nur auf einzelne Mißstände bezogen hätte; seine harte Satire entsprach einigermaßen der Philosophie des Textes ‚Dichtkunst und Politik', eines Berichts, der 1928 der Preußischen Akademie der Künste vorgelegt worden war: Staat und „Geist" seien absolut fremde Wesenheiten, deren Beziehungen „undenkbar" seien, wobei der ‚Geist', d. h. seine Träger, „die Priester, die Philosophen und die Dichter", trotzdem eine wichtige Rolle in der Politik zu spielen habe: „Der Schriftsteller ist Führer jeder Demokratie, auch der unvollständigen", hieß es, fast zur selben Zeit. [12] (Musil räsonierte maliziös im ‚Monolog eines Geistesaristokraten' schon 1925: „Es gibt kaum eine Behauptung, die verständiger klingt, als die, daß die geistig Besten uns — die übrigen, das Volk — regieren sollten (...). Der geistige Adel hat vor dem alten Adel überdies das voraus, daß man ihn sich selbst zusprechen kann." [13]) „Wer auch denkt, bleibt Ausnahme" [13a] — den „Wissenden", den „Geistigen" bescheinigte Heinrich Mann, daß sie „vom Menschen das Allgemeine und Ewige kennen und lehren", daß sie „im tiefsten Ernst allein richten dürfen", „denn durch sie richtet ein Höherer, der Geist heißt." Definiert wurde der Geist als „die menschliche Fähigkeit, der Wahrheit nachzugehen ohne Rücksicht auf Nutzen oder Schaden, um Gerechtigkeit zu erstreben sogar wider praktische Vernunft." [14]

Als Heinrich Mann am 27. Januar 1931 in der Akademie zum Vorsitzenden der „Sektion" gewählt wurde, die, wie er sagte, „die geistigste der Künste" vertrat, hatte diese eine schwere Krise, Monate ideologischer und sonstiger Zerstrittenheit hinter sich. [15] Die „Völkischen", die „gegen den Staat" agitierten, waren zwar ausgetreten, die Notwendigkeit zeigte sich aber, sich selbst (dem vorgeworfen wurde, „nichts mit dem deutschen Volkstum" zu tun zu haben) und mithin den Staat zu verteidigen, einen Staat,

[11] Der tiefere Sinn der Republik (1927), E II 234.

[12] In: Schmutz und Schund (1926), E II 217. Anders Erasmus: „si consules historicos, reperies, nimirum, nullos reipublicae pestilentiores fuisse Principes, quam si quando in philosophastrum aliquem aut litteris addictum inciderit imperium" (Laus stultitiae, 24).

[13] Monolog eines Geistesaristokraten. In: Gesammelte Werke, 1978, Bd. 7. S. 787.

[13a] In: Anfänge Europas (1923). E II 119.

[14] In: Dichtkunst und Politik (1928). E I 325 und 310.

[15] Exzellent beschrieben und dokumentiert in: Inge Jens: Dichter zwischen rechts und links. Die Geschichte der Sektion für Dichtkunst der Preußischen Akademie der Künste, dargestellt nach den Dokumenten. München 1971.

der unerwartet neue Züge aufzuweisen scheint: „Der neue Staat“ (Döblin hatte sich schon vorher so ausgedrückt) „beruft sich nicht mehr auf seine Autorität, sondern er läßt Kritik zu. Er selbst ist gesellschaftskritisch geworden“ [16] — weshalb es jetzt gelte, wohl nicht mehr gegen ihn, sondern mit ihm „die Geistesfreiheit zu verteidigen, gleichgültig, welche Richtung verfolgt wird.“ [17]

Wie mißtrauisch trotzdem Heinrich Mann bei aller „Milde“ (das Wort kommt jetzt bei ihm häufig vor) [18] staatlichen Institutionen gegenüber geblieben war, zeigt die Antwort seines Bruders vom 18. April auf einen (uns nicht erhaltenen) Brief von ihm: es ging um die Statuten, insbesondere um die Zusammensetzung des ‚Literarischen Senats‘, dessen Vorsitzender Heinrich Mann war: „Ist das Verhältnis so schlimm“, schrieb Thomas Mann, „wie Dein Brief es mich sehen lassen wollte und vorübergehend natürlich auch sehen ließ? Was wird uns abhängig machen wie Mussolinis Leute?“ [19]

Echte italienische Faschisten erlebte Heinrich Mann fünf Wochen später bei einem internationalen Schriftstellerkongreß im Hôtel Massa, Sitz der Société des Gens de Lettres in Paris: keiner von ihnen konnte (so sein Bericht) auch nur zwei Minuten reden, „ohne den Namen seines gewaltigen Diktators zu erwähnen“; verhalten habe sich bei einer Diskussion der französische Partner „schlicht-bürgerlich“, der Italiener dagegen „wie ein losgelassenes Element. Er betätigte mit verdunkeltem Gesicht einen furchterregenden Radikalismus.“ [20]

[16] In: Die Akademie (1931), E I 330—338: ursprünglich zwei getrennte Zeitungsartikel: ‚Pariser Platz 4‘, in: Frankfurter Zeitung, 15. 2. 31 und ‚Die Preußische Sektion für Dichtkunst‘, in: Vossische Zeitung, 15. 2. 31. Als einziger Aufsatz in: Ʊ (dazu s. auch Anm. 19).
Der Schriftsteller und der Staat [Rede in der Akademie] (1931) E I 329.
Zu dem Vorwurf das „deutsche Volkstum“ betreffend: Josef Ponten hatte am 22. 1. 31 von Schriftstellern gesprochen, die „im Geiste volkfremd“ seien (s. Inge Jens [Anm. 15], S. 128).
Zu Döblin s. ebd. S. 131.

[17] Die Akademie, E I 336.

[18] z. B.: E I 340, 370, 383.

[19] Im selben Brief schrieb Thomas Mann rückblickend: „Grimme [der sozialdemokratische Kultusminister in Preußen] schrieb mir schon vor längerem von einer schweren Krise, in der sich die Gesamt-Akademie befände und an der allerdings hauptsächlich die Sektion für Literatur teil hätte (...). Haben wir nicht die verblasenen Pläne der Schäfer-Leute eine unpreußische Deutsche Akademie betreffend und ihr ständiges Wühlen gegen ‚Berlin‘ abgelehnt?“ (ebd.). Gegen diese Bestrebungen war Heinrich Mann gewesen: „Um von einem nicht genehmen Staat loszukommen, erstrebten sie statt der Preußischen eine Deutsche Akademie“. Und er fügt hinzu: „niemand hat erfahren, was sie meinten“ (Die Akademie, E I 335). Zu den „Schäfer-Leuten“, etc., s. Inge Jens [Anm. 15]. Sie erwähnt (S. 138) den Brief von Thomas Mann vom 18. 4. 31, geht aber auf ihn nicht ein.

[20] In: Schriftsteller-Internationale (1931). (In: Ʊ und E I 343).

Wie wurden Macht und Chancen des entsprechenden deutschen „Radikalismus" eingeschätzt? Wer einschlägige Analysen in Heinrich Manns Aufsatz über „die geistige Lage" sucht, sieht sich getäuscht: es sind vor allem Kommentare über einige erfolgreiche Bücher (u. a. von Remarque — ‚Im Westen nichts Neues' —, Edgar Wallace, Hermann Kesten), wobei die meisten bedeutenden Autoren außer acht gelassen und zwei gänzlich unbekannt gebliebene besprochen werden; dies aus guten Gründen, denn es ging ja dem Verfasser nur um die literatursoziologische Frage: was gefällt den Leuten daran? Es ging um die Situation der Literatur, der Literaten gegenüber dem Publikum, vornehmlich dem jugendlichen Publikum. Mann arbeitete gerade an seinem nächsten Roman ‚Ein ernstes Leben': sehr aufschlußreich sind, auch in Hinsicht auf den vorigen, einige Einblicke in seine persönliche ars poetica [21] („Wahrscheinlichkeit und Echtheit hin und her!" — der Sinn des Lebens sei „überrealistisch", starke Werke seien „überwirklich", „übersteigert"); mit der „Lage" im allgemeinen haben diese Reflexionen aber nichts zu tun.

Heinrich Manns unerschütterliche, unermüdlich wiederholte Grundwahrheit ist und bleibt die Liebe zu Frankreich und der europäische Gedanke, weshalb wohl (wenigstens im Jahre 1931) sich viel mehr Texte auf Frankreich, einige davon an ein französisches Publikum gerichtet [22], als auf rein innenpolitische Erwägungen beziehen. Er vermittelt so gut er kann, mahnt beiderseits, gibt zu bedenken, daß „die Beziehungen der beiden Länder immer noch schwanken", schwärmt für die von Briand vorgeschlagene deutsch-französische Zollunion. [23] Einerseits hat er große Sorge: die nationalsozialistische Partei mache sich stark, „mit Frankreich Krieg zu führen", „la guerre des gaz" [24], unser aller Untergang: es „gehört ins vorige Jahrhundert eine Partei, deren äußere Politik sich in der Hetze gegen Frankreich erschöpft" [25]; zur selben Zeit drückte Paul Valéry — in allgemeinerer Form — seine Besorgnis aus: der Himmel sei keineswegs wolkenrein, und „einige" würden sich einen Neuanfang des Gemetzels herbeiwünschen. [26]

[21] In: Die geistige Lage (1931). In: Ʊ und E I 352.

[22] z. B.: E II 354, 374, 387, 414; außerdem Ʊ 276.

[23] Rede im PEN-Club (1931). In: Ʊ und E I 341; Unser natürlicher Freund (1931). In: Ʊ und E II 383; Situation de l'Allemagne. In Ʊ und E II 391.

[24] La guerre prochaine (1931). In: Ʊ und E II 414.

[25] Unser natürlicher Freund (s. Anm. 23) E II 384.

[26] „Le ciel, treize ans après, est fort loin d'être pur", „quelques-uns placent leurs espoirs dans une reprise du carnage". In: Réponse au remerciement du maréchal Pétain à

Andererseits betont Heinrich Mann zuversichtlich die Torheit und die Hilflosigkeit der Nazis: ihre Stunde sei wahrscheinlich schon vorbei, „il se pourrait que leur heure fût déjà passée“, weit bringen werden sie es nicht, „je ne crois pas qu'ils iront très loin. Ils n'ont pas l'intelligence du crime, s'ils en ont le goût.“ [27] Im übrigen seien sie nur für die Deutschen eine Gefahr; selbst wenn sie an die Macht kämen, wären sie so schwach, daß das Ausland (und das mache die Angst vor dem Krieg eigentlich überflüssig) nichts von ihnen zu befürchen hätte: „Keine auswärtige Macht, die über Vernichtungsmittel verfügt, hätte von dem Dritten Reich etwas anderes zu erwarten als die demütigste Unterwerfung“ — dies steht in der Wahlproklamation Heinrich Manns im Jahr 1932. [28]

Wie sollte man das deutsche Volk davon abhalten, sich jener „Kriegspartei“, die „gegen den Staat Sturm“ laufe, hinzugeben? Konnte das Argument wirksam sein, sie sei „ursprünglich die bezahlte Schutztruppe eines Klüngels von Industriellen“ gewesen? Der — selten erwähnte — Antisemitismus wird als „deutsches Laster“ präsentiert, dessen sich „der österreichische Komödiant“ bediene. Leider schon oft von Republikfeinden an die Parteien gerichtet worden waren Argumente wie: „Der größte Trumpf der demokratischen Mehrheit aber bleibt die unverkennbare Verdächtigung ihrer Feinde hinsichtlich der menschlichen Eigenschaften, ihre sittliche Fragwürdigkeit. Die Nationalsozialisten und ihre Führer wollen ran an die Krippe, ran an die Macht und sonst nichts.“ [29] Sprach Heinrich Mann zum naserümpfenden Bürgertum, das Hitler sowieso „schrecklich ordinär“ fand? Zu den ruinierten Unternehmern? Zu den Arbeitslosen? Was konnten diese halten von dem Hohn über den „früheren Handwerker“? — „Was ist er denn? Ein Herr? Er spricht dermaßen Dialekt, daß in Berlin kein Mensch ihn versteht. Er lebt reich ausgehalten von denen, die ihn gegen seine eigenen Klassengenossen benützen. Herrenrasse! Am meisten Herr war er, als er noch mit seinen Händen die Zimmer tapezierte. Da tat er, was er konnte,

l'Académie française (discours prononcé le 22 janvier 1931), Bibl. de la Pléiade, I, 1125 und 1127. Auf Valéry (übrigens mit ihm gleichaltrig) war Heinrich Mann durch Félix Bertaux aufmerksam gemacht worden. Am 27. 12. 1925 schrieb er an Bertaux: „Die Aphorismen von Valéry habe ich gelesen und, wie Sie, stark gefunden. Ich bewundere ihn, seitdem ich ihn gesehen habe. Er hat eins der besten Gesichter, die existiren.“

[27] Situation de l'Allemagne. In: Ŏ und E II 389: „Je ne les vois donc pas en grand, malgré leur nombre purement accidentel. Un état d'esprit comme le leur et le genre d'hommes qu'ils représentent, loin d'assurer l'avènement d'un parti, me semblent plutôt indiquer sa déchéance. Mais il ne faut pas sous-estimer les circonstances qui malgré tout pourraient porter ce parti au pouvoir.“

[28] Wir wählen (1932). In: Ŏ 259.

[29] Die deutsche Entscheidung (1931). In: Ŏ und E II 488—492.

und das ist für jeden die wahre Ehre und Vornehmheit" (auch das steht in der Wahlproklamation von 1932).[30]

„Sie stehlen die Ideen anderer, die sie doch bekämpfen."[31] Nun, auch die Mutigsten, die Hellsichtigsten, auch der prophetische Autor des ‚Untertans' sahen wohl, doch rückwärts in die Zukunft hineingehend und die Gefahr der Massenbewegung unterschätzend, nicht die Notwendigkeit ein, sich ernstlich mit diesen „Ideen" (ob gestohlen oder nicht) auseinanderzusetzen und mehr analytisch als affirmativ zu verfahren, so viel Überwindung es auch kosten mochte, sich mit den betreffenden schriftlichen und rednerischen Produktionen zu beschäftigen. Was Heinrich Mann „das elende Gewäsch jenes Hitlers"[32] nannte, mußte nicht gleich von jedem als solches erkannt werden.

Thomas Manns Warnung

Aber wer las denn schon ‚Mein Kampf' und die Presse der Partei? Auch Thomas Mann wohl nicht, der damals gerade seinen ‚Lebensabriß' geschrieben hatte und, parallel zum Joseph-Roman, viel zur politisch-ideologischen Lage schrieb, u. a. zur „geistigen Situation des Schriftstellers in unserer Zeit", wie ein Text aus dem Vorjahr hieß[33], dem Jahr seines berühmten ‚Appells an die Vernunft'. Überall wurde da der Nationalsozialismus eingebettet in eine allgemeinere, rückwärts gewandte weltanschauliche Bewegung, in einen „Rückschlag", dem man zwar eine „Art von gebändigtem Verständnis" entgegenbringen, gar „geistesgeschichtliche Berechtigung, ja Notwendigkeit"

[30] S. Anm. 28 (S. 258).
[31] S. Anm. 29.
[32] S. Anm. 29.
[33] [Die geistige Situation des Schriftstellers in unserer Zeit] (Rede, gehalten auf der Regional-Konferenz Europa–Afrika des Rotary-Clubs in den Haag am 13. Sept. 1930). Der Titel ist nicht von T. M. selbst, jedoch im Text mehrfach enthalten.
Andere hier zitierte Texte (chronologisch): Die Bäume im Garten. Rede für Pan-Europa (Berlin 18. Mai 1930); Deutsche Ansprache. Ein Appell an die Vernunft (gehalten am 17. Oktober 1930 im Beethovensaal zu Berlin); Die Wiedergeburt der Anständigkeit (Artikel, März 1931); [Ansprache an die Jugend] (gehalten bei der 400-Jahr-Feier des Katharineums zu Lübeck am 7. September 1931. Erschienen in: Vossische Zeitung, Berlin, 8. September 1931); [Rede vor Arbeitern in Wien] (gehalten am 22. Oktober 1932). Diese Texte werden im Folgenden nach der 13bändigen Ausgabe der ‚Gesammelten Werke' (1960), Bd. 10, 11 und 12 zitiert.
Die ‚Deutsche Ansprache' und die Rede vor den Arbeitern (letztere sei besser als die erstere) empfand er bereits Anfang 1933 zwar als wertvolle „Dokumente", jedoch als politisch unzulänglich und von den Ereignissen „überholt" (... Regesten [Anm. 6], 33/26 u. 30).

zugestehen müsse [34], ohne jedoch zu vergessen, daß das Gerede vom „Nächtig-Unbewußten" [35], vom „Dynamischen" und „Dunkelschöpferischen" [36], durch „Mütterlichkeitsschwätzer und Zivilisationszertrümmerer", durch „Erdliteraten", „Immoralitätsphilister", „deutschnationale Oberlehrer" mit „mittelmäßig aber dreist beredtem Mund" überall verbreitet, — „die Zeit ist voll von einer peinlich angeregten Halbgeistigkeit" — zum „spiegelfechterischen Unfug" der „Volksverdummung, Volksverhetzung und Volksunterdrückung" führe [37], zu „epileptischer Ekstase", „primitiv-massendemokratischer Jahrmarktsroheit" [38], zum „Triumph der Ungeistigkeit", zum „Gassennationalismus" [39], zu einer „Rummelwelt (...) des derwischhaften Wiederholens stumpfsinniger Schlagworte" [40] — „diese bübischen Orgiastiker des Dynamischen [tun alles], um den nächsten Weltkrieg seelisch vorzubereiten." [41]

Genug des Feuerwerks, ebenfalls gefährlich kühn, und außerdem unendlich reizvoller als eine Analyse Hitlerscher Prosa. Thomas Mann warnte, blieb jedoch Optimist: dieser radikale Nationalismus sei kein echt deutsches Phänomen, trotz seiner Erfolge „ein Koloß auf tönernen Füßen, der an Dauerhaftigkeit nicht zu vergleichen" sei „mit der sozialdemokratischen Massenorganisation." [42] Diese versicherte Thomas Mann seiner Sympathie, wenn auch mit dem Zusatz: „Wir lehnen den Aktivismus ab" und obwohl ein linker Jüngling ihm einen bösen Brief ob seiner nutzlosen Kunstspielereien geschrieben hatte [43]; er beschloß seine Rede vor Wiener Arbeitern mit dem Bekenntnis: „Das Rasen der nationalen Leidenschaften in den europäischen Ländern" (denn Symptome findet er auch anderswo, er erwähnt z.B. die ‚Action Française') [44] sei „nichts weiter als ein spätes und letztes Aufflackern" — die Völker schreiten ja auf dem Weg „des Friedens und der Freiheit." [45]

[34] X 304 und XI 903.
[35] X 303.
[36] XI 877.
[37] XII 649—677.
[38] XI 880 und 878.
[39] XII 657.
[40] X 323 (auch XI 880).
[41] XI 868.
[42] XI 880.
[43] X 301 f.
[44] XII 662.
[45] XI 910. Thomas Mann behielt bis zuletzt dieses Vertrauen, dies zeigen Briefe vom 26. 11. und 22. 12. 1932, vom 1. 1. und vom 4. 2. 1933 (in: Regesten... [s. Anm. 6], 32/173 u. 193, 33/1 u. 26).

Erfreut konnte Heinrich Mann sein: nicht nur, daß nunmehr beide im politischen Kampf übereinstimmten — sogar die Begrifflichkeit seines Bruders hatte sich seiner eigenen angeglichen. „Der Geist", das war in den ‚Betrachtungen' eine polemische Bezeichnung für die Person Heinrich Manns gewesen, und er wurde noch 1922 (abstrakter) definiert als „etwas zwischen Jakobinerklub und Groß-Orient." [46] Die Konstruktion von ‚Goethe und Tolstoi' zeigte jedoch schon im selben Jahr eine typologische Parallelität zwischen ‚Geist' und ‚Natur', die nichts Wertendes mehr an sich hatte. 1931 scheute sich Thomas Mann nicht mehr, vom ‚Geistigen', von der ‚geistigen Situation' zu sprechen. Bestrebt übrigens, sich mitten in seinen polemisch-politischen Bemühungen als Künstler nicht mißverständlich aufs einseitig Rationelle reduzieren zu lassen, betonte er zwar die Unzertrennlichkeit von Geist und Natur, fand aber letztere kürzlich arg kompromittiert und nannte den Nationalsozialismus eine „naturkonservative Bewegung" und eine „Naturrevolution gegen das Geistige." [47] Mögen die Hohlköpfe vom „hirnlichen" [48] Charakter solcher Begriffe wie Wahrheit, Freiheit, Gerechtigkeit faseln, an einer Idee hält Thomas Mann fest, an der Idee der „Freiheit, die immer nur Freiheit des Sittlichen vom Sinnlichen ist." [49] Nur härter hatte es Heinrich Mann zwanzig Jahre früher im Essay ‚Geist und Tat' formuliert: „Der Geist, die Revolte des Menschen gegen die Natur (...)."

Als er, etwa zur selben Zeit, am ‚Untertan' arbeitete, hatte er das von ihm gescholtene Bürgertum zu einem rettenden Bündnis mit der Sozialdemokratie gegen den Adel aufgefordert; diesen Wunsch fand er 1931, den Verhältnissen angepaßt, bei seinem Bruder wieder: man solle „diesem Bürgertum Mut machen, seinen politischen Platz an der Seite der Sozialdemokratie zu nehmen, damit eine in jeder Beziehung ruinöse Pöbelherrschaft hintangehalten werde." [50]

Wie sehr entsprachen ferner früheren und gleichzeitigen Ansichten Heinrich Manns — politische Gebilde und Gefühle seien „ein Werk der Sprache", „reine Erfindung der Dichter", auch das Hitlertum, meinte er Ende 1931, sei „eine seelische Tatsache" [51] —, wie sehr entsprachen diesen Ansichten nun

[46] Carlyle's ‚Friedrich' (1922).
[47] XI 896 ff. — X 303 — XI 904.
[48] XII 667.
[49] XII 672.
[50] XII 661.
[51] H. M.: Der tiefere Sinn der Republik (1927), E II 238 — Unser Einfluß und diese Zeit (1927), E I 263 — Die deutsche Entscheidung (1931), E II 489.

Thomas Manns jetzige Bemerkungen, der neue Fanatismus sei ein „Seelenzustand", manches habe dazu beigetragen, dem Deutschen „sein Gemüt zu verdüstern", der Ausgang der Reichstagswahlen könne nicht „rein wirtschaftlich erklärt werden" — dies zu tun, sei er „nicht Marxist genug." [52] Und gegen einen schwärmerischen Nationalismus, der sich als Rückkehr zu irrationalen Ursprüngen verstand, betonte er, eine Nation sei ja im Gegenteil „gar kein Urphänomen im Sinne der Natur-Romantik", sondern „das sehr späte Ergebnis einer Vereinigung und Zusammenfassung", welche sich nur um den Preis großer Anstrengungen „gegen den Separatismus des Natürlichen" durchgesetzt habe. [53]

Die Jugend sucht einen Führer

Gemeinsam war beiden Brüdern, und nicht nur ihnen, die Sorge um das Verhalten der Jugend. Gerade 1931 erschien von Heinrich Mann unter dem Titel ‚Geist und Tat. Franzosen 1780—1930' ein Sammelband, der ältere, schon berühmte Texte enthielt (z. B. ‚Zola'); einen vor kurzem erschienenen hielt der Autor für wichtig genug, den Band abzuschließen: ‚Philippe Soupault oder Der junge Franco-Europäer'. Von Soupaults Werk ausgehend [54] charakterisiert er die europäische Jugend: sympathisch romantisch — „ein traurig-süßer ‚Taugenichts' von 1928", so nennt er den Helden eines Soupaultschen Romans —; „dilettantisch": und hier benutzt Heinrich Mann, ohne es zu sagen, dieses Wort in unverkennbarer Erinnerung an seinen ersten Roman im Sinne Bourgets: „Wären sie ihrer eigenen Einheitlichkeit und der Einheitlichkeit auch nur einer einzigen Lebensstunde gewiß (...). Aber ach, sie bestehen aus vielen Personen, jede aus vielen" — sind daher „Weltschmerzler", wie auch André Gide damals notierte. [55]

Ohne Beziehung zur Vergangenheit („Die Toten der historischen Theaterstücke mußten eine Zeitlang ihre Trachten ablegen und modern kommen")

[52] XI 873 ff. (auch 889) — X 299.

[53] XI 905 f. Dazu auch Valéry: Lettre sur la société des esprits (1933). In: Pléiade I 1138—1146.

[54] Philippe Soupault, geb. 1897. Seine erste Phase (mit André Breton Verfasser des ‚Manifeste du Surréalisme') scheint Heinrich Mann nicht zu kennen. 1927 hatte Soupault Heinrich Mann in Paris betreut und begleitet. Er wird im ‚Zeitalter' erwähnt (S. 270). Zu Soupault s. auch Banuls: H. M. Paris 1966. S. 369 (Anm. 41).

[55] André Gide schrieb am 2. 1. 1928 in seinem Tagebuch: „Chacun de ces jeunes littérateurs qui s'écoute souffrir du ‚mal du siècle', ou d'aspiration mystique ou d'inquiétude, ou d'ennui, guérirait instantanément s'il cherchait à guérir ou à soulager autour de lui des souffrances autrement réelles."

gebe diese Jugend zwar zu Freude und Hoffnung Anlaß, insofern sie mit totaler Selbstverständlichkeit europäisch fühle, allerdings nicht ahnend, daß die Einheit des Kontinents später „einer überaus straffen Zwangsorganisation" bedürfen werde — „ihr Lied gilt der Freiheit." Nicht erklärt wird, wie sich diese Freiheit mit einem bedenklichen Zug vertragen kann: dieses Geschlecht gibt sich „politische Diktatoren" [56] bzw. ruft nach ihnen, nach einem „Führer": in seiner „Selbstüberhebung habe es die fixe Idee, sich als „unsichtbares Heer" zu fühlen, das „einen Führer und eine Fahne sucht" — Ausdrücke, die Heinrich Mann 1931 (anderswo) aus unerwähnter Quelle zitiert. [57]

Es war keine Neuigkeit, Heinrich Mann hatte schon nach dem Krieg manches diagnostiziert, Thomas Mann hatte ‚Unordnung und frühes Leid' geschrieben; es war keine vereinzelte Erscheinung, die Perplexität der älteren Generation war ziemlich allgemein; Hermann Hesse mußte einem jungen Mann antworten, der „so etwas wie einen ‚Führer' sucht" [58]; Werner Bergengruen, Frank Thiess und andere sahen in Wassermanns ‚Etzel Andergast' (1931 erschienen) die Darstellung der gleichen Seelenlage [59] und Klaus

[56] Alle Zitate in: ‚Geist und Tat...' (Berlin 1932) von S. 287 bis 297.

[57] Die geistige Lage (1931), E I 369.

[58] Winter 1930; vgl. auch: „An einen jungen Mann", Sommer 1931: „[Ihr Brief] zeigt die typische Haltung Ihrer Generation: Cynismus auf Grund von Verantwortungslosigkeit, Verzweiflung auf Grund von Anarchie. Dagegen gibt es kein Heilmittel, es werden Kriege und andre Schweinereien daraus entstehen, daß bei Euch keine Ehrfurcht, kein Wille zum Dienen, keine Lust zur Steigerung der Persönlichkeit durch große Aufgaben da ist. Als Ersatz für Religion und Kultur genügt das bißchen Boxen und Rudern nicht". Die Mode des Sports, vor allem des Boxsports, fiel den Zeitgenossen besonders auf (vgl. H. M.: Der Geistige und der Sport [zu einer Umfrage der Vossischen Zeitung, 25. 12. 1928], vgl. auch H. Hesses Brief an Fräulein G. D., 15. Juli 1930).
Mit dem Machtzuwachs des Nationalsozialismus nahmen die jugendlichen Sehnsüchte einen immer deutlicheren politischen Charakter an: die Jugend verstehe nicht, klagte Thomas Mann in einem Brief (22. 6. 32), daß hinter dieser Bewegung der „Chaotiker" „alle Mächte der Brutalität stünden" (Regesten ... [Anm. 6], 32/43 u. 100).
Von der nationalsozialistischen akademischen Jugend hatte er 1931 gesagt: „Es ist befremdlich, die wissenschaftliche Jugend den Gewohnheiten einer ausgearteten Massendemokratie verfallen zu sehen — man muß das aussprechen. Diese Professorenhetzen, bei denen man das Prinzip der Lehr- und Lernfreiheit zugleich mit Füßen tritt, diese randalierenden Zusammenrottungen in den Räumen der Lehre und Forschung, die dann durch notwendig einsetzende Gegengewalt geräumt und geschlossen werden müssen, — ich weiß wohl, daß nicht die Jugend teil daran hat, die überhaupt weiß, was Studium ist, nämlich ein ernstes Mühen um die Fragen des Geistes und Lebens, und die sich nicht von Schmeichlern ihrer Unfertigkeit ein verfrühtes Staatsrettertum aufreden läßt; aber diese Dinge verzerren das Bild der Jugend für alle, die an sie glauben möchten. —" (X 324).

[59] Frank Thieß: Wassermanns Etzel Andergast. In: Die literarische Welt, 7, 1931 Nr. 17, S. 1 f.; Werner Bergengruen: Große Sachen [über H. M.: Die große Sache, Musil: Der Mann ohne Eigenschaften und Wassermann: Etzel Andergast]. In: Deutsche Rundschau Bd. 231, 1932, S. 132—135.

Mann hat später deutlich genug die Gefühle seiner Generation beschrieben.[60] Die nachfolgenden Ereignisse lassen vermuten, daß diese Mentalität weit verbreitet war, obwohl die weltschmerzlich Führerlosen, die so sehr gern, wie Heinrich Mann sie beschreibt, im Schlafwagen reisten und „im Westen unserer Hauptstadt" (oder anderer) lebten, doch wohl nicht die Mehrheit der Bevölkerung ausmachten.[61]

„Geistiges Führertum"

Das Wort ‚Führer' benutzte Thomas Mann in der Geburtstagsrede für seinen Bruder[62] in einem recht ehrwürdigen, für den Jubilar schmeichelhaften Sinn: „seelisch-geistiges Führertum" wird ihm bescheinigt; es habe das „Expressionistengeschlecht" in ihm seinen „Vater und Führer" gesehen; Führer der Akademie sei er außerdem noch geworden. Daß das Wort ‚Führer' in Heinrich Manns Frühschriften mit schwärmerischen Akzenten vorkam, konnte Thomas Mann natürlich nicht entgangen sein. Schriftlich hatte es spätestens 1910 programmatisch im Essay ‚Geist und Tat' gestanden: „Die Geistesführer Frankreichs, von Rousseau bis Zola, hatten es leicht, sie hatten Soldaten."

Zustimmend mag der Sechzigjährige gehört haben, wie der Bruder konziliant versuchte, in seinem Wesen, seinem Werk eine Synthese von Nord und Süd, von Altdeutsch und Romanisch zu sehen, insgesamt doch, als Bereicherung des deutschen Wesens, eminent deutsch, auch wenn es manchem anfänglich fremd vorgekommen sei; selbst der ‚Untertan' wird als ein „Werk voll patriotischer Bitternis und Hellsicht" bezeichnet.

Diese Verteidigung gegen Vorwürfe der Undeutschheit ging aber noch viel weiter: Hans Pfitzner, einem der Kronzeugen in den ‚Betrachtungen' — in guter Absicht, und mit einem Hinweis auf Puccini verbunden — eine halbe Seite widmen, mochte noch hingehen. Befremdlicher war, Heinrich Mann und sein Werk in die Nähe von angeblichen psychopathischen, spukhaften, „altdeutschen" Seltsamkeiten der Lübecker Atmosphäre[63] zu bringen; befremdlicher, an Paul Bourget zu erinnern und daran, daß Heinrichs

[60] Im ‚Wendepunkt' zitiert er (S. 124) ein kurzes Gedicht aus seiner Jugendzeit: „Willkommen, mein Führer! Hier bin ich — zu folgen bereit", etc.

[61] Geist und Tat (Anm. 56), S. 296, 299.

[62] Vom Beruf des deutschen Schriftstellers in unserer Zeit. Ansprache an den Bruder. In: Neue Rundschau, 42. Jg. H. 5 (Mai) 1931. Erste Buchveröffentlichung in: H. M.: Fünf Reden und eine Entgegnung zum sechzigsten Geburtstag. Potsdam 1931.

[63] Später ausführlicher dargestellt in: Deutschland und die Deutschen (1945).

erster Roman, ‚In einer Familie', ihm gewidmet war — „wie denn überhaupt deine konservative Periode" (welche der Jubilar selbst niemals erwähnt hatte) „in deiner Jugend lag"; wiederholt nannte Thomas Mann die Romane der Herzogin von Assy — „diese Talentexplosion, die manchem jungen Menschen von damals ein neues, aufwühlendes Erlebnis der Prosa vermittelte und deinen Ruhm begründete."

Und kurz danach verwendete der Gratulant zur Beinah-Charakterisierung seines Bruders einen langen, leicht abgewandelten Passus (ein glänzendes Bravourstück) aus dem eigenen Dürer-Essay von 1928 (Ansätze davon befanden sich bereits in den ‚Betrachtungen' [63a] zur Kennzeichnung der eigenen, pessimistischen Jugendzeit): Deutsches Meistertum! Ritter zwischen Tod und Teufel, Kryptenhauch, faustische Melancolia — „Ach, und was spielt noch alles an ur-ererbter, an nationaler und tief natürlicher Unzulänglichkeit, an winkligem Ungeschick hinein in diese kraus-exakte, versonnene, kindlich-greisenhafte, skurril-dämonische, unendlichkeitskranke Welt deutscher Kunst, schamvoll und dennoch redlich zutage liegend: Philisterei und Pedanterie, grübelnde Mühsal, Selbstplage (...), dies Lieber-ein-Werk-Verderben-und-weltunbrauchbar-Machen, als nicht an jeder Stelle damit zum Äußersten gehen (...)."

Der Gefeierte wird sich, teils beglückt, teils perplex höflich zuhörend, die Lider halb geschlossen, zumindest gefragt haben, in welcher Beziehung diese etwas gewaltsamen, zweifellos wohlgemeinten ... Re-Nationalisierungsversuche, aber auch einiges mehr, zu den ‚Göttinnen' ebenso wie zu seinem letzten Roman standen, ‚Die große Sache', welcher kinematographische, hektische Bewegung mit Belehrungen an die Adresse der Jugend verband („biblisch-weihnachtlich" nannte der jüngere Bruder diese Moral im Kommentar, den die ‚Literarische Welt' im vorigen Dezember veröffentlicht hatte).

Benns Lobrede

Unter den zahlreichen Huldigungen, die 1931 Heinrich Mann zuteil wurden, ist die Rede Gottfried Benns die berühmteste geblieben, nicht zuletzt wegen der sehr eigenwilligen Art der Charakterisierung. Arthur Eloesser hatte als Präsident des ‚Schutzverbandes Deutscher Schriftsteller' Benn gebeten, beim Geburtstagsbankett am 28. März die Festrede zu halten; „als Dichter über einen Dichter" solle er sprechen, und als Dichter der expressionistischen Generation feierte nun Benn (berühmtes Wort) „den Meister, der uns alle

[63a] Ende des Kapitels ‚Bürgerlichkeit'.

schuf." Man konnte schwerlich erwarten, daß der sogenannte „Nihilist", der sich gegen politische Dichtung sträubte und deswegen auch angegriffen worden war [64], gerade diesem Aspekt beim Jubilar gerecht werden könnte.

Es entstand ein herausfordernd lyrischer Panegyrikus des „umfassendsten dichterischen Ingeniums unter uns", des Formkünstlers, „der den Speer dort aufnahm, wo Flaubert ihn liegen ließ, und der das Phänomen der Kunst in ein anderes Volk und in ein verwandeltes Zeitalter brachte."

Der Festredner rühmte in dieser Sicht den Essay über Flaubert und George Sand (der gerade im Sammelband ‚Geist und Tat' aufs neue erschienen war) — während in Wirklichkeit damals 1904 der Autor sich von Flaubert entfernte und ihm die „Sozialistin" George Sand vorzog. Der Festredner schwärmte von der Herzogin von Assy, pries die „Kunst" und ihre höchste Form, die „Artistik", als „hohe geistige Korruption", und dies sei um 1900 die große Erfindung der Brüder Mann gewesen (sie „phosphoreszierten") — „Kunst" und „Können", „mit einem Fonds von Krankheit, von Unheilbarkeit im Wesen", dazu „Fanatismus des Ausdrucks, Virtuosentum großen Stils" (ein leicht abgewandeltes Nietzsche-Zitat) [65] ... Er sprach zwar neben den „Räuschen der Lust" auch von den „Katarakten der Bitterkeit", stilisierte jedoch frühe politische Aussprüche des Meisters [66], ebenso wie den letzten Roman, zu ganz und gar ästhetizistischen, dionysischen, „irrealen" Gesichten und Kunstprodukten. [67]

In einem teilweise witzigen Artikel ironisierte Hegemann sofort dieses und andere, spaßigere Geburtstagsmißverständnisse; in Benns Rede entdeckte er aber (ebenso wie Döblin) „Methode" und brachte überhaupt — in begrenzter Zeitperspektive gesehen zu Recht — den Festredner in die Nähe Hitlers und zwar u. a. dadurch, daß eine (allerdings recht allgemeine und sehr konfuse) Aussage Benns, jüngeren Datums, mit einer Seite aus ‚Mein Kampf' konfrontiert wurde, wo Hitler gegen den „jüdischen Unsinn" wettert, der darin bestehe, vom Menschen zu verlangen, er solle und könne „die Natur überwinden" ... Mit oder ohne Kenntnis der Heinrich Mann-

[64] S. dazu die Benn-Literatur, das Buch von Dieter Wellershoff: Gottfried Benn. Phänotyp dieser Stunde, Kapitel 5; Annemarie Christiansen: Benn. Einführung in das Werk. Stuttgart 1976. S. 118 f.

[65] (‚Ecce homo', ‚Warum ich so klug bin', § 5). Der Satz steht im ‚Essay', nicht in der ‚Rede', einer zum Zweck des mündlichen Vortrags stark gekürzten Version des Essays.

[66] Den letzten Satz des Essays ‚Geist und Tat' (1910).

[67] Heinrich Mann sagte: „überrealistisch" ... (siehe oben), dachte aber 1931 nicht daran, diese Bezeichnung auf seine frühen politischen Botschaften anzuwenden. Thomas Mann dagegen tat es, in den ‚Betrachtungen' (Kapitel: ‚Ästhetizistische Politik') und vorher: s. dazu meinen Aufsatz: Die Brüder-Problematik in Thomas Manns ‚Fiorenza' und im Essay über den Künstler und den Literaten. In: Orbis Litterarum (1978), 33, S. 138—157 (besonders: Seite 146).

schen Früh- und Grund-Antithesen hatte Hegemann (der zugab, gerade erst etwas vom Jubilar gelesen zu haben) die Problematik erfaßt und auf die ideologische Situation der Gegenwart übertragen. [68]

Heinrich Mann, so berichtet er noch, sprach nach Benns Rede nüchtern und väterlich von Berufsinteressen, von Tantiemen, die Rußland nicht zahle, vom erwünschten Ruhegehalt für Schriftsteller — auf die Rede selbst ging er mit keinem Wort ein.

Hatte er denn nicht schon genug Feinde, rechts, und bald auch links? [69] Mit seinem großen, kühlen Humor mag er sich gesagt haben: après tout, gewesen bin ich auch das, warum sollte es diesem fünfundvierzigjährigen Jüngling verwehrt sein, diesen Aspekt meiner Persönlichkeit zu bewundern?... Sogar Illusionen sind erlaubt; ist es nicht so, daß das Leben sich geradezu messen läßt an den Illusionen und daß es mit ihnen aufhört? [70]... Ruhm als eine Summe von Mißverständnissen... Wie hätte der Gefeierte diese lyrischen Überschwenglichkeiten, diesen Dankbarkeits-Hymnus, diese pathetische, tiefernste [71] Liebeserklärung kalt zurückweisen können? Sein Werk sei, bekam er am Bankett-Tisch zu hören, „die erregendste Dichtung der Zeit", sei was „nach Nietzsche aufstieg an Schönheit des Worts, heller Vollkommenheit des Stils, Schimmer schöpferischen Glanzes"... Wie hätte sich überhaupt gegen solche Sätze argumentieren lassen? „Anemonen und Hyazinthen, Dolden der Mythe aus Asche und Blut senkt Hellas auf Deutschland im Monat der Adoniden"... „wo wir immer Ihr Werk aufschlagen, erblicken wir das Meer, seinen tiefen Atem, seine purpurne Bläue und den Glanz, unseren Glanz, der über ihm untergeht."

Insgesamt also doch, gemessen an dem, was weltpolitisch und persönlich bevorstand, ein recht erträgliches Jubiläumsjahr...

[68] Werner Hegemann: Heinrich Mann? Hitler? Gottfried Benn? Oder Goethe? In: Das Tagebuch, Berlin, 1931, Nr. 15, S. 580—588. Hitler-Zitate in: Mein Kampf, S. 314.

[69] In: ‚Réponse à Maxime Gorki' (in Ö) protestierte Heinrich Mann um 1931 gegen ‚Säuberungen' in der Sowjet-Union. In ‚Wir wählen' standen Sätze wie: „Der große und bewundernswerte russische Versuch erfaßt nur unsern Intellekt, nicht unsern Kern, und wir fühlen, daß er auf den Grundlagen unseres Daseins, wie es geworden ist, nicht gelingen könnte" (Ö, 1932, S. 259). Nach seiner Stellungnahme zugunsten der Kandidatur Hindenburgs wurde Heinrich Mann (u. a. wegen der eben erwähnten Ansichten) von J. R. Becher attackiert und zum „Untertan" gestempelt (Vom „Untertan" zum Untertan. Offener Brief an Heinrich Mann. In: Die Linkskurve, 4. Jg., Nr. 4, April 1932, S. 1—5).

[70] Heinrich Mann hielt am 22. November 1931 die Gedächtnisrede für Arthur Schnitzler, der am 21. Oktober gestorben war. Darin berichtet er, Schnitzler habe einmal, als von Illusionen gesprochen wurde, gesagt: „Ich kenne keine Illusionen. Ich mache mir keine." „Man hätte erwidern wollen", kommentiert Heinrich Mann, „daß das Leben sich geradezu messen lasse an den Illusionen, und daß es aufhöre mit ihnen" (In: Ö und E I 448).

[71] Dieser Ernst wird durch spätere Aussagen (noch 1950), auch im Briefwechsel, bestätigt. Dazu mein Aufsatz: Heinrich Mann et Gottfried Benn. (In: Etudes Germaniques, Heft 103, 1971, S. 293—307 und Heft 107, 1972, S. 482 f.).

WULF KÖPKE

Rückblick als Erkenntnis

Zu Heinrich Manns Auffassung des Schriftstellers im „Zeitalter" und der Exilpublizistik

Unter den von Heinrich Mann im amerikanischen Exil verfaßten Werken hat sich „Ein Zeitalter wird besichtigt" bisher als das einzige wirkungsvolle erwiesen. Die Forschung hat sich dabei besonders die darin enthaltene Selbstinterpretation Heinrich Manns zunutze gemacht und beruft sich auf etliche Schlüsselsätze, ohne viel nach ihrem Kontext zu fragen. Eine die zeitgeschichtlichen Bezüge klärende Beschreibung haben Walter Dietze und Klaus Schröter gegeben [1]; aber eine eigentliche Untersuchung der komplexen Struktur des Buches steht noch aus. [2] Sicherlich schließt sich das „Zeitalter" an Heinrich Manns Essays an [3], was unter anderem dadurch angezeigt wird, daß Heinrich Mann an wichtiger Stelle die Thesen seines Essays „Bekenntnis zum Übernationalen" von 1932 resümiert (189—92). [4] Etliche Teile des

[1] Dietze in Heinrich Mann: Ein Zeitalter wird besichtigt. Düsseldorf 1974, S. 565—618; Klaus Schröter, Ein Zeitalter wird besichtigt. Zu Heinrich Manns Memoiren. In: Heinrich Mann: Untertan — Zeitalter — Wirkung. Drei Aufsätze. Stuttgart 1971. S. 39—59; ders. auch Heinrich Mann in Selbstzeugnissen und Bilddokumenten. Reinbek 1967. S. 150—154.

[2] Hugo Dittberner: Heinrich Mann. Eine kritische Einführung in die Forschung. Frankfurt 1974. S. 194—196, nennt nur Schröter und Dietze, Jürgen Haupt: Heinrich Mann. Stuttgart 1980, gibt eine Beschreibung der Entstehungsgeschichte und des Werkes nach Schröter und Dietze (S. 178—182) und nennt einige der Besprechungen (S. 199); André Banuls. In: Die deutsche Exilliteratur 1933—1945. Hrsg. von Manfred Durzak. Stuttgart 1973. S. 199—219, behandelt das „Zeitalter" nicht, während Ulrich Weisstein, Heinrich Mann. In: Deutsche Exilliteratur seit 1933, Bd. 1. Kalifornien. Hrsg. von John M. Spalek und Joseph Strelka. Bern u. München 1976, kurz darauf eingeht (S. 465 f.).

[3] Vgl. Schröter, Hans-Albert Walter: Heinrich Mann im französischen Exil. München 1971. S. 115—140, und Roland Wittig: Die Versuchung der Macht. Essayistik und Publizistik Heinrich Manns im französischen Exil; Tübinger Studien zur deutschen Literatur Bd. 1. Frankfurt u. Bern 1976. S. 381.

[4] Zitiert wird nach den Ausgaben des Claassen-Verlags: Ein Zeitalter wird besichtigt = Zeitalter; Verteidigung der Kultur. Antifaschistische Streitschriften und Essays, 1960 = Verteidigung; Essays, 1960 = Essays. Die Problematik der Auswahl und Textgestaltung ist im vorliegenden Zusammenhang nicht relevant. „Das Bekenntnis zum Übernationalen" hatte Heinrich Mann bereits in der ersten Exilpublikation „Der Haß". Amsterdam 1933, wieder abgedruckt (S. 11—59).

Buches könnten für sich bestehen, als Novellen („Eine Liebesgeschichte") oder als Essays (die Porträts „Die Gefährten" z. B.). Nicht selten bietet der Autor eine Variation oder Wiederholung von früher Gesagtem: ein Werk der Zusammenfassung, Rekapitulation, Überschau. Nach Kapiteln zur Zeitgeschichte folgt mit dem sechsten und siebten Kapitel die „Autobiographie", wie sie vom Autor genannt wird, und die Reihenfolge hält sich weitgehend an die Chronologie: deutsche Republik, Hitler, Frankreich und seine Niederlage, „Abschied von Europa". Dann folgen vier weitere Kapitel der Charakterisierung des Zeitalters und Zusammenfassung, die sich auf die Anfangskapitel zurückbeziehen: das eigene Leben ist eingebettet ins Zeitalter, seine Betrachtung der des Zeitalters eingeordnet.

Die ungewöhnliche Eigenart des Werkes zeigt sich sofort, wenn man es mit herkömmlichen Modellen der Autobiographie vergleicht. Es gehört gewiß nicht zum Typ der „Bekenntnisse", von „Dichtung und Wahrheit" kann nur die Rede sein, wenn man von Goethe absieht. Zwar sah Heinrich Mann sich selbst historisch wie Goethe [5]; aber es ging ihm sicherlich nicht um die Darstellung der Entwicklung einer einmaligen Persönlichkeit. Seine persönlichen Bekenntnisse sind deutlicher in manchen Romanen als im „Zeitalter". [6] Haben wir es „mit einem objektivierten Rechenschaftsbericht" zu tun? [7] Gewiß nur, wenn unter Rechenschaft nicht Rechtfertigung verstanden wird. Von Apologetik oder Anklage soll nicht die Rede sein, wie es doch dem Exil nahegelegen hätte. So ist „Ein Zeitalter wird besichtigt" zwar ein eminent persönliches Buch, aber keine Autobiographie, eher etwas wie eine Großform des Essays, in der Form nicht weit entfernt von Thomas Manns „Betrachtungen eines Unpolitischen", die allerdings Rechtfertigung und Anklage waren. Man kann an Nietzsches Verbindung des Persönlichen und Allgemeinen denken, an Montaigne, an Briefe wie die Flauberts [8]: jedenfalls ergibt sich eine Form mit relativ großer Selbständigkeit und Verschiedenheit der Bestandteile, einer kontrastierenden Mischung von Erzählung, Bericht, Zusammenfassung, Urteil, Aphorismus, Wertung; und in dieser facetten-

[5] Schröter, „Ein Zeitalter wird besichtigt", S. 40; die Zahl der beiläufigen Goethe-Zitate oder Anspielungen, vor allem aus dem „Faust", ist beträchtlich.

[6] Hinweise etwa bei Edgar Dirksen, Autobiographische Züge in Romanen Heinrich Manns. In: Orbis litterarum 21 (1966). S. 321—332; zur Literatur über das „Bruderproblem" vgl. Dittberner, S. 197—203, Haupt, 210—213; neuerdings ist u. a. auf die autobiographische Komponente in „Der Atem" aufmerksam gemacht worden.

[7] Weisstein, „Heinrich Mann". S. 465.

[8] Zum Hinweis auf Flaubert, vgl. Weisstein, S. 465, ebenfalls ders. Heinrich Mann und Flaubert. In: Euphorion 57 (1963), S. 132—155; zu Montaigne Hanno König: Heinrich Mann. Dichter und Moralist. Tübingen 1972, bes. S. 335—359 und 442—458, und Weisstein, Heinrich Mann, Montaigne und ‚Henri Quatre'. In: Revue de la Littérature Comparée 36 (1962). S. 71—83.

reichen Weise stellt der Autor den Kampf des Geistes mit dem Ungeist während seiner Lebenszeit dar. „Ein Zeitalter wird besichtigt“ setzt in Inhalt und Form Heinrich Manns Geschichtskonzeption voraus und stellt sie zugleich dar.

Es geht dabei in erster Linie um Erkenntnis, und damit stellt sich das hermeneutische Problem. Als der Autor am Anfang des sechsten Kapitels bemerkt: „Es wird Zeit — daß ich mich vorstelle“ (147), erwartet der Leser eine autobiographische Exposition. Aber er wird sogleich enttäuscht:

> Mein Name ist Jx, ich bin ebenso gewöhnlich wie auserlesen. Meinesgleichen kommt überall vor, aber jeder bleibt das einmalige Phänomen. Manchmal soll es beträchtlich sein. Das könnte ich von mir nicht sagen, vielmehr habe ich das Gefühl: was ich denke, mache und kann, sollte eigentlich jeder fertigbringen. Nur wenig fehlt ihm dazu. An seiner Maschine muß gedreht worden sein. (147)

Das ist die Verwerfung des Geniebegriffs. Besondere Leistungen, auch schöpferische, „sollte eigentlich jeder fertigbringen.“ Schon deshalb kann Heinrich Mann keine Autobiographie im Sinne Rousseaus oder Goethes schreiben. Aber es ist keine Bescheidenheitsgeste. „Nur Lumpe sind bescheiden, meint Goethe.“ (147) Goethe habe gesagt, schrieb Heinrich Mann öfter, man dürfe Tieck nicht mit ihm vergleichen, er vergleiche sich ja auch nicht mit Shakespeare. Die Einführung des Ich ist nicht eine Frage der Selbstverkleinerung oder -vergrößerung, sondern eine hermeneutische: die Beziehung des betrachtenden zum betrachteten Ich ist zu klären:

> Eine Autobiographie sieht am besten von ihrem Urheber ab, wenn es anginge. Er trete als Augenzeuge auf — der Ereignisse und seiner selbst. Das verdirbt noch nichts. Ein Zeitalter wird besichtigt. Von wem? ist immer die Frage. Sie verpflichtet Jx, sich vorzustellen, aber mit Maßen. (147 f.)

Objektivität ist weder möglich noch erwünscht. Das besichtigte Zeitalter wird von einem Augenzeugen betrachtet. Die Augenzeugenschaft verpflichtete Jx, das von sich zu sagen, was für seine Erklärung des Zeitalters wichtig ist — im persönlichen Bereich bleibt er ein Muster lübeckischer Diskretion. In der Frage „Von wem“? kann man eine Variation der Definition Zolas sehen, der ein Stück Natur durch das Medium eines Temperaments betrachten wollte. Heinrich Mann jedoch, das macht der Vergleich deutlich, spricht ausdrücklich von „Zeitalter“, von Geschichte, ja von einer Phase der Geschichte mit Anfang und Ende. Es ist wichtig für die Erkenntnis des Zeitalters, das erlebende und das erlebte Ich deutlich zu unterscheiden; aber es ist Voraussetzung des Erkenntnisprozesses, daß das Zeitalter von einem Ich besichtigt wird.

Der Augenzeuge Jx beruft sich nicht auf das, was er ist, sondern das, was er gesehen und gemacht hat, ganz wie Jean Paul, der in den Vorarbeiten zu seiner „Selberlebensbeschreibung" formulierte: „Ich bin nicht der Mühe werth gegen das was ich gemacht." [9] Außer dem, was er, eigentlich ein „gewöhnlicher" Mensch, geleistet hat, nennt Jx noch eine weitere wichtige Bedingung der Erkenntnis: „Zusammenhänge gibt es, man entziffert sie wohl, unter der Bedingung, daß man schon dabei war und nachher lange genug lebt. Sie definieren geht nicht." (11) Geschichte betrachten heißt Zusammenhänge entziffern, und dazu muß man Zeitgenosse gewesen sein und ein erhebliches Alter erreichen. Es gibt kein abstraktes, kein von der Person losgelöstes Geschichtsverständnis. Nun sieht Jx gerade die isolierte Lage des Exils als erkenntnisfördernd an. Schon 1937 in Frankreich, vor dem „eigentlichen" Exil, hatte Heinrich Mann geschrieben: „Gerade das Exil besitzt die Macht, die an Zauber grenzt, uns neue, unverhoffte Aussichten zu eröffnen auf die Geschichte und auf so manche von ihr geweihte Persönlichkeiten." (Verteidigung, 160; „Im Exil") Wieviel mehr noch nach dem „Abschied von Europa", von dem das „Zeitalter" sagt: „Deutschland war so lange entbehrlich gewesen: das nunmehr geraubte Europa war es nicht." (448) Und die eigentliche Autobiographie schließt mit dem so persönlichen Satz über die Abfahrt von Lissabon: „Überaus leidvoll war dieser Abschied." (448) Der Augenzeuge Jx spricht also aus der Ferne, historisch wie geographisch, das Leid liegt hinter ihm, er betrachtet; wobei er seine gegenwärtige Umgebung, anders als Brecht oder Alfred Döblin in „Schicksalsreise" nicht mit einbezieht. [10] Auch am Krieg beschäftigt ihn die Invasion des europäischen Festlandes, die eine Rückkehr ermöglichen könnte.

Damit zeigt sich nun auch die Problematik dieser Position. Einerseits mag die dem Exil zugeschriebene Macht der Aussicht und Erkenntnis sich durch die fast totale Isolation in Los Angeles potenzieren; andererseits bezog sich der vorher zitierte Satz von 1937 auf Victor Hugo, den das Exil zum Sozialismus gebracht habe, und indirekt auf den Heinrich Mann der Zeit des „Henri Quatre", der Volksfrontbewegung und des Spanienkrieges, also eines aktiven Teilnehmers der Geschichte, der er 1943/44 auf keine Weise

[9] Sämtliche Werke, 2. Abt. IV, S. 363; Vorarbeiten zur „Selberlebensbeschreibung".

[10] Weisstein stellt mit Recht fest, nachdem er versucht hat, aus dem „Zeitalter" Aufschluß über das amerikanische Exil zu gewinnen: „Für unsere spezifische Fragestellung liefert ‚Ein Zeitalter' auffallend wenig Material." (465) Ein Schlüssel dafür mag in der „Autobiographie" von 1946 zu finden sein, wo Heinrich Mann schreibt: „Verloren hatte er Europa, mit dem er gelebt, ohne das er sich nicht kannte. Auch in Amerika schreibt er und ist am Leben, beides nicht mehr öffentlich, wenn er zurückdenkt und vergleicht." Heinrich Mann 1871—1950. Werk und Leben in Dokumenten und Bildern. Hrsg. von der Deutschen Akademie der Künste zu Berlin. Berlin u. Weimar 1971. S. 551. Er spricht über die öffentliche Wirkung des Schriftstellers in einer Situation der „Nichtöffentlichkeit", die daher kein Interesse für den Leser hat.

mehr war. So muß Jx im „Zeitalter" von der Nichtigkeit seiner gegenwärtigen Lage absehen, um positive Zusammenhänge zu entziffern. Dennoch, wenn man der Entstehungsgeschichte des Buches folgt [11], kommt der Autor von der Besichtigung des Zeitalters zurück auf die Autobiographie, ohne die offenbar seine Analyse der Zeitgeschichte unbegründet gewesen wäre.

Man kann nämlich von Rechenschaft insofern sprechen, als der Autor die Erkenntnis- und Antizipationsfunktion der Literatur und ihre Wirkung auf die Gesellschaft darstellt, so wie er sie für sein eigenes Leben und Werk charakteristisch findet. Literatur, definierte er 1937, „ist eine Erscheinung des Lebens. Sie ist das Leben noch einmal — bewußt geworden und befähigt, wie sonst niemals sich verständlich darzustellen." (Verteidigung, 164; „Das geistige Erbe") Literatur, Bewußtwerdung und Selbsterkenntnis des Lebens, ist geschichtlich gesehen Antizipation: „Die Literatur aller Zeitalter wimmelt von Prophezeiungen, die eintreffen, einfach weil einst gegebene Zustände richtig erfaßt worden waren." („Das geistige Erbe", Verteidigung, 165) Solche Antizipation in der Erkenntnis ist nicht theoretisch, sondern praktisch. Die Ideen und Werke der Schriftsteller, speziell derer im Exil, schaffen die Zukunft: „Die Hoffnung, düster und großartig, schwer von Liebe und von Erbitterung, die Hoffnung, ihr Volk zu sich heranzuziehen und in der eigenen Brust die Menschen der Zukunft schon zu versammeln, sie ist der tiefste Grund, warum einige Emigranten so gewaltig gewirkt haben." (Verteidigung, 161; „Im Exil") Neben Victor Hugo denkt Heinrich Mann hier an Karl Marx: „Dort schuf er Ideen von einer Lebenskraft, so ungeheuer, daß später ganze Reiche von ihnen beseelt werden sollten." (Verteidigung, 161) Zugleich wird Heinrich Manns Vorstellung des geschichtlichen Prozesses sichtbar. Am Anfang ist die Idee, sie „beseelt" Reiche. So kann sich etwa das antifaschistische Exil als ideelle Vorbereitung der zukünftigen Gesellschaft begreifen. Aber bereits vor dem Exil, 1928, hatte Heinrich Mann festgestellt: „Wir haben immer und zu allen Zeiten behauptet, das höchste, ja, das wahre Leben sei das des Geistes." (Essays, 301; „Dichtkunst und Politik") Diese hegelische oder kantische [12] Geschichtssicht begreift die Literatur mit ein: „Sowohl das alte Rußland als auch Frankreich haben eine soziale Romanliteratur ersten Ranges gehabt. In

[11] Vgl. Schröter, „Zeitalter", S. 40—43; Haupt, S. 178—182; aufschlußreich für die Struktur des Werkes ist der Briefentwurf an E. P. Dutton vom 20. April 1946, in bezug auf eine amerikanische Ausgabe: „Es ist eingeteilt in 1) 150 Seiten Zeitgeschichte, 2) 150 Seiten Autobiographie, 3) wieder 150 Seiten Zeitgeschichte und 4) 100 Seiten Schluß-Folgerungen. Sobald etwas fehlt, kommt das Gebäude ins Wanken." (Zeitalter, S. 609 f.) Der Verlag hatte, wie andere Verlage vorher, Kürzungen verlangt.

[12] Zum Kantianismus Heinrich Manns vgl. König, S. 216—264.

Deutschland ist sie auf Bruchstücke beschränkt." (Verteidigung, 216; „Der Weg der deutschen Arbeiter", 1936) Und das bedeutet: „Hundert Jahre großer Literatur sind die russische Revolution, vor der Revolution." (Zeitalter, 46) Das berechtigt zu der Prognose: „Die sozialistische Gesellschaft der Zukunft wird ihre Literatur voraussenden." (Verteidigung, 122; „Die Macht des Wortes")

Ideen haben ihr eigenes Leben, auch wenn sie erst spät erfaßt werden. Nietzsche hatte in „Jenseits von Gut und Böse" gesagt: „Die größten Ereignisse und Gedanken — aber die größten Gedanken sind die größten Ereignisse — werden am spätesten begriffen." [13] Heinrich Mann beschreibt am eigenen Beispiel den allmählichen Erkenntnisprozeß:

> Die Auffindung der Moral, ihre überlegte Geburt für das einzelne Gewissen, geschieht durch Anschauung und vermöge Erkenntnis. In Laufbahnen wie meine ist das erste die Anschauung. Ich habe gesehen und gestaltet, bevor ich den Sinn der Dinge begriff. Die treue und hochgespannte Darstellung erwirbt zuletzt auch Geist. (Zeitalter, 158)

Hier geht es weniger um die Verbindung von Moral und Erkenntnis, Heinrich Manns Charakterisierung als „Moralist" [14], als um die Stufen der Erkenntnis. Sie beginnt mit Anschauung und Gestaltung, aus der Erkenntnis, „Geist", erwächst. Geist hatte Heinrich Mann 1928, in Abgrenzung zum Staat, so definiert: „Wir nennen Geist die menschliche Fähigkeit, der Wahrheit nachzugehen ohne Rücksicht auf Nutzen oder Schaden, und Gerechtigkeit zu erstreben sogar wider praktische Vernunft." (Essays, 299; „Dichtkunst und Politik") An praktische Vernunft im Sinne Kants ist natürlich bei diesem Sprachgebrauch nicht zu denken, vielmehr an praktische politische Zweckmäßigkeit. Die Verpflichtung auf die Idee ist vielleicht weniger absolut als sie klingt; sie ist utopisch, zukunftsbezogen, wie es der Exilant 1937 formuliert: „Eines wird uns wohl dennoch angerechnet werden, das ist unsere Hingabe an die Ideen, denen die künftige Welt entspringen soll." (Verteidigung, 159; „Im Exil") Es ist dabei entscheidend, die gegenseitige Beziehung von Gestaltung und Erkenntnis im Auge zu behalten. Im „Zeitalter" nimmt der Autor für sich in Anspruch:

> Wenn ich Überzeugungen hatte, ich behielt im Grunde von früh an immer dieselben, glaubte ich sie formen zu müssen. Der geformte Ausdruck vollendet die Überzeugungen, er macht sie erst wirklich wahr, vielleicht für andere, bestimmt für mich. (187)

[13] Jenseits von Gut und Böse. Leipzig 1922 (Taschenbuchausgabe), VIII, S. 265; Im Nietzsche-Essay von 1938 und im „Zeitalter" verteidigt Heinrich Mann sowohl Nietzsche selbst als auch besonders die Nietzsche-Rezeption seiner Generation im Vergleich zur späteren Benutzung Nietzsches; vgl. Wittig, S. 235—252.

[14] Vgl. König u. a.

Dem entspricht, was er während der Niederschrift des Buches am 11. November 1943 an Kantorowicz schrieb: „ich bin jetzt weniger um Selbstbetrachtung bemüht, als das Zeitalter zu besichtigen. Dabei erfahre ich erst, was ich alles erfuhr: das ist das Spannende.“ [15] Die Gedanken, die Erkenntnis, entstehen also beim Schreiben, durch sie und in der Formulierung; die Form, die literarische Form also, gibt der Erkenntnis den eigentlichen Gehalt. Das Buch „Ein Zeitalter wird besichtigt“ bietet Erkenntnisgewinnung durch die Formulierung wie durch die Struktur, besonders die Kontrastierung des Allgemeinen und Besonderen, ja Individuellen, den Wechsel von Erzählung und Summierung, Ereignis und Abstraktion, Selbstbetrachtung und Zeitalterbesichtigung. Indem es um wechselseitiges Erhellen geht, um die Erkenntnis des betrachteten Ich durch das betrachtende, erfolgt nicht nur ein häufiger Wechsel der Form des Diskurses, sondern auch der Perspektive, und des öfteren scheinbar unvermittelt und assoziativ. So wie der Autor wird der Leser zu großer Flexibilität genötigt, um diesem Oszillieren zu folgen. Dabei bleibt der allgemeine Standpunkt, die Grundfrage vom Ende des besichtigten Zeitalters, der Gegenwart, nach dem Anfang, der Vergangenheit: „Wie kommt man dahin?“

Der Schriftsteller ist am Ende seines langen Lebens zu der Kontrastierung von Gegenwart und Vergangenheit berechtigt, vielleicht verpflichtet, indem er aus ihrer Gegenüberstellung, aus der Linie von Bismarck bis Hitler die Geburt der Zukunft deduziert. Hegels Eule der Minerva, die das Vergangene erkennt, kombiniert er immer noch mit der antizipierenden Gestaltung der Zukunft. Es ist inzwischen ein Gemeinplatz der Forschung geworden, daß Heinrich Mann sich bei der Beurteilung der alliierten Staatsmänner geirrt habe. Hitler, dem vollkommenen Ungeist, stellt er den Geist entgegen: „Die Exekutive ist — ein kaum erhörter Fall — gleichzeitig in den größten Reichen bei Intellektuellen.“ (489) Das sind Roosevelt, Churchill, Stalin, de Gaulle. Auf diese Auffassung gründet sich die Hoffnung des Exils: „Die Intellektuellen im Exil wären allein keine Macht, wenn andere Intellektuelle nicht Reiche regierten.“ (163) Hier zeigt sich die Abstraktion in Heinrich Manns Beurteilung der Geschichte. In dem mühsamen Kampf der Vernunft gegen die Dummheit, des Geistes gegen den Ungeist ist die Verbindung von Geist und Tat, Politik und Literatur, das Zeichen des Fortschritts. Große Staatsmänner sind bedeutende Schriftsteller — und bedeutende Schriftsteller haben politischen Sinn. Die Aufgabe der Führer ist Erziehung: „Demokratie ist eine Frage der geistigen Geschultheit und des sittlichen Bewußtseins, woran das meiste zu tun, worüber viel zu sagen

[15] Zitiert nach: Die Zeit, 8. Januar 1982, Nr. 1/1982, S. 15.

bleibt.“ (Verteidigung, 299; „Ziele der Volksfront“, 1937) Entsprechend ist der eigentliche Gegner die Dummheit: „Wer entschlossen ist, sich auf die Dummheit zu stützen, hat keinen ärgeren Feind als den geistigen Erzieher der Massen.“ (Verteidigung, 70; „Massenbetrug“, 1936) Diese aufklärerische Dichotomie führt zu einem typologischen Geschichtsbild:

das ganze Menschengeschlecht hat eigentlich nichts weiter im Sinn gehabt als nur seine körperlichen Verrichtungen, die ohne Mühe von selbst eintreten: laufen, die Fäuste gebrauchen und den Darm entleeren. Alles andere ist von wenigen durchgesetzt worden unter unsäglichen Anstrengungen. Diese erlitten immer wieder Pausen dadurch, daß Priester und Weise totgeschlagen wurden von denen, die roh und dumm bleiben wollten: von den Nationalsozialisten aller Zeiten. (Verteidigung, 55; „Der Pimpf“, 1935)

In dem Kampf der geistigen Menschen gegen die „Minderwertigen“ („Aufgabe der Emigration“; Verteidigung, 14) ist die Stellung und Aufgabe des Schriftstellers klar. Um zu wissen, wohin er gehört, braucht der geistige Mensch eine geschichtliche Orientierung, eine Tradition, auf die er sich verlassen kann:

Ich bin auch noch aus einer alten Familie des alten Deutschland, und wer Tradition hat, ist sicher vor falschen Gefühlen. Tradition befähigt uns zur Erkenntnis, und sie macht uns geneigt zur Skepsis und zur Milde. Nur Emporkömmlinge führen sich zuzeiten auf wie die Wilden. (Verteidigung, 20; „Ihr ordinärer Antisemitismus“, 1933)

Während nun Heinrich Mann in früheren Rückblicken, etwa in „Die Tragödie von 1923“, die entscheidende Bedeutung der Jahre um 1890 betont hatte, ein Hinweis, dem die Forschung gefolgt ist[16], sieht er gegen Ende seines Lebens eine mehr als bewußte, mehr als individuelle Kontinuität und setzt den Beginn seines Zeitalters und damit den Anfang seiner Überzeugungen, „da unsere frühesten Erlebnisse die späteren überschatten“ (Zeitalter, 83), in seine Jugendzeit.

Das Thema der geschichtlichen Kontinuität, deren Nachweis das Buch „Ein Zeitalter wird besichtigt“ zu einem guten Teil gewidmet ist, wird empirisch aus der Jugenderfahrung abgeleitet:

Meine Jugend wenigstens war ihrer selbst leidlich sicher, sie erwartete ihre Erschütterungen nicht von außen. Damit eine ganze Jugend einheitlich sei, sich ‚historisch entwickele‘, mit einem Ausdruck des 19. Jahrhunderts, muß man glauben können, ihr Ablauf sei logisch begründet — was aufhört, wenn Krieg ist. Kriege sind der gewaltsame, obwohl vorgesehene Bruch in einem Leben, das sonst zusammenhing. (178 f.)

[16] Schröter: Anfänge Heinrich Manns. Stuttgart 1965; Renate Werner: Skeptizismus, Ästhetizismus, Aktivismus. Düsseldorf 1972, u. a.

Wenn Heinrich Mann mit Hegel oder Michelet oder Taine feststellt: „Was wirklich ist, ist berechenbar" (15), so denkt er von der Gegenwart zurück ins 19. Jahrhundert mit Kategorien des 19. Jahrhunderts. Er denkt in „Zusammenhängen". Indem er die Herkunft seiner Anschauungs- und Denkformen beschreibt, verbindet er Selbsterkenntnis mit der Betrachtung des Zeitalters. Dem 20. Jahrhundert hält er entgegen: „Der Friede, ein unabsehbarer, unbezweifelter Friede, war unsere Voraussetzung." (179) Aus dieser Perspektive der Kontinuität vor dem Wilhelminischen Zeitalter kann Heinrich Mann Bismarck rechtfertigen: „Er hat, von 1875—1890, den Frieden nicht nur erhalten, sondern auch stark gemacht." (179) Es gehört nun zum essayistischen Denken und Schreiben Heinrich Manns, daß er solche Feststellungen zu einer autobiographischen Anekdote zuspitzt und dabei zugleich in Frage stellt:

> Mein Vater, ein Kaufmann, der den kleinen Freistaat Lübeck zum guten Teil regierte, denn er verwaltete die Abgaben, las die Zeitung: eine neue Rede des Fürsten. Sie sollte lange in aller Mund bleiben, besonders der Satz: ‚Wir Deutsche fürchten Gott, sonst nichts in der Welt.' Senator Thomas Heinrich Mann, geboren 1840, war skeptisch wie sein Jahrhundert. Er schnob Luft und meinte leichthin: ‚In Wirklichkeit fürchten wir manches.' Dies mit Zärtlichkeit für den gewagten Ausspruch und seinen Urheber.
>
> Der Knabe, der ich war, las über die Schulter des Vaters mit. Er hat gedacht: ‚Wahr oder nicht, ist es gut gesagt.' (180)

Daß Heinrich Mann stilisiert, zeigt schon die Jahreszahl. Im Februar 1888 war der „Knabe" fast 17 Jahre alt. Sein Vater hieß außerdem „Johann", aber Heinrich Mann ging es offenbar um den Nachweis der Nachfolge durch die berühmten Söhne. Die Wirkung der Idee durch die Formulierung, die ästhetische Hochschätzung Bismarcks, wird dabei in der nachfolgenden Reflexion relativiert: „Aber man empfängt eine Religion sehr früh, lernt sie wohl beurteilen und bekennt dennoch sie oder ihr Andenken bis ans Ende." (180) Politisch ergibt sich eine doppelte Perspektive: die des Freistaats Lübeck, der Polis, zu deren Führungsschicht der Vater und damit der Herkunft nach der Autor gehört; und die Weltpolitik, groß und gefährlich, ein Spiel, wenn auch gezügelt durch Vernunft. Der skeptische Vater durchschaut Bismarck und seine überzogene Rhetorik, aber bewundert ihn doch; anders als der ästhetisch urteilende „Knabe" weiß der Vater um die Gefahren des Friedens und der militärischen Weltpolitik.

Mit einer solchen Anekdote beleuchtet Heinrich Mann Bismarcks gefährliches Spiel, aber auch seine Vernunft, und impliziert in einem unausgesprochenen Kontrast seine Verurteilung der wilhelminischen Weltpolitik, Rhetorik und Verherrlichung des Militärs. Der Vater wird dabei sowohl zum

Repräsentanten der vorwilhelminischen demokratischen Tradition als auch intellektualisiert, wie es Thomas Mann in anderem Sinn in „Buddenbrooks" getan hatte. Das tritt typischerweise am offensten zutage in dem Abschnitt „Mein Bruder". Wie in der Fiktion spricht ja bekanntlich Heinrich Mann bei der Porträtierung anderer Gestalten oft offener von sich selbst als in der eigentlichen Autobiographie.

Heinrich Manns Charakterisierung seines Bruders beruht auf dem Satz: „Ohne Geburtsstätte kein Weltbürgertum." (215) Auf diese Idee geht die oft, wenn auch nur meist teilweise zitierte Anekdote über Thomas Manns Ankunft in den USA zurück:

> Als mein Bruder nach den Vereinigten Staaten übersiedelt war, erklärte er schlicht und recht: ‚Wo ich bin, ist die deutsche Kultur.' Wirklich erfassen wir erst hier die Worte ganz: ‚Was du ererbt von deinen Vätern hast, erwirb es, um es zu besitzen!' Das ist unser mitbekommener Inhalt an Vorstellungen und Meinungen, Bildern und Geschichten. Sie ändern sich im ganzen Leben nicht wesentlich, obwohl sie bereichert und vertieft werden. Endlich sind sie an keine Nation mehr gebunden. (215)

Die Vorstellungen und Meinungen, Bilder und Geschichten der Kindheit werden durch das Leben bereichert und vertieft, aber nicht verändert, bis sie einen allgemeinen, übernationalen Sinn bekommen. So betont Heinrich Mann in seiner Charakterisierung des Bruders die Ähnlichkeit mit dem Vater: „Der letzte tüchtige Mann des Hauses war keineswegs dahin. Mein Bruder bewies durchaus die Beständigkeit unseres Vaters, auch den Ehrgeiz, der seine Tugend war." (218) Damit wird die Verfalls-These von „Buddenbrooks" zurückgenommen. Ja, die Gegenwart, das Ende des Zeitalters, wird in einem noch wichtigeren Punkt mit dem Anfang, der Vergangenheit, verknüpft:

> Seine Popularität, die groß und aufrichtig war — aufrichtig erworben und dargebracht —, erscheint mir, wenn ich die außerordentliche Namhaftigkeit meines Bruders bedenke, als ihre Vorgestalt. Er fing früher an, als er selbst zugegen war. Er ist namhaft außer jeder Reihe, in der Art eines Patriziers, der seine Tradition mitbringt. (218)

Die Popularität entsteht aus den bürgerlichen Tugenden Gewissenhaftigkeit, Fleiß, Genauigkeit, Gemeinnützigkeit verbunden mit der Sorge um das Wohl des eigenen Hauses. „Es gibt kein Genie außerhalb der Geschäftsstunden." (219) Dem Bruder wird ein bürgerliches Lob gespendet: „Wenn ich es richtig sehe, wird meinem Bruder, noch mehr als seine Gaben, angerechnet, daß er, was er machte, fertigmachte. Die ganz erreichte Vollendung ginge über menschliches Vermögen." (219) Wie dem Autobiographen selbst wird dem berühmten Bruder mehr angerechnet, was er gemacht und aus sich gemacht hat, als was er ist. Die Herkunft bestimmt mit die Leistung; diese ist innerhalb der geschichtlichen Kontinuität der Familie zu sehen. Die Leistung wird mit moralischen Kategorien beurteilt, die „Gaben" verstehen sich sozusagen von selbst. Durch die Leistung erwirbt der Schriftsteller wie der Finanzsenator Popularität, Anerkennung; er wird ein Beispiel und übt gesellschaftliche Wirkung aus.

Nun ist es rührend zu sehen, wie der Betrachter des Zeitalters und seiner selbst seine Zugehörigkeit, die Gemeinsamkeit betont. 1935 hatte er den sechzigjährigen Bruder so begrüßt: „Wir haben ... (unseren Weg) ... in demselben Hause angefangen" (Verteidigung, 414; „Der Sechzigjährige") und das hat entscheidende Folgen gehabt:

> Damit wird uns bedeutet, daß wir niemals Grund gehabt haben, Abweichungen ganz ernst zu nehmen. Ausgegangen von der gleichen Heimat, zuletzt aber darüber belehrt, daß eine Zuflucht außerhalb der deutschen Grenzen das Anständigste, daher Mildeste ist, was könnte uns inzwischen begegnet sein, das nicht in Wahrheit brüderlich war. (414)

Über „Buddenbrooks", das Buch des eigenen Hauses, das Thomas Manns volkstümlichstes blieb, sagt der Autobiograph: „Wenn ich mir die Ehre beimessen darf, habe ich an dem berühmten Buch meinen Anteil gehabt, einfach als Sohn desselben Hauses, der auch etwas beitragen konnte zu dem gegebenen Stoff." (Zeitalter, 217) „Buddenbrooks" gehörte zu den Büchern, die Heinrich Mann noch kurz vor der Abfassung seines „Zeitalter" wieder las.[17] Der Abschluß und Höhepunkt des Abschnitts „Mein Bruder" ist eine weitere Anekdote, die die verschiedenen Fäden verknüpft, der Plan zu einem gemeinsamen Buch:

> Noch in der ersten Hälfte unserer Tätigkeit teilten mein Bruder und ich einander denselben heimlichen Gedanken mit. Wir hätten ein Buch gemeinsam schreiben wollen. Ich sprach als erster, aber er war vorbereitet. Wir sind niemals darauf zurückgekommen. Vielleicht wäre es das Merkwürdigste geworden. Nicht umsonst hat man den frühesten, mitgeborenen Gefährten. Unser Vater hätte in unserer Zu-

[17] Heinrich Mann an Thomas Mann, 15. April 1942: „In New York, wenn ich hingelange, werde ich Dich noch seltener sehen können; schon hier war es zu selten, obwohl ich immer Zeit hätte. Du bist beschäftigt, gewiß mit Leuten obendrein: mich lassen sie in Ruhe, was nichts ausmacht. Nur mit Dir ist etwas versäumt und nicht mehr nachzuholen, oder dies wäre eine unzeitgemäße Vorstellung. Mag sein, daß zuletzt die persönliche Gegenwart zurücktritt hinter die Erinnerungen.
Ohne Vorsatz und kaum daß ich weiß warum, habe ich plötzlich angefangen, ‚Buddenbrooks' zu lesen." Thomas Mann/Heinrich Mann: Briefwechsel 1900—1949. Hrsg. von Hans Wysling. Frankfurt a. M. 1971. S. 215 f. Auch wird Heinrich Manns bedrückende Einsamkeit, „Nichtöffentlichkeit", sein eigentümliches Zeit- und Realitätsgefühl und sein Anklammern an das „Haus" deutlich.

sammenarbeit sein Haus wiedererkannt. Nachgerade vergesse ich, daß er seit mehr als fünfzig Jahren abberufen ist. (226)

Der letzte Satz ist eine der wenigen Stellen, die auf die leere Gegenwart anspielen; obendrein zeigt er, wie die Chronologie unwichtig wird. Auch diese Anekdote ist Literatur; wenn sie einen faktisch-historischen Anlaß hat, so erscheint ihr Erkenntnisgehalt, ihre innere Wahrheit, doch erst in der Formulierung und Pointierung. Der Autor zählt sich, wenn auch im Konjunktiv, zum „Haus". Das „Haus" wird immer mehr zum Schlüsselwort. Seine Bedeutung reicht vom konkreten Elternhaus, den Wohnräumen der Kindheit, zur Firma (die ja räumlich damit vereinigt war), zur Familienabstammung, -einheit und -kontinuität, zum Komplex „Heimat". „Ohne Geburtsstätte kein Weltbürgertum." Die Erinnerung an das „Haus", die Familientradition und -tüchtigkeit wird dem wurzellosen Exil entgegengesetzt, der Umgebung von Los Angeles, die ihn nichts angeht und von der er im großen autobiographischen Brief an Kantorowicz vom 3. März 1943 sagt: „In Amerika kam ich wohl den 13. Oktober 1940 an. Früher nie. Auch nicht in Südamerika. Eindrücke belanglos." [18] Dieser unausgesprochene Kontrast muß mitgedacht werden, um zu verstehen, wie Heinrich Mann jetzt das Verhältnis zum Vater und zum Bruder harmonisiert, die mehr als fünfzig Jahre seit dem Tode des Vaters zusammenfaßt, um in der Essenz seine und seines Bruders Tätigkeit und Leistung auf das „Haus" zu begründen, das inzwischen, wie er weiß, auch physisch nicht mehr vorhanden ist. Diese Gebundenheit an die Herkunft hatte er bereits im Glückwunsch zum 60. Geburtstag des Bruders ausgedrückt:

> Andererseits ist für unsereinen die wirkliche Form der Volksgemeinschaft, teilzuhaben an der Überlieferung, angeschlossen zu sein den uns vorausgegangenen Geistern, ihrer Anerkennung versichert. Der Erdenrest geschieht nebenbei und nur sehr vorläufig, weder Du noch ich überschätzen ein zeitweiliges Urteil, soweit es uns selbst betrifft. (Verteidigung, 419 f.; „Der Sechzigjährige")

Dies in der Zeit des Erfolgs und der Arbeit am „Henri Quatre"; es ist Heinrich Manns allgemeine Reaktion gegenüber den zerstörenden Kräften des Nationalsozialismus, die er 1934 so ausdrückte: „Angesichts des Nationalsozialismus wird jeder konservativ; denn jeder hat etwas zu erhalten, das hier zerstört werden soll: der Marxist so gut wie der Liberale." (Verteidigung, 104; „Verfall einer geistigen Welt") Aber das Denken in Traditionen und Kontinuitäten wird auch ganz allgemein kennzeichnend für den alten Heinrich Mann. Einzelfakten haben nur insofern Bedeutung, als sie in die Zusammenhänge passen und sie aufschließen. Wie in einem historischen Ro-

[18] Die Zeit, 8. Januar 1982, S. 15.

man kommt es bei den Anekdoten im „Zeitalter" nicht auf ihre faktische Richtigkeit an, sondern auf ihre Bedeutung zur Erkenntnisgewinnung.

So wie der Autor mit der Kategorie der Kontinuität den Sinn der Geschichte in seinem Zeitalter bekräftigt und die Funktion und Rechtfertigung des Schriftstellers, zumal in seiner öffentlichen Rolle und Wirkung daher ableitet, so fügt sich das, was er an Positivem über die Weimarer Republik zu sagen hat, in das in dem Muster des Freistaats Lübeck implizite soziale Vorbild: er statuiert die dem Vater und Bruder zugeschriebene „Popularität" für die Zeit nach dem Ersten Weltkrieg. Demokratie muß nach Heinrich Manns Vorstellung von Geist und Ungeist von oben kommen, und er lobt: „Demokratie hatte dem Denken gut gedient, sie hatte ihm tiefere Schichten geöffnet, wohin es früher nicht drang." (Verteidigung, 34; „Denken nach Vorschrift") „Schichten" sind soziale, nicht psychologische Schichten, die „Massen": „Die echte Demokratie erhebt (die Massen), die falsche drückt sie nieder." (Verteidigung, 71; „Massenbetrug") Konsequenterweise haben sich die Nazis sofort gegen die Intelligenz gewandt, um die Demokratie zu vernichten: „Auseinandergetrieben ist die verhältnismäßig kleine Schicht der Bevölkerung, die eine hohe Bildung bewahrt und weitergegeben hatte." (Verteidigung, 104; „Verfall einer geistigen Welt") Das ist besonders bedauerlich, weil gerade im späteren Stadium der Weimarer Republik nach Heinrich Manns Ansicht Literatur volkstümlich geworden war und damit die Literatur angefangen hatte, bildend im Sinne der Demokratie zu wirken. 1931 hatte er festgestellt: „Die Bücher sind in viel tiefere Volksschichten gedrungen als früher." (Essays, 334; „Die geistige Lage") Das erste Beispiel war für ihn die so ungemein erfolgreiche Volksausgabe der „Buddenbrooks". Dem entspricht das Urteil im „Zeitalter", wo er an der Republik lobt: „Sie hat die Literatur amtlich anerkannt und hat sie geehrt. Jede vorige Literatur war dem Staate fremd gewesen: die unsere nicht." (314) Durch die Anerkennung der Literatur verstärkte die Republik ihre Basis und erhöhte ihr Lebensgefühl:

> Die Schriftsteller standen bei der Menge, einer erheblichen Menge aus arm und reich, nicht nur im Ansehen, sie waren ihr bekannt. Ein Mittelstand, der umfänglicher wurde mit dem Anwachsen einer gehobenen Arbeiterschaft, ließ sich nicht mehr genügen an den literarischen Äußerungen des Augenblicks: die Leute fingen an, die Zusammenhänge des Geschehens zu beachten. Das ist aber das erste. Eine nationale Gemeinschaft muß urteilen lernen bis in ihre Vergangenheit, damit sie endlich selbst über sich bestimmt. Das eigene politische Handeln setzt Literaturkenntnis voraus. (315)

Literatur bringt die Erkenntnis der Zusammenhänge, und erst diese Erkenntnis befähigt zum politischen Urteil, insofern setzt politisches Handeln die Kenntnis der Literatur, Bildung und damit Überblick über die Geschichte voraus. Im Gegensatz zur positivistischen Geschichtsschreibung geht es der Literatur nie um das Einzelne, sondern immer um den Zusammenhang, um das geschichtliche Kontinuum. Dieses Kontinuum erkennt der Autor des „Zeitalter" aus dem Rückblick auch in der geschichtlichen Entwicklung der Rolle des Schriftstellers: in der wachsenden Volkstümlichkeit nach dem Ersten Weltkrieg, der bildenden Wirkung auf immer größere Teile des Volkes, steckt der Ansatz für die zukünftige Rolle und Wirkung, zu der das Volk bereit ist und die durch die staatlichen Organe gesteuert, zumindest gefördert werden kann. Man möchte so weit gehen zu sagen, daß der Staat keine Demokratie hervorbringen kann, er kann lediglich den Rahmen dafür schaffen; wahre Bildung, aus der wahre Demokratie entsteht, geschieht durch die durch Literatur vermittelte geschichtliche Erkenntnis. Es ist nicht zu diskutieren, ob Literatur als das einzige Mittel solcher Erkenntnisgewinnung angegeben wird; sicher ist Erkenntnis ihre primäre soziale Aufgabe.

In diesem Sinne ist „Ein Zeitalter wird besichtigt" in mehrfacher Weise vorbildlich: es drückt den Erkenntnisprozeß des Autors aus, der sich auf sich und sein Zeitalter besinnt. Seine Form ist dynamisch, Prozeß mehr als Ergebnis, Ergebnisse werden immer wieder relativiert. Der Autor spiegelt sich im Zeitalter, wie das Zeitalter in ihm. Mit zumindest subjektivem Recht kann er am Anfang des autobiographischen Teils sagen:

> Dies wären unpersönliche Feststellungen? Es sind die allerpersönlichsten. Mein eigenes Dasein hängt ganz und gar davon ab, daß sittliche Bemühungen möglich sind. Das Auftreten des Antimenschen und sittlichen Fluches, der Hitlerdeutschland sein will, hat der Welt die Moral interessant gemacht. Sie war es sonst nicht. Im besten Fall verstand sie sich von selbst. Lebendig bleibt nur, was bestritten ist und verteidigt, wenn nicht sogar zurückerobert werden muß. (158)

Der Kampf um den Sieg des Geistes, den Heinrich Mann als seiner Natur nach sittlich betrachtet, macht sein Leben zum Teil des Zeitalter, so wie er ihn legitimiert, als repräsentativer Augenzeuge für sein Zeitalter zu sprechen. Damit sind auch die Grenzen der Relevanz der Autobiographie gezogen: sie ist wichtig, wo sie Teil des öffentlichen Lebens geworden ist. Der Autor ist nicht durch ein innewohnendes Genie interessant, sondern durch sittlich-geistige Bemühungen und die ihnen entspringenden schöpferischen wie politischen Leistungen. Indem er den Zusammenhang seiner Existenz mit der Kontinuität der Geschichte erkennt, eine solche Existenz durch literarische Formulierung der Erkenntnis anderer Menschen zugänglich macht, die Geburt der Zukunft in der Gegenwart aus der Besinnung auf die Herkunft, die Vergangenheit erfährt, hat er sowohl die soziale Funktion der

Literatur erfüllt als auch beschrieben, erklärt und vorgeführt. Dabei sieht er einerseits die geschichtlichen Zusammenhänge, das Kontinuum, nicht nur des eigenen Zeitalters: er zieht die Linie von der Renaissance über die Französische Revolution zur russischen von 1917. Auch statuiert er den inneren Zusammenhang von Geist und Tat, Rousseau und 1789, Napoleon und der deutschen Klassik. Andererseits ist ihm die relative Bedeutung und Wahrheit der Einzelheiten, der einzelnen Begebenheiten, der einzelnen Personen, der einzelnen Aussprüche durchaus gegenwärtig. Nie läßt der Autor des „Zeitalter" eine solche Einzelheit für sich stehen; er erkennt sie in ihrer relativen Selbständigkeit an, aber integriert sie in einen Kontext, aus dem sie interpretiert werden muß. Nicht nur die literarische Pointierung der Einzelheiten, sondern noch mehr ihre Einbindung in eine geschichtsphilosophische Konzeption des Zeitalters und der Funktion des Schriftstellers im Zeitalter macht es mißlich, einzelne Sätze losgelöst von ihrem Kontext als Selbstaussagen Heinrich Manns zu benutzen.

Die starke Betonung des Zusammenhangs, geistig, zeitlich, sozial, die Tendenz zur Harmonisierung bei Vernachlässigung oder Milderung von Konfliktspunkten deutet nicht nur auf die Weitsicht des Alters, den hohen Bewußtseins- und Abstraktionsgrad, sondern auch auf das Bedürfnis nach Kompensation der leeren Gegenwart, in der das Gegenteil der Erfüllung der Aufgabe des Schriftstellers stattfindet. Der Autor muß seine Sicht der Vergangenheit daher auf die Zukunft projizieren, von der er weiß, daß sie nicht mehr die seine sein kann.

Literatur ist antizipatorische Erkenntnis; Erkenntnis bedeutet praktisch-sittliche Bildung der Menschen. Indem sich der Autor seiner Vergangenheit versichert und der aus der Tradition herauswachsenden jeweiligen Antizipation, versteht er den Sinn seines Lebens wie seines Zeitalters und macht es verfügbar für die Zukunft — in seiner Essenz. Als Leitbilder des Schriftstellers und Volksbildners erscheinen dabei nicht zufällig der volksgebundene gemeinnützige Senator des Freistaates Lübeck, der intellektuelle Staatsmann der Gegenwart und der geistbestimmte aber volkstümliche Schriftsteller, wie der eigene Bruder, dessen Wirkung einer der Pluspunkte der Weimarer Republik war, der aber jetzt auf die Welt wirkt. Dabei sind Roosevelt oder Stalin, der Vater, der Bruder, das eigene Ich Beispiele, die durch andere ersetzt werden könnten. Es geht um das Modell der geistbestimmten Gesellschaft, das, so seltsam es klingen mag, Heinrich Mann vielleicht aus dem Freistaat Lübeck ableitete.[19] Als Muster, wie Heinrich Mann

[19] Natürlich ist auch an das Modell von „Die kleine Stadt" zu denken; jedenfalls wäre Heinrich Manns Idee vom „Mittelstand" zu diskutieren und seine Vorstellung von Rous-

sein Leben in seinem Zeitalter gesehen werden wollte, hat „Ein Zeitalter wird besichtigt“ jedenfalls die beabsichtigte Wirkung gehabt. Als abschließende Erörterung der Problematik der Rolle der Literatur und des Schriftstellers im Zeitalter verdient das Buch noch weitergehende kritische Aufmerksamkeit. Als Dokument des Exils zeigt es, daß durch die Isolierung und die Perspektive auf Europa von Amerika aus die früheren Unterschiede und Konflikte nunmehr weit weniger wichtig geworden sind; eine Gesamtschau der europäischen Geschichte tritt hervor, die einen „Abschied von Europa“ voraussetzt und daran erinnern will, daß der Kontinent eine weltgeschichtliche Rolle hat, sollte sie in Zukunft auch von außereuropäischen Mächten politisch weitergeführt werden müssen. Auch dieser Problematik wäre noch weiter nachzugehen.

seau, der Französischen Revolution, dem 19. Jahrhundert und der Weimarer Republik darauf zu beziehen; vgl. David Gross: The Writer and Society. Heinrich Mann and Literary Politics in Germany, 1890—1940. Atlantic Highlands, N.J. 1980; und Michael Nerlich, „Warum Henri Quatre?“ In: Heinrich Mann 1871—1971. Hrsg. von Klaus Matthias. München 1973. S. 163—202.

HUBERT ORLOWSKI

Öffentlichkeit und Denunziation

Heinrich Mann und andere „System"-Autoren im Lexikon „Sigilla Veri"

Zu Beginn gilt es eine nicht nur terminologische Frage zu klären. Nämlich: Ist es legitim, eine Information als Denunziation zu erklären, die in einem allgemein zugänglichen Nachschlagewerk erschienen ist und die (wenn auch nicht immer) falsche bzw. den Sachverhalt entstellende Daten enthält? Wollte man von der juristischen Feststellung der meisten Strafgesetzbücher ausgehen, so müßte vom Begriff „Denunziation" Abstand genommen werden. Die Brockhaus-Enzyklopädie bringt unter dem Stichwort Denunziation eine juristisch abgesicherte Definition: Denunziation „ist im weiteren Sinn jede an eine Behörde, namentlich an die Polizei oder Staatsanwaltschaft, gerichtete Anzeige, durch die jemand einer strafbaren Handlung beschuldigt wird; im engeren Sinne nur die aus unehrenhaften Beweggründen erfolgende und insbes. die falsche oder den Sachverhalt entstellende Anzeige. D. ist als falsche Anschuldigung nach § 241 a StGB strafbar." [1]

Die umgangssprachliche bzw. sprachlich normative Auslegung des Begriffs Denunziation in den bekanntesten Wörterbüchern bringt uns der erwarteten Antwort bedeutend näher. Das „Wörterbuch der deutschen Gegenwartssprache" versteht unter denunzieren „jemanden aus niedrigen, meist egoistischen Beweggründen anzeigen, verdächtigen." [2] Die umfangreichsten Wörterbücher, die z. Z. in der BRD erscheinen („Duden. Das große Wörterbuch der deutschen Sprache", „Brockhaus Wahrig. Deutsches Wörterbuch") bringen ähnlich zweigeteilte Erklärungen. Laut Dudens großem Wörterbuch der deutschen Sprache zum Beispiel ist „denunzieren" gleichbedeutend entweder mit „(abwertend) aus persönlichen niedrigen Gründen anzeigen" oder „als negativ hinstellen, öffentlich verurteilen, brandmarken." Es ist evident, daß die zweite Erklärung zweifelsohne auch auf ein zu Beginn genanntes Nachschlagewerk zutrifft. Doch hier geht es weniger um die

[1] Brockhaus Enzyklopädie, Bd. 4. Wiesbaden 1968. S. 426.
[2] Wörterbuch der deutschen Gegenwartssprache, Bd. 1. Berlin 1965. S. 788.

zweite, eher metaphernhafte Erklärung als um die erste, die nämlich relevante Merkmale einer jeden Denunziationsstruktur zu enthalten scheint. Konstitutiv für den Aufbau einer denunziatorischen Kommunikationssituation dürften drei Elemente, drei Teilnehmer sein: 1. derjenige, der Anzeigen formuliert und weiterleitet, 2. derjenige, für den die Anzeigen bestimmt sind, 3. derjenige, den die Anzeigen betreffen. Die Relationen, welche alle drei konstitutiven Elemente verbinden, mit anderen Worten eine rationale Kommunikationssituation schaffen, sind dabei in der *Motivierung* der beiden erstgenannten Teilnehmer der Kommunikationssituation zu suchen. Der Informant ist bedacht, dem „Objekt“ der Information Schaden zuzufügen, der Adressat muß ebenfalls an solch einer Schädigung interessiert sein. Mit anderen Worten: zwischen dem Sender und dem Empfänger einer denunzierenden Information besteht eine Bindung von strukturschöpfender Bedeutung, nämlich die des beiderseitigen Interesses, der Zweckmäßigkeit. Die Relationen dagegen, die zwischen dem „Objekt“ der Denunziation und dem Sender bzw. dem Empfänger bestehen, sind indirekter, potentieller Natur. Die kommunikative Beziehung des Senders zum Empfänger ist nämlich nur dann möglich, wenn beide Seiten von einer (ob vermeintlichen oder wirklichen, bleibe dahingestellt) Gefährdung durch das „Objekt“ der Denunziation überzeugt sind bzw. sich von der Anzeige Nützliches versprechen. Pragmatisch zweckmäßig ist eine Anzeige selbstverständlich erst dann, wenn deren „Objekt“ Schaden zugefügt werden kann. Das Zustandekommen einer denunziatorischen Kommunikationssituation ist also — pragmatisch gesehen — vom Kontext abhängig. Der Kontext bedingt den Grad der „Straf- und Haftbarkeit“ sowie den der Realisierbarkeit der Anzeige. Versteht man die Begriffe „strafbar“, „haftbar“, „Gefährdung“ und „Nutzen“ sowie „Sender“ und „Empfänger“ der Denunziation entsprechend weit, also nicht nur rein juristisch, so ist eine Situation denkbar, in welcher ebenfalls ein Teil der *Öffentlichkeit* als Adressat einer Denunziation fungieren kann. Die Öffentlichkeit als eine zwar spezifische, dennoch recht wirksame Exekutive gegenüber Schriftstellern, Publizisten, Künstlern, Intellektuellen? — Wer der hier Anwesenden könnte dazu nicht wenige Beispiele liefern? Mit dieser Feststellung soll die Öffentlichkeit als Exekutive keineswegs disqualifiziert werden. Doch es gibt nicht wenige Fälle, in denen partielle Öffentlichkeiten durch gesteuerte bzw. manipulierte Anzeigen mobilisiert werden können, nämlich im Sinne einer Imputierung von (mehr oder weniger vermeintlicher) Gefährdung durch das „Objekt“ der Anzeige. Weniger die Strategie als die Taktik einer solchen denunziatorischen Mobilisierung soll demonstriert werden. Nämlich anhand des völkisch-antisemitischen Lexikons „Sigilla Veri“, das im Erfurter U. Bodung-Verlag von

1929 bis in die dreißiger Jahre herausgegeben wurde. Dieses mehrbändig-voluminöse Nachschlagewerk (je Band ca. 1200 zweispaltige Seiten im Brockhausformat) wurde vom Herausgeber Erich Eckehard als „zweite um ein Vielfaches vermehrte und verbesserte Auflage des „Semi-Kürschner" von Philipp Stauff angegeben. In der Tat erschien schon 1913 in Berlin im Selbstverlag von Philipp Stauff [3], einem militanten völkischen Antisemiten, ein einbändiges Nachschlagewerk, betitelt auf barocke Manier: „Semi-Kürschner oder Literarisches Lexikon der Schriftsteller, Dichter, Bankiers, Geldleute, Ärzte, Schauspieler, Künstler, Musiker, Offiziere, Rechtsanwälte, Revolutionäre, Frauenrechtlerinnen, Sozialdemokraten, usw. jüdischer Rasse und Versippung, die von 1813—1913 in Deutschland tätig oder bekannt waren."

Das in erster Auflage ca. 7000 Biographien erfassende Lexikon wurde dann von Philipp Stauff für eine Neuauflage vorbereitet und nach dessen Tode (1923) von dem schon erwähnten Eckehard weitergeführt, jedoch nicht vollendet. (Es erschienen lediglich vier Bände, der letzte im Jahre 1932.) In Stauffs Einleitung zur ersten Auflage („Der Semi-Kürschner, sein Plan und seine Auflage") wird die Intention des Herausgebers unmißverständlich angegeben: „Ursprünglich war nur geplant, die jüdische Rasse im Schrifttum aufzudecken. So ist die Aufzählung der in Wissenschaft und Presse tätigen Herren und Damen auch vielleicht am besten gelungen." [4] Dennoch ist in der ersten Auflage die berufliche Einordnung der berücksichtigten Personen von nicht geringer Bedeutung, nicht zuletzt deshalb, weil die berufliche Komponente in der zweiten Auflage aus programmatischen Gründen als wichtig erklärt wird. (Darüber jedoch einige Seiten weiter.) Das „aufklärende" Grundprinzip der Edition wird von Stauff [5] offen zugegeben: „die Angehörigen jüdischer Rasse, die wir aufzählen, haben wir dadurch weder beleidigen noch schädigen wollen; unsere Arbeit gilt unserem Volke und unserer Rasse (...) Offen zu sagen, was *uns* gefährdet, klingt vielleicht unangenehm für die Gefährdenden, aber es war uns bitterstes und höchstes Gebot." [6] Die Intention ist schon dem Titel alleine („Semi-Kürschner") zu entnehmen. Der Titel geht auf Arno Schickedanz' biologische Rassentheo-

[3] Duden. Das große Wörterbuch der deutschen Sprache, Bd. 2. Mannheim 1979. S. 511.

[4] Semi-Kürschner..., Berlin 1913. S. IV.

[5] Philipp Stauff (1876—1923), ein militanter völkischer Antisemit, ist bekannt durch die Ausgabe der beiden genannten Auflagen des „Semi-Kürschner" (Seitenstück zu „Semi-Gotha" und „Semi-Allianzen"), des Nachschlagewerkes „Das Deutsche Wehrbuch" (1912) über die Organisierung der Völkischen sowie als Schöpfer einer sehr problematischen Hypothese vom Runencharakter des Fachwerkmusters. Stauff arbeitete mit dem bekannten Antisemiten Theodor Fritsch zusammen, u. a. bei der Herausgabe des „Hammers" (Blätter für deutschen Sinn").

[6] Semi-Kürschner. S. IX.

rie zurück, in deren Zentrum der ex definitione axiologisch abwertende Begriff der (jüdischen) „Gegenrasse" steht.[7] In der „Einführung" zum ersten Band der Enzyklopädie „Sigilla Veri" wird nach Jahren dieses Titels lobend gedacht: „Der ‚Semi-Kürschner' war vom Standpunkt der Schaffenden *primären* Rassen und nicht jüdischen Menschen ein Buch, das sich mit den *halben*, unechten, talmi- und talmudhaften Angehörigen der Gegenrasse befaßte."[8]

Schon vom Titel und von der Widmung her ist die zweite Auflage weit stärker diffamierend und denunziatorisch. Der ebenfalls „barocke" Titel baut assoziativ ein negatives Wortfeld des Begriffs „Jude" auf: „Sigilla Veri (Ph. Stauff's Semi-Kürschner). Lexikon der Juden, -Genossen und -Gegner aller Zeiten und Zonen, insbesondere Deutschlands, der Lehren, Gebräuche, Kunstgriffe und Statistiken der Juden sowie ihrer Gaunersprache, Trugnamen, Geheimbünde, usw." Noch stärker schimmert das denunziatorische Motiv durch die Widmung: „Zum Gedächtnis des Totenopfers aller nichtjüdischen Völker im Weltgeschäfts- und Judenkriege 1914/18, zum Gedächtnis insbesondere der zwei Millionen Deutschen, die auf der Wal blieben und in der Gefangenschaft verkamen (...)."[9]

Die über den Titel und Untertitel sowie die Widmung laufende indirekte Verdächtigung *aller* im Lexikon berücksichtigten „Juden, Judengenossen ect." funktioniert also nach den Regeln einer *Meta-* bzw. *Makro-Denunziation.* Im System eines von den Herausgebern und Autoren demonstrierten völkischen Antisemitismus genügt die — biologische oder geistige — Zugehörigkeit zur „Gegenrasse", um axiologisch stigmatisiert zu sein. Programmatische Äußerungen in der über hundert Seiten zählenden „Einführung" bestätigen die Mutmaßung von der Strategie einer Makro-Denunziation. Das Lexikon „Sigilla Veri" wird sonstigen akademischen Nachschlagewerken gegenübergestellt. Nach einer knappen tendenziösen Einschätzung der jüdischen Nachschlagewerke („Encyklopaedia Judaica", „Große Jüdische Nationalbiographie", „Jüdisches Lexikon", „Jewish Encyclopedia") geben die Herausgeber der „Sigilla Veri" ihre Intentionen bekannt. „Wir Nicht-Juden" — heißt es — „sind Objekt der Betätigung der Juden, sind das Blut, von dem der Schmarotzer in Ewigkeit trinken möchte (...); es handelt sich deshalb für uns darum, bis ins Kleinste die Mittel festzustellen und zur Kenntnis zu bringen, womit der Peiniger uns zu Fall bringt, schächtet, entblutet, zerkleinert und verdaut." „Sigilla Veri" sei nicht als „Kehrseite der

[7] Dieses Ideologem der „Gegenrasse" wurde von Arno Schickedanz in seinem Werk „Sozialparasitismus im Völkerleben" (1927) vorgeschlagen.

[8] Sigilla Veri, Bd. 1. Erfurt 1929. S. 10.

[9] a.a.O. Bd. 1. S. 7.

Medaille" (d.h. der „jüdischen" Nachschlagewerke) gedacht, sondern „als notwendige Ergänzung, als Aufdeckung von des Juden wahrem Wesen und Verhalten gegenüber den Wirtsvölkern, ja als die Hauptsache mit dabei." [10] Bei solch einer Strategie genüge also nicht eine bloße Aufzählung von Titeln und Daten, wie sie „in den Nachschlagewerken über Nichtjuden" praktiziert werde. „Die Hauptsache bleibt doch die Auffüllung der Zahlen und Namen." [11]

Die Stoßrichtung der Informationen (lies: Denunziationen) verdeutlicht das zweite Kapitel der „Einführung" („Schutztruppen des Judentums: Bastarde und Judengenossen"). Das vielzitierte, fast geflügelte Wort „Wer Jude ist, bestimme ich!", also (mit anderen Worten) „Wer gefährlich ist, bestimme ich!", wird von den Herausgebern reflektierend (und praktisch) vorweggenommen: „Zu den Mischlingen gesellen sich mit den Wortsvölkern Nichtjuden, die sich zu *Judenschützern, Judenknechten,* zu symbolisch beschnittenen *Judengenossen* oder *künstlichen Juden* zurückgebildet haben, ein Judenlexikon darf nicht an ihnen vorbeigehen... Instinktpervertiert, wie sie sind, finden sie den Juden noch recht erträglich..." [12] Selbst der Adressat der Denunziation wird in der „Einführung" thematisierend beschworen: „Unser Buch will (...) dem *aufbauenden,* schaffenden Menschen im Kampf gegen die zerstörenden (...) Parasiten helfen (...)." Oder noch deutlicher: „Unser Buch ist für die Führenden, nicht für die Masse bestimmt, die vielmehr von jenen nach den Erkenntnissen des Buches gelenkt werden muß; eingehende Beschäftigung mit der Judenfrage ist die Pflicht derer, die von einem Volke gleichsam als seine Wachtorgane herausgestellt (...) sind"... [13] Angesprochen wird also der *implizierte* Adressat der Denunziation, der vom Denunzianten als *ideale* Empfänger der Nachricht vorausgesetzte und gewünschte Teil der Öffentlichkeit.

Doch wäre die Reduzierung des Adressaten des Lexikons auf einen (laut Wunschdenken) implizierten ein unerlaubter und unberechtigter Schritt. Das Lexikon „Sigilla Veri" war nämlich in der Tat für eine existierende, relativ breite Dezidentengruppe bestimmt. In öffentlichen und wissenschaftlichen Bibliotheken, in Hausbibliotheken ideologischer und politischer Entscheidungsgremien, in meinungsbildenden Anstalten der Weimarer Republik und des Dritten Reiches fand das Lexikon gehörigen Platz. Welche Bedeutung der Bodung-Verlag und nach 1933 etliche Institutionen des Dritten Reiches dem Lexikon und dessen Funktionieren beigemessen haben, läßt sich

[10] a.a.O. Bd. 1. S. 48.
[11] a.a.O. Bd. 1. S. 32.
[12] a.a.O. Bd. 1. S. 38 (Hervorhebung H. O.).
[13] a.a.O. Bd. 1. S. 54.

an den Bemühungen ablesen, die Angaben zu erweitern, zu revidieren und zu aktualisieren. Anhand von zwei ganz verschiedenen Exemplaren des Lexikons kann bewiesen werden, daß bis *tief in die dreißiger Jahre hinein* die Subskribenten des Lexikons mit hektographierten Blättern beliefert worden sind, die entsprechende Berichtigungen und erweiternde Informationen zu einzelnen Stichwörtern enthielten.[14] Diese Blätter bzw. Fragmente von Blättern wurden dann an entsprechenden Stellen eingeklebt. Ein einzelnes Beispiel, nämlich die „Berichtigung" zum Stichwort „Walter Flex" möge illustrieren, durch welche Quellenangaben und Autoritäten der Informationswert abgesichert werden sollte: „Flex, Rudolf: Streiche Zeile 2 das Judenzeichen ▽ und füge am Ende des Absatzes hinzu: Der Sachverständige für Rasseforschung beim Reichsministerium des Innern/Berlin, hat lt. Mitteilung vom 26. 2. 1936 der Reichsstelle zur Forschung des deutschen Schrifttums, die Ahnen bis zu den Urgroßeltern geprüft, teilweise bis zu den Ur-Urgroßeltern ermittelt und dabei festgestellt, daß Walter Flex deutscher Herkunft und frei vom jüdischen und farbigen Bluteinschlag ist."[15] Anhand dessen, wie detailliert das Berichtigungssystem im Dritten Reich funktionierte, ließe sich übrigens begründen, daß die „enzyklopädische" Denunziation der „Sigilla Veri" nicht nur an eine ideologische (implizierte) Öffentlichkeit gerichtet war, sondern direkt im Verwaltungs- und Strafsystem des Dritten Reiches ihre Verwendung fand.

Die biographischen Stichwörter, mit denen Schriftsteller, Publizisten, Wissenschaftler, Künstler und Philosophen „bedient" werden, unterscheiden sich durch Struktur und Baustoff der Denunziation von denen über Politiker, Manager u. ä. Den Baustoff, der übrigens in den meisten Fällen die Struktur des biographischen Stichworts bestimmt, liefern grundsätzlich Zeitungen, Zeitschriften, Literatur, Publizistik u. ä. Berücksichtigt worden sind dabei nicht nur rechtsradikale und antisemitische Periodika: „Der Angriff", „Deutsche Blätter", „Weltkampf", „Wahrheit", „Völkischer Beobachter", „Antisemitisches Monatsblatt", sondern auch liberale Blätter („Vossische Zeitung", „Berliner Tageblatt", „Neue Rundschau"). Die Handhabung des als brauchbar eingestuften Materials war in mancher Hinsicht unterschiedlich. Vor allem war sie durch den Umfang des jeweiligen Stichworts bedingt. In Texten von zwei-drei Seiten Umfang sind längere Zitate kaum zu finden, in umfangreicheren dagegen (nicht selten über zehn und

[14] Es handelt sich um ein Exemplar aus den Beständen der Universitätsbibliothek der ehemaligen nazistischen Modell-Reichsuniversität Posen (1940/41 gegründet) sowie um ein zweites, das einst in der Hauptbücherei der ehemaligen NS. Ordensburg Krössinsee aufbewahrt wurde.

[15] Sigilla Veri, Bd. 2. Zu S. 368.

fünfzehn Seiten DIN A 4) sind längere Auszüge aus oben erwähnten Quellen die Regel. Die über einen gewissen Umfang hinausreichenden Stichwörter bilden ein Arrangement von kürzeren Zitaten und längeren Auszügen, getrennt bzw. gekittet durch wertende und erklärende Zwischenbemerkungen. Im einzelnen soll diese Methode am Heinrich Mann-Stichwort demonstriert werden. Das Arrangement in jedem dieser umfangreichen Stichwörter, so unterschiedlich es auf den ersten Blick auch sein mag, ist immer als eine Anzeige, als ein Fingerzeig gedacht. Dieses strukturierende Leitmotiv des Zitatenmosaik war auf Denunziation gerichtet, also darauf, was angeblich oder wirklich öffentlich nicht bekannt und somit aufzudecken wäre. Bei Persönlichkeiten also, deren jüdische Abstammung als unbekannt, unsicher oder bisher unbegründet war, ist das Zitatenarrangement auf die Aufdeckung einer (un)vermeintlichen Abstammung gerichtet. Solch einen Denunziationsversuch verkörpert fast idealtypisch das Stichwort „Thomas Mann". Von den ca. fünfundzwanzig Textseiten befassen sich weit über die Hälfte mit dem um 1910 entbrannten publizistischen Geränk um den Stammbaum und die Familienverhältnisse Thomas Manns. Die Argumentation baute auf langen Auszügen aus Aussagen von Theodor Lessing, Adolf Bartels, Thomas Manns Stellungnahmen und sogar auf Leserbriefen auf. Untermauert wird die Mischling-These durch eine „ikonographische" Analyse der Porträtradierung Thomas Manns von Max Oppenheimer. Diese Radierung „besagt alles: da ist ein Jude sehr klar den jüd. Spuren im Mischlingsgesichte nachgegangen". [16] Die assoziative Imputationstaktik der Autoren liegt auf der Hand: durch die Aufdeckung der (von Thomas Mann angeblich nicht zugegebenen bzw. getarnten) jüdischen Abstammung und „Versippung" soll der Verdacht verstärkt werden, daß er die in seinem Werk enthaltenen philosemitischen Elemente bewußt eingesetzt habe. Als selbstverständlich erscheint dann auch die Tatsache, daß Thomas Mann „mit angeborenem Verständnis für das „Judentum" schon recht früh „jüdische Literaten", wie z. B. Jakob Wassermann, „hochgelobt" habe. [17]

Das Arrangement der einzelnen biographischen Stichwörter zu Schriftstellern, Künstlern usw. ist dabei selbst inhaltlich nicht selten so bunt, daß man sich fragen muß: Handelt es sich letzten Endes um die Biographie und die Tätigkeit eines kreativen Schöpfers oder die eines Wirtschaftsmenschen und Abenteurers? Auch diese Frage wird in der „Einführung" denunzierend thematisiert. „Vielleicht hätte man den Judendrachen nach Ständen, Berufen und Gruppen gliedern können, aber auch das ging schlecht, weil die

[16] a.a.O. Bd. 4. S. 297 f.
[17] a.a.O. Bd. 2. S. 302.

Gegenrasse, um die Übersicht zu hindern, jede Grenze und Linie verwischt (...) ein jüdischer *Dichter* wirkt zugleich als Theaterdirektor und Pascha; ein *Geheimer Kommerzienrat* als Spartakist, Gelegenheitspoet, als Ferkel und ethischer Schriftsteller (...)." [18] Diesem Gedankengang ist übrigens recht deutlich die Anlehnung an das Konzept von Schickedanz abzusehen.

Beispielhaft für eine derartige Taktik des Pars-pro-toto-Denunzierens sind u. a. die Stichwörter Fritz Kortner und Erwin Piscator. Unter Berufung auf längere Auszüge aus vorwiegend völkisch-rechtsradikalen Zeitungen wird der Streit zwischen Veit Harlan und Fritz Kortner genüßlich und detailliert breitgewalzt. Kortner als Theatermann taucht lediglich am Rande und im Dunst der gesamten Klatschgeschichte auf. Zitiert wird aus einer Theaterrezension („Angriff") über die „Don Carlos"-Inszenierung 1929: „Als Carlos die ersten Worte sprach, wußte man, daß aus diesem Rendezvous ein feiner Duft des Knoblauchs (...) lieblich gen Himmel stank." [19] Im Stichwort Erwin Piscator werden auf ähnliche Weise Gesellschaftsskandale (Wilhelm Herzog — Erwin Piscator) sowie Finanzaffären ausgebreitet. In solchem Kontext wird dann eine nach der „Deutschen Zeitung" (1923) zitierte Glosse über Piscators Tätigkeit im Theater sowie dessen Haltung hineingezwängt: „Piscator will uns in seinem neuen proletarischen Theater die entfesselte Politik bieten (...) Mit solcher Erkennerwut findet Piscator den Beifall der gesamten Linkspolitik. Darum wird sein Name ausgewalzt und die Stellung dieses Theaters vorgehoben. Es liegt im Sinne einer sozialistischen Politik, die Totengräber der christlich-germanischen Kultur, in Ehren fortzusetzen." [20]

In der „Einführung" wird programmatisch vom Streben nach enzyklopädischer Objektivität versichert: „Das Buch faßt, wie ein Arzt die Bazillen, die Juden sine ira et studio, als eine Naturerscheinung (...): Sie können nicht dafür, daß sie so sind, wie sie sind: Wespen müssen stechen, und Turbunkeln versuchen, den Wirtskörper zu zersetzen, um auf dessen Kosten zu gedeihen (...) Wenn trotzdem den Mitarbeitern hier und da das Herz in Zorn und Mitleid bei dem überging, was sie die ärmsten ihrer Brüder erdulden sahen, so ist das bei einer Wissenschaft verzeihlich, die sich mit den Menschen unter der Fuchtel der Gegenmenschen beschäftigen muß (...) Wenn daher Mitarbeiter (...) manchmal mit Herzblut schrieben — wir verstehen das. Trotzdem aber haben wir vieles davon gestrichen oder in nüch-

[18] a.a.O. Bd. 1. S. 41.
[19] a.a.O. Bd. 3. S. 708.
[20] a.a.O. Bd. 4. S. 1188.

terne Form gebracht, da ein wissenschaftliches Werk nur objektiv, nie subjektiv geschrieben werden darf." [21] Der „mit Herzblut" geschriebene wertende Kommentar hört sich aber u. a. folgenderweise an: (über Lion Feuchtwanger) 1915 „brachte das Thalia Theater (...) in köstlicher Ausstattung seinen vor Geilheit und Ästhetentum strotzenden Renaissance-3-Akter ‚Julia Farnese'" [22]; (über Walther Mehring und dessen Stück „Der Kaufmann von Berlin") „Mit abgefeimter talmudischer Dialektik verkörpert Kaftan das ‚Märtyrertum' seiner Rassegenossen (...)." [23]

Symptomatisch für die Stichwörter über Autoren ist, daß sie ungewöhnlich selten literarische Interpretationen enthalten. In den ganz wenigen Fällen beschränkt sich die Interpretation auf eine Zitation eines entstellten Fragments und dessen moralische Stigmatisierung. Genüßlich wird z. B. aus dem Gedicht „Heimweh" von Else Lasker-Schüler zitiert: „Ich kann die Sprache / Dieses kühlen Landes nicht. / Und seinen Schritt nicht gehen. / Auch die Wolken, die vorbeiziehen / Weiß ich nicht zu deuten." [24] Weitere Zitate aus literarischen Werken und kastrierte Selbstaussagen Else Lasker-Schülers sollen — neben der „Wurzellosigkeit" des „schwarzen Schwans Israels" (denn auch Peter Hilles Metapher wird zitiert) — die „rassenhafte Schamlosigkeit Volksfremder" und deren „jüdische Erotik" dokumentieren. Ähnlich wird bei dem Aufbau des Stichworts Bertolt Brecht verfahren. Nach der Aufzählung von einigen wenigen Titeln wird auf die „Ballade vom toten Soldaten" eingegangen, „das Roheste aber und Niederträchtigste, was von Brecht bislang bekannt wurde." [25] Auf die Zitierung des Fragments über die k.v.-Schreibung des toten Soldaten durch die ärztliche Kommission folgt ein Kommentar: „So geht es bis Ende. Ein Wühlen in Kot und Schmutz. Acht, zehn Strophen lang. Ein Haßwort nach dem anderen. Eine Verunglimpfung des Todes nach der anderen." [26]

Das Stichwort „Heinrich Mann" ist auf dem Hintergrund der schon erwähnten Stichwörter insofern eigenartig, als es einerseits vom Aufbau her die schon angedeuteten strukturellen Besonderheiten bestätigt, andererseits jedoch auch andere, nämlich „objektivistische" Züge einer Überredungstaktik aufweist. Ein Vergleich zwischen dem Aufbau des Stichworts „Heinrich Mann" im ‚Semi-Kürschner' von 1913 und im Lexikon ‚Sigilla Veri' von 1931 ist leider insofern fast unmöglich, als es in der ersten Auflage kein selbständiges Stichwort „Heinrich Mann" gibt. Heinrich Mann taucht ledig-

[21] a.a.O. Bd. 1. S. 31.
[22] a.a.O. Bd. 2. S. 343.
[23] a.a.O. Bd. 4. S. 402.
[24] a.a.O. Bd. 3. S. 932.
[25] a.a.O. Bd. 1. S. 643.

lich im Stichwort „Thomas Mann" als sein Bruder auf: „Verfasser des Romans: ‚Zwischen den Rassen'. ‚Ich glaube, Heinrich Mann leistet für unsere Zeit des entwickelten Kapitalismus das, was Flaubert für den Frühkapitalismus geleistet hat: Darstellung der letzten Bewegungen, ohne Stellungnahme, ohne Parteilichkeit. Wir haben das bewundernde Gefühl. Dieser Dichter kann alles. Nein, nicht so, eher: Großes Leben! reiche Welt!' Max Brod (Jude) in der ‚Gegenwart'." [27] (Dieses Zitat wird dann übrigens auch im Stichwort „Heinrich Mann" angeführt.)

Selbst bei flüchtiger Lektüre des Stichworts „Heinrich Mann" fällt das direkte Aus-dem-Wege-gehen der Frage nach der „rassischen" Abstammung Heinrich Manns auf. Dies läßt sich wohl nur dadurch erklären, daß die Herausgeber das Problem der Abstammung aus taktischen Gründen im Zusammenhang mit dem „deutscheren" Thomas Mann denunziatorisch instrumentalisiert haben. Für den Benutzer des Lexikons war ja nach der Lektüre des Stichworts „Thomas Mann" selbstverständlich, daß alle seine Verwandten ähnlicher Abstammung sind. Daß diese Behauptung keine bloße rekonstruierte Mutmaßung ist, belegt ein Fragment aus der schon erwähnten einleitenden „programmatisch-theoretischen" Grundlegung des Lexikons. Heinrich Mann und sein Schaffen werden nämlich in der über hundert Seiten zählenden „Einführung" als ungewollte Zeugen für die Gefahren der „Bastardisierung" der Deutschen erwähnt, nämlich im zweiten Abschnitt („Schutztruppen des Judentums: Bastarde und Judengenossen"), der u. a. auch eine Klassifikation von „Mischlingen" bringt. „Bei einzelnen Mischlingen" — heißt es dort — „hat man den Streit ihrer Geblüte und Seelen, des jüdischen und nichtjüdischen Teils, dies ‚Zwischen den Rassen', wie ein alberner Roman des *gemischten Heinrich Manns* heißt — deutlich zu machen und den Widerwillen der zusammengepreßten und auseinanderstrebenden Teile, den arischen Bestand in der *jüdischen Umklammerung*, zu erkennen versucht." [28]

Anspielungen auf die „Mischlings-Familie" Mann enthält übrigens auch das Mini-Stichwort (ca. 2 Seiten) „Klaus und Erika Mann". Einmal sind es die indirekten Hinweise auf deren Geschäftstüchtigkeit (z. B. „Sie traten zusammen auf, obwohl sie sich nicht leiden konnten, aber ein *Geschwisterpaar,* das wirkt besser"), ein anderes Mal weit direkter: „In jüdischer Umgebung gewinnt auch das Kapitel ‚Väter und Söhne' ein neues, wenn auch nicht gerade verlockendes Ansehen." [29]

[26] a.a.O. Bd. 1. S. 644.
[27] Semi-Kürschner, Sp. 293.
[28] a.a.O. Bd. 1. S. 37 (Hervorhebung H. O.).
[29] a.a.O. Bd. 4. S. 294 f.

Damit ist der Bereich der Abstammungs-Denunziation im Stichwort „Heinrich Mann" direkt noch nicht abgesteckt; die Autoren bzw. Herausgeber des Lexikons bedienen sich nämlich noch einer recht feinen denunziatorischen Methode, nämlich der der *denunzierenden Illumination.* Ich schlage vor, das benjaminsche Denkbild von der Illumination in seiner (wenn auch stark abgewandelten) heuristischen Funktion zu benutzen. Das Illuminieren, das Aufflackernlassen des Blitzes der Erkenntnis durch das Aufeinanderprallenlassen zweier oder mehrerer Tatsachen, Zitate bzw. Namen — das ist die Taktik einer verdeckten Denunziation. In der Objektivierung des Angriffs, wie sie im zitierten Text als verbalisiertes Programm verkündigt wurde, steckt wohl das Hauptanliegen der denunzierenden Illumination, z. B. der Aufdeckung der Abstammung. Illuminiert wird das „Mischlinghafte" des Heinrich Mann durch den Hinweis auf die von ihm getroffene Wahl von Mitarbeitern. 1928 — so „Sigilla Veri" — gründete Heinrich Mann „einen deutschen Volksverband für Filmkunst gegen reaktionäre Filme mit seinen Genossen: John Heartfield, Ernst Cohn, Dr. Rosenfeld, Dr. Löwenstein, Paul Levy, Lev Hirsch, Eloesser, Tucholsky, Alfred Kerr, Theodor Wolff, Georg Bernhard, Dr. Ausländer, Leopold Jeßner, Egon Kisch, Ernst Toller, Arnold Zweig, Dr. Apfel, Prof. Gumpel, Prof. Kestenberg, Dr. Lasker, Prof. Lessing, Dr. Hodann, Erich Weinert." [30] Die für das Ohr eines sogenannten Durchschnittslesers bestimmte Anhäufung von deutsch-jüdischen Namen sollte und mußte denunziatorisch illuminierend wirken.

Vom Umfang her zählt das Stichwort „Heinrich Mann" umgerechnet knappe acht DIN A 4 Seiten. Der Satz ermöglicht nur auf eine einzige Weise Sinnzusammenhänge hervorzuheben, nämlich über den gesperrten Druck. Das zweite Mittel, nämlich der unterschiedliche Schriftgrad, wurde — wie das der Fall in einem Teil der Stichwörter war — hier nicht gehandhabt. Vom Status der Aussage her gesehen bestehen diese acht Seiten aus: 1. Informationen des Autors bzw. Herausgebers (insgesamt eine knappe Seite), 2. Wertungen und Stellungnahmen des Autors bzw. Herausgebers zur Person und zum Werk Heinrich Manns (insgesamt eine knappe Seite), 3. Selbstaussagen Heinrich Manns (insgesamt drei Seiten im Text, durch die Buchstaben SB = Selbstbekenntnis bzw. durch die Angabe des Titels der Mannschen Schrift gekennzeichnet), 4. Zitate aus Zeitungs- und Zeitschriftenartikeln zu Heinrich Mann und seinem Werk (insgesamt drei Seiten).

Die wenigen sachlichen Informationen beschränken sich auf das Geburtsdatum sowie auf wenige bibliographische Angaben (u. a. werden die Titel

[30] a.a.O. Bd. 4. S. 293.

der Romane „Professor Unrat“ und „Zwischen den Rassen“ erwähnt, übrigens ohne Erscheinungsjahr). Im ganzen Stichwort tauchen noch weitere Titel auf („Pippo Spano“, „Macht und Mensch“, „Sieben Jahre. Chronik der Gedanken und Vorgänge“, „Die Jagd nach Liebe“), immer jedoch als Reizworte und Aufhänger für kürzere oder längere publizistische Auszüge gedacht. Den beträchtlichsten Teil der biographischen Mitteilungen nimmt die Episode mit Trude Hesterberg ein: „Der sonst ziemlich ab- und ausgebrannte H. Mann zeitigte vor Abschluß der Sigilla noch einen letzten Johannistrieb: Der Dichter, der die Schauspielerin *Trude Hesterberg* seit geraumer Zeit als Künstlerin und Mensch verehrte, ist, seit er in Berlin im ‚Theater im Palmenhaus‘ über die Hauptrolle seiner ‚Bibi, Jugend 1928‘ mit ihr verhandelte, von einer tiefen Herzensneigung zu ihr erfaßt, die ihn veranlaßte, seiner Frau die Trennung vorzuschlagen. Mann's Gattin hat in eine freundschaftliche Scheidung gewilligt.“ Sie dient recht deutlich einer moralischen Brandmarkung des „unsteten“ Privatlebens des Schriftstellers.

Direkt verbalisierte Wertung und Stellungnahme der Autoren bzw. Herausgeber kommen — wie erwähnt — relativ selten vor. Über den Roman „Die Jagd nach Liebe“ heißt es z. B.: Heinrich Mann malt „brünstig alle möglichen Perversitäten aus“, über den Roman „Im Schlaraffenland“: Heinrich Mann zeigt sich „in Perversitäten wohl beritten.“ [31] Proportionell gesehen nehmen also die direkt verbalisierten Wertungen und Stellungnahmen einen sehr geringen Platz ein. Zieht man die Abschnitte und Fragmente ab, die entweder direkte Wertung oder möglichst sachliche Informationen enthalten, so bleibt ein ungewöhnlich umfangreicher Teil des Stichwortes übrig. Der Rest, also immerhin 70—80% des Gesamtumfangs, setzt sich aus zwei recht unterschiedlichen „Textsorten“ zusammen: aus Heinrich Manns Selbstaussagen und aus recht umfangreichen Auszügen aus literaturkritischen und publizistischen Texten zu Heinrich Mann. Beide „Textsorten“ betreffen weniger Heinrich Manns Schaffen als seine politische Haltung und weltanschauliche Position. Zitiert wird u. a. Iwan Golls Aussage aus dem Jahre 1917, die Manns Stellung zum I. Weltkrieg und zum „Deutschtum“ bloßstellen soll: „Der Krieg ist gekommen. Mit einem Ruck hat sich Heinrich gewendet. Er hat den *ungeheuren deutschen* Irrtum erkannt. Während die ganze Welt zu den Waffen lief, Siegeslieder sang und sich mit Lorbeeren bekränzte, zog er sich in sich selbst zurück und suchte sich zu erklären, wie es kommen konnte, daß hunderte, tausende Menschen, die zu denken und die Dinge zu ergründen wußten, sich von einem Strom des Blutes und des Hasses, der Europa überschwemmte, mitziehen ließen, und er kam zu dem

[31] a.a.O. Bd. 4. S. 294.

Resultat, daß einer der schlimmsten Fehler der Geistigen in Deutschland immer darin bestanden hatte, an Politik und öffentlichen Ungelegenheiten interessenlos vorüberzugehen und sich in die Laboratorien, die Lesesäle und Vereinslokale zurückzuziehen und sich um die Staatsangelegenheiten nicht mehr als Frauen und Kinder zu kümmern. Und er verfocht das Prinzip, daß der Geistige eine öffentliche Persönlichkeit werden müßte, ganz wie der Politiker. Er zeigte dem deutschen Wolf die überragende Erscheinung Zolas, über den er einen Aufsatz schrieb, der eines Tages klassisch sein wird." [32] Im zitierten Text werden durch Sperrdruck zwei Wörter hervorgehoben, nämlich „ungeheurer deutscher [Irrtum]", welche die von Goll akzeptierend gemeinte Bewertung über den gesamten Kontext des Stichworts ins Gegenteil umfunktionieren. Das „Undeutsche" an Heinrich Manns Haltung wird nämlich im ganzen Stichwort leitmotivisch verfolgt. Im Zusammenhang mit dem Essay „Macht und Mensch" heißt es u. a.: „1919 rühmt Heinrich Mann die *Franzosen* als ‚geistiges' Volk, tadelt die deutsche ‚Raubpolitik', findet Versailles gerecht und ist stolz auf unsere Niederlage — so daß er auch mit Recht für Beckers ‚Dichterakademie' vorgeschlagen werden konnte." [33] Der gesperrt gedruckte Begriff „Franzosen" soll wohl ein ähnlicher Fingerzeig sein wie die vorerst erwähnten zwei Wörter.

Der zweite Grundton, der sich aus dem Zitaten-Arrangement heraushören läßt, lautet: Heinrich Mann betreibt literarische Unzucht. Im Zusammenhang mit der Novelle „Pippo Spano" heißt es u. a.: „Heinrich Mann wurde 1917 zwar auch wegen Verbreitung unzüchtiger Schriften (...) auf Grund der Anzeige eines Münchener Kaufmannes verfolgt, aber nach den lobpreisenden Gutachten der Johann Nicklas, Prof. Arthur Kutscher und Dr. Kurt Martens entlassen. Leider! Denn unseres Erachtens besteht die Beschwerde des Mannes, der sich von M.'s Elaborat beleidigt fühlte, durchaus zu Recht." [34] „Angezeigt" wird Heinrich Mann auch wegen der Romane „Die Jagd nach Liebe" und „Im Schlaraffenland" sowie des Stücks „Bibi": „In der ‚Jagd nach Liebe' malt Heinrich brünstig alle möglichen Perversitäten aus, auch die lesbische Liebe in einem Kapitel, wo der verblödete ‚Held' zwei Frauenzimmer veranlaßt, im Evakostüm ihm eine pikante Szene vorzumimen. Auch ‚Im Schlaraffenland' zeigt er sich neben einer zutreffenden Schilderung des Kurfürstendamms in Perversitäten wohl beritten. ‚Bibi, Jugend 1928' ist der Held des Stückes, ein modernes Bürschchen, das sich als

[32] a.a.O. Bd. 4. S. 291.
[33] a.a.O. Bd. 4. S. 292. Mit Beckers Dichterakademie ist die Preußische Dichterakademie gemeint.
[34] a.a.O. Bd. 4. S. 291.

Eintänzer, Manager eines Boxers und zuletzt Sekretär einer Filmdiva betätigt. Bezeichnend, daß H. Mann seinem jungen Deutschen den Namen ‚Bibi' gibt — bislang hatten nur Säuglinge Bibi-Bedürfnisse." [35]

Die dritte Angriffsfläche bietet in den Augen der Herausgeber Heinrich Manns philosemitische Haltung. Ohne die Quelle zu nennen, wird aus Heinrich Manns Schrift zur Assimilation zitiert: „Assimilierung halte ich für wünschenswert, sofern sie nicht Aufgehen bedeutet, sondern Annäherung und Einwirkung (...)." [36] Zitiert wird auch aus — wie es heißt — einem „literarischen Katalog", in welchem Heinrich Mann sich zur Abstammung äußert. Im angebrachten Zitat werden u. a. drei Wörter — „zwischen zwei Rassen" — durch Sperrung hervorgehoben: „Man kennt meine Herkunft ganz genau aus dem berühmten Roman meines Bruders, nachdem wir 2 dicke Bände lang *hanseatische Kaufleute* gewesen waren, brachten wir es endlich kraft romanischer Blutmischung (...) bis zu Künstlertum. Ich ging, sobald ich konnte, heim nach Italien. Ja, eine Zeitlang glaubte ich zu Hause zu sein. Aber ich war es auch dort nicht (...) Das Alleinstehen *zwischen zwei Rassen* stärkt den Schwachen, es macht ihn rücksichtslos, schwer beeinflußbar, versessen darauf, sich selbst eine kleine Welt und auch die Heimat hinzubauen, die er sonst nicht fände." [37] Die Rekonstruktion des Philosemitismus von Heinrich Mann wird durch einen längeren Auszug aus seinem Essay „Antisemitismus und seine Heilung" abgeschlossen. Zitiert werden diejenigen Fragmente, in denen Heinrich Mann die Wurzeln des Antisemitismus aufzudecken versucht und Mittel zur „Heilung" von dieser Krankheit vorschlägt: Durch die Hervorhebung von einzelnen Begriffen und Syntagmen soll Heinrich Manns Undeutschheit über den gesamten Kontext denunziert werden: „Die *selbstbewußtesten Völker* unseres Kulturkreises sind am wenigsten antisemitisch. Der Antisemitismus beginnt dort, wo man nicht lange genug an Erfolge gewöhnt ist und die eigene Stellung in der Welt noch als Problem empfindet. Er artet aus, wo ein Volk geknechtet ist. (...) Der *deutsche* Antisemit oder vielmehr der ‚nationale' Menschentyp, der die meisten Antisemiten stellt, war Franzosenfresser, bis der Zwischenfall eines deutschen Sieges über Frankreich ihn in tiefer Hinsicht erleichterte. In der Vorstellung des Antisemiten ist der *Jude der schlaueste und härteste der Lebenskämpfer*. Jeden, der Erfolg hat, ist er zuerst geneigt, als Juden anzusprechen. Man frage nicht lange, was der Antisemit am liebsten auch seinerseits wäre und in gelungenen Fällen wirklich wird. Er wäre genau so, was

[35] a.a.O. Bd. 4. S. 294.
[36] a.a.O. Bd. 4. S. 291 f.
[37] a.a.O. Bd. 4. S. 292.

er *jüdisch* nennt. (...) Wenn der Antisemit denken lernte, würde er erstens Zusammenhänge entdecken, die ihm noch fehlen, so die hier genannten. Wie erst, wenn er besser *denken lernte als die Juden* (...)! Er würde sich selbst samt seinen Juden über die Landesgrenzen hinweg in eine umfassende, bei weitem wichtigere kulturelle Gesamtheit einreihen." [38]

Als letzte, jedoch keineswegs unbedeutendste Denunziation sei die politische genannt. Im Zusammenhang mit der schon erwähnten Gründung des „Volksverbandes für Filmkunst" wird ein längeres Fragment aus der „Deutschen Zeitung" — 3/3/28 — angeführt, das Heinrich Mann als Vertreter des „Kulturbolschewismus" denunzieren soll: „Bald aber nach der ersten Veranstaltung erfuhr man, daß auch dieser Verband ähnlich wie die Piscator-Bühne ein Geschöpf der Sowjets ist, (...) Ist es nicht grotesk, daß Menschen, die deutsches Gastrecht genießen, hier einen Volksverband gründen, der sich als Reklameinstitut für Sowjetfilme entpuppt! Und da stellt sich ein Heinrich Mann hin und will deutschen Menschen weismachen, daß sein Verband den geistig höher stehenden Film bringen werde. Etwa nach dem Muster von „Das Ende von St. Petersburg", (...) Das soll die höhere geistige Kost nach Heinrich Mann sein (...) der sogenannte Volksverband des Heinrich Mann und seiner Betreuer von Heartfield über Wolff-Bernhard zu Weinert findet bei den Kreisen der Filmfachleute energischste Abwehr. (...) Wie es weiter um die organisatorischen Mithelfer des Heinrich Mann aussieht, kennzeichnet öffentlich ein Filmfachmann, der in diesen Kreisen unheimlich Bescheid weiß. Er tituliert sie ‚miserables Pack' und schreibt weiter u. a. über sie: ‚(...) es ist böses, geistiges, niedriges, versnobtes Literatentum, das nicht im Traume daran denkt, den deutschen Arbeitermassen den deutschen Film zu erobern, (...)' Deutscher kann das Urteil nicht gesprochen werden." [39] Derartige direkt politische Denunziationen tragen keineswegs zufälligen Charakter. Ein Beispiel sei wenigstens genannt. Im Stichwort Thomas Mann findet eine von der Intention her ähnliche Denunziation statt. „Wie nahe Thomas Mann dem Bolschewismus steht, zeigt sein Dankesbrief an den Verlag Adolf Synek — österreichischer Vertreter: J. Rubinstein. Wien/Prag — für die gestifteten Werke des Russen Sostschenko." [40]

Weit deutlicher und durchschaubarer werden die Intentionen der politischen Denunziation, sobald man die nichtbiographischen Stichwörter des Lexikons unter diesem Aspekt untersucht. Das Stichwort „Kulturbolsche-

[38] a.a.O. Bd. 4. S. 292 f.
[39] a.a.O. Bd. 4. S. 253 f.
[40] a.a.O. Bd. 4. S. 303.

wismus“ [41] z. B., das über vierzig Druckseiten einnimmt, setzt sich aus sieben Unterkapiteln zusammen, deren Titel wie folgend lauten: „Vernichtung des heldischen Geistes“ (u. a. über Tucholsky, Toller, Thomas Mann, Marieluise Fleißer, Remarque, Weinert, Stefan Zweig), „Vernichtung des Vaterlandsbegriffs“ (u. a. über Tucholsky, Thomas Mann), „Untergrabung der Familie und ihre Beseitigung“, „Untergrabung der Sittlichkeit, Zucht...“ (u. a. über Bronnen, Kästner, Weinert, Tucholsky), „Untergrabung der Religion“ (u. a. über Klabund, Feuchtwanger), „Auch die Kunst muß revolutioniert werden“, „Verherrlichung des Verbrechertums“. Der Aufbau des Stichworts „Kulturbolschewismus“ läßt zusätzlich erkennen, daß dem völkisch-antisemitischen Nachschlagewerk „Sigilla Veri“ ein Platz in der gesamten Harzburger Front gegen die literarische und künstlerische Öffentlichkeit der Weimarer Republik zugedacht war, die sich der rechtsradikalen Entwicklung in den Weg zu stellen versuchte. Also auch gegen Heinrich Mann und „seinesgleichen“.

[41] a.a.O. Bd. 3. S. 771—816.

OLEG V. JEGOROV

Heinrich Manns Rezeption im zaristischen Rußland und in der UdSSR

Lassen Sie mich zunächst dem Senat der Hansestadt Lübeck und dem Arbeitskreis Heinrich Mann meine tiefe Dankbarkeit für die Einladung zum heutigen internationalen Heinrich-Mann-Symposion aussprechen. Die Tatsache allein, daß ein Vertreter des Maxim-Gorki-Instituts für Weltliteratur der Akademie der Wissenschaften der UdSSR hier in der Geburtsstadt des großen deutschen Humanisten und leidenschaftlichen Internationalisten zu Wort kommen kann, zeugt vom guten Willen der Literaturwissenschaftler beider Länder, gegenseitige Kontakte aufzubauen und sie im Geiste der wissenschaftlichen Auseinandersetzung und persönlichen Verständigung zu entwickeln.

Heinrich Mann war nicht nur ein streitbarer Vorkämpfer der deutsch-französischen Völkerfreundschaft: Er war auch ein Freund der Sowjetunion. Er schreibt: „Die Sowjetunion liebe ich voll gegenwärtig. Sie ist mir nahe — und ich ihr. Sie liest mich massenhaft (...), und ich sehe ihr zu, als wäre sie schon die Nachwelt, die mich kennt."

In diesem Sinne verwirklicht der heutige literarische Ost-West-Dialog das geistige Vermächtnis des großen deutschen Dichters und weitsichtigen politischen Denkers.

Heinrich Mann gehört zu den ganz wenigen fremdsprachigen Schriftstellern des 20. Jahrhunderts (vielleicht ist er der einzige), die sowohl im zaristischen Rußland als auch nach der Oktoberrevolution in der UdSSR massenhaft in gesammelten Werken ediert wurden und eine enorm große Sekundärliteratur hervorgerufen haben. Das beeindruckte mich am stärksten, als ich Ende der 50er Jahre vor die Aufgabe gestellt wurde, für den 4. Band (1848—1918) und für den 5. Band (1918—1945) der akademischen „Geschichte der deutschen Literatur" zwei Kapitel über das Schaffen Heinrich Manns zu schreiben. In dem berühmten Dreieck *Autor — Buch — Leser*, das uns die moderne Rezeptionstheorie immer wieder als Forschungsobjekt nahelegt, ist die dritte Komponente im alten Rußland unproportional groß, breit und ausschlaggebend (vielleicht bis heute nicht endgültig erklärbar) gewesen, wenn man im Auge behält, das der *Autor* in Deutschland erst relativ spät im Vergleich zu seinem Bruder Thomas gebührende Beachtung und gerechte Würdigung gefunden hat und das *Buch* in seinem Inhalt, Pathos und Stil stets veränderlich war und die abwechselnden Neigungen des Autors zu Symbolismus, Spätromantik, Expressionismus und Realismus zum Vorschein brachte. Man könnte fast sagen, das Geheimnis des unerhörten Interesses an Heinrich Mann verbirgt sich eben darin, daß seine ästhetische Palette so bunt und für jeden Geschmack anziehend war. Aber dabei bleiben wir nur an der Oberfläche der Erscheinung. Der Kern ist im Inhalt des Werks zu suchen. Rußland, in der kurzen Periode von 1905 bis 1917 von drei Revolutionen erschüttert, suchte und fand in der Person von Heinrich Mann einen leidenschaftlichen und militanten Gesellschaftskritiker und streitbaren Republikaner und in seinen Büchern eine politisch engagierte moderne Literatur, die dem aufrührerischeen Geist der Zeit — der Zeit des Kampfes gegen allerlei Unrat und Untertanentum — entsprach und der Sache der russischen Demokratie behilflich sein konnte.

Heinrich Mann besaß von Anfang an ein sicheres Gespür für den Pulsschlag des 20. Jahrhunderts, und überall dort, wo die Kämpfe um die Ideale der Demokratie Aufschwung bekamen, wurden seine besten Bücher als Gefährten, als Mitkämpfer empfunden, jedoch nicht ohne gleichzeitige innere Polemik, nicht ohne Abstand. Sie wurden aber stets erwartet, gekauft, gelesen, und wie jede große künstlerische Erscheinung wirkte das eine oder das andere Buch von Heinrich Mann in den konkreten gesellschaftlichen Verhältnissen des zaristischen Rußlands anders, auf eine andere Weise, als im wilhelminischen Deutschland. Der reale Erfolg eines Buches hängt immer vom Verständnis und von der Mentalität des Lesers im gegebenen Moment ab, von seiner Aufnahmebereitschaft und schließlich davon, was man in der Rezeptionsterminologie so schön den ‚Erwartungshorizont des Lesers' nennt.

Die erste russische Übersetzung eines Werkes von Heinrich Mann war seine Novelle „Jungfrauen", die 1905 in der Zeitschrift „Vestnik inostrannoj literatury" erschien. Bald darauf wurden weitere einzelne Übertragungen ins Russische publiziert: „Die Schauspielerin" (1907, 1909, 1912), „Flöten und Dolche" (1908), „Zwischen den Rassen" (1909), „Auferstehung" (1911) und die beiden ersten Romane aus der Trilogie „Die Göttinnen" (1911). Endlich kam als Krönung 1915 „Der Untertan" heraus, in einer genauen, feinfühligen Übersetzung von Adele Polotskaja.

Parallel zu den Einzelübertragungen geschah etwas ganz Seltsames, wenn nicht sogar Einzigartiges in der Geschichte des Buchdrucks: Ein fremdsprachiger Autor erscheint mit seinen gesammelten Werken in einem Nachbarland eher als im Heimatland, und noch dazu doppelt: kaum waren 1909—1912 neun Bände der „Gesammelten Werke“ von Heinrich Mann erschienen (Verlag „Sovremennye problemy“), wurden die ersten Bände der neuen, diesmal siebenbändigen Serie seiner „Gesammelten Werke“ (1910 bis 1912) im Sablin-Verlag herausgegeben.

Die beiden Ausgaben der „Gesammelten Werke“ sind identisch und enthalten außer den obengenannten Einzelübertragungen noch weitere Romane und Novellen. Zunächst wurde die Trilogie „Göttinnen“ komplett dem Leser vorgestellt, dazu kamen dann noch die Romane „Im Schlaraffenland“, „Die Jagd nach Liebe“, „Professor Unrat“ und „Die kleine Stadt“ sowie die Novellen „Das Wunderbare“, „Mnais und Ginevra“ und „Die Branzilla“. Unberücksichtigt blieben die politische Publizistik (z. B. „Reichstag“), die Schauspiele und die bemerkenswerten literaturkritischen Essays. Heinrich Mann wurde hauptsächlich als Künstler, als Dichter publiziert und gepriesen (oder kritisiert), im Unterschied zu der Auffassung in Deutschland, wo ihn die öffentliche Kritik zunächst als Schriftsteller, dann als Literaten und endlich als Asphaltliteraten betrachtet hat.

Beide Auflagen der „Gesammelten Werke“ wurden übersetzt oder redigiert von Viktor Hoffmann und Wladimir Fritsche. Letzterer schrieb auch das Vorwort zu den „Göttinnen“, Bd. 1. Schon zu jener Zeit gehörte W. Fritsche (1870—1929) zu den fortschrittlichsten Literatur- und Kunsthistorikern und vertrat die Prinzipien der soziologischen Schule in der Literaturwissenschaft. Nach der Oktoberrevolution wurde unter seiner Leitung „Die Literaturenzyklopädie“ herausgegeben.

W. Fritsche gibt dem Schaffen Heinrich Manns zunächst eine allgemeine hohe Einschätzung: „Am farblosen Firmament der neuesten, nicht nur deutschen, sondern auch der westeuropäischen Literatur überhaupt“ — schreibt er — „fällt einem das bunte, vielfarbige und originelle Schaffen Heinrich Manns, des älteren der beiden Dichter-Brüder ins Auge.“ [1] Fritsche sieht in der Person von Heinrich Mann „den Dichter der heroischen Epoche in der Geschichte des deutschen Bürgertums“, der jetzt Augenzeuge „des beginnenden Verfalls, der drohenden Ausartung ist.“ (VIII) Er sucht nach einem Helden und findet ihn nicht — weder unter den oberen noch den unteren Schichten. Und wieder steht Heinrich Mann vor der Frage: wo sind denn die wirklichen Menschen, die schönen und uneigennützigen, wo ist das Leben — das schöne, immer frische in seiner Blüte?... „Und er

[1] W. M. Fritsche, Predislovie. V kn., G. Mann, Polnoe sobranie sočinenij. T. 1, 1909, str. V. (Übers.: O. J.).

antwortete: nur die Kunst ist schön, nur die Werke eines Künstlers sind unvergänglich." (XII)

Fritsche bedauert, daß Heinrich Mann weit ab vom Volke steht und das Proletariat nicht kennt. „Das Proletariat und insbesondere die sozialdemokratische Bewegung, die einen sehr großen Einfluß auf die vorhergehende Generation der deutschen Schriftsteller mit Hauptmann an der Spitze ausgeübt hat — für ihn existiert sie quasi überhaupt nicht." (XI) Für den russischen Kritiker ist Heinrich Mann, nach seinen künstlerischen Mitteln zu urteilen, ein Impressionist, der die Oberfläche der Erscheinungen besser als ihren inneren Gehalt wiedergibt. Das Talent von Heinrich Mann, schließt Fritsche seinen Artikel, befinde sich in der Periode der Gärung und Formierung. (XVI)

„Professor Unrat" bekam von einem anderen Kritiker, A. Širov (Vestnik inostrannoj literatury", Dez. 1905), eine viel eindeutigere Einschätzung. Er schrieb: „Wir haben da einen Schriftsteller, der mit jedem neuen Werk aus seiner Feder immer besser wird und vielleicht einen hervorragenden Platz im deutschen Roman einnehmen wird." [2]

Und 1915, als „Der Untertan" in russischer Sprache erschien, schrieb Anatolij Lunačarskij, der künftige Kommissar für Bildungswesen in der ersten Regierung nach der Oktoberrevolution, folgende Worte über die politische Position und Rolle Heinrich Manns in seiner Heimat: Heinrich Mann sei „einer der unabhängigsten Schriftsteller Deutschlands, einer der Menschen, die den unabhängigen und unversöhnlichen Kampf gegen die Übel ihrer Heimat mutig fortsetzen." [3]

Das Erscheinen des „Untertans" in Rußland war der Höhepunkt der Bekanntschaft des russischen Lesers mit einem der größten Satiriker Deutschlands. Die scharfe, mitunter ungehemmt satirische Kritik der Staatsordnung im wilhelminischen Deutschland entsprach dem kritischen Pathos der russischen realistischen Literatur, der „natürlichen Schule" Gogol's, wie Belinskij diese Schule einmal nannte. Eben über diese Literatur schrieb Heinrich Mann später folgende Worte: „Hundert Jahre großer Literatur sind die Revolution vor der Revolution." [4]

Die kurzsichtige zaristische Zensur genehmigte die Veröffentlichung des Romans „Der Untertan" in den Jahren des Ersten Weltkriegs. Die Absicht

[2] Den deutschen Text dieses Zitats verdanken wir Prof. André Banuls. Siehe: „Mitteilungsblatt des Arbeitskreises Heinrich Mann", 1978, Nr. 11, S. 14.

[3] Literaturnoe nasledstvo, t. 82, A. V. Lunacarskij. M. 1970, str. 295.

[4] H. Mann: Ein Zeitalter wird besichtigt. Düsseldorf 1974. S. 46.

war, ihn zu chauvinistischen Zielen auszunutzen und Haß gegen alles Deutsche zu erwecken. Dabei ließ die Zensur den internationalen Charakter des Untertanentums unter den Bedingungen *jeder* Monarchie außer acht. Die russischen Untertanen waren um keinen Deut besser als der berüchtigte und nun für ewig berühmte Diederich Heßling. Eben über solche und ähnliche „Freunde des Volkes" schrieb V. I. Lenin in seinem Werk „Čto takoe ‚druz' ja naroda' i kak oni vojujut protiv socialdemokratov?", indem er das russische Untertanentum bloßstellte: „Sie hofieren diese Regierung nicht nur, sie lobpreisen sie nicht nur, sie beten diese Regierung geradezu an und verbeugen sich dabei bis zum Fußboden, sie beten mit einer solchen Inbrunst, daß es einem Außenstehenden schlecht wird, wenn er ihre untertänigen Stirnen krachen hört." [5]

„Der Untertan" von Heinrich Mann entsprach den politischen und revolutionären Interessen der russischen Demokratie sowie der gesamten antimonarchistischen Bewegung und wurde damit Bestandteil der nationalen Befreiungsbewegung und der russischen realistischen Literatur.

Wir haben schon den Namen Gogol' im Zusammenhang mit Heinrich Mann erwähnt. Das tat schon 1915 ein Rezensent in seiner Besprechung des Romans „Der Untertan" in der Zeitschrift „Russkija Zapiski" (1915, Nr. 23, S. 365—368), in der er ausdrücklich darauf Wert legte, daß man das monarchistische Deutschland kraß von einem demokratischen unterscheiden müsse. „Der größte Wert dieses Buches" — schrieb der anonyme Autor — „besteht darin, daß es sozusagen ein menschliches Dokument ist: von einem guten Deutschen geschrieben, und zwar noch vor dem Krieg (...) Allerdings: Nach Heinrich Manns Roman über das jetzige Deutschland im Ganzen urteilen zu wollen, hieße z. B. auch, über das Rußland Nikolaus' I. im Ganzen nach Gogol's Revisor urteilen zu wollen. Dieses bestand jedoch nicht nur aus Leuten wie Skvoznik-Dmuchanovskij, nein, es gab außerdem noch Belinskij! (...) Deutschland hat viele Gesichter."

Seinen Gedanken über den Roman als ein „menschliches Dokument" weiterentwickelnd spricht der Rezensent über die Eigenart der satirischen Widerspiegelung. Die Hauptfigur jeder satirischen Ausdeutung sei eine Karikatur, sie entspreche aber „einer besonderen Wahrheit", sie werde „von einem bestimmten Standpunkt aus gesehen." Es gehe dabei nicht um die menschliche Natur im Allgemeinen oder um den Charakter einer ganzen Schicht und auch nicht um ein Individuum. Es gehe um einen Typus, um die

[5] V. I. Lenin: „Was sind die Freunde des Volkes und wie kämpfen sie gegen die Sozialdemokraten." (Übers. T. Kleinbub.)

Biographie eines typischen deutschen Untertans. Und am Schluß bemerkt der Rezensent, daß die „klaren Symptome", die „auf das Deutschland Heinrich Manns hindeuteten", keine Erfindung eines erbosten Pamphletisten waren. „Es ist eine Tatsache der gegenwärtigen Kultur, allerdings nicht nur der deutschen."

Um das Gespräch über die Ausdeutung, Funktion und Rolle des Romans zu Ende zu führen, müssen wir abschließend noch auf die Frage antworten, wie es eigentlich dazu kam, daß „Der Untertan" in Rußland eher als in Deutschland publiziert wurde. Kann man die Geschehnisse rekonstruieren und etwas Klarheit in diese rätselhafte Geschichte bringen?

Zunächst ist festzustellen, daß sowohl für die Zeitschrift „Sovremennyj Mir" (NN 1—6, 9, 10; 1914), als auch für die Buchausgabe 1915 (im Zuckermann-Verlag, Petrograd) die Übersetzung ins Russische nach einem *Manuskript* verfertigt wurde. „Die Übersetzung wurde nach dem Manuskript verfertigt", behauptet der oben erwähnte Rezensent des Romans. Auch die Buchausgabe 1915 trägt auf der Titelseite die Bemerkung: „Übersetzt nach dem Manuskript." Wer aber schickte das Manuskript nach Petersburg?

Im Heinrich-Mann-Archiv der Akademie der Künste der DDR liegt ein Brief vor, den die künftige Übersetzerin des Romans Adele Polotskaja schon 1911 an Heinrich Mann gerichtet hat.[6] Sie bot ihm an, seine finanziellen Interessen in Rußland zu vertreten, was aber nur unter der Bedingung zu verwirklichen sei, daß die Übersetzung gleichzeitig mit der Originalausgabe oder sogar noch vorher erscheine.

Daher auch die logisch richtige Schlußfolgerung aus den obengenannten Ereignissen: Die Übersetzerin hat ein maschinengeschriebenes Manuskript benutzt, das sie von Heinrich Mann erhalten hatte. Eben deshalb wich die russische Ausgabe des Romantextes verschiedentlich von der deutschen ab. Zunächst durch die „Abschwächungen" politischer Stellen („Fall Lück") für „Zeit im Bild" (1914) und andererseits durch spätere Korrekturen, die Heinrich Mann für die Buchausgabe von 1918 unternommen hat.[7]

Die Tradition, das Beste von Heinrich Mann in Rußland unverzüglich zu publizieren, blieb auch nach der Oktoberrevolution lebendig. Im Zuge der Kulturrevolution erhielten seine Auflagen immer größere Bedeutung für Millionen neuer Leser, die dann erst richtig Zutritt zur schöngeistigen Literatur bekamen und den festen Willen zeigten, diese Werke von der neu-

[6] Siehe: Heinrich Mann. 1871—1950. Werk und Leben in Dokumenten und Bildern. Hrsg. von Sigrid Anger. Berlin u. Weimar 1971. S. 135—136.

[7] Ebd. S. 135.

errungenen sozialen Warte aus zu sehen, zu deuten und zu beurteilen. Der neue Leser schuf ein neues Verhältnis zum Buch und zeigte einen neuen Erwartungshorizont. Die Rezeptionsvorgabe dieses oder jenes Buches entsprach nicht immer den Anforderungen, die jetzt gestellt wurden. Und trotzdem wurden auch die neuen Bücher von Heinrich Mann bekannt. Ende der dreißiger Jahre stieg die Popularität von Heinrich Mann so hoch, daß sie nur mit seinem hohen Ansehen in den fünfziger und sechziger Jahren verglichen werden kann, als sein ganzes Schaffen zum wissenschaftlichen Forschungsobjekt wurde und zur Gründung einer ganzen Heinrich-Mann-Strömung innerhalb der sowjetischen Germanistik führte.

Ivan Anissimov, der spätere Direktor des Instituts für Weltliteratur „A. M. Gor'kij", veröffentlichte in „Knigonoša" (Nr. 20) seinen ersten, von tiefer Sympathie erfüllten Aufsatz über das Schaffen von Heinrich Mann. Er wird später noch mehr über den Schriftsteller schreiben, mit ihm in Briefwechsel treten und Ende der dreißiger Jahre die Publikation seiner „Gesammelten Werke" vorbereiten.

„Madame Legros" entsprach am ehesten den revolutionären Anforderungen des neuen Lesers. Das Drama erschien 1923, zugleich kam ein Sammelband der Novellen heraus, und die Zeitschriften Knigonoša" (Nr. 22, 1923) und „Pečat i Revol'ucija" (Nr. 2, 1924) würdigten die beiden Publikationen mit positiven Bewertungen. 1925 wurde der Roman „Die Armen" veröffentlicht, der, wie bekannt, Szenen eines Volksaufstandes und dessen Scheitern behandelt. Das kurze Vorwort hatte einen Wortlaut, der für die nachrevolutionäre Epoche sehr charakteristisch war: „Wir zeigten der Welt, wie dieser Kampf geführt werden muß." Und wenn für das westliche Proletariat „Der Kampf" (so hieß der Roman in der Übersetzung, O. J.) Mahnung und Belehrung ist, so ist er für die Russen eine Quelle der Befriedigung und des Stolzes. „Wir begingen diesen Fehler nicht und gewannen den Kampf", wird der russische Arbeiter sagen, nachdem er den Roman von Heinrich Mann zu Ende gelesen hat.

Es ist wahrscheinlich nicht nötig, jedes einzelne Werk von Heinrich Mann aufzuzählen, das in der Sowjetunion in den 20er—30er Jahren erschien. Ich möchte nur darauf hinweisen, daß die bedeutendsten Erscheinungen jener Zeit wie die Novelle „Kobes", die antifaschistische Publizistik, der Roman „Der Kopf" und die Dilogie über Heinrich IV. zum Gemeingut der breitesten sowjetischen Leserschaft geworden sind. Der Roman „Der Kopf" erschien 1937 mit einem Vorwort von J. R. Becher, das eine dialektische Analyse der schwachen und der starken Seiten dieses Buches enthielt. Bereits Wladimir Fritsche schrieb 1909, Heinrich Mann gebe die Oberfläche der Erscheinungen besser wieder als ihr Wesen. Im Unterschied zu Fritsche hält

Becher Heinrich Mann für keinen Impressionisten. Für ihn ist er ein Künstler, der sich auf dem Wege vom Expressionismus zum Realismus befindet. Becher weist auf die Ausweglosigkeit und den Mystizismus der letzten Seiten des Buches hin, nimmt jedoch an, für den sowjetischen Leser seien die schwachen Seiten des Romans so offensichtlich, daß er ihrer Analyse keinen großen Platz einzuräumen brauche. Um so mehr, fährt er fort, da alle diese Extravaganzen und Grimassen in der Schreibweise (die eigentlich nur zeigen, wie schwer es ist, aus den von Heinrich Mann Anfang der 20er Jahre bezogenen Positionen heraus eine politisch klare und realistisch vollständige Darstellung der gesellschaftlichen Konflikte zu geben) keineswegs die Tatsache vertuschen, daß wir es mit einem Werk von enormem Interesse und wertvollem Inhalt zu tun haben. Becher sieht in den erschütternden Schilderungen, die im Roman „Der Kopf" enthalten sind, eine Prognose der Wege und der Zukunft des „Dritten Reiches". Er brachte auch die Meinung aller sowjetischen Forscher zum Ausdruck, als er behauptete, Heinrich Mann verkörpere mit seinem Schaffen der 20er und 30er Jahre das Gewissen aller ehrlichen Deutschen in ihrem Kampf gegen den Hitlerfaschismus, er sei Sprachrohr all derjeniger, die aufrichtig und ehrlich der Sache des Friedens ergeben sind.

Es muß gesagt werden, daß die Romane, die Heinrich Mann Ende der 20er, Anfang der 30er Jahre geschrieben hat, nicht sofort die Aufmerksamkeit der sowjetischen Verleger und Übersetzer fanden. Es erschienen zwar ausführliche Rezensionen wie die von N. Berkovskij zum Roman „Mutter Marie" („Krasnaja gazeta", Leningrad 1927, 3. Juni) und J. Knippovič zum Roman „Die große Sache" („Literaturnoe obozrenie", 1938, Nr. 1). Es wurden auch Aufsätze zu dem Roman „Ein ernstes Leben" (1934—1935) veröffentlicht. Aber die Romane, namentlich „Die große Sache" und „Ein ernstes Leben" erschienen in russischer Sprache erst Ende der 50er Jahre. Sie wurden in die „Gesammelten Werke" von Heinrich Mann in acht Bänden aufgenommen, die unter der Redaktion von Galina Snamenskaja, Israil Mirimskij und Tamara Motylëva herausgegeben wurden. Dagegen erschienen „Die Jugend des Königs Henri Quatre" und „Die Vollendung des Königs Henri Quatre" noch in den 30er Jahren auf russisch und auf deutsch und sicherten Heinrich Mann im Bewußtsein der sowjetischen Leser endgültig seinen Platz. Diese Romane gehören seitdem zum festen Bestandteil im goldenen Fonds der übersetzten schöngeistigen Literatur. Andererseits muß man zugeben, daß die Popularität der Romane von Thomas Mann später, in den 70er Jahren, die seines älteren Bruders überstieg, und erst um die Wende zu den 80er Jahren bildete sich ein gewisses dynamisches Gleichgewicht heraus.

Unter dem ersten Eindruck stehende, begeisterte Rezensionen zur Dilogie über Heinrich IV. wurden allmählich, vor allem in den 50er und 60er Jahren, von umfassenden wissenschaftlichen Arbeiten abgelöst. Die Interpretation dieser Dilogie zierte monographische Untersuchungen vieler prominenter sowjetischer Wissenschaftler. In den Büchern von Nodar Kakabadse (1956), Konstantin Nartov (1960), Nikolaj Serebrov (1964), Galina Snamenskaja (1971) sowie in den Dissertationen und Artikeln vieler anderer Forscher nahm die Analyse der Dilogie den zentralen Platz ein. Die Wissenschaftler schrieben über die hohe künstlerische Meisterschaft des großen deutschen Realisten und über sein Bekenntnis zu den Ideen des aktiven Humanismus. Dieses Werk wurde von den sowjetischen Literaturwissenschaftlern als einer der markantesten ideellen Siege Heinrich Manns und nach seinem Tode als sein geistiges Vermächtnis empfunden.

Das Erscheinen der Romane über Heinrich IV. entschied endgültig die Frage nach der Vorbereitung einer Ausgabe seiner „Gesammelten Werke" in der Sowjetunion. Ivan Anissimov bekam das prinzipielle Einverständnis des Verfassers und dessen Vorwort zu dieser Publikation, das den Titel „An meine sowjetischen Leser" erhielt. Am 2. 7. 1938 veröffentlichte die „Pravda" dieses Vorwort. Soweit mir bekannt ist, wurde der deutsche Text dieses Dokuments bisher nicht ausfindig gemacht. Erlauben Sie mir, daraus einige Sätze in der Rückübersetzung zu entnehmen. Sie zeugen beredt von der Einstellung Heinrich Manns zu seinen sowjetischen Lesern und summieren im Grunde genommen viele seiner Gedanken, die er in seinen früheren Publikationen wie z. B. in seinen „Antworten nach Rußland", im Essay „Verwirklichte Idee" und vielen anderen zum Ausdruck brachte.

Heinrich Mann schrieb, daß der Schriftsteller das Leben lieben und an es glauben müsse, sonst werde er keine Kraft besitzen. Er betonte, daß mehr oder weniger positive Menschen in seinen Romanen mit Freude und Begeisterung dargestellt würden. „Ich glaube nicht", schrieb er, „daß die Enttäuschung am Leben bei mir zu finden sei: sie ist mir im allgemeinen fremd. Wenn Ihr Land mein Lebenswerk freundschaftlich annimmt, nehme ich das dankbar als Beweis entgegen, daß ich nicht für das Überlebte, nicht für etwas Totes, sondern für eine bessere Zukunft gearbeitet habe."

Zugleich muß man sagen, daß bei weitem nicht alle Werke Heinrich Manns ins Russische übersetzt wurden. Hier herrscht das gleiche Prinzip wie überall in allen Ländern: man wählt die Werke, die dem Erwartungshorizont des Lesers am meisten entsprechen und künstlerisch von hohem Wert sind, Werke, die der Entwicklung der eigenen nationalen Literatur entsprechen und die eigene Nationalkultur bereichern können etc. So blieben z. B.

unübersetzt solche Romane wie „Der Atem“, „Empfang bei der Welt“ und einige andere.

Im Prinzip aber ist das Schicksal der Bücher Heinrich Manns in der Sowjetunion außerordentlich glücklich. Laut Angaben vom 1. 1. 1981 wurden die Werke Heinrich Manns ab 1917 79mal in acht Sprachen der Völker unseres Landes verlegt. Die Gesamtauflage dieser 79 Ausgaben beträgt 3 256 000 Exemplare. Zu diesen Publikationen gehört auch eine der letzten Veröffentlichungen, „Ausgewählte Werke von Heinrich Mann“ in einem Band, die ich 1977 für den Moskauer Verlag Progress vorbereitet habe. Das Buch erschien in deutscher Sprache und ist für Studenten der geisteswissenschaftlichen Fakultäten bestimmt, die Deutsch und deutsche Literatur studieren sowie für einen breiten Leserkreis, der deutsch lesen kann. Kennzeichnend für das Buch ist, daß es den sowjetischen Lesern erstmals ermöglichte, sich mit den Liebesdichtungen des jungen Mann, seinen Novellen „Der große Moderne“, „Phantasien über meine Vaterstadt L.“ sowie mit einigen Briefen, die der junge Heinrich an seine Eltern aus Petersburg nach Lübeck schickte, vertraut zu machen.

Den Werken von Heinrich Mann ist ein langes Leben beschieden, weil sie ästhetisch schön wie die Schöpfungen von Goethe, Schiller, Heine und Thomas Mann sind. Nur künstlerische Vollkommenheit gibt die Garantie für Unsterblichkeit. Lev Tolstoj, den Heinrich Mann übrigens zu den von ihm am meisten geschätzten Meistern des Wortes zählte, kleidete diesen Gedanken in einem Gespräch mit dem Maler Leonid Pasternak in folgende Worte: „... Alles in der Welt ist vergänglich, Reiche und Throne sind vergänglich, die millionenschweren Kapitale sind vergänglich. Die Gebeine nicht nur von uns, sondern auch von unseren Urenkeln werden längst in der Erde verfaulen, aber wenn unsere Werke nur einen Funken des Künstlerischen aufweisen, werden sie weiterleben.“

Die Erforschung des künstlerischen Nachlasses von Heinrich Mann dauert an. Die analytische Arbeit, „einen Funken des Künstlerischen“ in seinen Werken aufzuweisen und das Geheimnis seiner Kunst zu erraten und zu erklären — eine Arbeit, die einmal mit den Namen Wladimir Fritsche, Georg Lukács, Franz Schiller und Ivan Anissimov verbunden war — wird heute weitergeführt und der Erforschung neuer Probleme gewidmet.

In welcher Richtung arbeiten die heutigen Heinrich-Mann-Forscher? Welche Probleme interessieren sie? Kurz und skizzenhaft möchte ich zum Schluß diese Probleme nur nennen, ohne sie dabei zu erörtern oder zu kommentieren.

1. Die ideelle und politische Evolution seiner Ansichten.

2. Die Entwicklung seiner Schaffensmethode und das Verhältnis des realistischen Kerns zu anderen ästhetischen Komponenten (symbolistischen, impressionistischen, expressionistischen u. a.).

3. Das Problem des positiven Helden als Gegenpol zu zahlreichen satirischen Gestalten.

4. Französische Einflüsse einerseits und die Fortsetzung jahrhundertealter Traditionen der deutschen humanistischen Literatur andererseits.

5. Heinrich Manns Stil (im weitesten Sinn des Wortes).

6. Heinrich Manns Beziehung zur Sowjetunion und zum Sozialismus.

7. Heinrich Mann als Literaturkritiker, Autor einer Reihe von literaturkritischen Porträts und Verfechter bestimmter ästhetischer Ansichten.

8. Heinrich und Thomas Manns realistische und sozialkritische Romane, die die Grundlage für die Schule des deutschen Realismus im 20. Jahrhundert geschaffen haben, eine Schule, die nachher durch die Romane von Hermann Hesse, B. Kellermann, L. Feuchtwanger, A. Döblin, A. Zweig u. a. einen namhaften Platz in der Weltliteratur eingenommen hat.

Verzeichnis der Autoren

Prof. Dr. André Banuls, Universität des Saarlandes, Fachbereich 8 — Germanistik, 6600 Saarbrücken

Prof. Dr. Manfred Durzak, Unterer Mühlenberg 1, 2321 Grebin

Dr. Heide Eilert, Schleißheimer Str. 276/V, 8000 München 40

Dr. Elke Emrich, Oude Maasstraat 33, NL-6229 BC Maastricht, Niederlande

Prof. Dr. Heinz Gockel, Universität Bamberg, Germanistisches Seminar, Postfach 15 49, 8600 Bamberg

Prof. Dr. Oleg V. Jegorow, Maxim-Gorkij-Institut der Weltliteratur, bei der Akademie der UdSSR, ul. Vorovskogo, 25 a, 121069 Moskva, G-69, UdSSR

Prof. Dr. Wulf Köpke, Texas A & M University, College of Liberal Arts, Dept. of Modern Languages, College Station, Texas 77843, USA

Prof. Dr. Helmut Koopmann, Universität Augsburg, Neuere Deutsche Literaturwissenschaft, Alter Postweg 120, 8900 Augsburg

Prof. Dr. Herbert Lehnert, University of California, Irvine, Dept. of German, Irvine, California 92717, USA

Prof. Dr. Paul Michael Lützeler, 7260 Balson Ave., St. Louis, Mo 63130 USA

Prof. Dr. Walter Müller-Seidel, Universität München, Seminar für deutsche Philologie II, Schellingstraße 3, 8000 München 13

Prof. Dr. Norbert Oellers, Universität Bonn, Germanistisches Seminar, Am Hof 1 d, 5300 Bonn

Prof. Dr. Hubert Ohl, Universität Münster, Germanistisches Seminar, Domplatz 20/22, 4400 Münster (Westf.)

Prof. Dr. Hubert Orłowski, Instytut Filologii Germańskiej, Uniwersytet Im. A. Mickiewicza, ul. Marchlewskiego 124/126, PL-61-874 Poznań, Polen

Dr. Peter-Paul Schneider, Universität Bamberg, Neuere Deutsche Literaturwissenschaft, Postfach 15 49, 8600 Bamberg

Prof. Dr. Klaus Schröter, Abendrothsweg 26, 2000 Hamburg 20

Dr. Michael Stark, Universität Bamberg, Deutsches Seminar, Postfach 15 49, 8600 Bamberg

Prof. Dr. Ulrich Weisstein, Indiana University, Comparative Literature, Ballantine Hall 402, Bloomington, Indiana 47401, USA